國際貨物運輸與保險

主　編 ◎ 余子鵬、蔡小勇

前 言

　　隨著技術進步和交通、通信的發展，世界各地聯繫十分緊密，經濟全球化日益加深，國家、地區之間經濟貿易逐年增長。自然環境、社會發展和變化等引起不確定性風險在不斷地疊加，極大地影響了人類經濟活動，風險成為人們心頭縈繞難去的陰影。研究風險、管理風險是防範和化解國際貿易風險的必要之舉。

　　在參考國內外學者研究成果，綜合國際貿易運輸、風險和保險、貨物運輸保險實務等知識的基礎上，編者總結國際貿易實踐和教學經驗，而編著此書。全書內容包括三大部分：國際貨物運輸、風險和保險、國際貨物運輸保險實務。其中，國際貨物運輸分為國際海上貨物運輸、海運貨物業務、國際鐵路貨物運輸、國際航空貨物運輸以及國際集裝箱運輸等，介紹國際貨物運輸主要工具及相關知識。風險和保險知識包括風險及保險概述、中外保險業的發展概況、保險基本原則和保險合同等，介紹風險概念、特徵及風險管理理論和方法等內容。國際貨物運輸保險實務介紹了國際貨物運輸風險範圍、海洋運輸貨物保險條款、陸上航空郵包運輸貨物保險以及國際貨物運輸保險實務等內容。全書內容相互獨立但又有邏輯聯繫，第三部分內容以運輸、保險知識為基礎，是對前面兩部分內容的深化，旨在將國際貨物運輸、風險和保險以及國際貨物保險相結合，註重案例分析，突出了保險實務的實踐要求。在教學中，授課教師可根據培養計劃和課時安排對部分章節進行取捨。

　　本書的重要特色是：根據章節內容，補充了豐富的案例及分析、附錄有習題及其參考答案，為教師教學、考核提供參考和學生學習提供方便。教師可以與出版社聯繫獲取習題參考答案和附加案例資料。在編寫過程中，編者參閱了大量國內外同類教材和研究成果，在此一並表示感謝。當然，書中存在的不足為編者責任。本書可作為大專院校保險、外貿和經濟管理專業的教材和教學參考資料，也可以作為從事保險業務、國際貿易工作者的參考書。

編者

目 錄

第一部分　國際貨物運輸知識

第1章　國際貨物運輸概述 …………………………………………（3）
　第一節　運輸業概述 ………………………………………………（3）
　第二節　國際貨物運輸的當事人 …………………………………（5）
　第三節　國際貨物運輸對象 ………………………………………（7）
　第四節　合理運輸 …………………………………………………（8）
　思考題 ………………………………………………………………（9）

第2章　國際海上貨物運輸 …………………………………………（10）
　第一節　海運概述 …………………………………………………（10）
　第二節　船舶與配載 ………………………………………………（11）
　第三節　海運經營方式 ……………………………………………（14）
　思考題 ………………………………………………………………（24）

第3章　貨物海運業務 ………………………………………………（25）
　第一節　海運進口業務流程 ………………………………………（25）
　第二節　海運出口業務流程 ………………………………………（26）
　第三節　國際運輸主要貨運單證 …………………………………（28）
　第四節　電子提單 …………………………………………………（30）
　思考題 ………………………………………………………………（31）

第4章　國際鐵路貨物運輸 …………………………………………（32）
　第一節　中外鐵路運輸概況 ………………………………………（32）
　第二節　國際鐵路貨物聯運 ………………………………………（34）

第三節　對港澳地區的鐵路貨物運輸 …………………………………… (37)
　　第四節　國際鐵路集裝箱聯運 …………………………………………… (41)
　　第五節　集裝箱運輸概況 ………………………………………………… (47)
　　第六節　集裝箱運輸費用 ………………………………………………… (52)
　　第七節　集裝箱運輸管理 ………………………………………………… (54)
　　思考題 …………………………………………………………………… (56)

第5章　國際航空貨物運輸 ………………………………………………… (57)
　　第一節　國際航空貨物運輸概況 ………………………………………… (57)
　　第二節　國際航空組織 …………………………………………………… (61)
　　第三節　航空運輸方式 …………………………………………………… (62)
　　思考題 …………………………………………………………………… (66)

第二部分　風險與保險知識

第6章　風險及保險概述 …………………………………………………… (69)
　　第一節　風險及相關概念 ………………………………………………… (69)
　　第二節　風險管理 ………………………………………………………… (77)
　　第三節　保險及其特徵 …………………………………………………… (83)
　　第四節　保險的職能和作用 ……………………………………………… (85)
　　第五節　保險的分類 ……………………………………………………… (89)
　　第六節　政策保險 ………………………………………………………… (96)
　　第七節　保險發展的統計指標 …………………………………………… (101)
　　思考題 …………………………………………………………………… (105)

第7章　中外保險業發展概況 ……………………………………………… (106)
　　第一節　中國保險的發展與演變 ………………………………………… (106)
　　第二節　入世前中國保險市場的試點開放 ……………………………… (109)

第三節　中國保險市場的開放與過渡	(109)
第四節　中國保險業的現狀和發展目標	(112)
第五節　國際保險業的發展概況	(115)
思考題	(121)

第8章　保險的基本原則 ································ (122)

第一節　保險利益原則	(122)
第二節　最大誠信原則	(129)
第三節　近因原則	(134)
第四節　損失補償原則	(137)
案例分析	(143)
思考題	(149)

第9章　保險合同 ································ (150)

第一節　保險合同的概念、特點和分類	(150)
第二節　保險合同的民事法律關係	(155)
第三節　保險合同的訂立、變更和終止	(162)
第四節　保險合同的履行	(172)
案例分析	(179)
思考題	(180)

第三部分　貨物運輸保險實務

第10章　海洋運輸貨物保險保障的範圍 ································ (183)

第一節　海洋運輸貨物保險保障的風險	(183)
第二節　海洋運輸貨物保險保障的損失	(187)
第三節　海洋運輸風險費用	(190)
第四節　海上損失的理算	(192)

案例分析 ………………………………………………………… (196)
　　思考題 …………………………………………………………… (199)

第 11 章　海洋運輸貨物保險條款 …………………………………… (200)
　　第一節　我國海洋運輸貨物保險條款 ………………………… (200)
　　第二節　倫敦協會海洋運輸貨物保險條款 …………………… (217)
　　第三節　中、英海運貨物保險條款比較 ……………………… (224)
　　案例分析 ………………………………………………………… (228)
　　思考題 …………………………………………………………… (229)

第 12 章　陸上、航空、郵包運輸貨物保險 ………………………… (231)
　　第一節　陸上運輸貨物保險 …………………………………… (231)
　　第二節　航空運輸貨物保險 …………………………………… (233)
　　第三節　郵包運輸貨物保險 …………………………………… (236)
　　案例分析 ………………………………………………………… (238)
　　思考題 …………………………………………………………… (239)

第 13 章　國際貨物運輸保險實務 …………………………………… (240)
　　第一節　國際貨物運輸保險投保 ……………………………… (240)
　　第二節　國際貨物運輸保險承保 ……………………………… (250)
　　第三節　國際貨物運輸保險索賠 ……………………………… (256)
　　第四節　貨物運輸保險理賠 …………………………………… (260)
　　案例分析 ………………………………………………………… (265)
　　思考題 …………………………………………………………… (266)

第一部分
國際貨物運輸知識

第 1 章　國際貨物運輸概述

第一節　運輸業概述

一、運輸業的含義、性質、特點

1. 運輸業的含義、性質

運輸（Transportation）就是人和物的載運和輸送。運輸是人類社會不可缺少的活動之一。隨著人類社會不斷向前發展，各部門、地區、國家之間的商品生產與交換日益頻繁，因而使運輸量不斷增加，運輸迅速發展，於是運輸業應運而生，並逐步形成了一個相對獨立的物質生產部門。就其性質來說，運輸是一種特殊的生產，所以運輸業是獨立特殊的物質生產部門。

2. 運輸業的特點

（1）運輸業具有生產的本質屬性

①和一般生產一樣，運輸業也具備勞動者（運輸者）、勞動工具（運輸工具和通道）、勞動對象（運輸對象即貨物或人）這三個基本條件。

②運輸的過程（貨物或人的位移）和一般生產的過程一樣，是借助於活的勞動（運輸者的勞動）和物化勞動（運輸工具設備與燃料的消耗）的結合而實現的。

③運輸的結果使運輸對象發生了位移，就是在轉移舊價值的同時，改變了運輸對象的地位，創造了新價值。即商品經過一段運輸後，可按高於原產地的價格出售。

④運輸業也和一般生產一樣，始終處在變化和發展的狀態中，也經歷了幾個相同的階段（手工業生產、工場手工業生產、機器生產）。

（2）運輸業自身的特點

①運輸業的生產是生產過程在流通過程的繼續。運輸使投入流通領域的產品發生位移，從而將生產和消費聯結起來，使產品的使用價值得以實現。

②運輸業的產品就是"位移"，是一種無形的產品，既不能存入倉庫，也不能進行積累。

③運輸業的產品在生產出來的同時也就被消費掉了。而不像其他生產部門的產品在生產出來後得經過一段時間才能消費掉。

④運輸業是資金密集型產業，投資大且建設週期長，其發展應先行於其他物質生產部門，否則就會成爲國民經濟和社會發展的"瓶頸"產業，制約經濟發展。

3. 現代運輸手段四要素

運輸工具和裝卸設備（Vehicle）、運輸動力（Motive Power）、運輸通道（Ways）、通信設備（Communication）。

4. 運輸業的產生與發展

運輸業的產生是同社會生產力的發展相適應的。在資本主義以前相當長的時期內，由於生產力水平較低，人們一直使用畜力、人力、木帆船等運輸工具運輸，效率很低。隨著社會生產不斷發展，出現了以運輸作爲職業的小生產者，專門從事運輸活動。在產業革命後，運輸工具發生了深刻的變革。1807 年第一艘輪船"克萊蒙特號"在美國下水和 1825 年第一條鐵路在英國正式辦理貨運業務，標誌着機械運輸業的開端。此後海洋運輸與鐵路運輸飛快發展起來。進入 20 世紀 30 年代，汽車運輸、航空運輸和管道運輸又相繼崛起，迅猛發展。這樣就形成了包括水、陸、空等多種運輸方式的現代化運輸體系。第二次世界大戰後，科技的進步進一步推動了運輸業的發展，運輸工具向大型化、高速化、專門化、自動化方向發展。

二、國際貨物運輸的含義、特點、地位和作用

1. 含義

國際貨物運輸也通常被稱爲國際貿易運輸。從一國來說，就是對外貿易運輸，簡稱外貿運輸。從貿易的角度來說，其實國際貿易運輸就是一種無形的國際貿易，它用於交換的是一種特殊的商品——運力。

2. 特點

①運輸路線長、環節多；②涉及面廣，情況複雜；③時間性強；④風險較大。

3. 國際貨物運輸的地位和作用

國際貨物運輸是國際貿易不可缺少的重要環節，能夠促進國際貿易的發展，是平衡國家外匯收入的重要手段。

三、國際貨物運輸方式

根據使用的運輸工具和運輸通道的不同，可以對國際貨物運輸方式進行劃分（見圖 1.1）：

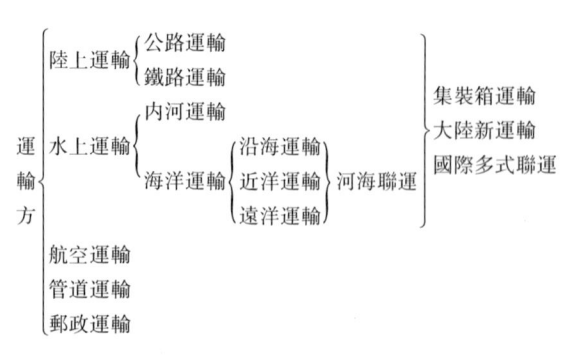

圖 1.1 國際貨物運輸方式的分類

各種運輸方式各有其特點。在對外貿易工作中，應根據進出口貨物的性質、運量的大小、路程的遠近、需要的緩急、成本的高低、裝卸地的條件、法令制度與慣例、氣候與自然條件以及國際社會與政治狀態等因素審慎選擇，以便高效、順利地實現外貿運輸的目的。

第二節　國際貨物運輸的當事人

一、貨物運輸當事人概述

貨物運輸的當事人主要有三方，它們組成貨物運輸工作的主體結構。

1. 承運人（Carrier）

承運人是指專門經營海上、鐵路、公路、航空等客貨運輸業務的交通運輸部門，如輪船公司、鐵路運輸公司、公路運輸公司、航空運輸公司等。它們一般擁有大量的運輸工具，為社會提供運輸服務。

2. 貨主（Cargo owner）

貨主是指專門經營進出口業務的廠商。它們為了履行進出口合同，必須組織辦理商品的運輸，是國際貿易運輸中的托運人（Shiper）、發貨人（Consigner）或收貨人（Consignees）。

3. 運輸代理人（Transportation Agent）

運輸代理人是指接受委託人（承運人或貨主）的委託，代辦各種運輸業務，並按提供的勞務收取一定的報酬。它們屬於運輸中介組織，在承運人和托運人之間起着橋樑作用。

除上述三個當事人外，海關、商檢、保險、銀行、港口以及包裝、倉儲等部門也是國際貨物運輸的參與者。只有以上部門共同合作，國際貨物運輸工作才能順利完成。

二、國際貨物運輸中運輸代理人的種類

根據代理業務的性質和範圍不同，代理人一般可分為以下幾種：

1. 船務代理人（Shipping Agent）

船務代理人（也稱船舶代理人）是指接受承運人的委託，代辦與船舶有關的一切業務的人，簡稱船代。我國對船代的管理法規為《中華人民共和國國際海運條例實施細則》（2013 修正），很多船代由地方港務局開辦經營。現在我國最大的 3 個大船代分別為中遠公司（COSCO—China Ocean Shipping Company）所屬的中國外輪代理公司（China Ocean Shipping Tally Company）、中國外運公司所屬的中國船務代理公司（China Marine Shipping Agency）、聯合船代。

（1）船務代理業務

①船舶進出港業務方面。辦理船舶進出港口的各項手續，包括引水、拖船、靠泊、報關等；辦理船舶檢驗、修理、熏船、洗船、掃艙以及海事的處理。

②貨運業務方面。安排組織貨物裝卸、檢驗、交接、儲存、轉運、理貨等；辦理攬貨、訂艙和代收運費等；編制有關運輸單據。

③供應方面。代辦船用燃料、淡水、物料以及食品供應；代辦繩索墊料等。

④其他服務性業務方面。辦理船員登岸或出境手續；安排船員醫療、住宿、交通、參觀瀏覽等。

（2）船務代理種類

①航次代理。航次代理是指對不經常來港的船舶，在船舶每次來港前由船公司向代理人逐船逐航次辦理委託，並由代理人逐船逐航次接受該委託所建立的代理關係形式。

②長期代理。長期代理是船公司根據船舶營運的需要，在經常有船前往靠泊的港口爲自己選擇適當的代理人，通過一次委託長期有效的委託方式，負責照管到港的屬於自己所有的全部船舶的代理關係形式。建立長期代理關係的前提條件是作爲委託人的船公司所屬的船舶經常抵靠某一港口，在這種情況下，長期代理可以簡化委託手續和財務往來結算手續。

2. 租船代理（Chartering Agent）

租船代理人又稱租船經紀人（Ship Broker）。他的主要業務活動是在市場爲租船人（Charter）尋找合適的運輸船舶或爲船東（Ship Owner）尋找貨運對象，以中間人的身份使船租雙方達成租賃交易，從中賺取傭金。因此，根據他所代表的委託人身份的不同又分爲船東代理人和租船方代理人。

租船代理人主要辦理下列業務：

（1）按照委託人的指示要求，爲委託人提供最合適的對象和最有利的條件並促成租賃交易的成交，這是租船最主要的業務。

（2）根據雙方洽談確認的條件制成租賃合同並按委託方的授權簽合同。

（3）提供委託人航運市場行情、國際航運動態以及有關資料信息等。

（4）爲當事人雙方斡旋調解糾紛，取得公平合理的解決。在執行合同中往往會發生一些糾紛，租船代理人以中間人的身份從中進行調解，對解決糾紛起到一定的作用。這也是考核和衡量一個租船代理是否得力和稱職的重要標準之一。

租船代理的傭金按照慣例是由運費或租金收入方支付，也就是由船東支付，代理傭金一般按租金的1%~2.5%在租船租約中加以規定。

3. 貨運代理（Freight Forwarder）

簡稱貨代，是接受貨主的委託，代表貨主辦理有關的貨物報關、交接、倉儲、調撥、檢驗、包裝、轉運、訂艙的人。他與貨主的關係是委託和被委託的關係，在辦理代理業務中他是以貨主的代理人身份對貨主負責，並按代理業務項目和提供的勞務向貨主收取代理費。

4. 諮詢代理（Consulting Agent）

諮詢代理是專門從事諮詢工作，按委託人的需要，以提供有關諮詢情報、情況、資料、數據和信息服務而收取一定報酬的人。這類代理人不僅擁有研究人員和機構，而且與世界各貿易運輸研究中心有廣泛的聯繫。代理的內容如設計研究方案、選擇合理經濟運輸方式和路線、核算運輸成本、研究解釋規章法律以及調查有關企業信譽等。

第三節　國際貨物運輸對象

國際貨物運輸的對象是各種進出口貨物，這些貨物的形態和性質各不相同，儲運和裝卸也各有不同的要求。

一、貨物的分類

1. 從貨物形態分類

（1）包裝貨物

包裝貨物（Packed Cargo），指外面加包裝的貨物，按包裝的種類，可分爲箱裝貨物、桶裝貨物、袋裝貨物等。國際貿易貨物絕大多數是包裝貨物。

（2）裸裝貨物

裸裝貨物（Nude Cargo），指不加包裝而成件的貨物，如鋼材、車輛和一些設備等。

（3）散裝貨物

散裝貨物（Bulk Cargo），指規格一致，每次成交量較大的低值貨物，爲了利於採用自動化裝卸，在其運輸過程中不加任何包裝，一般爲液態、顆粒狀或粉狀。如小麥、煤炭、鐵礦石、石油等。

2. 從貨物性質分類

（1）普通貨物

包括清潔貨物、液體貨物、粗劣貨物。

（2）特殊貨物

包括危險貨物、易腐貨物、冷藏貨物、貴重貨物、活的動植物。

3. 從貨物的重量和體積的比率分類

（1）重量貨物（重貨），指重量爲 1 噸，其體積小於 40 立方英尺[①]（1.132 8 立方米）的貨物。

（2）體積貨物（輕泡貨物），指重量爲 1 噸，其體積大於 40 立方英尺（1.132 8 立方米）的貨物。

4. 從貨物運量大小的角度分類

（1）大宗貨物，指數量較多、規格較統一的初級產品，運輸時爲散裝，也是散裝貨物。

（2）件雜貨物，指有包裝，可分件、數量較少的貨物。

5. 按貨物的長度和重量劃分

（1）超長貨物，指長度超 9 米的貨物。

（2）超重貨物，指重量超 2 噸的貨物。

---

① 1 立方英尺 = 0.028 317 立方米。

（3）長大笨重貨物，指長度超 9 米且重量超 2 噸的貨物。

二、貨物包裝及其標誌

1. 貨物的包裝

貨物包裝的目的是保護貨物質量和數量上的完整，便於運輸、裝卸、搬運、存儲、陳列、銷售，對某些危險品還有防止其危害性的作用。貨物的包裝根據其在運輸和流通過程中所起作用的不同，通常分為運輸包裝、銷售包裝和中性包裝。

（1）運輸包裝（Transport Packing），又稱大包裝、外包裝。它是貨物裝入特定容器或以特定方式成件或成箱的包裝。運輸包裝在存儲和運輸過程中使用，其主要作用在於保護貨物在運輸過程中不被損壞和散失，以及便於貨物的裝卸、搬運和儲存。常見的運輸包裝有木箱（Wood Case）、紙箱（Carton）、紙板箱（Card Board Box）、捆包（Bale）、袋（Bag）、桶（Barrel、Drum）等。

（2）銷售包裝（Selling Packing），又稱小包裝、內包裝或直接包裝。它是在貨物製造出來後，以適當的材料或容器進行的初次包裝。銷售包裝是在貨物銷售和消費過程中使用的，主要作用是保護貨物，以及美化、宣傳，便於陳列展銷，吸引消費者購買。

（3）中性包裝（Neutral Packing），是指在出口貨物的內外包裝上不顯示生產國和生產廠商的一種特殊包裝，是國際貿易中常採用的習慣做法。

2. 貨物的標誌

凡是國際運輸的貨物，除散裝貨、裸裝貨外，必須具有運輸包裝及包裝上清晰可見的標誌。貨物標誌是指用粘貼、印刷或烙印的方法，書寫一定的圖案和文字，其目的是為了便於辨認，以方便貨物交接、裝卸、分票、清點和核查。根據貨物標誌在運輸途中用途的不同，可分為運輸標誌、指示標誌和警告標誌三種。

（1）運輸標誌（Shipping Mark），習慣上稱為嘜頭，即運輸包裝的外部標誌，是國際貿易貨物包裝條件下不可或缺的內容。

（2）指示標誌（Indicative Mark），又稱操作標誌、註意標誌，是根據貨物的特性，對一些易碎、易損、易變質的貨物，用簡單、醒目的圖形或文字在包裝上做出的標誌，以提示有關人員在搬運、裝卸、存放和保管過程中註意。每個國家都有其習慣使用的標誌，必須同時用英文註明。

（3）警告標誌（Warning Mark），又稱危險品標誌，用以表明貨物的危險性質。國際上對危險品使用統一的圖案和文字表示。這種標誌要求醒目，方便工作人員正確操作，以保證生命、貨物和船舶的安全。

第四節　合理運輸

一、概念及意義

合理運輸是實現對外貿易運輸的有力手段，也是提高貨物運輸的科學管理水平，加速貨運周轉，取得最高經濟效益所必不可少的要求。

二、不合理運輸的原因

在對外貿易運輸中，不合理運輸原因歸結如下：

1. 生產、加工、包裝、倉儲選點布局不合理，造成迂回、過遠運輸。

2. 對外簽訂的進出口合同的運輸條款不合適，如沒考慮貨源的產地和銷售地的情況，港口選擇不當，導致履約上的困難和運輸費用的增加。

3. 貨物和運輸工具以及運輸方式選擇不配套，如鐵路沿線地區長途運輸使用汽車，而短途運輸反而使用火車，宜水從陸、宜陸從水，能直達的中途卸裝等情況都會偏離合理運輸的目標，貨物和運輸工具不相適應也會造成運輸容積的浪費和可能的貨損。

4. 出口貨物在產地檢驗不嚴或在單證不齊的情況下盲目發運，貨到口岸不能及時出口，以致壓車、壓船、壓庫，結果就地處理或原貨退回造成無效運輸、往返運輸。

5. 計劃調度不當，增加不必要的中轉環節，造成迂回運輸或對流運輸；車船調度不當，一方面有貨無車（船）而另一方面卻是車（船）等貨，使運力不能得到充分的發揮。

6. 出口包裝不合理，裝運時配載不當造成貨物的損耗和運輸容積的浪費，運輸包裝要求牢固、經濟、科學和標準化；危險品的包裝更要注意。

7. 國家運輸條件緊張，運輸計劃管理人員素質不高，各部門信息不能溝通或配合不當。

三、如何實現合理運輸

1. 運輸方式的選擇合理。比較結合各運輸方式的特點，考慮商品的性質、數量、運輸距離、客戶的具體要求、需要的緩急程度、風險程度、裝卸地的情況等多方面因素。

2. 合理安排運輸路線和港口。盡量安排直達運輸，如沒有就需選擇適當的中轉地點，出口商品基地盡量做到"四就"（就地加工、就地包裝、就地檢驗、就地出口），進口貨物的卸港應靠近用戶所在地。無論裝卸港口，一般應選擇有班輪航線經常掛靠、自然條件好、裝卸設備齊全、收費較底的港口。

3. 嚴格把關貨物的包裝。

4. 合理積載。就是根據貨物的體積、重量、包裝、接收地的先後順序，結合運輸工具的特點，在不影響安全的前提下，進行合理搭配裝載，充分利用運力，達到滿載足噸。

5. 做好運輸計劃、協調管理工作。

思考題

1. 思考國際貨物運輸業的主要特點及其發展趨勢。
2. 思考國際貨物運輸中的相關主體及其主要職能。
3. 思考國際貨物運輸的對象分類及其主要特徵。

第 2 章　國際海上貨物運輸

第一節　海運概述

（一）海洋運輸的含義

海洋運輸是利用貨船在國內外港口之間，通過一定航線和航區運輸貨物的一種方式。海上運輸歷史悠久。目前，在國際貨物運輸中，運用最廣泛的就是海洋運輸。海洋運輸重要的地位是由國際貿易的特徵以及海洋運輸的特徵決定的。

（二）海洋運輸的特點

（1）通過能力大。利用天然航道，不受道路或軌道的限制，如因政治、經濟貿易條件變化，可以隨時改選最有利的航線。

（2）運輸量大。世界石油運輸中已出現 50 萬～70 萬噸的巨型油輪，最大的散裝船已達 16 萬～17 萬噸。

（3）運費低廉。海上貨物運價僅相當於鐵路運價的 1/5，公路運價的 1/10，航空運價的 1/30。

（4）對貨物的適應性強。船舶由於運量大，基本上適合各種貨物的運輸，其他運載工具無法裝運的，輪船一般都可以裝運。

（5）速度較慢。商船體積大，水流阻力高，加之其他各種因素的影響，所以速度較慢。

（6）風險較大。易受自然氣候影響，航期不易準確，遇險的可能性也較大，全世界每年遇險沉沒的船舶在近 500 艘。

（三）海洋運輸的作用

國際海洋運輸雖然存在速度較低、風險較大的不足，但由於它的通過能力強、運力大、運費低廉以及對貨物的適應性較強等長處，加之全球特有的地理條件，海洋運輸成爲國際貿易中最主要的運輸方式。目前，國際貿易總運量的 2/3 以上，以及我國進出口貨物貨運總量的 80% 以上都是利用海洋運輸。

此外，海洋運輸業實際上也是一個國家的國防後備力量。一旦發生戰爭，商業船隊往往用來運輸軍需，成爲海、陸、空三軍之外的"第四軍"。正因爲國際海洋貨物運輸占有如此重要的地位，發揮如此重大的作用，各國都很重視發展海運事業，通過立法以保護，採取各種優惠政策，如從業務上加以扶植和補助，在貨載方面給與優惠等，以促進本國海洋運輸業的發展。

第二節　船舶與配載

一、海洋貨物運輸的船舶分類

海洋貨物運輸的船舶種類很多，按照用途不同，具體可以分爲以下幾種：

1. 雜貨船。雜貨船（General Cargo Ship）以箱裝、袋裝、桶裝和捆裝件雜貨爲主要承運對象。此類船都具有裝卸設備，經營方式有班輪和不定期船兩種。

2. 乾散貨船。乾散貨船（Bulk Cargo Ship）以大宗糧谷、礦砂、煤炭、磷酸鹽、化肥砂木材糖工業鹽硫磺等爲承運對象 這類船一般爲單層甲板 尾機型。3. 木材船。木材船（Timber Ship）是指專門用於運輸木材或原木的船舶。

4. 油輪。油輪（Oil Tanker）以散裝原油爲主要承運對象，此外還可以運輸魚油、植物油和其他油類。油輪的噸位在世界商船隊中占很大的比重。

5. 集裝箱船。集裝箱船（Container Ship）以集裝箱爲承運對象，具有換裝方便、裝卸率高、周轉快、運輸質量好、相對運輸成本低的優點。這類船在我國航運市場上具有較強的競爭力。

6. 滾裝船。滾裝船（Roll On/Roll Off Ship）是把集裝箱或者貨物連同帶輪子的底盤或裝貨的托盤作爲一個貨物單元，用拖車或者交叉裝卸車搬運，直接進出貨艙。

7. 冷藏船。冷藏船（Refrigerated Ship）是將肉、魚或水果等時鮮食品凍結並維持在低溫狀態下進行運輸的船。

8. 車輛運輸船。車輛運輸船（Car Ship）又稱汽車船，是專門裝運各種車輛，如載重汽車、卡車和小轎車的船舶。它採取開上開下的裝卸工藝，車輛按積載圖的安排開到船上指定的位置，可以十分方便地固定和拆離。這種船在日本、歐洲和美國使用得比較普遍。

9. 重大件貨物運輸船。重大件貨物運輸船以火車頭、成套設備、重大件爲主要承載對象，一般船上有負荷 100 噸~500 噸的裝卸設備，以及保持船舶的穩定性和緊固性的裝置。

10. 載駁船。載駁船（Barge Carrier）又稱子母船，專門用於裝載貨駁。其特點是技術先進、裝卸速度快、母船周轉迅速，曾一度在世界上廣泛使用。

11. 液化天然氣船。液化天然氣船（LNG）是專門用來裝運天然氣的船舶，普通容量可達 125 000 立方米。

12. 液化石油氣船。液化石油氣船（LPG）是專門用來運輸石油氣的船舶。因石油氣是精制產品，船舶容量較之液化天然氣較小 一般爲 1,000～75,000 立方米。

二、船舶的規範

（一）船舶噸位

船舶噸位（Ship's Tonnage）是船舶大小的計量單位，可以分爲重量噸位和容積噸位兩種。其中，重量噸位包括排水量噸位和載重噸位，容積噸位包括註冊總噸和註冊淨噸。

排水量噸位（Displacement Tonnage）是指船舶在水中所排開水的噸數，也就是船舶自身的重量。排水量噸位又可分爲輕排水量、重排水量和實際排水量三種。排水量既可用於軍艦大小及艦隊的統計，也可以用於計算船舶的載重噸。

爲便於計算實際排水量，船上一般都備有載重表。如已知船的吃水深度，從表上即可以查出當時的實際排水量和總載重噸。

載重噸位（Dead Weight Tonnage）表示船舶在營運中能夠使用的載重能力，載重噸位可分爲總載重噸和淨載重噸。

總載重噸是指船舶根據載重線標記的規定所能裝載的最大限度的重量。它包括船舶所載運的貨物、船上所需的燃料、淡水和其他儲備物料重量的總和。

總載重噸＝滿載排水量－空船排水量

淨載重噸是指船舶所能裝運貨物的最大限度重量，又稱載貨重噸，即從船舶的總載重量中減去船舶航行期間需要儲備的燃料、淡水及其他儲備物品的重量所得的差。

船舶載重噸位可用於對貨物的統計，作爲期租船月租金計算的依據，表示船舶的載運能力，也可以用作新船造價及舊船售價的計算單位。

容積總噸（Gross Registered Tonnage，GRT），又稱註冊總噸，是指船艙內以及甲板上所有關閉的場所的內部空間（或體積）的總和，是以100立方英尺或2.83立方米爲一噸折合所得的商數。容積總噸可用於國家對商船隊的統計，表明船舶的大小，用於船舶登記，政府確定對航運業的補貼或造艦津貼，計算保險費用、造船費用以及船舶的賠償等。

容積淨噸（Net Registered Tonnage，NRT），又稱註冊淨噸，是指從容積總噸中減去不能直接用作轉載客、貨部分容積後的餘數，也就是船舶可以用來裝載貨物的容積折合成的噸數。容積淨噸主要用於船舶的報關、結關，作爲船舶向港口交納的各種稅收和費用的依據，也作爲船舶通過運河時交納運河費的依據。

（二）船舶載重線

船舶載重線（Ship's Load Line），就是船舶滿載時的最大吃水線。它是繪制在船舷左右兩側船舶中央的標誌，是根據航行的海域及季節性變化而確定的。這種制度在國際上得到各國政府的承認，以保障航行的船舶、船上承載的財產和船員的人身安全。

船舶載重線標誌又稱爲普利姆索爾標誌（Plimsoll Mark），由甲板線、載重線圓盤和載重線標誌三部分構成。

各條載重線的含義如下：

TF（Tropical Fresh Water）表示熱帶淡水載重線，即船舶航行於熱帶地區淡水中最大吃水不得超過此線。

F（Fresh Water）表示淡水載重線。

T（Tropical Sea Water）表示熱帶海水載重線。

S（Summer Sea Water）表示夏季海水載重線，它與載重線圓盤上的水平直線處於同一高度。

W（Winter Sea Water）表示冬季海水載重線。

WNA（Winter North Atlantic）表示冬季北大西洋載重線。

在租船業務中，其租船的租金習慣上按照船舶夏季載重線對應的夏季載重噸，每30天（或每日曆月）每載重噸的若干金額來計算。

（三）船籍與船旗

船籍是指船舶的國籍。船籍由船主向本國或外國船舶管理部門辦理所有權登記，取得本國或者登記國國籍的證書後獲得。

船旗是指商船在航行中，懸掛其所屬國籍的國旗。船旗是船舶國籍的標誌。按照規定，商船是船旗國浮動的領土，無論在公海或在他國海域航行，均需要懸掛船籍國的國旗。船舶有義務遵守船籍國法律的規定，並且享受船籍國法律的保護。

方便旗船是指在外國登記、懸掛外國國旗並在國際市場上進行營運的船舶。第二次世界大戰後，方便旗船迅速增加，掛方便船旗的船舶主要屬於一些海運比較發達的國家和地區，如美國、希臘、日本、中國香港和韓國的船東。他們將船舶轉移到外國進行登記，以逃避國家重稅和軍事徵用。他們可以自由制定運價而不受政府的管制，自由處理船舶與運用外匯，自由雇傭外國船員並支付較低的工資，降低船舶標準以節省修理費用，降低營運成本以增強競爭力等。而公開允許外國船舶在本國登記的所謂"開放登記"的國家，主要有利比亞、巴拿馬、塞浦路斯、新加坡以及百慕達等。通過這種登記可爲登記國增加一定的外匯收入。

（四）船級

船級（Ship's Classification）是表示商船技術狀況的一種標誌，即指商船船殼構造及其機器設備應保持一定的標準而劃分的等級。它是商船具有適航性的重要條件和標誌。

船舶入級，在國外一般由公認的船級社辦理，在各國則由交通部船舶檢查局進行、檢驗並最後確定。船舶經船級社檢驗合格、確定登記後，才能頒發船級證書。船級證書有效期一般爲四年，屆滿後須重新鑒定。

國際船級社協會（International Association of Classification Societies，IACS）是1968年在奧斯陸舉行的主要船級社討論會上正式成立的。IACS成立的目的是促進海上安全標準的提高，與有關國際組織的海事組織進行合作，與世界海運業保持密切合作。

目前，國際船級社協會共有美國船舶檢驗局（ABS）、法國船級社（BV）、挪威船級社（DNV）、韓國船級社（KR）、英國勞氏船級社（LR）、德國勞氏船級社（GR）、日本海事協會（NK）、波蘭船舶登記局（PRS）、義大利船級社（RINA）等11個正式成員和2個準會員。中國船級社於1988年加入國際船級社協會。

（五）船舶的主要文件

船舶文件是證明船舶所有權、性能、技術狀況和營運必備條件的各種文件的總稱。船舶必須通過法律登記和技術鑒定並獲得有關正式證書之後，才能參加營運。國際航行船舶的船舶文件主要有：

船舶國籍證書、船舶所有權證書、船舶船級證書、船舶噸位證書、船舶載重線證書、船員名冊、航行日誌。

此外，還有輪機日志、衛生日誌和無線電日誌等。根據相關現行規定，進出口船舶必須向港務管理機關（港監）呈驗上述所有文件。

第三節　海運經營方式

國際貿易海洋運輸按照船舶經營方式劃分，主要可以分為班輪運輸和租船運輸兩大類。

一、班輪運輸

班輪運輸（Liner Transport），又稱定期船運輸，是指船舶在固定的航線上和港口之間，按照事先公布的船期表航行，從事客、貨運輸業務，並且按照事先公布的費率收取運費的海運方式。

（一）班輪運輸的特點

（1）"四固定"，即固定航線、固定港口、固定船期和費率的相對固定。"四固定"有利於貨主掌握船期、核算運輸費用、組織貨源，最終有利於促進進出口貿易的成交。

（2）同一航線上的船型相似，各船舶之間保持一定的航班密度。

（3）運價內已經包括了裝卸費用。

（4）承托雙方的權利義務，以及責任豁免以簽發的提單條款作為依據。

（二）班輪運輸的作用

由於班輪運輸承運的對象是件雜貨，件雜貨相對於大宗貨物而言，具有批次多、批量小、貨價高的特點。因此，班輪運輸對工人的裝卸作業要求較高。班輪運輸的貨物數量約占海運貨物總量的20%，但價值卻占海運承載的國際貿易總量的80%左右。其運輸的組織技術比較複雜。因此，一個國家有多少定期班輪航線，每月能開出多少班輪航班，是衡量一個國家對外貿易和航運發達程度的重要標誌之一。

（三）班輪運價

1. 班輪運價和班輪運價表

班輪運費是承運人為承運貨物而收取的報酬，而計算運費的單價（或費率）就稱為班輪運價。班輪運價是按照班輪運價表的規定計算的，是壟斷性價格。

不同的班輪公司或不同的輪船公司開列有不同的班輪運價表。班輪運價表可以分為等級運價表和單項費率運價表兩種。班輪運價表一般包含的內容有：

（1）貨物分級表。表中列明各種貨物所屬的運價和計費標準。

（2）航線等級費率表。表中列明不同等級貨物的基本運費率。

（3）附加費率表。表中列明各種附加費按基本運費的一定百分比（相對數）或按每運費噸若干元（絕對數）計收。如貨幣附加費、航線附加費、燃油附加費等。

（4）冷藏貨費率表以及活牲畜費率表。

（5）說明及有關規定。主要是該運價表的適用範圍、計價貨幣、計價單位以及其他有關規定。

（6）港口規定以及條款。主要是將一些國家或地區的港口規定列入運價表。

我國目前使用的運價表主要有：

（1）中國遠洋運輸集團公司的六號運價表，它屬於等級運價表，該表把所有的貨物分成20個等級，由交通部印發。

（2）中國租船公司二號運價表，適用於國外輪船公司或我國租船承運的貨物。

（3）華夏公司三、四號運價表，適用於班輪公司承運或運往美國的貨物。

另外，如果適用中波輪船公司、日本東方輪船公司、德國瑞克麥斯公司班輪或進出口貨物，則必須分別適用這些公司自己制定的運價表。

2. 班輪運費的計算標準

（1）按貨物的毛重計算，以"W"（Weight）表示。如一公噸（1 000公斤）、1長噸（1 016公斤）或一短噸（907.2公斤）為一個計算單位，也稱重量噸。

（2）按貨物尺碼或體積計算，以"M"（Measurement）表示。如1立方米（約合35.314 7立方英尺）或40立方英尺為一個計算單位，也稱尺碼噸或容積噸。

（3）按貨物毛重或尺碼，選擇其中收取運費較高者計算運費，以"W/M"表示。

（4）按鈕貨物合同的FOB價格，收取一定的百分比作為運費，稱為從加價運費，以"AD VALOREM"或"Ad. Val."表示。這是拉丁文，按英文是"按照價值"的意思（即According To Value）。

（5）按貨物毛重或尺碼或價值，選擇其中收費較高者計算的運費，用"W/M or Ad. Val."表示。也有按貨物毛重或尺碼選擇其高者，再加上從價運費計算，以"W/M Plus Ad. Val."表示。

（6）按貨物的件數計收。如活牲畜和活動物，按"每頭"（Per Head）計收；車輛有時按"每輛"（Per Unit）計收；起碼運費按"每提單"（Per B/L）計收。

（7）大宗低值貨物，按議價（Open Rate）計收運費。如糧食、豆類、煤炭、礦砂等。按承托運雙方臨時議定的價格收取運費，比按等級運價計算運費要低。

（8）起碼費率（Minimum Rate）。是指按每一提單上所列的重量或體積計算的運費。如果未達到運價表中規定的最低運費金額，按最低運費計收。

應當注意的是，如果不同商品混裝在一個包裝內（集裝箱除外），則全部貨物都須按其中收費最高的商品計收運費。同一種貨物因包裝不同而計費標準不同，但托運時如未申明具體包裝形式，全部貨物均要按運價高的包裝計收運費。同一提單內有兩種以上不同計價標準的貨物，托運時如未分列貨名和數量，計價標準和運價全部要按高者計算。這是在包裝和托運時應該注意的。此外，對無商業價值的樣品，凡體積不超過0.2立方米，重量不超過50公斤，可要求船方免費運送。

3. 班輪運費的計算

班輪運費包括基本運費和附加費兩部分。基本運費是指班輪航線內基本港之間對每種貨物規定的必須收取的運費。附加費是對一些需要特殊出口的貨物或由於客觀情況的變化使運費大幅度增加，爲彌補損失而額外加收的費用。附加費的種類很多，並且隨著客觀情況的變化而變動，各種附加費是對基本運價的調節和補充，可以比較靈活地對各種外部不測因素的變化做出反應，所以班輪附加費是班輪運價的重要組成部分。以下是幾種常見的附加費：

（1）燃油附加費（Burner Surcharge Or Bunker Adjustment Factor，B. A. F）。在燃油價格突然上漲時加收。按每一運費噸加收一絕對款或按基本運價的一定百分比加收。

（2）貨幣貶值附加費（Devaluation Surchargr or Currency Adjustment Factor C. A. F）。在貨幣貶值時，船方爲保持實際收入不減少，按基本運價的一定百分比加收的附加費。

（3）轉船附加費（Transhipment Surcharge）。凡運往基本港的貨物，需轉船運往目的港時，船方收取的附加費，包括轉船費和二程運費。但有的船公司不收此項附加費，而是分別收轉船和二程運費。這種收取一、二程運費加轉船費的做法，即通常所稱的"三道價"。

（4）直航附加費（Direct Additional）。當運往基本港的貨物達到一定的貨量（500~1,000運費噸）時，船公司可安排直航該港而不轉船時所加收的附加費。一般直航附加費較轉船附加費低。

（5）超重附加費（Heavy Lift Additional）。

（6）超長附加費（Long Length Additional）。

（7）港口附加費（Port Additional or Port Surcharge）。有些港口由於設備條件差或裝卸交叉率低及其他原因，船公司加收的附加費一般按基本運價的一定百分比收取。

（8）港口擁擠附加費（Port Congestion Surcharge）。有些港口由於擁擠導致船舶停泊時間增加而加收附加費。這種附加費隨港口條件的改善或惡化而變化，一般也按基本運價的一定百分比計收。

（9）選港附加費（Optional Surcharge）。貨物托運時不能確定具體的卸港，要求在兩個或兩個以上的港口中選擇一港卸貨，船方加收的附加費。所選港口限定爲該船次規定的轉港，並按所選港中收費最高者計收運費及各種附加費。貨主必須在船舶到達第一卸港前的規定時間內（一般規定爲24小時或48小時前）通知船方最後選定的卸港。

（10）繞航附加費（Deviation Surcharge）。蘇伊士運河1967年因戰爭關閉，歐亞間往來船舶均需繞道好望角，當時班輪運價規定加收10%的繞航附加費，1975年6月5日運河重新開放時，該附加費取消。由於正常航道受阻不能通行，船舶必須繞道才能將貨物運至目的港時，加收附加費。

除以上十種附加費外，還有一些需船貨雙方臨時議定的附加費、洗船費、熏蒸費、破冰費、加溫費等。各種附加費是對基本運價的調節、補充。

班輪運費的基本計算公式爲：

運費＝運費噸（重量或尺碼噸）×等級運費率×（1+附加費率）
即：F＝Fb+∑S
式中，F 為運費總額，Fb 為基本運費，S 為某一項附加費。

【例】 以成本加運費價格向加拿大溫哥華出售一批罐頭水果汁，重量為 8 公噸，尺碼為 10 立方米。求該批貨物的總運價。

解：
（1）先查出水果汁的準確譯名為 "Fruit Juice"。
（2）從有關運價表的 "貨物分級表" 中查找相應的貨名，為 8 級，計算標準為 M，即按貨物的尺碼計算運費。
（3）查中國—加拿大航線登記費率表。溫哥華位於加拿大西海岸，從該表溫哥華一欄內查出 8 級相應的基本費率為每噸 219.00 美元。
（4）另須查附加費率表，得知燃油附加費為 20%。
（5）已知該貨的基本費率和附加費，即可代入公式：
F＝Fb+∑S
F＝（219.00+219.00×20%）×10＝（219.00+43.80）×10＝262.80×10＝2 628（美元）

（四）班輪公會

班輪公會（Freight Conference），又稱航運公會，它是由兩家以上在同一航線上經營班輪運輸的輪船公司，為維護共同利益，避免相互間的競爭，通過建立統一的運價和辦法制度所組成的國際航運壟斷組織。參加的貨源可以分為兩種：一種是參加工會控制的全部航線的完全會員，另一種是只參加部分航線的副會員。

按照參加的條件劃分，可以分為兩種：一種是開放型公會，凡輪船公司申請參加均可獲準；另一種是關閉型公會，只有具備一定資格和航行實績的船公司，方可經過討論通過加入。公會為維持其壟斷地位，對非會員船公司進行排擠，使用戰鬥船，降低運價以攬貨，迫使非會員船公司退出航線。對貨主則採用延期回扣和雙重費率制度。凡與公會簽訂合同的貨主，可享受優惠費率，如下一期仍使用公會船載貨，又可獲得延期回扣。總之，公會採取這些手段，無非是為了控制貨載，以獲取高額利潤。

二、租船運輸

租船運輸（Shipping by Chartering），又稱不定期船運輸，是對外貿易運輸中另一種重要的船舶經營方式。租傳與運輸中，船舶沒有預定的船期表、航線、港口。船舶按租船人和船東雙方簽訂的租船合同規定的條款形式行駛。也就是說，根據租船合同，船東將船舶出租給租船人使用，以完成特定的貨運任務，並按照商定的運價收取運費，在這一過程中船舶的所有權沒有發生轉移。

（一）租船運輸的特點與作用

1. 租船運輸的特點
（1）沒有固定航線、裝卸港及船期。租船運輸的航線和裝卸港的安排，根據租船人的需要或按合同而定。靈活是租船運輸最大的優點。

(2) 沒有固定的運價。租船的運價受市場供求關係制約。船舶供大於求，價格低，反之則高。因此租船運價隨租船市場行情的變化而經常變化，而班輪運價是按固定的費率，比較穩定。

(3) 租船運輸中的提單不是一個獨立的文件，租船運輸中船方出具的提單，一般為只有正面內容的簡式提單，並註明"All Terms And Conditions As Per Charter Party, Or Freight Payable As Per Charter Party"。這種提單要受租船契約約束，銀行不願意接受這類提單，除非信用證另有規定。而班輪提單則是承托雙方的合同憑證，是一個完整的法律文件。

(4) 租船運輸中的船舶港口使用費、裝卸費以及船期延誤都按租船合同規定劃分和計算，而班輪運輸中的船舶的一切正常營運吃住均由船方負擔。

(5) 租船主要是用來運輸國際貿易中的大宗貨物。如工業原料、礦石、石油、硫磺、磷灰石、糧食、飼料及各種工業產品、化肥、水泥等。而班輪運輸一般多裝運雜貨。

2. 租船運輸的作用

(1) 租船一般都通過租船市場，船東、租船人和船舶經紀人聚集在一起，互通情報，提供船舶和貨源，進行租船活動。

(2) 租船一般都是整船，國際間的大宗貨物主要是以租船運輸方式為主。由於租船運量大，運輸成本較低。

(3) 租船運價是競爭價格，一般比班輪運價低，有利於低值大宗貨物的運輸。

(4) 只要是船舶能安全出入的港口，租船都可以進行直達運輸。

(5) 一旦貿易增加，船位不足，而造船、買船又趕不上需要時，租船運輸就可以起到彌補需要的作用。如果倉位有餘，為了避免停船損失，還可以租船攬貨或轉租。

(二) 租船市場

租船通常在租船市場進行。但是由於租船是國際性的業務活動，船東和租船人分布在世界各地，因此，現代租船市場並不一定要有固定的場所，只要是有船集中供租的地方，都可稱為租船市場，現在大量的租船業務是通過電信完成的。

在租船市場上，大宗交易常常是通過經紀人進行的。船舶經紀人擁有廣泛的業務聯繫渠道，能向船方提供尋租消息和向租船人提供船源情況，為雙方提供贖當的恰租對象供選擇。若交易成功，經紀人可取得報酬。船舶經濟人除促成船舶租賃業務以外，還代辦船舶買賣、船舶代理業務。船舶經紀人的主要作用是為委託人提供最合適、最有利的生意，提供市場行情，向當事人答複委託人的詢問，為當事人雙方斡旋並解決困難。

(三) 租船方式

國際上使用較為廣泛的租船方式主要有定程租船和定期租船兩種。

1. 定程租船

定程租船（Voyage Charter）又稱航次租船或程租船，是以航程為基礎的租船方式。

定程租船是船舶所有人按雙方事先議定的運價與條件向租船人提供船舶全部或部分艙位，在指定的港口之間進行一個或多個航次，運輸指定貨物的租船業務。

根據船東和租船人約定應該完成的航次數，程租又可以分爲以下四種形式：

（1）單航次程租。指只租一個航次的租船。船舶所有人負責將指定的貨物由一個港口運往另一個港口，貨物運抵目的港卸貨完畢後，合同即告終止。

（2）來回航次租船。指洽租往返航次的租船。一艘船在完成一個單航次後，緊接着在上一個航次的卸貨港（或附近港口）裝貨，駛返原裝貨港（或附近港口）卸貨，貨物卸畢後，合同即告終止。

（3）連續航次租船。指恰租連續完成幾個單航次或幾個往返航次的租船。在這種方式下，同一艘船舶在同方向、同航次上，連續完成規定的兩個或兩個以上的單航次，合同才告結束。

（4）包運合同，又稱大合同。這是一種只確定承運貨物的數量及完成期限，不具體規定航次數和船舶艘數的租船方式。

2. 定期租船

定期租船（Time Charter），簡稱期租船，是船舶所有人把船舶出租給承租人使用一定時期的租船方式。在此期限內，承租人可以利用船舶的運載能力來安排貨運。

租期內，船舶的燃料費、港口費用、拖輪費用等營運費用，都由租船人負擔。船東只負責船舶的維修、保險、配備船員和供給船員的給養，以及支付其他固定費用。期租船的租金在租期內不變。支付方法一般按船舶夏季載重線時的載重噸，每噸每月若干貨幣單位計算，每30天（每日曆月）或每半月預付一次，期租船的租期一般爲六個月、一年、兩年甚至五年不等。期限確定後，雙方都不能隨意改變。

如果裝貨港和卸貨港的條件較好或航線的航行條件較好，能夠確定完成一個航次所需要的時間，那麼對於租船人來說，採用期租船更有利。

除了程租、期租以外，在實踐中，還有一種租船方式——光船租船（Demise Or Bare Boat Charter）。光船租船是一種比較特殊的租船方式。也是按一定期限租船，但它與期租的不同之處就是，船東不提供船員，僅將一條船交給租船人使用。由租船人自行配備船員，負責船舶的經營管理和航行等各項事宜。在租賃期間，租船人實際上對船舶擁有支配權和公有權。從承租方式來說，一般貨主都不可能採用這種方式，因爲它比期租方式更複雜，僅雇傭船員一項，就需要一個專門的部門來管理，所以只有具有一定規模的船公司，本身有一套船舶的經營管理機構和人員，才有條件採用光船租船的方式。因此，光船租船在當前的國際貿易中很少使用。

三、租船合同

租船合同（Charter Party）又稱租約，是載有租船訂約雙方權利和義務條款的一種運輸合同。租船合同時事先記下準備好的現成格式，在業務雙方洽談時加以增刪。現在使用的期租合同格式有數種。程租合同則有數十種之多。使用較爲廣泛的有標準雜貨租船合同，簡稱金康合同。期租則有定期租船合同（又稱巴爾的摩租船合同）、紐約物產交易所定期租船合同和中國租船公司的《中國期租1980》合同等。

下面簡要介紹租船合同的主要條款。

(一) 定程租船合同的主要條款

1. 合同當事人

通常船東和租船人雙方為合同的當事人，也就是根據合同有權提出索賠或被索賠的對象，或有權起訴和作為被起訴的人。由於租船合同常常是由代理人出面簽訂，因此誰對合同負責，就會出現不同的情況。如果被授權的代理人為公開身份的委託人訂約，並以代理人的身份簽署合同，則委託人是契約的當事人，代理人沒有責任。如果被授權的代理人為委託人訂約，但沒有公開委託人的身份，通常代理人要對合同負責。把自己說成是代理人，而事實上是委託人，則代理人通常要對合同負責任。如果租船合同為一方當事人做船東，而且是二船東，即可得出這樣的結論：合同中指定的船舶不為他所有，而是租來的。如果當事人是船東，則指定的船舶必須是屬於他的，不可用租用船舶代替。

2. 船舶說明

這是合同的重要條款之一，直接關係到船舶的安全和經營效益，特別是在戰爭時期，該條款顯得更重要。這部分內容包括船名、船舶國籍或船旗、船舶建造年月和船級、船舶噸位、訂約時的船舶位置等。

3. 貨物

程租船一般要在合同中訂明承運貨物的種類、名稱、數量、包裝、特徵等項，租船人不得變更。在裝運大宗貨物時，裝貨數量一般訂有 5%~10% 的伸縮。如租船人需要從幾種貨物中選裝，可恰訂"貨物選擇權"（Option of Cargo）條款，如小麥及/或大豆及/或高粱，這樣租船人就有選裝的自由權了。合同中或規定具體裝貨數量，或規定有一定的增減幅度。輕泡貨則只規定船舶的裝載能力而不規定貨量，如果租船人沒有按約定供足貨量，要按比例支付空艙費。因為程租運費按裝載貨物實際噸數計，如船舶實際裝載量少於船東保證數，則運費可按比例減少。

4. 裝卸港口

最簡單的訂法是訂明裝卸港的數目和港口名稱。但是，比較靈活的辦法是只訂明裝卸區域，例如，中國港口，或中國某一港口，或中國北方口岸的兩個港口等，由租船人任選其中 1~2 個港口。船東通常要求指定的港口必須是安全港口（Safe Port）或安全泊位（Safe Berth）。港口安全與否不僅與自然條件有關，而且與社會、政治因素有關，那些有可能遭遇罷工、戰爭或流行性傳染病的港口，一般被認為是不安全港口。所以，在租約上有"就近條款"（Near Clause）。簽訂這種條款，就給了船東一個靈活性。如果船東認為租船人指定的港口不安全，就可以抵達指定港口附近的另一個港口裝卸貨物。這樣的做法對租船人是不利的，所以租船人應當盡量取消這一條款。

5. 受載日和解約日

受載日（Laydays）是指按合同的規定，租船人可以接受的船舶最早裝貨日期。解約日（Cancelling Date）是指按合同規定，租船人可以接受的船舶最晚裝貨日期。兩者之間的日期稱為船舶的受載期。如果船舶發生了脫期，租船人有權選擇保留合同或取消合同。如果船舶脫期是由於船東的疏忽或故意，則租船人不僅有權解除條約，並且可以提出損害的賠償要求。

6. 運費

運費是指船東提供船舶運輸服務應得的報酬。程租合同中有點規定運費率，按貨物每單位重量或體積的若干金額計算；有的規定整船包價（Lumpsum Freight）。費率的高低主要取決於租船市場的供求關係，但也與運輸距離、貨物種類、裝卸率、港口使用費、裝卸費用劃分和佣金的高低等有關。合同中對運費的計算依據的是裝船重量（Intaken Quantity）或卸船重量（Delivered Quantity）。運費是預付還是到付，均須訂明。特別要注意的是，應付運費時間是指船東收到運費的日期，而不是租船人付出（匯出）的日期。

7. 裝卸費用

合同中一般有下列四種劃分：

船方負擔裝卸費用，又稱班輪條件（Liner Terms Or Gross Terms）。

船方不負擔裝卸費用（Free In And Out，F. I. O）。採用這一條件還要明確理艙費和平艙費由誰負擔。一般都規定由租船人負擔，即船方不負擔裝卸、理艙和平艙費條件（Free In And Out Stowed，F. I. O. S. T）。

船方負擔裝貨費用，但不負擔卸貨費用（Free Out，F. O）。

船方負擔卸貨費用，但不負擔裝貨費用（Free In，F. I）。

上述四個條款僅是劃分船方、租船方裝卸費用的支付，而不是責任。即使船方不負擔裝卸費，但對貨物的安全運載仍然負有責任。

8. 許可裝卸時間

為節省船期，在程租合同中，船東一般規定租船人在一定時間內完成裝卸作業的條款，這個規定的時間就是許可裝卸時間（Lay Time）。有的合同則將裝貨與卸貨的許可時間分開規定。至於如何計算，需在合同中明確規定。常見的有下列 6 種方法：

連續日（Running Days）。

工作日（Working Days）。

累計 8 小時工作日（Working Days Of 8 Hours）。

累計 24 小時工作日（Working Days Of 24 Hours）。

晴天工作日（Weather Working Days）。

連續 24 小時晴天工作日（Weather Working Days Of 24 Consecutive Hours）。

上述工作日的計算，還要訂明星期日和節假日除外。但是，如果星期日和節假日仍在進行作業，則有兩種不同的規定：一種是"星期日和節假日除外，即使已使用星期日、節假日也不計時間"（Sundays And Holidays Excepted Even If Used）；另一種是"星期日和節假日除外，使用才算時間"（Sundays And Holidays Excepted Unless Uesd）。至於星期六午後或節假日前一天午後、星期五午後、星期一時或節假日後工作日 8 時前是否就散，也應明確規定。

對於許可裝卸時間的起始點，合同中也要明確規定。一般是由船長遞交"裝卸準備就緒通知書"（Notice Of Readiness）後下一個工作日上午 8 時起算，也有規定遞交後

24 小時起算，直到最後一件貨物裝上或卸下船舶。

9. 滯期費和速遣費

在許可裝卸時間內如果未能裝卸完畢，則自許可裝卸時間終止時起至全部貨物裝卸完畢後的滯期時間，租船人應按合同規定向船東支付滯期費（Demurrage）。通常滯期費按船舶滯期時間乘以合同規定的滯期費率計算。

滯期時間等於實際使用的裝卸時間與合同規定的裝卸時間之差。滯期時間的具體計算主要有兩種方法：第一，"滯期時間連續計算"（Demurrage Runs Continuously）或"一旦滯期，始終滯期"（Once On Demurrage, Always On Demurrage）。即超過合同規定的裝卸時間後的裝卸時間，該扣除的星期日、節假日及壞天氣因素就不再扣除，而按自然日有一天算一天，均作爲滯期的時間計算。第二，"按同樣的日期"計算，即滯期時間與裝卸時間一樣計算，該扣除的時間同樣扣除。如果在允許裝卸時間屆滿前，提前完成了貨物的裝卸工作，則對於節省的時間，船東要付給租船人一定的金額作爲獎勵，這就是速遣費（Despatch）。滯期費和速遣費均按每天若干金額計算，不是一天按比例計算，通常速遣費爲滯期費的一半（Despatch Half Demurrage，DHD）。

除了上述主要條款以外，租船合同中還規定有傭金條款（Brokerage/Address Commission）、簽署權條款（Lien Clause）、共同海損條款（General Average）、罷工條款（Strike Clause）、冰凍條款（Ice Clause）等。使用時，可選用合適的規範合同，根據具體需要增刪內容。

（二）定期租船合同的主要條款

下面，以中國租船公司擬定的租船合同——《中國期租 1980》，以及波羅的海國際海運協會的標準定期租船合同（Uniform Time Charter，BALTIME）的內容爲例，介紹定期租船合同的七個主要條款內容。

1. 船舶說明

定期租船租賃時間長，且船舶在租期之內，由承租方經營管理。因此，要認真選擇、審查定期租船合同中的船舶說明各主要項目。

2. 租期

租期的長短主要根據租方的需要來定。在恰租長期租船時，要考慮在這段時間內，有無穩定的基本貨源。最好不要在高運價時租進，若在租期內情況變化，貨源不足，可以及時轉租。期租船的租期之所以重要，是因爲租船市場的租金波動不僅頻繁，而且幅度很大。在租金上漲時，船方總想早些收回船舶，租方的態度則相反。因此關於租期條文的解釋常常會發生爭執。

租期的訂法通常有三種：暗含伸縮性、明確規定伸縮時間和規定沒有貨暗含沒有伸縮。

前面提及的航次期租業務使用的是期租合同的格式。但是租期大多是以完成一個特定的航次爲限。

3. 交船

交船，即指船東依據合同，將船舶和船員交給租船人使用，此時是租期和租金開始計算之時。關於交船的地點，訂法很多，如在租方指定的港口交船，或者船過某一位置交船等。交船地點選擇的關鍵在於，承租雙方都希望將船舶空放的經濟損失降到最低。

通常在交船時，船舶應當滿足的條件有：裝貨已準備就緒；貨艙已清掃乾淨；適於裝載約定的貨物；船上存油量和船上設備、滅火設備、護貨板等完備無缺，符合租約規定；船舶文件齊備且有記錄；船必須適航。

交船時，如船舶不符合租約規定，租方有權拒絕接船，若租方沒有提出棄權，則意味着放棄了拒絕接船的權利。

4. 租金

租船人爲取得船舶使用權向船東支付的費用叫租金。習慣上租金按每 30 天，或每日歷月、每夏季載重噸計算，也可以按整條船每天若干金額計算，兩者之間可以換算。

一般夏季載重噸位 25,000 噸的船，每 30 天每噸的租金爲 8 美元，則這條船每天的租金爲 25 000×8÷30＝6,667（美元），但租金的高低與船舶所載的貨物無關。

5. 停租與復租

停租，指在租期之內，租約定的原因或因物料不足、機械故障、船檢驗船舶的種等船方責任事故，造成租方租期損失時，租方有中斷支付停止使用船期間租金的權利。所有期租合同中都訂有這一條款。在引用這一條款時，租方有說明時間損失原因的責任，已付租金可按比例扣除。停租和復租雙方必須辦理記錄手續。《中國期租1980》中對造成時間損失引用停租條款的情況作了詳細的說明。這對於處理停租事件，防止發生糾紛是十分有利的。

6. 還船

租期滿時，租船人有義務按照租約規定的地點和條件將船還給船東。還船之時就是租金停付之日。

關於還船地點和事件的訂法中，對租方有利的條款是"船在何時何處備妥，就在何時何處還船"（When Where The Vessel Ready，W．W．R），對船東較有利的條款是"出港引水員下船時作爲還船"（Dropping Outward Pilot，D．O．P）。在這個條件下，船東可少付一筆出港費。因爲牽涉到費用問題，所以，這一條款的內容應盡可能訂得具體、明確。

還船時，船舶需具備下列條件：與交船時相同的良好狀態和條件，即貨艙清潔，船上各部位都處於完好的狀態；船上存油符合租船合同的規定。

7. 轉租

轉租條款明確了租船人在租期內，有權依據合同所租來的船舶租給他人，但是，在轉租時，租船人仍有義務履行原租船合同。在長期租船的條件下，租船人有時會因貨源或經營決策等原因，將租船轉租給第三者。在這種情況下，租船人就成了二船東。在簽訂轉租合同時，要嚴格根據原租船合同的條款，以保證第三者的行爲在受轉租合同約束的同時，不違背原租船合同，以防止二船東與真正的船東之間發生不必要的糾紛。轉租合同中的航行地區、共同海損理賠條款、仲裁條款都必須和原租船合同中的規定一致。

以上介紹的只是期租合同中的部分常用條款，期租合同條文很多，還有一些條款也是常見的。例如，對貨物種類及航行區域的限制，船東的責任及免責條款、首要條款、戰爭條款等。在具體租船時，要根據貨運需要及自身利益，力爭簽訂對我方有利的條款。

思考題

1. 思考海洋運輸的優點及缺點。
2. 思考海洋運輸的主要類型及其適用範圍。

第 3 章　貨物海運業務

海運貨物進出口業務包括進出口業務流程和提單內容，本章的學習要求瞭解海運貨物進出口業務的具體流程，以及單據的類型及其製作。

第一節　海運進口業務流程

一、交易前的準備工作

準備工作主要包括選擇目標市場、交易對象、制訂進口商品經營方案等。

二、對外磋商階段

（1）詢盤，即邀請對方提出報價及相應的運輸、保險等條款（附：賣方報價單）。

（2）發盤，即由發盤人提出報價單。

（3）還盤，即受盤人不同意或完全不同意發盤人在發盤中提出的條件，並對此提出修改意見。

（4）接受，即受盤人接到對方的發盤或還盤後，同意對方提出的條件，願意與對方達成交易，並及時承諾。

三、簽訂合同

交易成立後，由當事人一方以交易內容及條件製成書面文件寄交對方，由對方簽署確認。這類文件包括：（1）訂單（由買方制成交賣方簽署確認）；（2）銷售確認書、銷售合同（由賣方制成交買方簽署確認）。

四、履行合同

1. 進口合同的履行（設按 FOB 成交）

（1）進口簽訂後，按照合同規定填寫開立信用證申請書向銀行辦理開證手續（附：信用證）。

（2）履行 FOB 交貨條件的進口合同，由買方負責派船到對方口岸接運貨物，賣方在交貨前一定時期內，應將預計裝運日期通知買方，由買方向船方辦理租船訂倉手續。

（3）租船與訂艙，在辦妥租船訂艙手續後，應按規定的期限將船名及船期通知賣方，以便其備貨裝船。

（4）貨物裝船後，賣方應及時向買方發出裝船通知，以便買方及時辦理保險和接貨等項工作。

（5）FOB 交貨條件下的進口合同、保險由買方辦理。每批進口貨物，在收到國外裝船通知後，應將船名、提單號、開船日期、商品名稱、數量、裝運港、目的港等項內容通知保險公司，即作為已辦妥保險手續。

（6）買方開戶銀行收到賣方開戶銀行寄來的匯票及單據後，對照信用證的規定，核對單據的份數和內容，如核查無誤，則由買方開戶銀行對賣方開戶銀行付款。

（7）進出口公司用人民幣按照國家規定的有關折算牌價向銀行買匯贖單。

（8）進口貨物到貨後，由進出口公司或委託外貿運輸公司根據進口單據填寫"進口貨物報關單"向海關申報，並隨附發票、提單及保險單——如屬法定檢驗的進口商品，還需隨附商品的檢驗證書。經檢驗合格方可放行。

（9）進口貨物運抵港口卸貨時，由港務局進行卸貨核對，如發現短缺，應及時填制"短卸報告"交由船方簽署確認，並根據短缺情況向船方提出保留索賠權的書面聲明（同時，保險公司和商檢局也將做出相應處理）。

（10）此後，如訂貨或用貨單位在卸貨港所在地，則就近轉交貨物；如訂貨或用貨單位不在卸貨地區，則委託貨運代理將貨物轉運至用貨單位。

（11）如進口商品的品質、數量、包裝等不符合合同規定，則根據造成損失原因的不同，及時分別向賣方、輪船公司、保險公司索賠。在碼頭堆場或貨運站借出或回收時，由碼頭堆場或貨運站製作設備交接單，經雙方簽字後，作為兩者之間設備交接的憑證。

集裝箱設備交接單分進場和出場兩種，交接手續均在碼頭堆場大門口辦理。出碼頭堆場時，碼頭堆場工作人員與用箱人、運箱人就設備交接單上的以下主要內容共同進行審核：用箱人名稱和地址，出堆場時間與目的，集裝箱箱號、規格、封志號以及是空箱還是重箱，有關機械設備的情況，正常還是異常等。

進碼頭堆場時，碼頭堆場的工作人員與用箱人、運箱人就設備交接單上的下列內容共同進行審核：集裝箱、機械設備歸還日期、具體時間及歸還時的外表狀況，集裝箱、機械設備歸還人的名稱與地址，進堆場的目的，整箱貨交箱貨主的名稱和地址，擬裝船的船次、航線、卸箱港等。

第二節　海運出口業務流程

一、海運出口運輸工作

在以 CIF 或 CFR 條件成交，由賣方安排運輸時，其工作流程如下：

（1）審核信用證的裝運條款：為使出運工作順利進行，在收到信用證後，必須審核證中有關的裝運條款，如裝運期、結匯期、裝運港、目的港、是否能轉運或分批裝運以及是否指定船公司、船名、船籍和船級等；有的來證要求提供各種證明，如航線證明書、船籍證等。對這些條款和規定，應根據該國政策、國際慣例、要求是否合理和是否能辦到等來考慮接受或提出修改要求。

（2）備貨報驗：就是根據出口成交合同及信用證中有關貨物的品種、規格、數量、包裝等的規定，按時、按質、按量地準備好應交的出口貨物，並做好申請報驗和領證工作。冷藏貨要做好降溫工作，以保證裝船時符合規定溫度要求。在中國，凡列入商檢機構規定的"種類表"中的商品以及根據信用證、貿易合同規定由商檢機構出具證書的商品，均需在出口報關前，填寫"出口檢驗申請書"申請商檢。有的出口商品需鑒定重量，有的需進行動植物檢疫或衛生、安全檢驗的，都要事先辦妥，取得合格的檢驗證書。做好出運前的準備工作，貨證都已齊全，即可辦理托運工作。

（3）托運訂艙：編制出口托運單，即可向貨運代理辦理委託訂艙手續。貨運代理根據貨主的具體要求按航線分類整理後，及時向船公司或其代理訂艙。貨主也可直接向船公司或其代理訂艙。當船公司或其代理簽出裝貨單，定艙工作即告完成，就意味着托運人和承運人之間的運輸合同已經締結。

（4）保險：貨物訂妥艙位後，屬賣方保險的，即可辦理貨物運輸險的投保手續。保險金額通常是以發票的 CIF 價加成投保（加成數根據買賣雙方約定，如未約定，則一般加 10% 投保）。

（5）貨物集中港區：當船舶到港裝貨計劃確定後，按照港區進貨通知並在規定的期限內，由托運人辦妥集運手續，將出口貨物及時運至港區集中，等待裝船，做到批次清、件數清、標誌清。要特別注意與港區、船公司以及有關的運輸公司或鐵路等單位保持密切聯繫，按時完成進貨，防止工作脫節而影響裝船進度。

（6）報關工作：貨物集中港區後，把編制好的出口貨物報關單連同裝貨單、發票、裝箱單、商檢證、外銷合同、外匯核銷單等有關單證向海關申報出口，經海關關員查驗合格放行後方可裝船。

（7）裝船工作：在裝船前，理貨員代表船方，收集經海關放行貨物的裝貨單和收貨單，經過整理後，按照積載圖和艙單，分批接貨裝船。裝船過程中，托運人委託的貨運代理應有人在現場監裝，隨時掌握裝船進度並處理臨時發生的問題。裝貨完畢，理貨組長要與船方大副共同簽署收貨單，交與托運人。理貨員如發現某批有缺陷或包裝不良，即在收貨單上批註，並由大副簽署，以確定船貨雙方的責任。但作為托運人，應盡量爭取不在收貨單上批註以取得清潔提單。

（8）裝船完畢，托運人除向收貨人發出裝船通知外，即可憑收貨單向船公司或其代理換取已裝船提單，這時運輸工作即告一段落。

（9）制單結匯：將合同或信用證規定的結匯單證備齊後，在合同或信用證規定的議付有效期限內，向銀行交單，辦理結匯手續。

二、集裝箱運輸出口流程

（1）訂艙——發貨人根據貿易合同或信用證條款的規定，在貨物托運前一定時間內填好集裝箱貨物托運單（Container Booking Note）委託其代理或直接向船公司申請訂艙。

（2）接受托運申請——船公司或代理公司根據自己的運力、航線等具體情況考慮發貨人的要求，決定接受與否，若接受申請就着手編制訂艙清單，然後分送集裝箱堆場（CY）、集裝箱貨運站（CFS），據以安排空箱及辦理貨運交接。

（3）發放空箱——通常整箱貨貨運的空箱由發貨人到集裝箱碼頭堆場領取，有的貨主有自備箱；拼箱貨貨運的空箱由集裝箱貨運站負責領取。

（4）拼箱貨裝箱——發貨人將不足一整箱的貨物交至貨運站，由貨運站根據訂艙清單和場站收據負責裝箱，然後由裝箱人編制集裝箱裝箱單（Container Load Plan）。

（5）整箱貨交接——由發貨人自行負責裝箱，並將已加海關封志的整箱貨運到CY。CY根據訂艙清單，核對場站收據（Dock Receipt，D/R）及裝箱單驗收貨物。

（6）集裝箱的交接簽證——CY或CFS在驗收貨物和/或箱子，即在場站收據上簽字，並將簽署後的D/R交還給發貨人。

（7）換取提單——發貨人憑D/R向集裝箱運輸經營人或其代理換取提單（Combined Transport Bill of Lading），然後去銀行辦理結匯。

（8）裝船——集裝箱裝卸區根據裝貨情況，制訂裝船計劃，並將出運的箱子調整到集裝箱碼頭前方堆場，待船靠岸後，即可裝船出運。

第三節　國際運輸主要貨運單證

一、托運單（Shipping Note—B/N）

托運單有的地方稱爲"下貨紙"，是托運人根據貿易合同和信用證條款內容填制的，向承運人或其代理辦理貨物托運的單據。承運人根據托運單內容，並結合船舶的航線、掛靠港、船期和艙位等條件考慮，認爲合適後，即接受托運。托運單製作應注意：

目的港：名稱須明確具體，並與信用證描述一致，如有同名港時，須在港口名稱後註明國家、地區或州、城市。如信用證規定目的港爲選擇港（Optional Ports），則應是同一航線上的，同一航次掛靠的基本港。

運輸編號，即委託書的編號：每個具有進出口權的托運人都有一個運輸編號（通常也是商業發票號），以便查核和財務結算。

貨物名稱：應根據貨物的實際名稱，用中英文兩種文字填寫，更重要的是要與信用證所列貨名相符。

標記及號碼，又稱嘜頭（Shipping Mark），是爲了便於識別貨物，防止錯發貨，通常由型號、圖形貨收貨單位簡稱、目的港、件數或批號等組成。

重量尺碼：重量的單位爲公斤，尺碼爲立方米。

托盤貨要分別註明盤的重量、尺碼和貨物本身的重量、尺碼，對超長、超重、超高貨物，應提供每一件貨物的詳細的體積（長、寬、高）以及每一件的重量，以便貨運公司計算貨物積載因素，安排特殊的裝貨設備。

運費付款方式：一般有運費預付（Freight Prepaid）和運費到付（Freight Collect）。有的轉運貨物，一程運輸費預付，二程運費到付，要分別註明。

可否轉船、分批，以及裝期、效期等均應按信用證或合同要求一一註明。

通知人、收貨人，按需要決定是否填。

有關的運輸條款、訂艙、配載信用證貨客戶有特殊要求的也要一一列明。

二、裝貨單（Shipping Order—S/O）

裝貨單是接受了托運人提出裝運申請的船公司簽發給托運人，憑以命令船長將承運的貨物裝船的單據。裝貨單既可作為裝船依據，又是貨主憑以向海關辦理出口申報手續的主要單據之一。

三、收貨單（Mates Receipt—M/R）

收貨單又稱大副收據，是船舶收到貨物的收據及貨物已經裝船的憑證。

由於上述三份單據的主要項目基本一致，故在各國一些主要港口的做法是 ，將它們制成聯單，一次制單，既可減少工作量，又可減少差錯。

四、裝貨清單（Loading List）

裝貨清單是承運人根據裝貨單留底，將全船待裝貨物按目的港和貨物性質歸類，依航次、靠港順序排列編制的裝貨單匯總清單，是船上大副編制配載計劃的主要依據，又是供現場理貨人員進行理貨、港方安排駁運進出庫場以及承運人掌握情況的業務單據。

五、提貨單（Delivery Order—D/O）

提貨單又稱小提單是收貨人憑正本提單或副本提單隨同有效的擔保向承運人或其代理人換取的，可向港口裝卸部門提取貨物的憑證。發放小提單時應做到：

（1）正本提單為合法持有人所持有；

（2）提單上的非清潔批註應轉上小提單；

（3）當發生溢短情況時，收貨人有權向承運人或其代理獲得相應的簽證；

（4）運費未付的，在收貨人付清運費及有關費用後，方可放小提單。

六、海運提單（Bill of Lading—B/L）

海運提單是承運人或其代理人應托運人的要求所簽發的貨物收據（Receipt of Goods），在將貨物收歸其照管後簽發，證明已收到提單上所列明的貨物；是一種貨物所有權憑證（Document Of Title）。提單持有人可據以提取貨物，也可憑此向銀行押匯，還可在載貨船舶到達目的港交貨之前進行轉讓；是承運人與托運人之間運輸合同的證明。

海運提單的種類：

1. 根據貨物是否已裝船，可分為已裝船提單（Shipped On Borad B/L）和備用提單

（Received for Shipment B/L）。

2. 根據貨物外表狀況有無不良批註，提單可分爲清潔提單（Clean b/L）和不清潔提單（Unclean or Foul B/L）。

3. 根據不同運輸方式，提單可分爲直達提單（Direct B/L）、轉船提單（Transhipment B/L）、聯運提單（Through B/L）和聯合運輸提單（Combined Transport B/L）等。

4. 根據提單抬頭不同，提單可分爲記名提單（Straight B/L）、不記名提單（Bearer B/L）和指示提單（Order B/L）。

此外，還分爲有全式提單和簡式提單；運費預付提單和運費到付提單；正本提單和副本提單；租船合同下的提單；艙面提單，倒簽提單，預借提單等。

第四節　電子提單

一、電子提單的定義

電子提單是一種利用 EDI（Electronic Data Interchange）系統，對海運途中的貨物支配權進行轉讓的程序。EDI 即電子數據交換系統信息，就是利用計算機聯網設施，通過專用密碼進行信息交換，通告貨物支配權專一的一種特殊的通信工程。之所以將這種特定的海運支配權轉讓程序稱爲電子提單，是因爲該程序具有以下三個特點：

賣方、發貨人、銀行、買方和收貨人均以承運人（或船舶）爲中心，通過專用計算機密碼，通知該運輸途中貨物支配權的轉移時間和對象。

在完成貨物的運輸過程中，通常情況下不出現任何書面文言明即可。

收貨人提貨，只要出示有效證件證明身份，有船舶代理言明即可。

傳統的海運提單是一張提貨憑證，因此貨物權利的轉移是通過提單持有人的背書來實現的。而電子提單則是利用 EDI 系統，根據特定密碼使用計算機網路進行的。因此，電子提單具有許多傳統提單無法比擬的優點：

能夠快速準確地實現貨物支配權的轉移。

方便了海運提單的使用。

可以防止冒領，避免誤交。

二、電子提單的使用

這裡通過一個例子來説明電子提單的使用。假設買賣雙方簽訂了一個 CIF 交易合同，買方通過開證行向賣方開出信用證。買方根據銀行的通知按合同的規定付款。在目的港，賣方向承運人請求交貨，承運人履行交貨義務。根據 EDI 系統上述合同的履行過程如下：

（1）賣方向承運人訂艙，承運人確認。確認應包括雙方都認可的條款。

（2）買方提供貨物的詳細説明，承運人確認是否承運該批貨物。買方同時向承運人指明信用證銀行。

在這兩個步驟中，EDI 系統將船艙的確認與承運貨物的確認分別對待，這有別於傳統的書面提單依次進行的做法。因爲 EDI 系統是電子洽商，而簽發書面提單的過程是通過面對面的交涉，因此電子提單更快捷。

此外，賣方同時向承運人證明的銀行包括議付行、通知行、開證行，通過這些銀行承運人實現了對貨物支配權的正常轉移，以後就能做到心中有數。

(3) 賣方將貨物交給承運人，承運人向賣方發送一個部分保留電訊。此時，在法律上仍由賣方控制着這批貨物。在電訊商承運人給買方一個密碼，賣方在此後與承運人的往來中，可以通過此密碼進行電訊的鑒定，保證電訊的完整。

這裡的"保留"是諸如"貨物的品質、數量是買方提供的，承運人對具體情況不明"之類的保留。若實際品質、數量與所提供的不符，應由賣方承擔後果。另外，密碼可以是一組數字，也可以是一組字母。

(4) 承運人將貨物裝船後，既通知賣方又通知銀行。

(5) 賣方憑信用證即可取款，買方取款後本單交易貨物的支配權才由賣方轉移到了銀行，賣方通知承運人貨物權力的轉移，承運人即銷毀與賣方之間的通信密碼，並向銀行確認。銀行則從承運人那裡得到一個新的密碼。此時，賣方的責任在法律上並未終止。在使用電子提單交換的整個過程中，賣方提供的有關貨物數據的正確性貫穿始終。

(6) 賣方告訴銀行誰是買主。

(7) 買方支付款並獲得貨物支配權後，銀行則通知承運人貨物權利的轉移。承運人即銷毀與銀行之間的密碼，向賣方確認其控制的貨物，並給買方一個新的密碼。在普通的電子提單交易中，誰持有密碼，誰就擁有貨物的支配權。但密碼與支配權是完全不同的概念，貨物的支配權不是隨著密碼的轉移而轉移的。交易密碼具有獨立、專有和不可轉移三個特點。獨立，是指它應與衆不同；專有，是指應視之爲專利；而不可轉移，是指其保密性。貨物支配權的轉移是以密碼鑒定通知進行的。

(8) 船舶抵達目的港後，承運人通知買方。買方有義務指定收貨人，否則，在法律上，買方即被視爲收貨人。

(9) 收貨人實際接受貨物後通知承運人，買方對貨物的支配權終止。此時，承運人銷毀與買方之間的密碼。

思考題

1. 簡述海運提單的分類及其作用。
2. 試介紹電子提單的主要特點。

第 4 章　國際鐵路貨物運輸

第一節　中外鐵路運輸概況

鐵路運輸的發展非常迅猛，是現代運輸業的主要方式，鐵路運輸在國際貿易貨物運輸中，尤其是在內陸接壤的國家之間的貿易中，起着無可替代的作用。

自 1825 年，世界上第一條鐵路在英國的斯托克頓—達靈頓之間開始營運後，由於鐵路運輸有着明顯的優越性，發展非常迅速。第一次世界大戰前夕，世界鐵路總長度已達到 110 萬公裡，20 世紀 20 年代，增加到 127 萬公裡。從此以後，由於航空運輸和公路運輸的發展，鐵路運輸的發展步伐減慢，處於相對穩定的狀態。目前，世界鐵路總長度已增至 150 萬公里左右。其中美洲鐵路約占世界鐵路總長度的三分之一，歐洲約占三分之一，其他地區之和約占三分之一。列車速度最高可達每小時 550 公里左右，貨運列車速度一般也在 150 公里左右。

鐵路運輸發展的主要趨勢已轉變爲運輸設備現代化、運輸管理自動化。

中國最早的鐵路是由英國修建的吳淞鐵路，全長 9.32 英里[①]，迫於人民的反對，賣給了清政府。中國自建的鐵路是 1881 年修建的唐胥鐵路（唐山—胥各莊），全長 10 公裡，後延至天津，總計 30 公里，1888 年通車。中國工程師詹天佑自行設計的京張鐵路全長 201 公里，工程艱鉅，其中一段在 22 公里長度內開通了四條隧道，僅八達嶺隧道就長達 1,091 米。青龍橋站附近坡度已達 33 度。爲克服列車爬坡極限，詹天佑設計了"人"字形鐵路，迂回越過八達嶺，寫下了中國鐵路史上光輝的一頁。

新中國成立後，鐵路建設迅速發展。20 世紀 90 年代，中國已有鐵路 52,000 公里，僅次於美國、蘇聯、加拿大和印度，居世界第五位。改革開放以來的 30 多年，中國鐵路的發展進入了一個快車道，特別是在 2006 年中國鐵路"登上了新的高度，邁向了新裡程"。2006 年，世界海拔最高的高原鐵路青藏鐵路全線通車。這一年，中國鐵路共完成投資 1,500 多億元（比前兩年的投資總和還多）；發送旅客 12.6 億人次和貨物 28.7 億噸，在連續三年大幅增長的高起點上再創歷史新高；投產運營新線 1,605 公里。與此同時，中國還修建了大量副線和無縫鐵路。在牽引動力方面，內燃機和電力機車的發展迅速；在經營管理方面，實行集中統一的體制。同時，中國不斷引進國外先進技術，使鐵路的技術和管理提高到了一個新的水平。

近年來，中國高鐵的發展更是取得了世界矚目的好成績。

---

①　1 英裡=1.609 千米。

一、鐵路貨物運輸的特點

鐵路是國民經濟的大動脈，鐵路運輸是現代化運輸業的主要運輸方式之一。與其他運輸方式相比，具有以下特點：

運輸的準確性和連續性強。鐵路運輸幾乎不受氣候影響，一年四季可以不分晝夜地進行定期的、有規律的、準確的運轉。

運輸速度較快。火車一般在 100 公里每小時左右，遠遠高於海上運輸。

運輸量比較大。一組可載貨列車一般能運送 2,000 噸到 2,500 噸貨物，遠遠高於航空運輸和汽車運輸。

運輸成本較低。鐵路運輸費用僅為汽車運輸費用的十幾分之一到幾分之一；運輸耗油越是汽車運輸的二十分之一。

鐵路運輸安全可靠，風險遠比海上運輸小。

初期投資大。鐵路運輸需要鋪設軌道、建造橋樑和隧道，建路工程艱鉅複雜；需要消耗大量鋼材、木材；需要占用土地，初期投資大大超過其他運輸方式。

另外，鐵路運輸由運輸、機務、車輛、工務、電務等業務部門組成，具備較強的準確性和連貫性，各業務部門之間必須協調一致，這就要求在運輸指揮方面實行統籌安排，統一領導。

二、國際鐵路運輸對我國貨運發展的作用

1. 促進歐亞各國的貿易發展

通過鐵路把歐亞大陸連成一片，為發展中東、近東和歐洲各國的貿易提供了有利條件。

新中國成立初期，中國國際貨運對象主要局限於東歐國家，從而鐵路運輸占中國進出口貨物運輸總量的 50% 左右，是當時中國進出口貿易的主要運輸方式。進入 20 世紀 60 年代以後，隨著中國海上貨物運輸的發展，鐵路運輸進出口貨物所占的比重雖然有所下降，但仍然發揮着十分重要的作用。

自 20 世紀 50 年代以來，中國與朝鮮、蒙古、越南、蘇聯的進出口貨物，絕大部分仍然是通過鐵路運輸完成的；中國與西歐、北歐和中東地區一些國家，也是通過鐵路聯運來進行進出口貨物的運輸。

2. 有利於開展同香港、澳門地區的貿易，並通過香港進行轉口貿易

鐵路運輸是我國內地聯繫香港、澳門地區，開展貿易的一種重要的運輸方式。香港、澳門地區所需的食品和生活用品，多由內地供應。伴隨著香港、澳門的回歸，其運輸量逐年迅速增加。而《內地與香港關於建立更緊密經貿關係的安排》的正式簽署和實施，預示着未來更加美好的經貿關係。所以無論過去、現在還是將來，做好對港、澳地區的運輸工作，達到優質、適量、均衡、應時的要求，在政治上和經濟上都具有重要的意義。為了確保對香港、澳門地區的市場供應，從內地開設了直達該地區的快運列車，對繁榮、穩定港澳市場，以及該地區的經濟發展起到了積極作用。

香港是世界著名的自由港，與世界各地都有非常密切的聯繫。作為轉口貿易基地，

香港開展了陸空、陸海聯運，爲中國發展與東南亞、歐美、非洲、大洋洲各國和地區的貿易，保證中國出口創匯起着重要作用。

3. 對進出口貨物在港口的集散和各省市之間的商品流通起着重要作用

中國幅員遼闊，海運進口貨物大部分利用鐵路從港口運往內地的收貨人，海運的出口貨物大部分也是由內地通過鐵路向港口集中。因此，鐵路運輸是中國國際貨物運輸的重要集散方式。至於國內各省市和地區之間調運的外貿商品、原材料、半成品和包裝物料，主要也是通過鐵路運輸完成的。我國國際貿易進出口貨物運輸大多都要通過鐵路運輸這一環節，鐵路運輸在中國國際貨物運輸中發揮着重要的作用。

第二節　國際鐵路貨物聯運

國際鐵路貨物聯運是指使用一份統一的國際聯運票據，由鐵路當局負責通過兩國或兩國以上的鐵路全程運送，並且由一國鐵路移交貨物時，不需發貨人、收貨人參加的運輸方式。

國際鐵路貨物聯運牽涉面廣，從發貨站發運貨物時起，需經過出口國的國境站、經過國的進口，直到進口國的進口國境站到達站，環節多，交接複雜。因此，爲使聯運貨物順利運送，要求每批貨物的包裝要適合長途運輸的要求，票據要規範、清晰，隨附各項單證必須齊全、完備，運送車輛必須爲國際列車，設備必須完好無損。

一、國際鐵路貨物聯運協定

國際鐵路貨物聯運協定規定了貨物運送組織，運送條件，運送費用的計算和核收辦法以及鐵路與發、收貨人之間的權利和義務等內容。它是參加國際貨協各國的鐵路部門，以及發貨人、收貨人辦理貨物聯運時必須遵守的基本文件。

目前國際鐵路貨物聯運有兩個協定：

1. 《國際鐵路貨物運送公約》

1890年歐洲各國在瑞士首都伯爾尼舉行的各國鐵路代表大會上，制定了《國際鐵路貨物運送規則》，即所謂的《伯爾尼公約》，並自1893年1月起實行，後經多次修改，改稱《國際鐵路貨物運送公約》（簡稱《國際貨約》），並於1938年10月10日生效。《國際貨約》在第一、二次世界大戰期間中斷實行，戰後重新恢復。以後雖經屢次修改，但至今仍在使用。

參加《國際鐵路貨物運送公約》的國家有以下32個：南斯拉夫、奧地利、瑞士、德國、瑞典、芬蘭、法國、英國、愛爾蘭、比利時、荷蘭、丹麥、挪威、西班牙、葡萄牙、義大利、希臘、盧森堡、列支敦士登、伊朗、伊拉克、土耳其、敘利亞、黎巴嫩、突尼斯、阿爾及利亞、摩洛哥、波蘭、捷克、匈牙利、羅馬尼亞、保加利亞。

2. 《國際鐵路貨物聯運協定》（以下簡稱《國際貨協》）

中國鐵路自1951年4月1日起開辦了中蘇鐵路聯運，同年11月1日蘇聯、阿爾及利亞和已經參加《國際貨約》的民主德國、保加利亞、匈牙利、羅馬利亞、波蘭、捷克八國簽訂了《國際鐵路貨物聯運協定》。1954年1月，中國加入了《國際鐵路聯運協定》，接着又與朝鮮、蒙古陸續開辦了鐵路聯運，至此，共有12個國家參加了《國際鐵路貨物運送協定》。該組織爲保證《國際鐵路貨物聯運協定》的執行，在華沙設立了事務局作爲常設機構，負責處理日常事務。

二、國際鐵路貨物聯運的有關規章

國際鐵路貨物聯運的聯運範圍、運送條件、組織方法和參加運送的各國鐵路間的權利、義務等，均由參加聯運的各國鐵路共同簽訂的聯運協定、相鄰國家鐵路間單獨締結的協定或由簽訂的雙邊或多邊協定予以規定。爲了正確執行雙邊或多邊貨運協定，又制定了辦事細則和其他規章，以求共同遵守。現將有關貨物聯運規章的主要內容和用途概述如下：

1. 《國際鐵路貨物聯運協定》

這是一個參加國際鐵路貨物聯運的各國鐵路，以及發、收貨人辦理國際貨物聯運時，必須遵守的基本文件。《國際鐵路貨物聯運協定》規定了貨物運送條件，運送組織，運送費用的計算核收辦法，以及鐵路與發、收貨人之間的權利與義務等。

2. 《國際鐵路貨物聯運協定統一過境運價規程》（以下簡稱《統一貨價》）

它規定了過境參加國際貨協的鐵路辦理貨物運送手續，過境運送費和雜費計算，過境鐵路裡程表，貨物品名分等、分類表，以及貨物運費計算表等。

3. 《國際鐵路協定》和《國際鐵路會議議定書》

《國際鐵路協定》是由兩個相鄰國家的鐵路簽訂，規定辦理聯運貨物交接的國境站、車站以及貨物交接的條件和方法，交接列車和機車運行辦法，服務方法等具體問題。

根據《國際鐵路協定》的規定，兩個相鄰國家鐵路需定期召開國境鐵路會議，對執行協定中的有關問題進行協商，簽訂《國際鐵路協定》。其主要內容包括：雙方鐵路之間關於行車組織、旅客運送、貨物運送、車輛交接及其他有關問題。其中也有涉及發、收貨人權利和義務的規定。各發、收貨人和鐵路局須共同貫徹執行。我國與蘇聯、蒙古、朝鮮、越南各鐵路均分別簽訂有《國際鐵路協定》和《國際鐵路會議議定書》。

另外還有《國際鐵路貨物聯運辦事細則》《國際旅客聯運和國際鐵路貨物聯運車輛使用規則》《國際客協和國際貨協清算規則》，以及《國際貨協》附件中的各項規則，如《敞車類貨車貨物裝載和加固規則》《國際鐵路聯運危險貨物運送特定條件》《國際鐵路集裝箱貨物運送規則》《國際鐵路聯運易腐貨物運送規則》等。

三、國際鐵路貨物聯運基本運送條件

(一) 國際鐵路貨物聯運的範圍

1. 同參加《國際貨協》國際鐵路之間的貨物運送

參加《國際貨協》各國鐵路辦理聯運的車站，除阿爾巴尼亞、朝鮮鐵路外，凡開辦國內貨運營業的車站，都辦理國際鐵路貨物聯運。中國各站營業辦理限制按國內

《貨物運價裡程表》的規定辦理。朝鮮鐵路僅部分車站開辦國際鐵路貨物聯運，其貨物運送按朝鮮鐵路貨物聯運站的規定辦理。

《國際貨協》各國鐵路間的貨物運送使用一份運單在發貨站向鐵路發運，由鐵路在最終到達站將貨物交付收貨人。在同一鐵路軌距國家間，用發運國原列車直接過軌；在不同軌距國家間，則在換裝站或國境站進行換裝或更換另一軌距的貨車輪對或使用變距輪對。在鐵路不連續的《國際貨協》參加國鐵路之間，其貨物的運送可通過參加國某一車站運用其他運輸工具轉運。阿爾巴尼亞鐵路與其他國的鐵路不連接，可以通過布達佩斯車站由發、收貨人委託的收轉人領取後，用其運輸工具轉運到阿爾巴尼亞。

2. 同未參加《國際貨協》國家鐵路間的貨物運送

發貨人在發送站用國際貨協票據辦理至參加《國際貨協》的最後一個過境鐵路的出口國境站的運送，由國境站站長（或發、收貨人）委託的收轉人辦理轉送至最終到站。

3. 通過港口的貨物運送

中國通過塔林、裡加、波蘭鐵路格丁尼亞、格但斯克、什切青或德國鐵路扎斯尼次、羅斯托克等港口站向芬蘭、瑞典、挪威和丹麥等國發送貨物；或朝鮮、蒙古、俄羅斯和越南等國，通過中國鐵路大連、新港、黃埔等港口站向阿爾巴尼亞或日本等國發貨，或相反方向發貨時，發貨站和港口間用國際貨協票據辦理，由發貨人或發貨人委託在港口站的收轉人辦理轉發運。

（二）國際鐵路貨物聯運的辦理類別

1. 按發貨人托運貨物的數量、性質、體積、狀態，辦理分為以下三種：整車貨物（Full Car Load）、零擔貨物（Less Than Car Load）和大噸位集裝箱（Dry Container）。

2. 按運輸速度，托運類別分為：慢運、快運和掛運。

（三）國境站的聯檢機構

由於國際鐵路聯運貨物的車、貨交接和換裝作業都是在國境站辦理，因此，在國境站一般設有聯檢機構。辦理聯運進出口貨物、車輛的交接、換裝、發運；辦理交接運送單據的審核、翻譯、過境運費的查核、計算；會同鄰國鐵路交付人員，共同處理貨物交接中發生的問題。

1. 海關。海關的任務就是徵收關稅和查禁走私，進行實際的、明確的監督管理。

2. 國境站商檢。國境站商檢的任務是商品檢查驗放工作，接受收、發貨人的委託，辦理各項公證、鑒定業務。

3. 動植物檢驗所。動植物檢驗所的任務是對動植物、動植物產品及其運輸工具實施監督檢疫和處理工作。

4. 邊防檢查站。邊防檢查站的任務是對過境人員及護照、行李物品、交通運輸工具和所運載的物品實施邊防檢查。

5. 衛生和食品衛生檢疫所。衛生和食品衛生檢疫所的任務是對運載工具和食品、食品添加劑以及食品容器等進行衛生監督管理。

6. 中國對外貿易運輸（集團）總公司口岸分公司。中國對外貿易運輸（集團）總公司口岸分公司主要是對貨物進行發運、轉運、聯運、口岸交接、分撥、報關、報檢、以及集裝箱的中轉、拆箱等業務。在任何情況下，都在這些港口車站向發貨人或收貨人的代理人核收。過境鐵路的運送費用，按《統一貨價》規定計收。

(四) 國際鐵路貨物聯運國內段運費的計算

根據《國際貨協》的規定，我國通過國際鐵路聯運的進出口貨物，其國內段運費的核收應按照我國《鐵路貨物運價規定》進行計算。運費計算的程序如下：

1. 根據《貨物運價裡程表》確定從發站至到站的運價裡程。
2. 根據運單上填寫的貨物品名查找《貨物品名檢查表》，確定適用的運價號。
3. 根據運價裡程和運價號在貨物運價率表中查出相應的運價率。
4. 按《鐵路貨物運價規定》確定的計費重量與該批貨物適用的運價率相乘，算出該批貨物的運費。

(五) 國際鐵路貨物聯運過境運費的計算

國際鐵路貨物聯運過境運費是按照《統一貨價》的規定計算的。運費計算的程序如下：

1. 根據運單記載的應通過的國境站，在《統一貨價》中的《過境裡程表》中分別找出貨物所通過的各個國家的過境裡程。
2. 根據貨物品名，查找《統一貨價》中的《通用貨物品名表》，確定所運貨物適用的運價等級。
3. 根據貨物運價等級和各過境路的運送裡程，在《統一貨價》中找出符合該批貨物的運價率。
4. 《統一貨價》對過境貨物運費的計算以慢運整車貨物的運費額為基本運費額，其他種別的貨物運費則在基本運費額的基礎上分別乘以不同的加成率。

第三節　對港澳地區的鐵路貨物運輸

一、對香港地區的鐵路貨物運輸

香港和澳門是中國的領土，居民中 98％是中國人。該地區是中國同世界各國、各地區經貿往來的重要通道之一，也是中國換取現匯的重要場所，占我國出口創匯額的 20％以上。因此，做好對港澳地區的運輸工作是中國外貿運輸工作的重點之一。

(一) 供港貨物鐵路運輸交接口岸概況

1. 深圳口岸概況

深圳市位於廣州東南部，是京九、廣九鐵路的交接站。

深圳與香港毗鄰，其鐵路、公路均與九龍相連。鐵路有深圳北站（貨運站）和深圳站（客運站）。內地各省市鐵路發往香港的整車和零擔貨物車，均在深圳北站進行解體、編組以及必要的裝卸作業和聯檢作業。深圳北站共有 40 多條股道，可容納車輛

700車左右，具有一定的裝卸能力。

由深圳北站岔出一條專用線，通往深圳新開發區笋崗倉庫區，專用線終端有外運倉庫。深圳北站南面的深圳站是香港出入境旅客中轉換車以及以包裹辦理進出口貨物的車站。深圳站向南有羅湖橋，它是內地與香港的分界處。深圳站以東的文錦渡橋是公路的進出口岸，汽車運輸的貨物經由文錦渡公路進出口。

中國外運深圳分公司是各外貿專業公司在深圳口岸的貨運代理，負責其貨物的進出口業務。內地各省市（自治區）的外貿專業公司，由鐵路經深圳口岸，或鐵路轉公路的出口貨物（除活畜禽魚類由各省自辦外），均由深圳外運分公司接受委託，辦理接貨、報關、查驗、過軌等中轉運輸手續。其他發貨單位的出口貨物、使領館物資、展品、以及其他非貿易物資也委託深圳外運分公司代辦中轉運輸業務。此外，深圳外運分公司還接受各省市（自治區）外貿專業公司的普通件雜貨的進出口、庫存、裝箱、中轉等業務。

2. 港段鐵路概況

港段鐵路為京九、廣九鐵路的一部分，自邊境羅湖車站起，途徑上水、粉嶺、大浦、大學、大炭、大圍、九龍塘、旺角至九龍車站，全長34公裡。

港段鐵路有4個卸貨點，其中最大的卸貨點是九龍車站的紅磡貨場，絕大部分雜貨、果菜都在此卸車。貨場可容納200多輛車，可供卸車的卸車位有100多個。何文田貨場專供卸活畜禽，有48個卸車的車位。沙田車站的百適貨場，專用線每天可卸雜貨的車位有20多個。旺角車站每天可卸雜貨的車位有30個。

九廣鐵路公司對貨車只辦理行車和調車作業，不辦理貨運業務。目前，港段鐵路的貨運業務，包括接貨、托運、調度、組織裝卸、交貨，均由香港中旅貨運有限公司承包。香港中旅貨運有限公司是深圳外運分公司在香港的貨運代理。

（二）對香港地區鐵路運輸的特點

對香港地區鐵路運輸不同於國際聯運，也不同於一般的國內運輸，而是一種特定的運輸方式。

1. 租車方式兩票運輸

對香港的鐵路運輸是由大陸段和港九段兩部分鐵路運輸組成，所以出口單位在發送地車站將貨物托運至深圳北站，收貨人為深圳外運分公司；貨車到達深圳北站後，由深圳外運作為各地出口單位的代理，向鐵路租車過軌，交付租車費並辦理出口報關等手續。經海關放行過軌後，由香港中旅貨運有限公司作為深圳外運在香港的代理，在港段羅湖車站向港九鐵路另行起票托運至九龍，貨物到達九龍站後，由其負責卸貨並交收貨人。承運人簽發"承運貨物收據"，作為向銀行結匯的憑證。

2. 運輸工具計劃多邊

有相當數量的商品，特別是鮮活商品要根據香港市場的情況隨時調節，在各個發運口岸，要按一定的配額均衡發運，做到"優質、適量、均衡、應時"地供應香港市場。因此，對香港地區的運輸要求較一般國際聯運和對外出口要高。

3. 運輸計劃主要是編制月度計劃

各發送貨物的省市（自治區）根據成交、備貨及香港市場的情況，按當時鐵路部門規定的報送時間，向鐵路局辦理、下達月鐵路要車手續。經匯總，於每月 10 日前報送外運總公司。鐵路局於當月 14 日提出下月計劃分配方案。25 日前批準計劃。

（三）對香港地區鐵路運輸的一般程序

1. 發貨人辦理國內鐵路運輸托運手續

發貨人提前 5 天向當地外運辦理委託手續。當地外運接受委託單證、審查合格後寄送深圳外運分公司。發貨人向深圳外運分公司拍發起運電報，深圳外運接到到車預告電報後核對，抄給香港，以便中途做好接車準備。

（1）裝運車中應註意的問題。

①高度的限制。裝載高度從軌面算起，不得高於 4.5 米。

②重量限制。目前，香港鐵路局規定，每節車廂總重（自重+貨重）不得超過 72 噸。

③貨物的均衡發運。供港商品中配額商品占相當比重，此類商品必須按月配額，按日均衡發送。因爲香港地區市場容量有限，到貨過多，造成銷貨困難，只得降價出售，使我國外匯收入減少。均衡發貨既能滿足香港市場的需求，又能賣出適當的價錢。

（2）主要單證。

①供港貨物委託書，這是發貨人轉運、報關、接貨的依據和委託承運的依據，也是發貨核算運輸費用的憑證。一式五份，要求在發運前預寄。

②出口貨物報關單，這是向海關申報的依據，一式兩份。來料加工、進料加工及補償貿易貨物一式三份，還要隨報關單附上合同副本，同時根據信用證，寄發商檢書、文物出口證明書、許可證等。

③起運電報，這是貨物發往深圳的確報，它使深圳口岸和駐港機構做好接運準備，同時，還可以補做單證的依據。起運電報不是可有可無的資料，沒有電報，無法抽單配證、申請報檢，香港中旅貨運有限公司也不能提前通知收貨人辦理贖單手續。

④承運貨物收據，由各地外運公司以貨物代理的身份向外貿公司簽發。負責發站至香港的全程運輸，是向銀行結匯的憑證，相當於國際聯運單副本，代表貨物所有權，是香港收貨人的提貨憑證。

⑤鐵路運單，是發貨人與鐵路部門辦理由發貨點至深圳北站間的國內段運輸契約，因僅限國內段，所以不起提單的作用。

2. 運行組織、口岸交接

（1）運行組織。包括快運貨物列車、直達列車、成組運輸。

（2）口岸交接。鐵路到達深圳的外貿出口貨物有三種方式：原車過軌（約占 80%～90%）、卸車（存儲）經公路出口和卸車後存外貿倉庫再裝火車出口。深圳外運分公司辦理雜貨，總公司組和轉運站辦理畜禽。

3. 港段接卸

（1）港段有關運輸機構及業務範圍。

①香港九廣鐵路公司，主要是將深圳過軌的各班火車由羅湖車站拉到九龍，裝有

不同商品的火車分別送進紅磡及何文田貨場。

②中國旅行社香港分社（簡稱"中旅分社"），不屬於外貿系統，香港的鐵路貨運業務中的接貨、托運、調度、交貨均由該社承擔，它是外運公司在香港的代理，雙方是委託代理的關係。

③運輸行，是香港的私商，過去是作為外運公司的代理在香港承鐵路貨物運輸業務的。1961年以後由中旅分社和廣東省外運分公司對口，中旅分社承擔不了的業務，再分別委託各運輸代理。

現在和中旅分社有業務來聯繫的運輸行主要有七家：新聯、開源、永達、良友、大陸、金利信、文聯運輸行。

④華潤集團公司儲運部作為貿易部門的代表負責供港物資的全面運輸工作，歸口管理國內各駐港貿易機構，包括五豐行、德信行、華運公司等的儲運工作。

（2）香港鐵路的接卸作業。

貨車到達深圳後，深圳外運分公司填報"當天車輛過軌貨車通知單"（預報），交給香港中旅羅湖辦事處，香港中旅派人過橋取送。貨車過軌後，羅湖辦事處根據香港九廣鐵路公司提供的過軌車號，填制過軌確報。然後到現場逐個核對車號，並進行適當處理，如加固、扎鐵絲、重加脫落的鉛封等，並向香港九廣鐵路公司起票托運。九廣鐵路公司派機車過橋，將在深圳站編好的列車牽引到羅湖站，從羅湖發車時，香港中旅社和有關運輸行的羅湖辦事處登車押運，每班1～2人，一直押到九龍。一天最大的能力可以達到220～250節車皮，按照不同的商品調至規定的卸貨地點，派理貨員在車邊將貨物交給客戶。

香港的卸貨點沒有貨場，卸貨時全部採取火（火車）車（汽車）直取或車（火車）船直取的方式。汽車不來，火車不能卸。因此，如果委託書、電報不齊，填寫不準確、不清楚，香港中旅貨運公司就無法通知客戶提貨，必然造成積壓。為了避免香港段積壓待卸，往往要卸貨入倉。按香港慣例，貨物一經入倉，起碼支付一個月的倉租，不僅使客商蒙受損失，還影響發貨人的信譽。

4. 運輸的結算

各地經深圳口岸轉運香港地區的鐵路貨物運輸經過了兩段運輸，因此運費也是分段計算的，國內按人民幣計算，港地按港幣計算，一切費用均由發貨單位支付。

深圳口岸的中轉費用，整車貨物按實際開支，零擔貨物按定額費用每噸10元。貨物中轉後，由深圳外運分公司向有關發貨單位計算，勞務費按中國對外貿易運輸（集團）總公司制定的勞務費率收取。

港段運雜費用由香港中旅分社墊付，待貨物在香港交付完畢後，由香港中旅分社開列費用清單並向有關發貨單位結算。有關發貨單位收到中旅分社的費用清單，經核對無誤後，五天之內向當地結匯銀行申請外匯，匯還香港中旅分社。

二、對澳門地區的鐵路貨物運輸

澳門與內地沒有鐵路直通。內地各省運往澳門的出口貨物先由鐵路運至廣州。整車貨物到廣州南站新風碼頭42道專用車；零擔到廣州南站；危險品零擔到廣州吉山站；集裝箱和快件到廣州火車站。

收貨人均爲中國外運廣東省分公司。貨物到達廣州後，由廣東省外運分公司辦理水路或公路的中轉，運至澳門。貨物到達澳門後，由南光集團運輸部負責接收貨物並交付收貨人。

廣東省的地方物資和一部分不適合水運的内地出口物資，可由汽車經拱北口岸運至澳門。

第四節　國際鐵路集裝箱聯運

國際貨物集裝箱聯運簡稱大陸橋聯運。大陸橋（Land—Bridge），是利用橫貫大陸上的鐵路或公路運輸系統，把大陸兩端的海洋連接起來的中間橋樑。大陸橋運輸一般是以集裝箱爲運輸單位，所以也叫"大陸橋集裝箱運輸"。

世界上有多條大陸橋。到目前爲止，中國主要利用的是西伯利亞大陸橋。

一、西伯利亞大陸橋運輸

（一）概況

西伯利亞大陸橋（Siberian Land Bridge）地跨歐亞兩洲，所以又稱歐亞大陸橋路線（Europe-Asia Land Transport Line）。它利用西伯利亞鐵路作爲陸地橋樑，把太平洋遠東地區與波羅的海和黑海沿岸，以及西歐大西洋口岸連接起來，是世界最長的運輸路橋。蘇聯外經貿部專門成立了全蘇過境運輸公司（SO-TRA）經營管理該條大陸橋運輸業務，制定運價，安排運輸計劃等。而實際承擔運輸業務的則是蘇聯的鐵路、公路和航運部門，以及國際鐵路集裝箱組織（Intercontainer）。這個組織由東歐和西歐各國鐵路部門聯合組成，是自蘇聯西部邊境至歐洲各地或相反方向的鐵路運輸實際承運人，它具有跨國公司的性質，制定實際統一的運價表和運輸規則。目前西伯利亞大陸橋東起海參崴的東方港，橫貫歐亞大陸。

1. 西伯利亞大陸橋的三種運輸方式

（1）鐵/鐵方式（Transrail）。經過西伯利亞鐵路至伊朗、西歐鐵路，再運至歐洲各地或相反方向的運輸。

日本、香港、菲律賓等地→東方港→再轉至下列路線：

①魯瑞卡→芬蘭。

②布列斯特→波蘭、德國、法國。

③喬普→匈牙利、捷克、南斯拉夫、義大利、奧地利瑞士、希臘。

④溫格内→羅馬尼亞、保加利亞。

⑤朱爾法→伊朗。

⑥加拉巴、圖爾貢季→阿富汗。

（2）鐵/卡方式（Tracons）。直經西伯利亞鐵路轉公路至歐洲各地或相反方向的運輸。

日本等地→東方港→布列斯特→德國、奧地利、瑞士、西歐各國。這條路線是海運、鐵路、公路的聯合路線。由日本到東方港用海運方式，由東方港到布列斯特用鐵路方式，再用卡車將貨物運到歐洲各國。

（3）鐵/海方式（Transea）。經過西伯利亞鐵路轉船運至北歐和巴爾干地區主要港口及相反相反方向的運輸。由日本等地→東方港→再轉至下列各路線：

①聖彼得堡→德國（不來梅）。

②裡加→法國、英國、愛爾蘭、荷蘭、比利時、德國。

③塔林→北歐各國、德國（基爾）。

④日丹諾夫（巴爾幹地區各港）。

⑤伊利切夫斯克（巴爾幹地區各港）。

這條線是先由海運從日本等地至東方港，經西伯利亞鐵路至波羅地海港聖彼得堡、裡加、塔林和黑海港口日丹諾夫、伊利切夫斯克後，再裝船運至北歐、西歐和巴爾幹地區主要港口。

2. 利用西伯利亞大陸橋爲我國進出口貿易運輸服務

（1）鐵/鐵方式。由中國國內各車站至滿洲裡或二連浩特出口，通過後貝加爾或蒙古扎門烏德站至納烏什基站，利用西伯利亞鐵路轉至亞洲伊朗、阿富汗或東歐、西歐鐵路再運至歐洲等地或相反方向的運輸。

（2）鐵/海方式。由中國各火車站至滿洲裡、後加貝爾或二連浩特、蒙古扎門烏德站、納烏什基站，利用西伯利亞鐵路運至波羅的海和黑海港口，再裝船轉運至西歐、北歐和巴爾幹地區主要港口及相反方向的運輸 。

（3）鐵/卡方式。由中國各火車站經滿洲裡或二連浩特出口，通過蒙古、蘇聯，再轉運至蘇聯布列斯特轉公路，運至歐洲各地及相反方向的運輸。

目前，中國開展利用西伯利亞大陸橋集裝箱運輸業務的總經營人是商務部的中國對外貿易運輸（集團）總公司。該公司負責統一對外洽談業務，簽訂運輸和租箱協議，同國外有關代理公司商定用箱計劃，對內統一調動使用集裝箱，同鐵道部安排使用過境車皮計劃，管理運費和租箱價格，辦理對外運費和租船費用的結算工作，解決運輸中發生的問題。

在辦理該項業務中，分公司和總公司聯繫，既是總公司的代理，又是專業公司和其他貨主的承運人。分公司負責招攬和組織貨源，安排月度、季度、年度用箱計劃；負責向鐵路部門按時申報車皮；辦理報關、裝箱、拆箱、集運和分撥工作。

3. 西伯利亞大陸橋運輸的優越性

（1）具有集裝箱運輸的優點。適應性強，能保證貨物在運送途中的安全，節省包裝材料。

（2）具有聯運性質。不論沿途經過幾個國家，也不論變換幾次運輸工具，都由總承運人進行安排，並負責全程的運輸責任。

（3）手續簡便，結匯早。貨方僅需辦理一次托運、一次付費，即可從原產地或倉庫施封後憑外運公司簽發的提單去銀行結匯。

（4）運輸快。運送時間短，以天津到赫爾辛基爲例，海運約需要 50 天，陸運只需 20 天左右，可以提前到達約 30 天。

（二）西伯利亞大陸橋的主要單證

西伯利亞大陸橋的主要單證有裝箱單和聯運提單。

1. 裝箱單

裝箱單及集裝箱所裝貨物的明細單，列明集裝箱的具體貨運資料及集裝箱積載情況，其內容和提單及鐵路運單一致，以便進行貨物的運輸交換和運費結算。

裝箱單份數。每一張裝箱單份數規定繕制裝箱單一式七分，寄總公司兩份，附在鐵路運單上四份，分公司自己留一份。隨車走的四份到岸後，由滿洲裡或二連浩特口岸分公司自留一份，退總公司一份，退發貨地分公司一份，隨車一份。

2. 聯運提單

聯運提單是貨運承運人（或其代理人）在受理貨物以後簽發給發貨人的一種書面憑證，具有貨物收據和運輸合同的作用。

（三）西伯利亞大陸橋國際鐵路集裝箱運輸費用的構成

西伯利亞大陸橋運輸費用是由幾段費用和不同的項目綜合組成的。最主要的是蘇聯段過境運費，第二是歐洲段運費，第三是集裝箱使用費，第四是代理費和佣金，第五是國內段費用。

1. 蘇聯段過境費用

按遠東經互會運價分類分爲七個等級，並根據鐵/鐵、鐵/海、鐵/卡三種運輸方式，適用不同的費率。

2. 歐洲段運費

這段費用是從蘇聯西部邊境站到歐洲各國收貨人所在地及反方向運輸所發生的費用。它是按國際鐵路集裝箱組織的費率來計算的，這種費率是不分貨種的包干費率。

3. 集裝箱使用費

包括租箱費、集裝箱取箱費及還箱費。

4. 代理費和佣金

每經過一個國家，都要委託一個代理人負責有關事項而支付的費用。

5. 國內段費用

（1）運費：由於鐵路沒有國際集裝箱費率，因此參照鐵道部《鐵路貨物運價規則》有關規定，以集裝箱計費重量和相應的運價率來計算運費。

（2）裝卸箱費：裝卸集裝箱時所產生的費用。

（3）勞務費等。

（4）短途運費：集裝箱在市內運輸所產生的費用。

（5）費用結算：外運總公司負責同國外代理進行結算，各地承辦運輸業務的外運司負責。對加速貨物周轉、減少貨損貨差、節省人力物力、降低運輸成本方面的增效十分明顯。

（四）西伯利亞大陸橋運輸的賠償責任及理賠

西伯利亞大陸橋運輸的賠償責任有三種，即網狀賠償責任、統一賠償責任、修正的統一賠償責任。外運公司聯運提單的賠償責任是採用網狀賠償責任制確定的，目前，國際多式聯運被普遍採用。它基本上把聯運經營人的賠償責任按知道發生段和不知道發生段劃分為兩類。一類是知道損失發生區段時，可以從箱子鉛封、貨物損壞性質、單證上的批註和檢驗報告等判明賠償責任和限額，按適用於該區段的國際公約或強制性國家法律規定，這類約占 80%。另一類是不知道損失發生的區段。如抵達目的地後，鉛封良好，但開箱後發現貨物損失或被盜。如果聯運運營人裝箱，他就應負責賠償；如果發貨人自己裝箱，當他證明在裝箱方面沒有疏忽時，聯運運營人也要賠償。這種不知道發生區段的損失叫做隱蔽損失，約占 20%。這種損失按照聯運運營人簽發的聯運提單的有關規定進行賠償。這種賠償責任手續簡便，外運公司向專業公司理賠後，可以如數向國外分承運人追索，委託人（專業公司）只需找到一個事主（外運公司），就能夠得到和單一方式運輸相同的賠償。

二、美國大陸橋運輸

美國大陸橋運輸主要包括從太平洋口岸的東部大西洋口岸橫貫美國大陸的鐵路（公路）運輸系統。包括加拿大的兩條（魯珀特王子港—魁北克，溫哥華—哈裡法格斯）和美國的四條（西雅圖—底特律，奧格蘭—紐約，洛杉磯—巴爾的摩，洛杉磯—新奧爾良）。由遠東東行經北美大陸橋的西北歐各港的航程比西行經蘇伊士運河、地中海全程海運大約近 600 海浬[①]，但由於西伯利亞大陸橋的開通，取得了比北美大陸橋更便捷、省時、節約運費的效益，因此，目前美國的大陸橋運輸基本上處於停滯狀態，但在大陸橋運輸實踐過程中，派生並形成的小陸橋和微型路橋卻後來居上。

（一）美國小陸橋運輸

所謂小陸橋運輸（Mini Land Bridge），即比大陸橋運輸的海陸空運輸減少一段運輸，成為海陸或陸海形式的運輸。

小陸橋運輸地區大致分為美國東安吉和墨西哥灣兩部分。具體做法是：遠東貨物海運至美國西部太平洋口岸，轉裝鐵路運至東部大西洋口岸或南部墨西哥口岸，以路上鐵路作為橋樑，再用卡車使貨物運至市內卸貨。全程使用一張海運運輸提單，由海運承運人支付鐵路運費，再運至最後目的地的運費則由收貨人負擔。小陸橋運輸於 1973 年正式運營，比大陸橋運輸晚約十年。

（二）微型陸橋運輸

所謂微型陸橋運輸（Micro Land Bridge），就是比小陸橋運輸更短一段，只利用部分陸橋，故又稱半陸橋運輸（Semi Land Bridge），即先將貨物裝船運至太平洋口岸，再換裝鐵路集裝箱專用列車，可分別直接運至美國內陸城市，既省時間又省費用，所以

[①] 1 海裡 = 1 852 米。

近年來發展迅速。

(三) OCP 運輸

OCP 是 Overland Common Point 的縮寫，即內陸地區，可享受優惠費率通過路上運輸可抵達的區域。所謂內陸地區，根據美國規定，美國洛杉磯山脈以東均為內陸地區，面積約占美國全國的 2/3。凡是通過美國西海岸港口轉往上述內陸地區的貨物，若按 OCP 條款運輸，就可享受比一半至大西洋海岸港口便宜的優惠內陸運輸費率，一般為 3%~5%，這種優惠費率即所謂的 OCP 費率。

對於中國以 OCP 條款成交的貨物，中國僅限負責將貨物運至美國西海岸港口，即完成交卸任務。至於由港口至內陸公共地區最終目的地的陸海運輸，則由進口商自行委託代理人安排，所有在港口的轉運並非均由進口商支付。整個運貨過程適用海運提單和鐵路貨物收據兩種單據。這比按 CIF、CFR 報價每噸可節省費用 3~5 美元，對收貨人來說，可享受內陸轉運的優惠費率。所以，美國、加拿大的貿易採用 OCP 對買賣雙方都有利。

(四) OCP 運輸與小路橋、微型路橋的區別

OCP 運輸與小路橋、微型路橋運輸相比，主要區別是：

OCP 運輸的區域範圍比小路橋、微型路橋運輸廣，且運輸點多面廣，遍及美國約 2/3 的大陸，而小路橋和微型路橋運輸所能達到之處有一定的限制。

OCP 運輸不具備多式聯運的條件，而小路橋、微型路橋具有多式聯運的條件。在 OCP 運輸中，海運和陸運兩個運輸區段分別由負責該區段的承運人簽發運輸單證，運輸和風險以及責任由海陸兩段各自負擔，因此，不符合多式聯運的要求（經營人簽發全程運輸單證）。小路橋運輸和微型路橋運輸雖然是兩種運輸方式，但一張運輸單證可做全程運輸，費用也由海陸兩處一起計算，所以具有多式聯運的性質，屬多式聯運的範疇。

從運輸效果上看，小陸橋運輸貨物到達西海岸港口中轉的時間較長，陸上運輸也由船公司安排，進口商無選擇餘地。而 OCP 運輸將價格買斷到西岸港口，陸上運輸則由進口商自行安排。

從費用方面看，OCP 的陸上運輸由進口商自行辦理，且進口商可享受陸運段優惠費率，而小路橋的集裝箱一般是陸上運到收貨人所在地，並收取運費，不太受進口商歡迎。OCP 運輸不僅有利於出口商，也有利於進口商。因此，美國的加拿大商人更喜歡 OCP 運輸。

三、新歐亞大陸橋運輸

(一) 新歐亞大陸橋簡介

1990 年 9 月，中國北疆鐵路在阿拉山口與土西鐵路接軌。至此，東起接連中國沿海臍部連雲港的隴海、蘭新、北疆鐵路向西延伸，經俄羅斯、波蘭、德國直達荷蘭鹿特丹港，成為世界上第三座大陸橋。

新歐亞大陸橋橫貫歐亞大陸中部，連接太平洋與大西洋，可連接中國、俄羅斯、東西歐等 30 多個國家和地區。它將世界上幾個最大的集裝箱港如新家坡、香港、鹿特丹、高雄、神户、釜山等有機聯繫起來，爲太平洋西岸到達歐洲之間的海陸聯運提供了一條新通道。與西伯利亞大路橋相比，陸上運距縮短了 3,000 多公里，比連雲港到鹿特丹的海路近 5,000 海浬，且東段橋頭港無封凍期，可全年連營。因此，新歐亞大陸橋在"便捷、快速、可靠"方面較西歐大陸有更大的優越性，具有更大的影響力。它必將對遠東乃至太平洋沿岸國家到中亞和歐洲的國際物流產生重大影響。

這條鐵路大動脈在中國境內長 4,131 公裡，1990 年貫通。東起中國連雲港，從新疆阿拉山口出境，經哈薩克斯坦、俄羅斯、白俄羅斯、波蘭、德國，西至荷蘭鹿特丹，橫跨亞洲、歐洲，與太平洋、大西洋相連，全長 10 800 公裡，途經中國中部各個省份。

新歐亞大陸橋橫跨中國三大經濟帶，連接蘇、皖、魯、豫、陝、甘、寧、青、新、晉 10 個省區的 89 個市（州）、570 多個縣（市）。新歐亞新大陸橋的開通，爲振興這一地區的經濟，進一步開發礦產、旅遊資源，爲這一帶從東到西兩個方向走向世界創造了便利條件。

(二) 新亞歐大陸橋優越性

(1) 地理位置和氣候條件優越。

(2) 整個路橋避免了高寒地區，港口無封凍期，自然條件好，吞吐能力大，可以常年作業。

(3) 運輸距離短。它使歐亞之間的貨運距離比西伯利亞大陸橋縮短得更爲明顯，從日本、韓國至歐洲，通過亞歐大陸橋，水路全程僅爲 12 000 公裡，比經蘇伊士運河少 8 000 多公裡，比經巴拿馬運河少 11 000 多公裡，比繞道好望角少 15 000 多公裡。

(4) 輻射面廣。新歐亞大陸橋輻射亞歐大陸 30 多個國家和地區，總面積達 5 071 萬平方公裡，居住人口占世界總人口的 75%左右。

(5) 對亞太地區吸引力大。新亞歐大陸橋的吸引範圍除中國外，日本、韓國、東南亞各國、 一些大洋洲國家和鄰近的臺灣 、港澳地區， 均可利用此線展開集裝箱運輸。

(三) 新亞歐大陸橋在我國的發展前景

新亞歐大陸橋在中國境內全長 4 131 公裡，貫穿江蘇、山東、安徽、河南、山西、陝西、甘肅、寧夏、青海、新疆 10 個省區，還影響到湖北、四川和內蒙古地區，被稱爲橫貫中國東西部，東西雙向開放的"鋼鐵國際走廊"。新歐亞大陸橋的加速開發和開放，將使它成爲中國經濟新的增長帶，並將加速成爲中國的國際性、開放性交通、經濟走廊。爲此，我國正在研究加快沿橋中國段發展的具體措施。這些措施包括：沿橋地帶實行沿海地區的開放政策，根據需要可繼續設立各種開發區和報稅區；試辦資源型開發區；按照高起點和國際接軌的要求，建立資源和資源加工型新型企業；促進沿橋地區工業化和城市化；利用外資，試辦中國西部農業合作開發區，營建歐亞農產品批發交易中心；根據交通樞紐、資源狀況、地理位置，以中心城市爲依託，在沿橋地區建立若干經濟發展區，如以連雲港爲中心的國際經濟貿易合作區、以徐州爲中心的關中經濟區、以蘭州爲中心的西北經濟區、以烏魯木齊爲中心的西部經濟區等，並把烏魯木齊建成中國西部的國際經融、商貿、工農業經濟中心，促進中國西部和中亞市場的發展和繁榮。

第五節　集裝箱運輸概況

一、集裝箱運輸的概念和種類

(一) 集裝箱運輸的概念

集裝箱是一種貨物運輸設備，便於機械裝卸，可長期反復使用，也稱作"貨櫃"或"貨箱"。實際上是一種流動的貨倉，屬於現代化的運輸工具。作爲運載的一種標誌，集裝箱在國際上營運，必須取得有關檢驗機構簽發的貨運證書。

1. 集裝箱的定義

國際標準化組織（International Organiization for Standardization, ISO），下屬專管集裝箱運輸的第 104 技術委員會於 1970 年爲集裝箱所下定義爲：能長期重複使用的；具有足夠長度的；在運輸途中轉運時，可直接進行換裝而不必動容器內的貨物的運輸方式；可進行快速裝卸，又可以從一種運輸工具直接、方便地換到另一種運輸工具上；便於貨物的裝滿和卸空的運輸方式；該集裝箱具有 1 立方米（35.32 立方英尺）以上的內部容積。

2. 集裝箱的規格

國際貨物運輸中常見的集裝箱規格尺寸如下：

規格	內徑	容積
20′C	5.89m ×2.35m ×2.38m	ABT. 27CBM
40′C	11.9m× 2.35m× 2.38m	ABT. 58CBM
40′C	11.9m×2.35m×2.69m	ABT. 67CBM
45′HC	13.35m×2.35m×2.68m	ABT. 72—75CBM

在集裝箱運輸中，以 20′集裝箱作爲國際標準箱，同時也是港口計吞吐量和船舶大小的一個重要度量單位。通常以 TEU（Twenty-foot Equivalent Unit）表示，即 20 英尺。在統計不同型號的集裝箱時，按集裝箱的長度換算成 20 英尺的單位加以計算。

(二) 集裝箱運輸的種類

隨著國際集裝箱業務的發展，出現了不同尺寸、不同材料、不同用途的集裝箱。

1. 按規格尺寸分

在集裝箱運輸初期，集裝規格相當混亂，這不僅阻礙了集裝箱的交換使用，同時也會影響運輸工具的運載能力，降低裝卸效率。爲克服這些不足，使集裝箱在國際上具有廣泛的流通性，國際標準化組織制定並推薦了三個系列 13 種規格的集裝箱標準方案。只要各國製造的集裝箱的外部尺寸和載重量符合國際標準，即認爲是國際標準集裝箱。

現在海運中大量使用的是 20′ 和 40′ 箱。其中 20′ 箱載貨限量 17.5 公噸①，根據貨物包裝集裝箱容量一般爲 24 立方米～25 立方米，最多達 33 立方米；40′ 箱載重爲 30 公噸，箱內容積爲 61～67 立方米，一般可裝 50～54 立方米的貨。該箱型被稱爲國際標準集裝箱。

除標準集裝箱外，國際上還存在許多非標準集裝箱，目前，還存在提高標準箱高度及運載能力的趨勢。美國國內有 8′6″×9′6″×53′ 的集裝箱，在南加利福尼亞和美國中西部鐵路卡車聯運上使用。

2. 按集裝箱的材料分

（1）鋁合金集裝箱，這種集裝箱美觀、堅固、不易氧化腐蝕、維修費用低、箱體輕，但成本高。

（2）鋼板集裝箱。這種集裝箱堅固耐用、製造成本低，但易於氧化、外表需要塗料、維修費用大、箱體重。

（3）纖維板集裝箱。這種集裝箱製造成本低、美觀輕巧，但不夠堅固、易於損壞，多數爲貨主自備箱，國際上極少使用。

（4）玻璃鋼集裝箱。這種集裝箱美觀堅固，但箱體重、成本高，應用不廣泛。

3. 按通途分

（1）干貨集裝箱（Dry Container），又稱雜貨集裝箱，是普通集裝箱。適用裝載各種干貨，封閉型的比重最大。這種集裝箱爲最常用的標準集裝箱，國際標準化組織建議使用的 13 種集裝箱均爲此類集裝箱。

（2）冷藏集裝箱（Tefrigerated Container）。這種集裝箱附有冷凍機，用於裝載冷凍貨物或者是冷藏貨物。這種箱載適合運輸黃油、巧克力、冷凍魚肉、煉乳、水果等物品。

（3）掛衣集裝箱（Dress Hanger Container）。這種集裝箱內設吊掛服裝的橫杆和繩扣。在裝運時，經濟效應顯著，可以節省包裝費和上架前熨燙以及拆箱的費用和時間。但是其箱利用率低（只有 85% 左右），裝箱效率低，故發貨人一般要支付一定數量的裝箱補貼費用。

（4）開頂集裝箱（Open Top Container）。這種集裝箱沒有剛性箱頂，但有可拆式頂梁支撐的帆布制成的頂棚，主要運載較高的大型貨物和需要吊裝的重貨。

（5）框架式集裝箱（Flat Rack Container）。指用於裝載不適於干貨集裝箱或開頂集裝箱裝載的長大件、超重貨、輕泡貨、重型機械、鋼管等設備的集裝箱。

（6）罐式集裝箱（Tank Container）。這種集裝箱適用於運載酒類、油類、化學品等液體貨物。

此外，還有一些特種集裝箱，在此不一一舉例。

---

① 1 公噸 = 1 噸。

二、集裝箱運輸的產生與發展

（一）集裝箱運輸的產生

由於雜貨種類繁多，包裝形式不一，而每件貨物的重量和體積相差又很大，因此，件雜貨運輸難以像石油、散貨運輸那樣，採用大規模的機械化和自動化操作。爲了提高件雜貨的運輸效率，唯一的方法是改革運輸工藝。改革的途徑，首先使件雜貨的貨件標準化，於是就出現了使貨物組成一個同一尺寸的標準貨組的成組運輸，並使成組貨物在鐵路、公路、水路等各種不同運輸方式之間，不拆組地進行轉移。

件貨物的成組運輸始於網兜和托盤，後來發展了托盤船，實現了托盤化。伴隨著運輸生產的發展，集裝箱逐漸代替了托盤，實現了現代運輸的革命——運輸集裝箱化。

1956年4月，美國泛大西洋輪船公司將一艘T-2型油輪"理想"號經過特別改裝後，在甲板上裝載了58個集裝箱，由新澤西州紐約港的紐瓦克區駛往德克薩斯州的休斯頓進行了海上試運。3個月後，試運獲得了顯著的成績，平均每噸裝卸費從原來的5.83美元降低到了0.15美元，僅爲普通貨船裝卸費的1/37。

泛大西洋輪船公司試運取得成功後，將6艘C-2型貨輪改裝成了帶有箱格結構的全集裝箱船，這艘船的船名爲"蓋脫威城"（Gateway City）號。該船設有船用集裝箱裝卸橋，可裝卸8′×8.5′×35′的集裝箱226個，每箱總重25噸。"蓋脫威城"的首航，標誌着世界集裝箱運輸時代的開始。

（二）集裝箱航線發展的四個階段

第一階段：1966年以前。這一階段，主要是利用普通貨船或油輪的甲板，稍加改裝後進行捎帶運輸。其航線均爲國內沿海航線，開展的地區爲美國和澳大利亞沿岸。每次的運營規模也比較小。這是集裝箱航線的最初時期。

第二階段：1967—1970年。1966年海陸聯運公司最先使用改裝的全集裝箱船"費爾蘭德"（Fairland）號在北大西洋開闢了國際集裝箱航線，該船主要航行於北美、西歐、日本、澳大利亞等地區的集裝箱航線上，通常稱爲"北—北航線"。在這三四年中，投入營運的集裝箱船舶由33艘發展到160艘，集裝箱船的運量由30萬TEU增加到128萬TEU。

第三階段：20世紀70~80年代初，開闢了發達國家與發展中國家之間的集裝箱航線。例如，美國、日本、西歐—東亞、東南亞、南亞、中東、南美、東非、西非、東歐等航線，通常稱爲"北—南航線"。1973年石油危機之前的時期，是國際標準箱位從2,000TEU進入3,000TEU的第三代集裝箱船營運的時期，也是集裝箱船高速化達到頂峰的時期。此間，日、德、英三國聯營的三聯集團（Trio Group）共投入了17艘大型集裝箱船，完成了遠東—歐洲航線的集裝箱化。最後，在1971—1978年間，世界集裝箱航線迅速發展，集裝箱船的數量和運量成倍增長。歐洲—北美太平洋沿岸發達國家的貿易航線基本上實現了集裝箱化，遠東—地中海航線也實現了集裝箱化，整個世界班輪航線的集裝箱化體制已具雛形。

1975年以後，由1973年世界石油危機帶動的中東石油貿易增長迅猛，各產油國的港口十分擁擠，集裝箱運輸作為解決中東各產油國港口擁擠的措施，趁勢開闢了從北美、歐洲和遠東—中東的許多集裝箱航線。20世紀80年代初，集裝箱運輸在全球呈現出了遍地開花之勢。各國船公司紛紛在非主要航線（發展中國家貿易航線）上開班級專線運輸業務，並開始籌建集裝箱支線運輸網。

第四個階段：1984年至今，開闢了發展中國家和地區的集裝箱航線，成為"南—南航線"。開拓了環球集裝箱運輸航線。環球航線分為東、西兩條線，都從東亞出發。東線：太平洋—巴拿馬運河—大西洋—地中海—蘇伊士運河—印度洋——太平洋；西線則反向而行。每七天對開一班，航次80天。與此同時，支線集裝箱貨運已經形成了全球網路。

(三) 中國集裝箱運輸的發展

起步晚、發展快，是中國集裝箱運輸發展的最大特點 。1973年，中國外運首先成立了研究集裝箱運輸的專門小組，9月與中原公司以及日本新和海運公司、日新倉庫公司聯合，在中日航線上開展小型集裝箱試運。

1974年11月，在天津—美加航線上，中國第一次進行國際標準集裝箱試運；1978年開闢了上海—澳大利亞第一條國際集裝箱海運班輪航線。1979年，廣東—香港第一條公路集裝箱運輸線路開通，開展陸海聯運。1981年，開始興辦經西伯利亞大陸橋的國際鐵路集裝箱運輸。1986年，中遠集團公司與鐵道部簽訂了《國際集裝箱運輸海鐵聯運協議》；1988年中國外運與鐵道部運輸局簽訂了《聯辦進出口集裝箱運輸協議書》。

目前，全球主要的班輪公司相繼開闢了抵達中國的直達航線。中國港口近年來集裝箱業務發展迅猛，全國港口國際集裝箱吞吐量年增長速度超過25%。

三、集裝箱的運輸工具設備

集裝箱可以借助船舶、火車、汽車和飛機等運輸工具來完成主要的運輸任務。而在碼頭、車站、機場、倉庫間的短途搬運通常是由跨運車、鏟車、拖鬥和拖車、龍門吊及底盤車等來完成。

鏟車，又稱叉車，是碼頭上廣泛採用的一種搬運機械，主要用於搬運20′以下的小型集裝箱內的裝卸貨物。

跨運車是一種有腿的，自帶動力的小型門式起重機。可以跨在集裝箱上將其抓住而行走，主要用在碼頭前沿、堆場、倉庫之間往返運送集裝箱，也可用於裝卸汽車和拖車上的集裝箱。

高價吊車亦稱龍門吊，可滑行於鋪設在碼頭前沿與泊位平行的軌道上，也有裝腳輪不在軌道上行駛的。龍門吊適於堆高作業，一般可堆箱五層高。

底盤車是一種不帶動力的設備。通常集裝箱可直接裝載底盤上，用牽引車牽引作業，比較靈活，適合門到門運輸。不足之處是每個小箱子帶一臺底盤車，不易叠放，占地面積大。

四、集裝箱運輸的相關主體

（1）實際承運人（Container Carrier），指掌握運輸工具，並參與集裝箱運輸的承運人，通常擁有大量的集裝箱，以方便集裝箱的周轉、調撥、管理以及集裝箱與車船機的銜接，包括輪船公司、鐵路、公路、航空公司等。

（2）無船公共承運人（Non Vessel Operating Common Carrier，NVOOC），專門經營集裝貨物的攬貨、裝箱、內陸運輸及經營中轉站或者是內陸站業務。

（3）集裝箱租賃公司（Container Leasing Company），是專門經營集裝箱出租業務的新業務。集裝箱租賃對象主要是一些較小的運輸公司、無船承運人及少數貨主，常見的租賃方式有程租、期租、航區內租及包租等。

（4）集裝箱碼頭（堆場）（Container Terminal Operator），指辦理集裝箱或者是空箱裝卸、轉運、保管、交接的部門。

（5）集裝箱貨運站（Container Freight Station，CFS），其辦理了拼貨的交接、配箱積載後，接受 CY 交來的進口貨箱，進行拆箱、理貨、保管，最後分撥交給各收貨人。

集裝箱運輸的其他關係方與傳統運輸業務相似，這裡不再一一介紹。

五、交接方式

（一）根據貨物交接地點分

（1）門到門（Door to Door）：從發貨人工廠或者倉庫至收貨人工廠或者是倉庫。

（2）門到場（Door to CY）：從發貨人工廠或倉庫至目的地或卸集裝箱的集裝箱堆場。

（3）門到站（Door to CFS）：從發貨人工廠或倉庫至目的地或卸箱港的集裝箱貨運站。

（4）場到門（CY to door）：從起運地或裝箱港的集裝箱堆場至收貨人工廠或倉庫。

（5）場到場（CY to CY）：從起運地或裝箱港的集裝箱堆場至目的地或卸箱港的集裝箱堆場。

（6）場到站（CY to CFS）：從起運地或裝箱港的集裝箱堆場至目的地或卸貨港的集裝箱貨運站。

（7）站到門（CFS to door）：從起運地或者裝箱港的集裝箱貨運站至收貨人工廠或倉庫。

（8）站到場（CFS to CY）：從起運地或裝箱港的集裝箱貨運站至目的地或卸貨港的集裝箱堆場。

（9）站到站（CFS to CFS）：從起運地或裝箱港的集裝箱貨運站至目的地或卸箱港的集裝箱貨運站。

（二）根據集裝箱裝箱數量和方式分

1. 整箱（Full Container Load，FCL），是指貨方自行將貨物裝滿整箱後，以箱爲單位托運的集裝箱。通常在貨主有足夠貨源裝載一個或多個整箱時採用，除有些大的貨主自己置備有集裝箱外，一般都是向承運人或集裝箱租賃公司租用一定的集裝箱。空箱運到工廠或倉庫後，在海關人員監督下，貨主把貨裝入箱內、加鎖、鋁封後交承運人並取得站場收據，最後憑收據換取提單或運單。整箱貨運提單上，要加上"委託人裝箱、計數並加鉛封"的條款。

2. 拼箱（Less than Container Load, LCL），是指承運人（或代理人）接受貨主托運的數量不足整箱的小票貨運後，根據貨物性質和目的地進行分類管理，把去往同一目的地的貨，集中到一定數量拼箱入箱。

由於一個箱內有不同貨主的貨拼在一起，所以叫拼箱。這種情況在貨主拖運數量不足裝滿整箱時採用。拼箱貨的分類、集中、整理、裝箱（拆箱）、交貨等工作均在承運人碼頭集裝箱貨運站或內陸集裝箱轉運站進行。承運人要負擔裝箱和拆箱作業，費用向貨方收取。

集裝箱貨運分爲整箱和拼箱兩種，因此在交接方式上也有所不同。縱觀當前國際上的做法，大致有以下四類：

1. 整箱交，整箱接（FCL/FCL）。貨主在工廠或倉庫把裝滿貨後的整箱交給承運人，收貨人在目的地同樣整箱接貨。換言之，承運人以整箱爲單位負責交接。貨物的裝箱和拆箱均由貨方負責。

2. 拼箱交，拆箱接（LCL/LCL）。貨主將不足整箱的小票托運貨物在整箱貨運站或內陸轉運站交給承運人，由承運人負責拼箱和裝箱，並運到目的貨站或內陸轉運站，然後由承運人負責拆箱，拆箱後，收貨人憑單接貨。貨物的裝箱和拆箱均由承運人負責。

3. 整箱交，拆箱接（FCL/LCL）。貨主在工廠或倉庫，把裝滿貨後的整箱交給承運人，在目的地的集裝箱貨運或內陸轉運站，由承運人負責拆箱後，各收貨人憑單接貨。

4. 拼箱接，整箱接（LCL/FCL）。貨主將不足整箱的小票托運貨物在集裝箱貨運站或內陸轉運站交給承運人，由承運人分類調整，把同一收貨人的貨集中再拼裝成整箱，運到目的地後，承運人以整箱交，收貨人以整箱接。

上述各種交接方式中，"整箱交，整箱接"方式最能發揮集裝箱的優越性。此外，還有托盤運輸。托盤也是目前最常見的一種方式，是一塊有一定規格的平板，可以堆放包、箱、捆等包裝貨，作爲一個運輸單元，以便使用機械搬運、裝卸、堆放。托盤有一次性的，也有反復使用的。

第六節　集裝箱運輸費用

一、內陸運輸費

（一）拖車費

傳統的卡車運輸是以車的標準噸位按公里計算並收取運費的　　，計費單位是箱/公里。在往返線路上，重去空回，或空去重回的，收單程運費；往返距離不等的按遠者計算，專程運送空箱的按單程計收費用。通常集裝箱托運運費都定有一個基本運距，超過此運距的，可享受運費減成；達不到此運距的，實行運費加成。

(二) 火車運費

目前，中國的鐵路集裝箱專用車很少，一般都用 60 噸或 60 噸車皮裝運兩個 20′ 箱或一個 40′ 箱，按 40 噸收取 9 號運費。用這種辦法運集裝箱，鐵路局每個車皮要少收 10~20 噸的運費，低於同區段的卡車運費。

(三) 內河運費

內河主要指長江下遊主要港口（武漢、九江、蕪湖、南京、張家港和南通）。盡快建立內陸集裝箱運輸網路，制定和完善運費體系是中國應當認真研究的問題。

(四) 拼箱服務費

主要包括 CFS 到 CY 之間的空、重箱的運輸、理貨，CFS 內的搬運、分票、堆存、裝拆箱以及簽發站收據、裝箱單製作等各項費用。CFS 一般將運費噸位作為收貨單位。

(五) 堆場服務費

堆場服務費也稱碼頭管理費。包括在裝港 CY 接受來自貨主或 CFS 的整箱貨，以及堆存和搬運至裝卸橋下的費用。多數船公司將這部分費用包括在海洋運費中。CY 費用另行支付的（即不包含在運費中），都以運費噸為單位。

(六) 集裝箱機器設備使用費

當貨主使用的集裝箱及底盤車是由承運人提供時，就會發生這種費用。另外還包括集裝箱從底盤車上吊上吊下的費用，以及延滯費。

二、集裝箱海運運費

(一) 件雜費基本費率加附加費

1. 基本費率。參照傳統件雜貨物運價，以運費噸為計算單位。多數航線上採用等級費率。

2. 附加費。除傳統雜費所收的常規附加費之外，還要加收一些與集裝箱貨物運輸相關的附加費。

集裝箱附加費。在航線等級費率基礎上增加的附加費。

支線船附加費。常見於集裝箱支線運輸。

(二) 包廂費率

以每個集裝箱為計費單位。據中國遠洋運輸公司使用的交通部《中國遠洋貨運運價本》，有以下三種包廂費率（Box Rate）。

1. FAK 包廂費率（Freight for All Kinds），即對每一集裝箱不分貨類統一收取的費率。

2. FCS 包廂費率（Freight for Class），按不同貨物等級制定的包廂費率。貨物等級也是 1~20 級，但級差較小。一般低價貨費率高於傳統運輸費率，高價貨費率則低於傳統費率；同一等級貨物，實重貨運價高於體積貨運價。

3. FCB 包廂費率（Freight for Class Basis），既按不同貨物等級或貨類，又按計算標準制定的費率。同一等級費率因計算標準不同，費率也不同。如 8～10 級、CY ∖ CY 交接方式、20 英尺集裝箱貨物如按重量計費爲 1 500 美元，如按尺碼計費則爲 1 450 美元。

（三）最低運費（Minimum Freight）

1. 規定最低運費等級。如中國遠洋運輸公司規定以 7 級貨爲最低收費等級，低於 7 級貨均按 7 級收費。

2. 規定最低運費噸。如遠東航運公司規定，20 英尺箱最低運費噸實重貨爲 17.5 噸，尺碼貨爲 21.5 立方米，W ∖ M 爲 21.5 運費噸。

3. 規定最低箱載利用率。

（四）最高運費（Maximum Freight）

1. 規定最高計費噸。如在貨物體積超過集裝箱通常載貨容積時，仍按標準體積收費。如按等級包箱費率計費，而箱內等級不同時，則可免較低貨物等級的運費。

2. 規定最高計費等級。不同於該貨物等級的貨物，均爲規定的最高計費等級收費。

（五）集裝箱附加費

不論按上述（一）至（四）中的哪種費率收費，集裝箱運輸都要加收附加費。例如：變更目的港附加費、變更交貨方式附加費、重件附加費、港口附加費、選卸附加費，等等。這些附加費可視爲海洋運費的組成部分。

三、運費節約途徑

（1）低價貨物盡量不裝箱運輸，高價貨則要爭取使用集裝箱運輸。
（2）合理利用箱子的裝箱能力，輕泡貨物用大箱，實重貨裝小箱。
（3）改進貨物包裝。

第七節　集裝箱運輸管理

在集裝箱運輸中，集裝箱隨貨物的移動而處於運動狀態。同時，由於集裝箱具有被反復使用的特性引因此，在集裝箱運輸高速發展的今天，集裝箱的管理是一個十分人注目的課題。

要較好地協調、整理集裝箱的供需關係，首先，要對未來的用箱情況有一個估計，然後，在此基礎上，合理組織箱源。通常集裝箱的來源有三個方面：貨主自備箱、租箱及經營人的箱子。

一、合理選箱，嚴格檢查制度

(一) 合理選箱

　　集裝箱的種類、規格有許多，在實際使用中，應根據不同的情況做出適當選擇。

　　1. 根據貨流情況選擇。貨量小的航線，選用規格小的箱子。重貨用小箱，輕泡貨用大箱。

　　2. 考慮與國外船公司的合作關係。要使集裝箱在全球範圍內具有互換性，最好使用國際上廣泛使用的標準集裝箱。

　　3. 考慮集裝箱的回空。在貿易國或地區之間貨流不平衡的情況下，可採用折疊式集裝箱。

(二) 嚴格檢查制度

　　1. 目測內容。檢查集裝箱標誌，防止用錯箱；集裝箱外部檢查，外邊有無損傷、變形、破口或異樣；集裝箱內部檢查。以便及時進行修補和清洗、干燥，然後方可裝箱；對掛衣箱，應檢查箱內設施是否完備、牢固、齊全；其他檢查，凡裝載食品的集裝箱，需證明符合衛生條件。

　　裝載危險品的集裝箱，需經港監培訓的檢查員確認符合國際海上危險貨物運輸規則標準，並監督裝箱作業；對一些要求檢疫的箱子，要取得有關處理證明後方能載貨。

二、跟蹤管理

　　爲了加快集裝箱的周轉，控制箱源，保證出口用箱，我們必須準確、及時地掌握集裝箱的有關情況。目前，集裝箱跟蹤的手段主要有手工和計算機兩種。

(一) 手工管理

　　手工管理通常將集裝箱的信息記在卡片上。這種管理需要花費大量的人力，檢索速度較慢，適合小規模經營的 CY 和 CFS。

(二) 計算機管理

　　計算機管理簡化了原來複雜的手工流程。查詢或制表時，只需鍵入某些條件，就可達到目的。

三、集裝箱貨物的檢查和海關驗收

　　檢查。檢查對象是集裝箱本身。一般集裝箱貨物的包裝都已簡化，這就要求商品檢查機構要認真對照合同的包裝條款進行檢驗，並出具檢驗開箱件數和品質鑒定的證書，作爲將來辦理索賠事宜的依據。

　　海關驗收。海關驗收包括對集裝箱和集裝箱貨物的驗收。

　　集裝箱本身也是一種商品，我國每年都要進出口一定數量的集裝箱。爲了適應集裝箱運輸發展的需要，1974 年，我國海關就定制了《海關對進出口集裝箱及所裝貨物監管的試行辦法》，後來，又進行了多次補充。

海關對進出口集裝箱貨物的驗收從原來的港口發展到內陸的裝拆箱站。在內陸，凡有集裝箱貨運站的地方，均應設立海關處理處，以促進集裝箱的發展。

思考題

1. 試簡述集裝箱交接方式按貨物交接地點、裝箱數量和方式的分類。
2. 比較集裝箱運輸的內陸運費和海運運費的構成。

第 5 章　國際航空貨物運輸

第一節　國際航空貨物運輸概況

一、國際航空貨物運輸的基本知識

（一）航空站

　　航空站統稱機場，是供飛機起飛降落和停放，以及組織、保障飛機活動的場所。航空站有公管和私管、軍用和民用、國內和國際之分。國際航空站是指政府核準對外開放，供國際航線的航空器起降營運，並配有海關、移民以及衛生機構的航空站。國內航空站僅供國內航線的航空器使用，除特殊情況經批準除外，不準外國航空器使用。

　　航空站一般包括以下設施及建築：

　　跑滑道。跑道是供飛行器起降的重要設施；滑行道則是飛行器在跑道與停機坪之間出入的道路。

　　停機坪。指航空器停留的場所。

　　指揮塔。是航空器出入航空站的神經樞紐，其位置應能廣視各跑道的兩極端點、跑滑道及停車坪等航空器所及的地區，能進行有效的指揮與控制，以維護飛行安全。

　　助航系統。是為輔助航空器安全飛行的設施，包括通信、氣象、雷達、電子及目視助航設備。

　　輸油系統。為航空器補充油料。

　　維修和檢修基地。指航空器歸航後，做例行檢查及保養維修的場所，以維護飛行安全。

　　消防設施。指各種消防器材，以防航空器失事和失事後進行搶救。

　　貨站。指臨近跑滑道與公共區域，便利貨物卸載與出入的場所。

　　航站大廈。是民航運輸各項作業的中心。

　　為了滿足航空運輸的現代化，適應大型寬體客、貨機和日益增加的客運量，許多國家和地區都在不斷地進行機場的現代化建設。其中紐約、洛杉磯、舊金山、法蘭克福、巴黎、倫敦、東京、香港等地機場，都建立了現代化的導航設備和龐大的客、貨運中心。有的還興建有專營貨運的中心、停靠全貨機的碼頭等。從裝卸、存倉到分撥、報送等一整套貨運服務都採用了現代化的電腦手段控制，大大提高了貨物裝卸和流轉的效率。

（二）航空器

　　航空器主要是指飛機。

　　飛機製造技術日新月異，不斷更新。從小型機到廣體機，從活塞式到噴氣式。現代飛機載量大，超音速，飛行高度可達萬米以上，設備先進，安全性能強。

　　（1）飛機的種類。飛機一般分為普通型和高載量型。按航速分類，又可分為短途型和洲際型。按用途分，可分為客機、貨機和客貨混合機。

　　（2）飛機的艙位。機艙一般分為上艙和下艙。除全貨機外，一般都是上艙載客，下艙載貨。下艙的空氣調控一般分為兩種：一種是較新的飛機，下艙有空氣調控，可承運貨物等；另一種機型較陳舊的飛機，下艙沒有空氣調控，只能承運普通貨物。在沒有空調的機艙內，飛機起飛 1 小時內仍與地面氣溫相同，飛行 3 小時後，氣溫會下降 10℃ 左右。

　　B747、B707 和 DC-10、DC-8 全貨機的主艙內與客機相同，氣溫保持在 18～24℃，濕度為 5%～10%。

（三）航線與航班

　　民用航空飛機從事運輸飛行，必須按照規定的線路進行，這種路線叫作航空交通線，簡稱航線。航線不僅確定了航行的具體方向、起止與經停地點，還根據空中交通管理的需要，規定了航路的寬度和飛行的高度，以維護空中交通秩序，保證飛行安全。航線分為兩種：國內航線和國際航線。飛機由始發站起飛。按規定的航線經過經停站至終點站做經常性運輸生產飛行，稱為航班。

二、航空貨物運輸的特點和作用。

（一）航空貨物運輸的特點

　　航空貨物運輸雖然起步較晚，但發展極為迅速，這與它所具備的許多特點分不開。這種運輸方式與其他運輸方式相比，具有以下特點：

　　運送速度快。現代噴射式運輸機時速一般都在 900 英浬左右；協和式飛機時速可達 1,350 英浬。航空線路不受地面條件限制，一般可在兩點間直線飛行，航程比地面短得多。而且，航程越遠，快速的特點就越顯著。

　　安全、準確。航空運輸管理制度比較完善，貨物的破損率低，可保證運輸的質量。例如，使用空運集裝箱，較之其他運輸方式則更為安全。飛機航行有一定的班期，可保證按時到達。

　　手續簡便。航空運輸為了體現其快捷、便利的特點，為托運人提供了簡單的托運手續，也可以由貨運代理人上門取貨並為其辦理一切運輸手續。

　　節省包裝、保險、利息和儲存費等費用。由於航空運輸速度快，商品在途時間短、週期快，存貨可相對減少，資金可迅速回收。

　　航空運輸的運量小、運價較高。但是，由於這種運輸方式的優點突出，可彌補運費高的缺陷。加之管理制度完善、運量小，貨損貨差較小。

(二) 航空貨物運輸的作用

當今國際貿易有相當數量的洲際市場，商品競爭激烈，市場行情瞬息萬變，時間就是效益。航空貨物運輸具有比其他運輸方式更快的特點，可以使進出口貨物能夠搶行就市，賣出好價錢，增強商品的競爭力，對國際貿易的發展起到了很大的推動作用。

航空貨物運輸適合易腐以及季節性強的商品運送。這些商品對時間的要求極為敏感，如果運輸時間過長，則可能使商品變為劣品，無法供應市場；季節性強的商品和應急物品的運送要爭取時間，必須搶行上市，否則將變為滯銷商品，不僅滯存倉庫，積壓資金，同時還要擔負儲費。採用航空運輸，既可以保鮮存活，又有利於開闢遠距離市場，這一點是其他運輸方式無法比擬的。

用航空器來運輸諸如電腦、精密儀器、電子產品、成套設備中的精密部分、希貴金屬、手表、照相器材、紡織品、服裝、絲綢、皮革製品、中西藥材、工藝品等價值高的產品，可以利用其速度快、商品周轉快的優點，使存貨降低、資金迅速回收，以節省倉儲和利息費用，提高空運效率。

航空運輸是國際多式聯運的重要組成部分。為了充分發揮航空運輸的優點，在航空運輸不能直達的地方，也可以採用聯合運輸的方式。例如，常用的陸/海聯運、海/空聯運、陸/空聯運，甚至陸/海/空聯運等。與其他運輸方式配合，使各種運輸方式各顯其長，相得益彰，已成為當今物流經濟時代的潮流。

三、中國民航的發展概況

1949年11月2日，中國民用航空局成立，翻開了中國民航事業發展的新篇章。從這一天開始，新中國民航迎着共和國的朝陽起飛，從無到有，由小到大，由弱到強，經歷了不平凡的發展歷程。特別是十一屆三中全會以來，我國民航事業無論在航空運輸、通用航空、機群更新、機場建設、航線布局、航行保障、飛行安全、人才培訓等方面都持續、快速發展，取得了舉世矚目的成就。

中國民航業發展至今，經歷了以下四個階段：

第一階段（1949—1978年）。1949年11月2日，中共中央政治局會議決定，在人民革命軍事委員會下設民用航空局，受空軍指導。11月9日，中國航空公司、中央航空公司總經理劉敬宜、陳卓林率兩公司員工在香港起義，並率領12架飛機回到北京、天津，為新中國民航建設提供了一定的物質和技術力量。1950年，新中國民航初創時，僅有30多架小型飛機，年旅客運輸量僅1萬人，運輸總周轉量僅157萬噸公里。

1958年2月27日，國務院發出通知，中國民用航空局自本日起劃歸交通部領導。1958年3月19日，國務院發出通知，全國人大常委會第九十五次會議批準國務院江中國民用航空局改為交通部的部署局。

1960年11月17日，經國務院編制委員會討論原則通過，決定中國民用航空局改稱"交通部民用航空總局"，為部署一級管理全國民用航空事業的綜合性總局，負責經營管理運輸航空和專業航空，直接領導地區民用航空管理局的工作。

1962年4月13日，第二屆全國人民代表大會常務委員會第五十三次會議，決定將民航局名稱改爲"中國民用航空總局"。

1962年4月15日,中央決定將民用航空總局由交通部署改爲國務院直屬局,其業務工作、黨政工作、干部人事工作等均直歸空軍負責管理。這一時期,民航由於領導體制幾經改變,航空運輸發展受政治、經濟影響較大。1978年,航空旅客運輸量僅爲231萬人,運輸總周轉量3億噸公裡。

第二階段(1978—1987年)。1978年10月,鄧小平同志指示,民航要用經濟觀點管理。同年3月5日,中國政府決定民航脫離軍隊建制,把中國民航局從隸屬於空軍改爲國務院直屬機構,實行企業化管理。

1980年全國民航有140架運輸飛機,且多數是20世紀40年代獲50年代生產製造的蘇式伊爾14、裡二型飛機,載客量僅20多人或40人,載客量100人以上的大中型飛機只有17架,機場只有79個。1980年,我國民航全年旅客運輸量僅爲343萬人;全年運輸總周轉量4.29億噸公裡,居新加坡、印度、菲律賓、印度尼西亞等國之後,列世界民航第35位。

第三階段(1987—2002年)。1987年,中國政府決定對民航業進行以航空公司與機場分設爲特徵的體制改革。主要內容是,將原民航北京、上海、廣州、成都、西安、沈陽6個地區管理局的航空運輸以及航空相關業務、資產和人員分離出來,組建成6個國有骨干航空公司(中國國際航空公司、中國東方航空公司、中國南方航空公司、西南航空公司、西北航空公司、北方航空公司),實行自主經營、自負盈虧、平等競爭。與此同時,以經營通用航空業務爲主並兼營航空運輸業務的中國通用航空公司也於1989年7月成立。

在組建骨幹航空公司的同時,在原民航北京管理局、上海管理局、廣州管理局、成都管理局、西安管理局和瀋陽管理局所在地的機場部分基礎上,組建了民航華北、華東、中南、西南、西北和東北6個地區管理局以及北京首都機場、上海虹橋機場、廣州白雲機場、成都雙流機場、西安西關機場(現已遷至咸陽,改爲西安咸陽機場)和沈陽桃仙機場。6個地區管理局既是管理地區民航事務的政府部門,又是企業,領導、管理各民航省(區、市)局和機場。

航空運輸服務保障系統也按專業化分工的要求相應進行了改革。1990年,在原民航各級供油部門的基礎上,組建了專門從事航空油料供應保障業務的中國航空油料總公司。該公司通過設在各機場的分支機構爲航空公司提供油料供應。屬於這類性質的單位還有從事航空器材(飛機、發動機等)進出口業務的中國航空器材公司;從事全國計算機訂票系統管理與開發的計算機信息中心;爲各航空公司提供航空運輸國際結算服務的航空結算中心;以及飛機維修公司、航空食品公司等。我國航空國際排名進一步上升,成爲令人矚目的民航大國。

第四階段(2002年至今)。2002年3月,中國政府決定對民航業再次進行重組。主要內容有:

(1)航空公司與服務保障企業進行聯合重組。民航總局直屬航空公司及服務保障企業合併後,於2002年10月11日正式掛牌成立,組成六大集團公司,分別是:中國航空集團公司、東方航空集團公司、南方航空集團公司、中國民航信息集團公司、中國航空油料集團公司、中國航空器材進出口集團公司。成立後的集團公司與民航總局脫鈎，交由中央管理。

（2）民航政府監管機構改革了航總局下屬的 7 個地區管理局（華北地區管理局、東北地區管理局、華東地區管理局、中南地區管理局、西南地區管理局、西北地區管理局、新疆地區管理局）和 26 個省級安全監督管理辦公室，對民航事務實施監管。

（3）機場實行屬地管理，按照政企分開、屬地管理原則，對 90 個機場進行了屬地化管理改革。由民航總局直接管理的機場下放所在省（區、市）管理，相關資產、負債和人員一並劃轉；民航總局與地方政府聯合管理的民用機場和軍民合用機場，屬民航總局管理的資產、負債及相關人員一並劃轉所在省（區、市）管理。

首都機場和西藏自治區區內的民用機場，繼續由民航總局管理。2004 年 7 月 8 日，隨著甘肅機場移交地方，機場屬地化管理改革全面完成，也標誌着民航體制改革全面完成。

2004 年 10 月 2 日，在國際民航組織第 35 屆大會上，中國以高票首次當選該組織一類理事國。民航機隊規模不斷擴大，截至 2004 年年底，中國民航擁有運輸飛機 754 架，其中大中型飛機 680 架，均爲世界上最先進的飛機。2004 年中國民航運輸總周轉量達到 230 億噸公裡（不包括香港、澳門特別行政區），在國際民航組織 188 個締約國中名列第 3 位。

第二節　國際航空組織

一、國際民用航空組織

國際民用航空組織（International Civil Aviation Organization，ICAO）成立於 1947 年 4 月 4 日，是聯合國所屬的專門機構之一，也是政府間的國際航空機構。總部設在加拿大的蒙特利爾。現有成員國 150 多個，它的大會是最高權力機關，常設機構是理事會，由大會選出的承運國組成。該組織還在墨西哥、開羅等地設有 6 個現場辦事處，作爲國際民航組織和其成員國之間的聯絡機關。

1. 國際民用航空組織的任務

（1）根據國際民用航空運輸中航行的原則和技術，促進國際航空運輸的規劃和發展。

（2）保證國際民用航空的安全和有序的發展。

（3）鼓勵發展用於和平目的的飛機設計和飛機操作技術。

（4）鼓勵發展國際民航的航路、航空站和航空設施，以滿足世界各國人民對於安全、按期、有效和經濟的航空運輸的需要。

（5）防止因不正當競爭而造成的經濟上的浪費。

（6）保證締約國的權利得到充分尊重，並保證每一締約國均有經營國際航空的充分機會。

2. 國際民用航空組織的具體工作

（1）構建各國和平交換的空中通過權。

（2）簡化飛機進出海關、移民局和檢疫所的手續。

（3）規定各機場的導航、通信、氣象、情報等設備以及空中交通管制系統。

（4）編制 15 種國際民航語匯。

（5）鼓勵各國改進飛機的性能。

（6）在聯運、票價、表格和單據統一等方面做一些工作。

二、國際航空運輸協會

國際航空運輸協會（International Air Transport Association，IATA）於 1945 年 4 月 16 日在哈瓦那成立，是世界上有定期航班業務的航空公司（空運承運人）組成的國際民航組織。目前，已有 100 多個成員國的近 200 家航空公司運輸企業參加了該協會，其最高權力機關是年會。

1. 協會的主要任務

協會的主要任務是促進航空運輸企業的發展國際航空運輸企業間的合作，以及與國際民航組織和其他國際組織合作。

2. 協會的主要活動

統一國際航空運輸規章制度，開展代理業務，在技術上進行合作，協調航空運價，開展調研，制定法律工作等。協會每年定期舉行以下幾種由其他成員國或非成員國共同參加的會議：

（1）國際航空運輸協會運價會議，主要討論與制定運費計算辦法及有關政策。

（2）國際航空運輸協會貨運會議，主要研究航空貨物運輸的程序和手續，包括空運單據的標準化。

（3）貨運代理會議，討論有關航空貨運代理的業務，凡貨運代理符合國際航空運輸協會對代理的要求，都可以吸收成為該協會或其成員公司的貨運代理。

中國民航沒有參加該協會，但與該協會有非正式聯繫，其各種做法及規定基本都是按該協會的規定制定的。

我們日常工作中使用的《航空貨物運價手冊》《航空貨運指南》都是該協會制定的。

第三節　航空運輸方式

一、班機運輸

班機運輸是指在固定航線上定期航行的航班。一般航空公司都是用客、貨混合型飛機，一方面搭載乘客，一方面又運送少量貨物。但一些較大的航空公司在一些航線上開辟出了定期的貨運航班，使用全貨機運輸。

班機運輸一般具有以下特點：

（1）班機由於固定航線、固定停靠港和定期開飛航，因此，國際的空運貨物多使用班機運輸方式，以便安全、迅速地達到世界上各通航地點。

（2）便利收貨人、發貨人，可確切掌握貨物起運和到達的時間，這對市場上急需的商品、鮮活易腐貨物以及貴重商品的運送是非常有利的。

（3）班機運輸一般是客、貨混載，因此艙位有限，不能使大批量的貨物及時出運，往往需要分期分批運輸。這是班機運輸的不足之處。

二、包機運輸

包機運輸是指航空公司按照約定的條件和費率，將整架飛機租給一個或若干個包機人，從一個或幾個航空站裝運貨物至指定目的地。包機運輸適合大宗貨物的運輸，費率低於班機，但運送時間比班機要長。包機運輸方式可分為整包機和部分包機兩類。

（一）整包機

整包機即包租整架飛機，指航空公司按照與租機人事先約定的條件及費用，將整架飛機租給包機人，從一個或幾個航空站裝運貨物至目的地。

包機人。包機人一般要在貨物裝運前一個月與航空公司聯繫，以便航空公司安排運載，並向起降機場以及有關部門申請、辦理過境或入境的有關手續。

包機的費用。包機的費用是一次一議，隨國際市場供求行情的變化而變化。原則上，包機運費按每一飛行公裡的固定費率來核收，並按每一飛行公裡費用的80%收取空防費。因此，大批量貨物使用包機時，均要爭取來回程都有貨載，這樣費用比較低。如果只使用單程，運費比較高。

（二）部分包機

1. 部分包機的定義

由幾家航空貨運代理公司或發貨人聯合包租一架飛機，或者由航空公司把一架飛機的艙位分別出售給幾家航空貨運代理公司裝載貨物的運輸方式，就是部分包機。用於托運不足一架整飛機，但是貨量又比較大且貴重的貨物運輸。

2. 部分包機與班機的比較

（1）部分包機時間比班機長。儘管部分包機有固定時間表，但往往因其他原因不能按時起飛。

（2）各國政府為了保護本國航空公司的利益，常常對從事包機業務的外國航空公司實行各種限制，如把包機的活動範圍限制在一個比較狹窄的區域。降落地點也受到限制，必須降落在非指定地點以外的其他地點時，一定要向當地政府有關部門申請，同意後才能降落（例如，需要辦理申請入境、通過領空和降落地點等一系列手續）。

（三）包機的優點

包機的優點有：解決了班機艙位不足的矛盾；貨物全部由包機運出，節省時間與多次發貨的手續；彌補了沒有直達航班的不足，且不用中轉；減少了貨損、貨差或丟失的現象；在空運旺季緩解了航班緊張的狀況；解決了海鮮、活動物的運輸問題。

三、集中托運

(一) 集中托運的概念

　　集中托運是指航空貨運代理公司將若干批單獨發運的貨物，集中成一批向航空公司辦理托運，填寫一份總運單送至同一目的地，然後由其委託當地的代理人負責分發給各個實際收貨人。這種托運方式可以降低運費，是航空貨運代理的主要業務之一。對於集中托運的貨物，班機或包機運輸的方式都可以採用。

(二) 集中托運的具體做法

　　第一步，將每一票貨物分別制定航空運輸分運單，即出具貨運代理的運單（House Airway Bill，HAWB）。

　　第二步，將所有貨物區分方向，按照目的地相同的同一國家、同一城市來集中，制定出航空公司的總運單（Master Airway Bill，MAWB）。總運單的發貨人和收貨人均為航空貨運代理公司。

　　第三步，打出該總運單項下的貨運清單（Manifest），即這一總運單有幾個分運單，號碼各是什麼，其件數、重量各為多少等。

　　第四步，把該總運單和貨物清單作為一整票貨物交給航空公司。一個總運單可視貨物的具體情況附分運單（可以是一個分運單，也可以是多個分運單）。如：一個總運單內有 10 個分運單，說明這一總運單內有 10 票貨，分給 10 個不同的收貨人。

　　第五步，貨物到達目的地站機場後，當地的貨運代理公司作為總運單的收貨人負責接貨、分撥。按不同的分運單制定各自的報關單據並代理報關，為實際收貨人辦理有關接貨和送貨事宜。

　　第六步，實際收貨人在分運單上簽收以後，目的站貨運代理公司以此向發貨的貨運代理公司反饋到貨信息。

(三) 集中托運的限制

　　（1）集中托運只適合辦理普通貨物，對於等級運價的貨物，如貴重物品、危險品、活動物以及文物等，不能辦理集中托運。

　　（2）目的地相同或臨近的可以辦理，如某一國家或地區，其他則不宜辦理。例如，不能把去日本的貨發到歐洲。

(四) 集中托運的優點

　　節省運費。航空貨運代理公司的集中托運運價一般都低於航空協會的運價。發貨人可得到低於其他航空公司的運價，從而節省費用。

　　提供方便。將貨物集中托運，可使貨物到達航空公司到達地點以外的地方，從而延伸了航空公司的服務，方便了貨主。

　　提早結匯。發貨人將貨物交給航空貨運代理公司以後，即可取得貨物分運單。這時，發貨人就可以持分運單到銀行辦理結匯了。

　　集中托運方式已在世界範圍內普遍開展。目前，已形成了一個完善的、有效的服務系統。集中托運方式爲促進國際貿易發展和國際的科技文化交流，發揮着重要的作用。集中托運也已成爲我國進出口貨物的主要運輸方式之一。

四、陸/空聯運方式

陸/空聯運，是火車、飛機和卡車的聯合運輸方式，簡稱 TAT（Train Air Truck），或火車、飛機的聯合運輸方式，簡稱 TA（Train Air）。

中國空運的出口貨物通常採用陸/空聯運方式。這是因爲中國幅員遼闊，而國際航空港口岸主要有北京、上海、廣州等。雖然省會城市和一些主要城市每天都有班機飛往上海、北京、廣州，但班機所帶的貨量有限，費用比較高。如果採用國內包機，費用更高。因此在貨量較大的情況下，往往採用陸運至航空口岸，再與國際航班銜接。由於汽車具有機動靈活的特點，在運送時間上更可掌握主動，因此一般都採用 TAT 方式組織出運。

中國長江以南的外運分公司目前辦理陸/空聯運的具體做法是：用火車、卡車或船將貨物運至香港，利用香港航班多、到歐美國家運價低的條件（普遍貨物），將貨物從香港運到目的地，或運到中轉地。然後，再通過當地代理，將貨物用卡車送到目的地。長江以北的公司多採用火車或卡車將貨物送至北京、上海航空口岸出運。

陸/空聯運貨物在香港的收轉爲華夏空運有限公司。發運前，要事先與其聯繫，滿足華夏空運有限公司對單證的要求，以便提前訂艙。各地發貨時，可使用外運公司的航空分運單，也可以使用承運貨物收據。有關單據上要註明是轉口貨，並加蓋"陸/空聯運"字樣的標記，以加速周轉和避免香港當局徵稅。

五、航空快運

航空快運，也稱快件、速遞、快遞，是專門經營該項業務的航空貨運代理公司，派專人以最快的速度，在貨主、機場、客戶之間運輸和交換貨物的運輸服務業務。該項業務是國際上兩個航空貨運代理公司之間通過航空公司進行的。

（1）航空快運業務的形式。機場到機場、門到門、派專人送貨。

（2）航空快運業務的特點。快捷靈便、安全可靠、送交有回音、查詢快而且有結果。

（3）國際著名的快遞公司。

①UPS（美國聯合包裹服務公司）。1907 年 8 月 28 日，UPS 作爲一家信使公司，成立於美國華盛頓西雅圖。現在的全球總部位於美國加利福尼亞州亞特蘭大市。UPS 如今已發展成爲擁有 360 億美元資產的大公司。作爲世界上最大的快遞承運商與包裹遞送公司，UPS 同時也是專業的運輸、物流、資本與電子商務服務的領導性提供者，在世界上 200 多個國家和地區管理着物流、資金流與信息流，成爲全球領先的供應鏈解決方案供應商。

UPS 自身擁有 200 多架貨運飛機，同時，還租用了 300 多架貨運飛機，在全世界建立了 1 700 多個貨運樞紐和配送中心，在 200 多個國家和地區建立了幾萬個快遞中心。迅速是 UPS 的主要特點，它承諾國際快件 3 日到達，國內快件 1 小時取件和 24 小時內到達。它還提供網上文件跟蹤查詢、電話文件跟蹤查詢，同時，建立了 EDI 系統，服務質量非常高。

1988 年，UPS 與中國運輸業擁有 40 多年業務經驗的中國外運簽署了服務協議。1996 年 5 月，UPS 同中國外運在北京建立了中國的合資企業。

②美國聯邦快遞公司。美國聯邦快遞公司（FEDEX）成立於 1971 年，總部位於美國田納西州的孟菲斯。公司最初叫 FDX，2000 年更名爲 FEDEX。全球有 1 162 個服務中心，能爲 211 個國家和地區提供快速、可靠、及時的快遞運輸服務。聯邦快遞每個工作日運送的包裹超過 330 萬個，其在全球擁有超過 14.3 萬名員工、4.3 萬個投遞點、671 架飛機和 4 萬多輛專用貨車。美國本土業務占其總收入的 76% 左右，空運業務占 83%。

1984 年，聯邦快遞與中國外運簽訂了國際貨代合同，開始進入中國國際快遞市場，合同到期後，先與大通國際快遞，後與中國大田集團合作。

現在聯邦快遞的發展戰略是"全方位的服務，最廣泛的選擇"。近年來，聯邦快遞收購了以運輸爲主的多家公司，就是爲了加強公司的整個物流體系，並通過旗下多家獨立營運的附屬公司提供綜合供應鏈服務。

③DHL。DHL（敦豪）於 1969 年在美國加利福尼亞成立，總部設在布魯塞爾。現由德國郵政全球網路（DPWN）擁有 100% 的股權。2003 年德國郵政全球網路在整合敦豪環球快遞、德國郵政歐洲快遞（Euro Express）、丹沙（Danzas）的基礎上，形成了一個統一的品牌——DHL。2005 年 9 月，德國郵政收購了英國最大的物流企業——英運物流（Exel），一躍成爲全球第一大航空、海運和合約物流公司。

DHL 於 1986 年 12 月 1 日在北京與中國外運建立了合資公司——中外運敦豪國際航空快件有限公司。目前，該公司在國內擁有 4 個口岸作業中心和 7 個直航口岸作業中心，服務覆蓋 300 多個城市。

④TNT。TNT 誕生於雪梨，1998 年荷蘭郵政併購了 TNT 私營快遞公司之後，改名爲 TPG 集團，TNT 是它的子公司。荷蘭郵政從 2006 年起，在全球範圍內以 TNT 作爲統一品牌開展各種業務。

1988 年 5 月 27 日，TNT 與中國外運合資的中外運天地公司成立。1999 年，TNT 與中國郵政建立了長期合作關係，中國郵政 EMS 的郵件通過 TNT 的網路走向世界各地。TNT 在中國的服務網路已覆蓋了 500 個城市，擁有 25 個分支機構。

中國的速遞業務由中國外運首開先河，隨後郵政、民航等部門也紛紛開辦。1984 年 1 月，經國家工商局批準，中國外運集團的子公司"中國航空貨運代理公司"成立。1985 年，由經貿部批準，郵電部成立了速遞局，並在國家工商局註冊登記。商務部明文規定，此類速遞公司均屬貨運代理業，與郵政局具有完全不同的業務範疇。它們的業務範疇與外運公司相同。在我國，開辦速遞公司需經商務部審批。

思考題

1. 簡述國際主要航空組織及其規則。
2. 試從不同標準對國際航空運輸進行分類。

第二部分
風險與保險知識

第6章 風險及保險概述

　　風險是保險產生和發展的原因，保險是人們管理風險的一種手段。由於風險和保險具有內在聯繫，學習保險要以瞭解風險為基礎。保險分類則是從不同角度進行深入分析和把握保險。本章首先介紹風險的內涵和特徵，然後討論風險和風險管理的基本概念，最後分析保險的職能和作用，闡述保險主要種類。

第一節　風險及相關概念

一、風險的定義及其特徵

　　風險（Risks）的產生是由於環境充滿不確定性因素。只要不確定性存在，就會導致風險的發生。風險是指將來發生的結果不確定的行為、事件、狀態和情況等。不確定性是人們對將來發生的結果無法做出預測時所產生的無奈與困惑的主觀感受。

　　不確定性特點：不同的人對同一對象所感到的不確定性是不一樣的，它是一種主觀感受，因人而異；一個事件或一個行為未來會出現幾種結果是不確定的；就每種可能出現的結果而言，其出現的概率都是不確定的。

　　不確定性事項可能會帶來負面的影響，也可能會帶來正面的效應，抑或兼而有之。帶來負面影響的事項代表風險，它會妨礙價值創造或者破壞現有價值。[1] 由於存在不確定性，人們很難對將來發生的事情做出準確的判斷，將來發生的結果與人們的預期可能存在著差異，這種實際結果與預期結果的差異性也是風險的一種表現。

　　在日常生活中，風險是一個極其常見、使用頻繁的概念。例如，在日常交通、就業、醫療治病、投資等活動中都存在風險。但是，在不同情形中，"風險"一詞具有不同的含義。

　　從不同屬性出發，風險具有許多不同的定義。例如，風險是一種損失的發生具有不確定性的狀態，不僅需要考慮損失的可能性，更強調風險所具有的三個特徵，即客觀性、損失性和不確定性。

　　統計學、精算學、保險學等學科定義風險為：造成破壞或傷害的可能性或概率，其衡量公式為風險（R）＝傷害的程度（H）×發生的可能性（P），該公式帶有成本—收益的邏輯。

---

[1] COSO. 企業風險管理——整合框架［M］. 方紅星，王宏，譯. 大連：東北財經大學出版社，2009：4.

社會學家尼克拉斯·盧曼（Niklas Luhmann）認爲風險是一種認知或理解的形式，並且風險具有時間規定性，是一種時間限制（a Form of Time Binding）或一種意外（Contingency Scheme），這種偶然性是因人的不同認知而產生的，對於一些人是風險，對另一些人卻不是風險。

烏爾裡希·貝克（Ulrich Beck）認爲風險是：從生態環境與技術的關係，風險是技術對環境產生的威脅，是一種應對現代化本身誘致和帶來的災難與不安全的系統方法。與以前的危險不同的是，風險是具有威脅性的現代化力量以及現代化造成懷疑全球化所引發的結果，它們在政治上具有反思性。後來，貝克將風險明確定義爲"預測和控制人類行爲未來後果的現代方式"[1]。

分析風險的發生原因、過程和效應，風險具有以下特徵：

風險的客觀性。風險的存在不以人的意志爲轉移，是獨立於人的意識之外客觀存在的客觀規律。例如，在有石棉的環境中工作會損害健康，使人慢慢喪失勞動能力。因爲石棉中的有害物質會增加人們感染石棉沉着病的機會，而這種病會導致人體肺功能的降低，並易於誘發癌症。在20世紀60年代之前，石棉沉着病是一種尚未查明的疾病，人們對此缺乏瞭解，但這並沒有改變石棉從一開始就是致病物質，人們接觸了它，就容易致病這樣一個基本事實，也不影響其風險的大小。

風險是人類社會非常普遍的現象。無論人們是否有能力認識風險、是否願意認識風險，風險普遍、客觀地存在着，這是認識風險和管理風險的前提。只有意識到風險是客觀存在的，才會去認識和瞭解風險，掌握風險發生的規律，預測和管理風險。自然界、社會生活中，處處、事事存在風險，也會因環境變化而演變，將會以新的形式產生風險，科學發展和人們對風險認識能力的提高，使人們會發現更多未知的風險。人們購置住房，可能因火災、被盜、水災、地震而發生損失。司機開車可能因發生撞人或被撞事故而遭受嚴重的生命、財產損失，還可能因被起訴而承擔法律責任。組建一個企業或投資一個項目存在無法收回本金的可能性。我們不知道自己什麼時候會生病、什麼時候會下崗或失業、什麼時候會死亡，但可能導致死亡疾病的原因如此普遍。使用電器有可能會觸電；使用煤氣可能泄露；抽烟過多導致肺癌；因臭氧層遭破壞而過多暴露於強烈的紫外線可能導致皮膚癌；農藥化肥的普及使許多物種消失，生活環境惡化；全球二氧化碳排放量的劇增使地球升溫、冰川融化、海平面上升、沿海城市逐漸消失；網路安全問題、基因技術的濫用等新風險不斷產生。

天災、人禍並沒有隨著城市化、工業化、科技文明的進步而消失，反而從某種程度上會導致新的、更強大的破壞力，從而不斷向經濟社會提出挑戰，並帶來比以往任何時候都要多得多的風險。例如，新技術、新材料的使用，給許多國家帶來了日益嚴重的風險，而核泄漏、計算機系統故障、遺傳和基因技術的濫用、新型材料的污染等，給人們的生活帶來很多不便。計算機和互聯網的應用把我們帶入了一個全新的信息知識社會，也帶來了利用高技術犯罪的重大隱患。國際分工可以使參與國雙贏，也埋下了國民經濟被他國操縱的隱患。生活和醫療條件的改善使人類的預期壽命和生活質量

---

[1] 烏爾裡希·貝克. 風險社會 [M]. 何博聞, 譯. 南京：譯林出版社, 2004.

得到了提高，也帶來了世界性的老齡化問題，加重了護理、醫療等方面的費用。工業化、城市化的進程增加了對基礎設施、交通、文化和各種消費品的需求，同時也帶來嚴重的環境污染。

風險的損失性。風險的損失性是指風險是與損失相關的一種狀態，風險發生會減少收益或者造成成本上升，即阻礙價值創造或加快消耗現有價值。風險一旦發生就會造成損失，引起人們關註風險就是擔心風險發生帶來的損失。風險是因爲不確定性事項發生而形成的結果，會導致對主體有害的、不希望的、否定的結果，這也是人們關註風險的重要原因。在廣義的投資活動中，人們所談論的風險是指收益或者損失的不確定性。投資活動可能給投資者帶來收益，也可能帶來損失。所謂"高風險，高回報；低風險，低回報"就是這個含義。

風險的不確定性。儘管風險客觀存在，時時處處影響着人類活動，但針對具體某一風險而言，其發生卻是偶然的隨機現象，在其發生之前，人們無法準確地預測其發生的時間、地點及損失程度，對客觀風險從觸發原因到後果等一系列因素無法準確把握。人們在面臨風險時，在進行選擇時對於風險的總體感受是不確定的。又如，車禍在全世界範圍內普遍存在，平均全球每幾秒鐘就發生一起。然而，人們不可能預測到何時、何地會發生車禍，也無法預期其嚴重程度。之所以如此，是由於任何風險的發生均是多種因素綜合作用的結果。而每一因素的作用時間、方向、強度以及各因素的作用順序等需要達到一定條件才能發生風險。這些因素之間事先可能並無任何聯繫，許多因素本身就是隨機的。

風險的社會性。風險的社會性是指風險發生的原因、過程及其結果來自於社會或對人類社會產生關聯性影響。無論是自然界規律性運動，社會發展和變化，還是生理現象，究其本身而能言無所謂風險，但是一旦條件成立就會對人身及其財產產生危害，給人類社會帶來各種不同形式的損失，如人身傷害和財產損失。風險是一個社會範疇，而不是自然範疇。沒有人、沒有人類社會，就沒有所謂風險。

二、風險因素、風險事故、損失與危機

與風險概念密切相關的術語包括風險因素（Hazards）、風險事故（Peril）、損失（Loss）和危機（Crisis），這些術語與風險概念經常被混用，應加以區別。

1. 風險因素

風險因素（Hazards）指任何可能促使或增加損失發生的概率或嚴重程度的條件、情況和狀態。風險因素越多，發生損失的可能性越大，損失的程度就越重。

有形因素（Physical Hazards），也稱爲實質因素或客觀因素，是導致損失發生的各種客觀存在的、有形的、物質方面的因素，是影響損失概率和損失程度的物理條件或因素。例如：行駛的汽車的性能、路況和天氣情況及附近車輛等中的一項或幾項出現不利情形，則汽車發生碰撞損失或者損失概率加大、損失加重。

無形風險因素（Intangible Hazards），是指人們生活的自然、社會和經濟環境、所受教育及對待工作及生活的態度、處理事情的方法等，非物質的、無形的因素也會影響風險發生的概率和損失大小。無形風險因素分爲道德風險、主觀風險因素和社會風

險因素。

道德風險因素（Moral Hazards），道德風險產生的根源是委託代理問題，是由於激勵措施不平衡或失效導致的。例如，在保險中，一旦投保後，投保人就不會有任何積極性採取有效措施，以減低損失發生的概率或降低損失程度，將面臨的風險全部轉移給保險公司。當然，在保險中既存在投保人或被保險人方面的道德風險，也存在着保險人方面的道德風險。如，在使用期間，保險代理人會盡力將工作做好，但是一旦簽訂正式合同後，代理者就會占合同的空子，採取偷懶行為，這些都是在委託—代理中存在的道德風險。

道德風險因素在經濟領域中廣泛存在。其產生的原因是存在信息不對稱現象以及信息收集成本高。道德風險因素的存在改變了人們的行為，引起市場萎縮或運行成本上升，導致經濟無效率。

主觀風險因素（Subjective Hazards），是指由於人們行為上的疏忽、過失等無意識的行為或不行為或人的不良的心理心態，如不注意、不關心、僥倖或存在依賴心理等引發風險事故或擴大損失程度的因素。例如：人的不註意、不關心、僥幸或存在依賴心理，駕駛員的技術水平或精神狀況，駕駛員是否嚴格遵守了駕駛規則等對車禍發生的概率及車禍損失的大小都有直接的影響。

社會風險因素（Social Risks），是指一個社會的歷史、文化、宗教信仰、社會習俗、社會價值觀念等包含的不安全、不珍惜生命、冒險等理念和信仰對社會環境影響和熏陶，人們往往習以為常，無視風險的存在。例如，以飲酒為樂或者追求極端精神信仰的民族，就存在許多導致風險發生的因素。

2. 風險事故

風險事故又稱風險事件，它是損失的直接原因。風險之所以會發生，是因為風險事故的發生使得潛在的危險轉化為現實的損失。因此，風險事故是損失的媒介。例如，火災、暴風、爆炸、雷電、船舶碰撞、船舶沉沒、地震、盜竊、汽車碰撞、人的死亡和殘疾等都是風險事故。有些風險事故是與人的過失、過錯或不當干預有關，屬於人為事故；有些風險事故屬於自然災害或天災。例如，因野炊活動導致的森林大火屬於人為事故，但閃電引起的森林大火則屬於天災，保險業稱這種與個體能力及行為無關的天災事故為"上帝行為"（Act of God）。

3. 損失

損失是指價值的消滅或減少。討論的大部分情況是可能會發生的經濟損失，因此，損失必須能夠以一種便於計量的經濟單位，如貨幣表示出來。當然，許多損失是無法用經濟的方法計算或表示的。例如，人的死亡，誰能計算出其家人在精神上所遭受的打擊和痛苦是多少？儘管如此，本書還是將討論的範圍限定在必須用貨幣來表示的經濟損失方面。

4. 危機

危機是風險的最後表現形式，是風險經過量變積累達到一定程度並借助某一突破口而爆發的嚴重損失狀態，反應了風險積累及其發展的規律。風險與危機具有同質性，風險是危機的基礎和前提，危機是風險的集中表現形式，風險是量的積累，是量變的過程；危機是風險的質變結果。危機出現必然導致較大損失，危機蔓延與惡化一般會伴有嚴重的人身傷亡和財產損毀。風險損失不確定性與收益密切相關，沒有收益的風險是不存在的。只要把握適當，風險可以帶來與之相關的收益。自然災害、恐怖襲擊等各種意外事件會造成重大人員傷亡和財產損失。意外事件與風險息息相關。

風險、風險因素、風險事故、損失和危機這些概念存在一定的內在聯繫，即風險因素引發風險事故，而風險事故導致損失或危機見圖6-1。

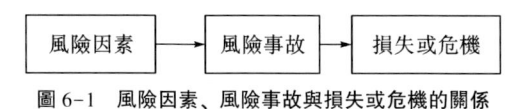

```
風險因素 → 風險事故 → 損失或危機
```

圖 6-1 風險因素、風險事故與損失或危機的關係

三、風險分類

下面介紹幾種風險分類方法：

(一) 按照與人類主體聯繫程度，風險可劃分為人身風險、財產風險、責任風險和信用風險

人身風險（Life Risks）是指與人的生命和身體有關的風險，指由於過早夭亡、疾病、失業、年老或者意外傷殘，減少收入、喪失收入來源或者增加生活負擔因而遭受損失的不確定狀態。人身風險有源於生、老、病、死等生理現象的發生與人們對此預期的差異性，也有源於各種導致人身意外傷害的事件。

財產風險（Property Risks）是指因財產發生損毀、滅失和貶值而使財產價值減少和喪失，並使財產所有人、使用人和管理者遭受相應損失的不確定性狀態。財產損失可以分為直接損失和間接損失。其中，直接損失是指風險事故發生所造成的財產損耗及救護費用，間接損失是指遭受風險事故而中斷運營所形成費用、成本增加和期得利益損失。

責任風險（Liability Risks）是指因人們的過失或侵權行為造成他人的財產損毀或人身傷亡時，依法必須承擔的經濟賠償責任的不確定性狀態。

信用風險（Credit Risks）是指在商品賒銷或貨幣借貸行為中，買方或借貸人不能按照合同規定的付款期限或還款期限支付到期的債務，給賣方和貸款人造成的收不回貨款和貸款的損失。

(二) 按風險對收益影響的不確定性，將風險劃分為收益風險（Income Risk）、純風險（Pure Risks）和投機風險（Speculative Risks）

收益風險，即只會產生收益而不會導致損失的可能性，但無法確定收益規模。例如，在現代社會，認為受教育是一種非常必要而且明智的舉動，會讓人終身受益，但教育到底能夠為受教育者帶來多大的收益又是無法計量的，它不僅與受教育者個人因素有關，而且與受教育者的機遇等外部因素有關，其不確定性帶來收益變化的風險。

純粹風險，即危險。它指只會產生損失而不會導致收益的可能性。對於這類風險，無法確定具體的損失有多少。在現實生活中，純粹風險是普遍存在的。純粹風險是只帶來損失機會的風險。如果遭遇火災，房屋、家產可能被損毀，家人遭受傷害，火災不會帶來收益或經濟利益。因此，火災是一種純粹風險。類似地，交通事故、地震、洪災、違約、犯罪、操作失誤等也都是純粹風險。企業經營過程中經常要面臨這些風險。純粹風險是一種只有損失機會而無獲利機會的不確定狀態。純粹風險一旦發生，所引致結果只有兩種，即損失或無損失，沒有任何獲利的可能性。例如：倉庫發生火災，要麼大火燒毀倉庫和貨物造成損失；要麼及時撲救，沒有造成損失，該風險事故不會出現任何直接獲利的結果。

投機風險是指一種既存在損失可能，也存在獲利可能的不確定性狀態。該類風險一旦發生，導致的後果有三種可能：損失、無損失和獲利。例如：購買商品房，在一定的時間內，有可能賺，可能賠，也有可能不賠不賺，即可能產生收益或造成損害，其所致結果有三種，即損失、盈利和無損失。此類風險最佳例子就是股票投資：一旦購買某種股票，就可能隨該種股票的貶值而虧損，也有可能隨該種股票的升值而獲益。但在保險學領域，人們所談論的風險是與損失相聯繫的。離開了可能發生的損失，談論風險就沒有任何意義。

利率、匯率、金融產品價格（如股票價格）和商品價格的變化給企業財務狀況所帶來的影響就是投機風險；或者說利率風險、匯率風險、價格風險都是投機風險。債券投資者的資產—債券的價值因利率上升而下降，因利率水平的降低而增加；利率下降會帶來額外收益，利率上升遭受損失；債券投資者面臨的利率風險就是投機風險；股票投資的風險主要也是投機風險。企業在融資和證券投資過程中所遇到的風險主要是投機風險，如金融風險主要是投機風險。

投機風險一般是動態風險，賭博例外。動態風險的損失期望值或收益期望值隨經濟環境、時間改變而改變。大數定律不能刻畫投機風險的特點和規律，因此，投機風險不符合傳統保險的可保條件。現在保險市場也涉足投機風險領域，開發新型的保險產品與投機風險（主要是金融風險）相聯繫，但純粹風險永遠是保險公司最重要的承保對象。

將風險分為收益風險、純粹風險和投機風險是一種重要的風險分類方法。保險業主要對純風險進行承保，對於投機風險，在現有保險承保技術水平和慣例下，一般不予承保。

（三）可分散風險和不可分散風險（Diversifiable Risks and Non-Diversifiable Risks）

根據馬克維茨（Marry Markowitz）投資組合理論，將投資人的投資風險分為可分散風險和不可分散風險。在研究金融風險時，通常用系統風險（Systemic Risk）和非系統風險（Non-Systemic Risk）分別解釋不可分散風險和可分散風險。

可分散風險的特點是：對不同風險進行合理組合可以減少風險損失的不確定性，或者說面臨風險的個人或主體聯合起來分擔風險時，能降低風險損失的程度。不可分散風險不會因個人或組織聯合起來分擔而減少或降低風險損失的程度。

各種股票的收益既與市場行情相關，又與具體股票的漲跌有關係。當投資者持有多種股票時，就可以通過減少股票價格的波動性來降低風險。前者指風險發生對所有的標的都帶來影響，不能通過風險的集聚來抵消，成為系統風險或市場風險；後者指風險發生的結果只給面臨風險損失的企業帶來影響，通過對風險進行集聚或分攤協議對風險進行相互抵消，成為非系統風險，或企業特有風險。

區分可分散風險和不可分散風險或非系統風險和系統風險，對於研究保險市場乃至整個金融市場都是非常必要的。對於保險而言，它不但影響到風險分擔、購買保險的必要性，也涉及風險分擔機制的建立、保險價格的確定。

(四) 按照風險因素的來源，將風險分為自然風險（Natural Risks）、社會風險（Social Risks）、政治風險（Political Risks）和經濟風險（Economic Risks）

自然風險，指自然界的運動和變化給人類的生命和財產造成傷亡、毀損的自然現象。如雷擊、暴風雪、暴雨、地震、洪水等。

社會風險，在歷史發展過程中，每一個社會都會形成絕大多數社會成員認可的價值取向、道德標準和應該遵守的行為準則。社會風險是指社會團體或個人的行為背離了社會公認的價值觀、道德觀和行為規範，並且這些違規或破壞行為給社會其他成員或群體造成不安定、人身傷害、財產損失等風險。如械鬥、偷盜、搶劫、暴亂、綁架等。

政治風險，指因國家政權變動、政治鬥爭、法律和政策的改變而造成社會不安定、人身傷亡和財產損失的風險。如戰爭、社會動蕩、政權變更等。

經濟風險，指在生產、流通、交換、分配等活動中，經營不善、信息不準、決策失誤、市場變化等造成收入減少、經營虧損、企業破產的風險。

(五) 按風險產生的環境分類，分為靜態風險、動態風險

靜態風險（Static Risks）是指在一個穩定的、均衡的社會環境裡，自然界自身的運動和發展，人或組織的行為的錯誤給人的生命、財產及社會財富造成的損失的不確定性。靜態風險存在於社會、經濟發展的任何階段，存在於人類社會的不規範的行為中。如地震、洪水、雷電、熱帶風暴等自然災害，盜竊、殺人、防火、欺詐等社會風險以及生病、死亡等生命現象。靜態風險一般按照自身發展和運動的規律客觀地存在着，與社會經濟、政治、科技及國家政策的發展及變化之間沒有必然的聯繫。自然風險往往就是靜態風險。

動態風險（Dynamic Risks）是指由於社會發展、政治制度變化、科學技術發展、國家政策的改變以及法律的變化等變動而帶來不確定性影響，如人口增長、利率和匯率變化、股票市場的波動、環境污染、恐怖主義活動、戰爭等風險。動態風險表現了風險的發展性，社會風險、經濟風險、政治風險往往都是動態風險。

(六) 按照風險涉及的主體分為企業風險與個人風險

企業風險。從廣義上講，任何可能引起企業價值減少的原因都可以定義為企業風險，屬於企業風險管理的範疇。從根本上說，企業價值是由公司未來淨現金流（現金流入減去現金流出）期望值的大小、獲得的時間以及風險（波動）因素決定的。現金流入的意外減少或現金流出的意外增加都會極大地降低公司的價值。企業風險中對現

金流量以及企業價值變動影響最大的爲價格風險、信用風險和純粹風險。

價格風險（Price Risk）。價格風險是指由於輸出價格或者輸入價格的可能變動所導致的現金流量的不確定性。輸出價格風險是公司提供的產品和勞務價格變動風險；輸入價格風險指的是公司爲生產過程所支付的勞動力、原材料以及其他輸入要素的價格變動風險。對現有以及未來的產品和服務在銷售和生產過程中的價格風險進行分析，在公司的戰略管理中起着核心作用。

價格風險可細分爲商品價格風險、匯率風險和利率風險。商品價格風險是諸如煤、銅、燃油、天然氣以及電力等商品價格波動。某些商品對一些公司來說是輸入，而對另一些公司來說是輸出。由於經濟活動的全球一體化，公司的輸出和輸入價格還要受到匯率、利率變化而發生波動。利率上漲影響信用條款和使用信用卡購物的顧客的支付速度，利率變動還會影響公司通過借貸方式爲其經營活動進行融資的成本。

信用風險。當公司的客戶和借款方拖延或不能履行所承諾的支付時，公司就面臨着信用風險（Credit Risk）。絕大多數公司在應收帳目上都面臨着一定程度的信用風險。對於金融機構，如商業銀行，其貸款可能會被借款人拖欠不還，具有很高的信用風險。如果公司向外借債，它們反過來也會使貸款人陷入信用風險中（也就是公司拖欠借款而給貸款人造成風險）。結果是，向外借款會使公司的所有者面臨着公司因無法償還債務而被迫倒閉的風險，並且信用風險增加，使公司增加借債的成本。

純粹風險。在大中型公司中，傳統上的風險管理職能主要是指對純粹風險的管理。影響公司商務活動的幾類主要純粹風險如下：

·物理損壞、被盜以及政府徵收引起的公司資產價值減少的風險。

·給客戶、供應商、股東以及其他團體帶來人身傷害或財產損失而必須承擔法律責任的風險。

·對雇員造成人身傷害，按照員工賠償法必須進行賠償的風險，以及除此之外必須承擔的其他法律責任風險。

·對雇員（有時也包括其家庭成員）死亡、生病以及傷殘，按照雇員福利計劃支付費用的風險，包括養老金和其他退休儲蓄計劃中對雇員的責任。

個人風險。個人和家庭面臨的風險分爲6類：收入風險、醫療費用風險、責任風險、實物資產風險、金融資產風險和長壽風險。

收入風險指的是家庭收入的潛在波動，是因收入獲得者死亡、傷殘、年齡和技術變革等原因導致的勞動能力下降而引起的。家庭費用支出也具有不確定性，特別是醫療和責任訴訟會帶來巨大的非預期費用。家庭還面臨着實物資產價值損失的風險，汽車、房屋、船只和電腦可能會遺失、被竊或損壞。金融資產的價值會因通貨膨脹和股票債券實際價值的變動而發生波動。長壽風險指的是退休後個人可能會比其所擁有的財務資源更加長壽。個人可以諮詢保險代理人、會計師、律師和財務規劃師等獲得風險管理建議。

四、風險的度量

衡量風險大小的方法通常有計算風險發生的概率、概率分布、預期值波動幅度和預期損失價值等數理統計方法等，有如下指標：

風險發生頻率或概率。通過收集大量具有同質特徵的風險樣本，分析該類風險發生的概率或概率分布。根據大數法則，樣本量或被保險人數的增加，實際損失經驗將趨向真實的概率。

風險損失期望值或者風險事故發生值的方差。借助風險發生的概率或概率分布，結合不同情形下風險發生導致的實際損失，計算某類風險損失的期望值。風險事故發生值的方差反應了風險引起的波動幅度的總體水平。

變異系數。利用大量事故樣本的發生值計算其方差、標準差值和發生值的期望值，變異系數是標準差與期望值的比率，反應了事故發生值的波動程度。

在險價值（Value At Risk, VAR）。20 世紀 80 年代末，交易商對金融資產風險測量，其作爲一種金融風險測定和管理工具，是以 JP 摩根銀行最早在 1994 年推出的風險度量模型爲標誌。VAR 定義爲在正常的市場環境下，給出一定的時間區間和置信水平，測度預期最大損失的方法。確定一項事件或投資活動的 VAR 值，必須確定兩個數量因素，即基本時間間隔的選取，涉及觀察數據的間隔週期；置信水平的選擇，一般置信水平選擇爲 95%~99%。

第二節　風險管理

一、風險管理（Risk Management）的起源

人類管理風險自古就有。在原始社會，人們知道通過挖掘洞穴、輪流站崗等方式來防範被野獸傷害的風險。商品經濟產生以後，人們學會將風險轉移給他人，並產生了保險。早在 14 世紀 80 年代，出現了具有現代保單形式的保單。1424 年，在熱那亞出現了第一家海上保險公司。隨後，通過保險公司來管理風險成爲越來越正規和通用的手段。然而，這些管理風險的方法往往只註重人身和財產的安全，不能從根本上防範重大危害，減少重大的風險損失。

20 世紀 50 年代以來，風險管理成爲一門系統性的管理科學。影響風險管理科學產生的因素是多方面的，其中，幾起重大事件發揮直接的推動作用。1953 年 8 月，美國通用汽車公司自動變速裝置廠發生大火，致使房屋、機器設備及其原材料損毀，所造成的直接經濟損失達 300 萬美元。該廠是唯一一家供應通用汽車公司所有汽車及卡車的自動變速裝置零件的廠家，導致通用公司汽車及卡車製造停頓 36 個月；除此之外，還造成該公司衛星工廠、玻璃廠、鋼鐵廠以及其他股份公司生產業務停頓，導致間接經濟損失高達 5,000 萬美元。這還只是美國當時 15 次重大火災之一。1984 年，美國鋼鐵工人因與廠方就養老退休金和團體人壽保險問題發生糾紛而罷工達半年之久，給美國經濟造成了嚴重的影響。

這些事件促使人們探索系統而科學的方法來防範和抑制重大事故的發生，減少風險事故給人們帶來的災難後果，導致了 20 世紀五六十年代學術界和企業界關於風險管

理科學的系統性研究和探索。

二、風險管理概念及特點

風險管理指在全面識別、分析與衡量風險的基礎上，風險主體採取合理的技術措施對風險進行預防與損失控制並安排相應的融資措施對損失進行補償，以最小的成本使風險造成的損失降到最低程度，使風險主體的利益獲得最大安全保障，實現利潤最大化的一系列管理活動。企業戰略管理、經營管理和風險管理構成企業三大管理。

風險管理也可描述爲一個組織或個人採取的降低風險成本、實現利潤最大化的一系列決策和措施。風險成本是指風險控制成本、風險融資成本、風險社會成本和風險的心理成本。

風險成本也指由於風險的存在和風險事故發生後人們所必須支出的費用和預期經濟利益的減少。具體表現爲三類：

第一，風險損失的實際成本。風險損失的實際成本由風險造成的直接損失和間接損失成本共同構成。

第二，風險損失的無形成本。風險損失的無形成本是指風險對社會經濟福利、社會生產率、社會資源配置以及社會再生產等諸方面的破壞後果。

第三，預防和控制風險損失的成本。其是指爲預防和控制風險損失，必須採取各種措施而支付的費用，包括資本支出和折舊費、安全人員費（含薪金、津貼、服裝費等）、訓練計劃費用、施教費以及增加的機會成本。

風險管理具有以下特點：

風險管理是一門科學。風險管理是研究在風險主體的經營活動中各種風險的發生規律和風險控制的一門管理科學。

風險管理是一個管理過程，構成企業核心管理內容之一。通過制訂風險管理的計劃和目標，組織、協調、指揮和控制企業的各種資源，有效地管理企業經營活動中面臨的各種風險，與企業戰略管理、企業經營管理共同構成企業的核心管理。風險管理活動的本質是事先的預測而非事後的反應，風險管理活動以風險主體的財務安全爲中心。

風險管理是一個決策過程。通過風險識別（Risk Identification）、風險衡量（Risk Measurement）、風險分析（Risk Analysis）與風險評價（Risk Evaluation）等各種方法的使用及風險管理諮詢系統，充分瞭解風險主體自身的風險狀況，根據實際情況採取最優的風險管理技術組合，以最小的成本獲得最大的安全保障。

三、風險管理的演進進程

從理論發展以及所涉及的核心內容來看，風險管理科學大體上經歷了三個發展階段：第一階段爲可保風險管理階段；第二階段爲可保風險管理與金融風險管理並存的發展階段；第三階段爲整體風險管理階段。

（一）可保風險管理階段

在這一階段，風險管理研究的主要對象是可保風險。其重要發現是，保險並不是對付風險損失的唯一途徑，除保險外還存在許多其他風險管理的方法，有些風險管理的措施，如損失預防措施，對於一些複雜的問題比保險更爲有效。保險以外的風險管理方法有如下三種：

1. 風險轉移。通過非保險合同方式將風險損失轉移給合同的對方。

2. 風險自留。企業不購買保險，自己承擔風險損失。爲此企業可以有計劃地設立風險基金，用以彌補事故發生後的經濟損失。企業也可以設立專門的部門或子公司（如專業自保公司），通過內部定價，像購買保險一樣向這種專業自保公司繳納準備金，由專業自保公司來承擔責任範圍內的待攤損失。

3. 風險控制。企業通過採取預防措施防範風險損失的發生，減少事故發生後的損失。例如，通過安裝預警器和自動噴淋設備來控制火災風險的發生和損失；通過加強檢查和安全措施，防範偷盜和犯罪等。

如何科學地運用各種可能的風險管理手段來防範、控制和管理企業財產安全、責任風險和人身傷害風險，使企業最大限度地減少損失，就是可保風險的管理所要研究的內容。

（二）可保風險管理與金融風險管理並存階段

20 世紀 60 年代以後，隨著馬科維茲（Markowitz）的資產組合理論的推廣與應用，用以規避和轉移金融風險的衍生工具不斷出現，金融風險管理的理論和方法以獨立於保險理論的方式迅速發展，在實踐中不斷深入。

20 世紀 70~80 年代，金融風險管理與可保風險的管理從管理對象、方法和措施以及所基於的理論基本上是不同的，是各自獨立發展的。這一時期，保險人是管理純粹風險的專家，往往缺乏對投機風險和金融風險管理的技術和經驗，而精通金融風險管理的專家往往不懂純粹風險、可保風險的管理技巧。

（三）整體風險管理階段

到了 20 世紀 90 年代，風險管理科學進一步發展，純粹風險與投機風險經常交融在一起，相互影響，整體風險管理應運而生。在整體風險管理的思維框架下，需要兼顧純粹風險（重要的一類爲可保風險）、投機風險（主要爲金融風險）的相互影響或相關關係，企業風險管理逐漸拋棄以前地窖式的管理方式，開始以整個企業的經營和管理活動爲考察對象，綜合考察企業所面臨的所有風險，包括純粹風險、金融風險、經營風險、政治風險等，以實現企業價值最大化目標。

四、風險管理的過程

風險管理是由風險識別、風險分析、風險衡量、風險損失、損失補償以及風險管理效果評價等一系列過程、方法和措施構成，包括以下幾個步驟：

（一）制訂風險管理的目標和計劃

以風險成本和收益的平衡爲出發點，考慮近期和長期動態的目標、成本變化，制訂具體的目標和計劃。

（二）風險識別、分析與衡量

1. 風險識別

風險識別就是主動地去尋找風險。企業管理人員將對企業擁有的各種資產、所有員工、各項經營活動進行全面的調查和分析，尋找出企業所面臨的風險。

識別方法有：財務報表分析法、生產流程圖分析法、組織機構圖分析法、風險清單分析法、法律合同分析法等。

2. 風險分析

瞭解和掌握風險發生的原因、條件、風險造成的損失後果等，是風險管理的依據。

3. 風險衡量

從風險發生的頻率及風險發生的嚴重程度兩個方面進行衡量，針對其特點進行分類管理。

(1) 雙低風險，不是管理的重點。
(2) 頻率低、損失大，管理的重點。
(3) 頻率高、損失低，不是重點。
(4) 頻率高、損失高，盡可能規避。

衡量方法有：概率計算、概率分布和數理統計方法等。

（三）採取損失控制措施，安排損失補償資金

根據風險的特性及企業對風險的控制能力，採取技術措施進行風險控制，並制定相關的規章制度規範員工的操作行為，有效控制損失。對於發生的一些損失，企業必須制訂損失補償方案和進行補償。

（四）對風險管理措施進行檢查、評估和調整

定期和不定期地對風險管理措施進行檢查和評估，發現工作中存在的失誤，增強風險管理針對性，降低風險成本。

五、風險管理的方法

風險管理的主要方法分為三類：損失控制、損失融資和內部風險抑制。損失控制和內部風險抑制通常包括公司為了增加企業價值而進行投資（或放棄投資）的各種決策及其他一些投資決策，如是否購買新廠房的決策，或者個人是否購買電腦的決策在概念上是等同的。損失融資決策指的是在損失發生時為支付損失額所採取的各種融資決策。

（一）損失控制

損失控制（Loss Control）是通過降低損失頻率和（或）減小損失程度（規模）來減小期望損失成本的各種行為，有時也將損失控制稱為風險控制。通常把主要影響損失頻率的行為稱為損失防止（Loss Prevention）手段，而把主要影響損失程度的行為稱為損失降低（Loss Reduction）手段。

損失控制有兩種常用的辦法：減少風險活動的數量和提高風險預防能力。首先，

通過減少風險活動的數量而降低風險。例如，公司可以減少有風險的產品的產量，可以轉向生產其他風險較低的產品。對風險活動的數量加以控制主要是爲了影響風險的損失頻率。這種策略的最大缺陷是，它雖然考慮了風險的損失，但卻因此而喪失了風險活動可能帶來的收益。在極端情況下，如果把風險活動的數量減少到零，也就是說公司不從事任何活動，那麼公司就不會有任何風險損失了。這種極端的策略稱爲風險規避（Risk Avoidance）。

提高風險預防能力（重視程度），其目的是使活動更安全而降低損失頻率和（或）損失程度。常見的例子有，進行全國的安全檢測以及安裝安全保障設備。如卡車運輸公司可以對其司機進行深入的安全培訓，限制每個司機每天的行駛時間，加固運輸中使用的容器及降低泄漏的可能性。提高預防能力常常意味着要支付直接費用或其他成本。

常用的風險控制措施有以下幾種：

1. 風險規避（Risk Avoidance）。在充分認識、分析和衡量風險的前提下，採取相應措施規避損失的發生的可能性。

2. 損失預防與減少（Loss Prevention and Reduction）。損失預防是在風險發生前採取各種防備措施，以減少風險發生的概率或減少風險發生造成的損失大小。減少損失是指在風險發生後及時採取合理的措施和方法進行施救，以降低風險造成的損失程度，爲風險發生後採取的控制手段。

3. 分散風險標的（Risk Separation）。將面臨風險的標的在空間、地理位置和時間上進行分散，如"分舟運米"、經營多樣化，不將雞蛋放在一個籃子裡等。

4. 備份（Duplication）。對於一些文件或信息載體，爲防止意外風險發生而遭到毀壞，提前對它們進行複製或備份。

5. 應急方案（Emergency Plan）。重大風險事故，一旦發生將需要配備大量資源、經歷複雜的程序進行施救，臨時進行商討將會拖延施救時間，甚至難以選擇合理有效的措施，將不利於實現最佳施救。因此，需要對這些風險事故進行研究，建立應對各種風險程度的應急方案，以便風險發生後及時實施。

6. 風險轉移（Risk Transfer）。風險轉移是通過合法的工具如合同等，將風險損失轉移給願意或有能力承擔風險的主體。例如，①股份公司，在增強投資的融資能力基礎上，將投資的收益風險轉移給了衆多的投資者，避免了投資經營者獨自承擔所有的投資風險。②合同條款，如保險是通過保險合同，將投保人或被保險人的風險轉移給保險人或承保人。③擔保合同，爲促使債務人履行其債務，保障債權人的債權得以實現，在債權人（或擔保權人）和債務人之間，或在債權人、債務人和第三人（擔保人）之間協商，當債務人不履行或無法履行債務時，以一定方式保證債權人債權得以實現的協議。在經濟交易中，引入第三者提供擔保，爲債務人不能履行義務的最後保證。

（二）損失融資（Loss Financing）

損失融資也稱爲風險融資，指通過獲取資金來支付或補償損失的方法。有四種損失融資手段：自留、購買保險合同、對沖、其他合約化風險轉移。

自留（Retention），指公司或個人承擔了部分或全部的損失。如卡車運輸公司可能自己承擔由於燃油價格上漲而導致現金流減少的風險。對大中型公司來說，通過一個正式損失融資計劃來自留風險，稱爲自我保險（Self Insurance），公司可以使用內部資源或外部資源來支付自留損失。內部資源包括借債和發行新股，但在遭受了重大損失後這類資源的獲取成本通常是很高的，雖然使用了外部融資渠道，但這兩種手段仍然屬於自留的範疇。原因是公司必須償還爲了損失融資所借的款項；如果是發行新股，公司也必須把未來的利潤分配給新股東。

購買保險合同。保險合同一般會規定保險公司爲約定的損失支付資金（也就是爲這些損失融資）；作爲交換，在合同開始時，購買保險合同的一方要向保險公司支付一筆保險費。保險合同降低了購買保險一方的風險，因爲它把損失風險轉嫁給了保險公司。保險公司則是通過分散化來降低自身的風險。例如，保險人通過出售大量的涉及多種類型損失的保險合同來降低自己的風險。

對沖（Hedging），諸如遠期合約、期貨合約、期權合約以及互換合約等金融衍生合約已經在許多種類型的風險管理中得到了廣泛應用，最主要的還是用於價格風險管理。這些合約可以用來對風險進行對沖，也就是說，可以用來抵銷利率、商品價格、匯率以及其他價格變動帶來的損失。其中的一些衍生合約已經開始在純粹風險的管理中得到應用，這些應用在未來還會大大擴展。

其他合約轉移風險。公司可以通過合約將風險轉嫁給其他方，與保險合同以及金融衍生品相同的是，這類合約在風險管理方面的應用也十分廣泛。如與獨立的承包商打交道的公司按常規會與承包商事先簽訂合約，約定一些免責條款和補償協議，使公司不會在由承包商造成的人身傷害事故官司中遭受任何經濟損失。

(三) 內部風險抑制（Internal Risk Reduction）

公司或個人除了使用損失融資手段把風險轉嫁給其他方來降低風險外，還可以在其內部抑制風險。內部風險抑制主要有兩種形式：分散化經營與信息投入。

分散化經營，即通過分散經營來降低風險。個人也可以通過將存款投資於不同的股票來進行類似的分散經營。此外，股東採取投資組合來分散風險的做法會對公司購買保險合同以及使用對沖的決策產生重要的影響。

信息投入，能夠對未來現金流進行更精確的估計或預測，減少實際現金流相對於預測值的變動。包括對純粹風險損失的損失頻率和損失程度的估計，爲了降低輸出價格風險而對不同產品潛在需求情況進行的市場調研，以及對未來商品價格或利率進行預測等。保險公司降低自身風險的途徑之一就是對數據進行專業化的分析，以獲取關於損失的精確預測。大中型公司在信息方面的投入對降低純粹風險是行之有效的。

第三節　保險及其特徵

一、保險的定義

保險是風險管理的一種重要方式。最初，保險起源於民間具有同質風險的經營者爲了避免意外風險而遭受不可挽回的災難，每個個體支付很少的資金建立共同基金，幫助遭受風險的個體對付風險的一種合作互助方法。如穿過沙漠的商業馬隊、在湍急的江河上從事運輸的商人等……即以經常性繳納一定費用（保費）爲代價來換取在遭受損失時獲得補償。

《中華人民共和國保險法》（簡稱《保險法》）（2014年修訂版）是規範在我國境內從事保險活動的法律。其將保險的定義表述爲"本法所稱保險，是指投保人根據合同約定，向保險人支付保險費，保險人對於合同約定的可能發生的事故因其發生所造成的財產損失承擔賠償保險金責任，或者當被保險人死亡、傷殘、疾病或者達到合同約定的年齡、期限等條件時承擔給付保險金責任的商業保險行爲"。

從經濟的角度看，保險是一種經濟補償制度，是分攤意外事故損失的一種財務安排。保險集合了大量同質的風險，運用概率論和大數法則，正確估算損失概率和損失金額，並據此確定保險費率，通過向投保人收取保險費，建立保險基金，用以補償被保險人所遭受的損失。

從法律的角度看，保險是一種合同行爲，保險經濟關係是通過保險雙方訂立保險合同來確立的。根據保險合同的約定，投保人承擔交付保險費的義務，保險人在保險事故發生時履行保險賠償或給付的義務。

從社會保障角度看，保險是一種相互幫助的社會制度。保險突破了傳統的個人、家庭和就業單位的保障力量，從社會或一定區域範圍，在醫療、養老、失業、基本生存等方面建立基本基金進行互相幫助的社會制度。

二、保險的基本要素

保險的要素是進行保險經濟業務活動應具備的基本條件。現代商業保險的要素包括可保風險的存在、大量同質風險的集中及分散、保險費率的厘定、保險基金的建立和保險合同的訂立。

（一）可保風險的存在

可保風險是指符合保險人承保條件的風險。在保險經營中，只對純粹風險進行承保。構成可保風險的條件有以下幾條：

1. 風險必須是大量的、同質的。大量的、同質的風險要求大量性質相近、價值相近保險標的面臨同樣的風險，保險公司可以根據保險統計數據，運用概率論和大數法則預測損失的概率，準確地厘定保險費率。

2. 風險發生具有不確定性。風險的不確定性要求被保險人在投保時不知道風險將來是否一定會發生，更不知道風險發生之後會造成多大的損失。如果風險的發生是預知的，其造成的損失也是事先可以確定的，則不能成爲可保風險。

3. 風險不能使大量的同類標的同時遭受損失。雖然可保風險必須是大量的，而且大量同類標的均有遭受損失的可能，但是大量同類標的不能同時發生損失，否則損失幅度過於巨大，保險公司在財務上無力承受，保險損失分攤的職能也就無法履行。

4. 風險必須具有可預測性。保險的經營依賴於費率的準確釐定，而費率釐定的依據是風險發生的概率以及風險導致標的損失的概率，從而合理、準確地釐定費率。

(二) 大量同質風險的集合與分散

保險的經營過程實質上是風險的集合與分散的過程。保險人通過保險將衆多投保人所面臨的分散性風險集合起來，當保險責任範圍內的損失發生時，少數人發生的風險損失由全體投保人共同分攤。保險風險的集合與分散應具備以下兩個前提條件：

1. 大量風險的集合。保險不是保險人個人的善舉，而是衆多投保人的互助行爲。保險人實現互助的方法是集合多數人的保費，補償少數人的損失。因此大量風險的集合，一方面是基於風險分散的技術要求，另一方面是概率論和大數法則在保險經營中得以運用的前提。

2. 同質風險的集合。同質風險是指在種類、品質、性能、價值等方面大體相近的風險單位。只有大量同質的風險，才能真正發揮保險的互助合作性。如果風險不同質，風險損失發生的概率就不相同，風險無法進行集合和分散，如果對不同質風險進行集合和分散，則會影響保險公司的穩健經營。

(三) 保險費率的釐定

保險人需要承擔投保人風險的代價，投保人必須向保險人支付保險費。保險人收取的保險費不是憑主觀意願隨便收取的，而是根據損失概率和損失程度確定的保險費率計收的。保險人依據歷史的損失統計資料，運用大數法則，比較精確地預測損失發生的概率和損失程度，從而確定損失的大小。這種科學的方法能使保險人收取的保險費與保險人承擔的賠償責任相一致，體現保險費的公平合理。

爲了防止各保險公司間保險費率的惡性競爭，一些國家規定由保險同業公會釐定保險費率，或者由國家保險監管機構審定保險費率。我國法律規定保險公司應當聘用專業人員，建立精算報告制度和合規報告制度。

(四) 保險基金的建立

保險人將收取的保險費集合起來，建立保險基金，並加以妥善管理和運用，爲保險人履行賠償或給付義務做準備。保險基金是保險賠償和給付的基礎，也是保險公司財務穩定的經濟基礎。

(五) 保險合同的訂立

保險是投保人與保險人之間的商品交換關係，這種經濟關係需要有關法律對其進行保護和約束，即通過訂立保險合同明確雙方的權利和義務，並依照保險合同的規定履行各自的權利和義務，否則保險經濟關係難以成立。

三、保險的特徵

保險作爲一種管理風險的經濟補償制度，具有以下五個特徵：

1. 經濟性。保險是一種經濟保障活動。保險經濟活動是整個國民經濟活動的一個有機組成部分，其保障的對象是財產和人身，它們直接或間接屬於社會生產中的生產資料和勞動力兩大經濟要素；其保障的手段都是以貨幣的形式進行補償或給付。

2. 商品性。在商品經濟條件下，保險是一種特殊的服務性商品，體現了投保人和保險人之間的一種互換的商品經濟關係。

3. 互助性。保險通過保險人向衆多投保人收取保險費，建立保險基金，應對少數被保險人面臨的風險損失，體現了"一人爲衆，衆爲一人"的互助特徵。

4. 法律性。從法律角度看，保險是一種合同行爲。保險合同是保險雙方建立保險關係的形式，也是保險雙方當事人履行權利和義務的法律依據。

5. 科學性。現代保險以大數法則和概率論等科學的數理理論爲基礎，保險費率的厘定和保險準備金的計提都建立在科學精算的基礎上。

第四節 保險的職能和作用

一、保險的職能

保險的職能是指保險的內在的固有的功能，它是由保險的本質和內容決定的。保險職能有基本職能和派生職能之分。

(一) 保險的基本職能

保險的基本職能是指保險在一切經濟條件下均具有的職能。保險的基本職能是分擔風險和補償損失。補償損失是保險的最終目的，分擔風險是保險處理風險事故的技術方法，是補償損失的一種手段。轉移風險損失、分擔風險和補償損失的關係體現了保險機制運行過程中手段和目的的統一。

1. 轉移風險損失。保險是通過投保人繳納一定比例的保險費，與承保人簽訂合同，一旦發生了保單承諾的風險，就按照合同獲得承保人一定數額的損失賠償。從而，通過保險合同，保險人將可能的風險損失轉移給了承保人。

2. 分擔風險。保險公司通過向衆多的投保人收取保險費，建立保險基金，當少數被保險人遭受損失時，用保險基金進行補償。也就是說，少數人面臨的風險通過保險的風險集合與分散，由投保人集體共同分擔，從整體上提高了人們對風險的承受能力。

3. 補償損失。補償損失是保險的最基本的職能。當保險責任範圍內的保險事故發生造成損失時，保險人按照保險合同的規定，及時、準確、迅速、合理地進行損失補償。這種補償既包括對被保險人因自然災害或意外事故造成的經濟損失的補償，也包括對被保險人依法應對第三者承擔的經濟賠償責任的補償，還包括對商業信用中違約行爲造成的經濟損失的補償。因此，補償損失職能主要就財產和責任保險而言。

對於人身保險，由於人的生命和身體的價值難以用貨幣來計價，在保險合同約定的保險事故發生或者達到約定的年齡或期限時，保險人按約定的保額進行保險金給付。因此，人身保險的損失補償一般稱爲保險金給付。

（二）保險的派生職能

保險的派生職能是在保險固有的基本職能的基礎上，隨著社會生產力的發展和保險分配關係的發展而產生的。保險的派生職能包括風險管理職能、投資職能和社會管理職能。

1. 風險管理職能。保險企業作爲集合分散風險的專業管理機構，其自身的特點決定了其在業務經營過程中所面臨的風險遠遠大於其他企業。從自身經營的穩定性出發，風險管理成了保險的一個重要的派生職能。許多保險公司非常重視風險管理，設置了風險管理專職部門或機構，專門從事風險評估、損失控制、事故調查、災損分析和防災培訓等工作。隨著保險業的發展和保險市場競爭的不斷加劇，保險公司承保的標的越來越複雜，承保的保額越來越高，承保的範圍越來越廣，不斷擴大經營和投資規模，招募專業技術人才，配備精良的儀器設備，通過高水平的風險管理工作來保障業務經營的穩定和發展。投保人在投保時不僅會比較保險公司提出的保險費率和保險計劃書，而且還會考慮保險公司是否能提供安全的技術服務。完善的風險管理和高水平的安全技術服務逐漸成爲保險業務的競爭手段。

2. 投資職能。保險費收取與保險金賠付之間存在的時間差和數量差，爲保險投資提供了可能。爲了保證將來保險金的賠付和增強保險公司的償付能力，保險公司必須對保險資金投資並保證保險資金的保值和增值。因此，保險投資是保險公司又一重要的派生職能。隨著保險承保能力日趨過剩，保險競爭日益加劇以及資本市場的不斷完善，保險投資不僅是推動保險業前進的車輪，也是彌補承保業務虧損、維持保險業繼續經營的生命線。因此，保險投資與保險業發展已經融爲一體，承保業務和投資業務的並駕齊驅已成爲保險業發展的一種潮流。在西方資本市場，保險公司尤其是人壽保險公司既是中長期資金的主要供應者，又是重要的機構投資者。保險投資管理水平的高低已成爲保險市場競爭的強有力的手段。

3. 抵押貸款。保險合同可以用來抵押和貸款擔保，擴大相關主體的融資能力。

4. 社會管理職能。保險的社會管理職能不同於國家對社會的直接管理，它通過保險內在的特徵，促進經濟社會的協調以及社會各領域的正常運轉和有序發展。保險的社會管理職能是在保險業逐步成熟並在社會發展中的地位不斷提高之後衍生出來的一項職能。保險的社會管理職能表現爲社會保障管理、社會風險管理、社會關係管理和社會信用管理四個方面。

（1）社會保障管理。商業保險是社會保障體系的重要組成部分，在完善社會保障體系方面發揮着重要作用。商業保險一方面可以擴大社會保障的覆蓋面，另一方面可以提高社會保障的水平，緩解政府在社會保障方面的壓力，爲維護社會穩定和保障人民安居樂業做出貢獻。

（2）社會風險管理。保險公司利用積累的風險損失資料和專業的風險管理技術，爲社會風險管理提供有力的支持。同時，保險公司還可以配合公安消防、交通安全、防汛防洪等部門，實現對風險的控制和管理。

（3）社會關係管理。保險公司介入災害事故處理的全過程，可以提高事故處理效率，減少當事人可能出現的這種糾紛，維護政府、企業和個人之間正常有序的社會關係，減少社會摩擦，提高社會運行的效率。

（4）社會信用管理。最大誠信原則是保險經營的基本原則，保險公司經營的產品實際上是一種以信用爲基礎、以法律爲保障的承諾，在培養和增強社會的誠信意識方面具有潛移默化的作用。保險公司在經營過程中可以收集企業和個人的履行行爲記錄，爲社會信用體系的建立和管理提供重要的信息資料來源，實現社會信用資源的共享。

二、保險的作用和社會成本

保險的作用和保險職能是兩個既相互區別又相互聯繫的概念。保險的作用是保險職能的具體體現。保險的作用表現在宏觀和微觀兩個方面。

（一）保險的宏觀作用

保險的宏觀作用是指保險在總體上對社會及國民經濟所產生的效益。

1. 保障社會再生產的正常進行和國民經濟持續穩定發展。社會再生產過程由生產、分配、交換和消費四個環節組成，它們在時間上是連續的，在空間上是均衡的。但是，再生產過程的持續性和均衡性難免會因遭受各種災害事故而被迫中斷和失衡。保險的經濟補償能幫助受災單位盡快恢復正常的生產經營，保證社會再生產過程的連續性和穩定性，保證國民經濟向既定目標持續、穩定、健康地發展。對社會總體來說，災難事故的發生具有必然性，保險通過分散風險和及時的經濟補償，解除人們的後顧之憂，對穩定社會秩序、安定人們生活起到了積極的作用，有利於社會的安定。

2. 有利於科學技術的推廣應用。科技進步已成爲經濟發展中最重要的推動力，但是任何一項科學技術的產生和應用，不僅可以帶來巨大的物質財富，而且還會帶來新的風險。保險爲科學技術推廣應用在遭受風險事故時提供經濟保障，加快新技術的開發運用。例如，航空航天技術的應用，如果沒有飛機保險、衛星保險，其生產和經營各方都將受到很大的限制。

3. 保障被保險人應享有的經濟利益。風險造成的損失是將來發生的、無法確切估計的，通過保險可以將這種無法預測的損失以交付保險費（按科學原則確定）的形式固定下來，解除了企業對風險的恐懼和各種後顧之憂。一旦被保險人遭遇保險責任範圍內的風險損失，可以得到及時和可靠的經濟補償和保險金，保障被保險人應享有的各項經濟權益或利益。在國際貿易中，保險有利於對外經濟貿易和國際交往並促進國際收支平衡。保險業務尤其是涉外保險業務的發展，不僅可以有力地促進對外經濟貿易和國際經濟交流，而且可以帶來巨額的無形貿易淨收入，成爲國家積累外匯資金的重要來源，對平衡一國的國際收支起着積極的作用。

4. 促進社會的風險管理和防災防損工作。保險公司進行的防災防損、減少損失的工作主要採用以下方式：直接投資和參與風險的防範和預防研究工作；保險公司從業務收入中撥款讚助政府或企事業單位購置防災設備；對保險標的的風險分析；運用掌握的損失統計數據資料向社會各界宣傳風險管理，並提供防災防損的經驗和措施；通過保險費率的確定，督促被保險人實行風險管理，註意防災防損的槓桿；對損失率高的風險標的多收費；對風險管理和防災防損工作做得好的被保險人採取優惠費率。

5. 成爲國家建設資金來源。保險基金使保險業集聚了大量的閑散資金，可發展保險基金的投資和風險融資的金融中介功能，成爲國民經濟發展中的重要的資金來源。2013年年底，中國保險行業資金運用餘額達到 76 873.41 億元。

6. 爲社會提供大量的就業機會。保險業是市場經濟條件下分工產生和發展深化的結果，是爲其他行業經營、社會運轉提供風險管理服務的行業，因此，吸收了較大數量的勞動力就業。截至 2013 年年底，中國保險經營機構數量爲 174 個，保險領域正式就業的勞動力（不包括行銷、代理人員）達到 83.13 萬人。

(二) 保險的微觀作用

保險的微觀作用是指保險作爲經濟單位、家庭和個人風險管理的財務處理手段所產生的經濟效益。無論何種性質的企業，在生產經營和流通過程中，都可能遭受自然災害和意外事故的損害而造成經濟損失，其中重大的損失甚至會影響企業的正常運轉。企業如果參加了保險，一旦遭遇保險責任範圍內的保險事故造成損失，就可以按照保險合同保險費收取與保險金賠付之間存在的時間差和數量差，爲保險投資提供可能。

(二) 保險的社會成本

保險同其他任何事物一樣存在着兩面性，作爲主要的風險管理方法，保險固然給社會帶來了許多好處和正面影響，但保險的存在也給社會帶來了一定弊端和負面影響。

1. 信息不對稱（Information Asymmetry），經營管理成本高。風險管理的成本比較高，其最主要的成本是經營成本，保險公司的經營以營利爲目的，其所有的成本最終都要由投保人繳納的保險費來承擔，從而大大增加了投保人的保費支出，增加了社會管理風險的成本。因爲保險經營的風險特殊性及保險企業自身的經營管理機制制約，保險公司同投保人簽訂合同之前雙方存在着較大的信息差別，保險公司不能完全避免逆向選擇（Adverse Selecting）的出現，從而降低了承保風險的質量，抑制了保險的需求，導致了市場低效率，增加了保險的成本。

2. 道德風險（Moral Hazard）的產生。受經營管理機制和社會法律的制約，保險公司不能在理賠環節完全避免保險騙賠的出現，即保險公司賠償了一些按照保險原則不應該賠償的損失。如爲獲得保險賠款而引發的殺人案件、縱火案件，不但增加了保險的經營成本，而且敗壞了社會的風氣，已經成爲世界各國保險業的一大公害。保險的存在還在一定程度上增加了損失機會。由於購買了保險，一些被保險人減輕了報關和照顧保險標的責任，增加和擴大了保險標的的損失。

第五節　保險的分類

常見的保險分類標準有按保險實施方式、保險性質、風險轉移層次等分類。

一、按保險實施方式分類

按照保險實施方式，將保險分爲自願保險（Voluntary Insurance）和強制保險（Compulsory Insurance）。自願保險，也稱任意保險，是指投保人和保險人在平等自願的基礎上，通過訂立保險合同或者自願組合，建立起來的保險關係。強制保險，又稱法定保險，是指國家或政府根據法律、法令或行政命令，在投保人和保險人之間強制建立起來的保險關係。強制保險，主要是應用於政策性保險和社會保險，根據立法的部門不同分爲三種類型：

其一，在全國範圍內實施的強制保險，如車船保險、失業保險、養老保險等社會保險，具有統一強制性、標準統一性，對未按規定繳納保險費和採取滯納罰金的特點。

其二，是在地方範圍內實施的強制保險，如對機動車輛第三者責任保險採取強制保險的做法。

其三，是在特定行業內實施的強制保險，如目前我國的各商業銀行向企業或個人進行的抵押貸款規定，以不動產作爲抵押進行貸款時，必須對抵押品進行保險。

開辦強制保險的目的表現在三個方面：減輕政府承擔的社會保障責任，解決某些普遍存在的社會問題所需的資金，如基本養老保險、失業保險和基本醫療保險；維護公共利益或無辜受害人的利益，如雇主責任保險、機動車輛第三者責任保險；解決某些特殊危險的保障基金的來源，如危險產品的生產、核電站的建設和使用，都必須有相應的保險。

二、按保險性質分類

按保險性質不同，保險可以分爲商業保險、社會保險和政策保險。

商業保險（Commercial Insurance），指由商業保險公司爲獲取保險經營利潤按商業經營原則組織經營的保險業務。指投保人與被保險人訂立保險合同，根據保險合同約定，投保人向保險人支付保險費，保險人對可能發生的事故因其發生所造成的損失承擔賠償責任，或者當被保險人死亡、疾病、傷殘或者達到約定的年齡期限時給付保險金責任的保險。一般保險公司經營的商業保險有財產保險、責任保險、信用與保證保險、人身保險等。

在商業保險中，投保人與保險人是通過訂立保險合同建立保險關係的。投保人之所以願意交付保險費進行投保是因爲保險費用要低於未來可能產生的損失，保險人之所以願意承保是因爲可以從中獲取利潤。因此，商業保險既是一個經濟行爲，又是一個法律行爲。

1. 財產保險（Property Insurance）及其主要分類

狹義的財產保險就是以各種有形的財產作爲保險標的的保險，在初期，其標的限於房屋、商品、交通工具等有形實物財產。廣義的財產保險不僅包括各種有形的財產，還包括了與財產有關的各種無形的利益，如與其利益、運費、權益和與財產有關的損害賠償責任。財產保險類型有：海上保險（Marine Insurance）、貨物運輸保險、火災保險（Fire Insurance）、運輸工具保險、工程保險。

（1）海上保險是以海上的財產，如船舶、貨物及其有關利益，如租金、運費和有關的責任（如損失賠償責任）等作爲保險標的的保險。保險人對各種海上保險標的因保單承保風險造成的損失負賠償責任。海上保險業務主要有：海洋船舶保險、海洋貨物運輸保險、海上石油開發保險、保障和賠償保險。

（2）貨物運輸保險是以運輸途中的貨物作爲保險標的的保險。保險人對運輸途中的各種保險貨物因保單承保的風險造成的損失負賠償責任。按貨物運輸的方式不同分爲：海洋貨物運輸保險、陸上貨物運輸保險、航空貨物運輸保險、郵遞貨物運輸保險等。

（3）火災保險。火災保險業務範圍不斷擴大。具體表現爲：從保險標的看，早期的火災保險只承擔不動產，現在擴展到動產、動產與不動產相關的利益保險。從承保風險看，從只承保單一的火災風險，到暴雨或者相關的爆炸、雷電和洪水等風險，又擴展到包括火災在內的自然災害和意外事故。從承保的損失看，火災保險從只承保火災造成的直接損失，到承保各種間接損失，如營業中斷損失及租金損失等。

（4）運輸工具保險。運輸工具保險是對各類運輸工具如汽車、飛機、船舶、火車等作爲保險標的保險，保險人對各種運輸工具因保單承保風險造成的損失負賠償責任。其包括：汽車保險、飛機保險、船舶保險和鐵路車輛保險。

汽車保險分爲汽車損失險、第三者責任險、盜搶險、車上責任保險、玻璃破碎保險、自燃損失保險等；飛機保險通常分爲機身險、乘客意外傷害險、第三者責任保險等；船舶保險分爲：船舶損失保險、乘客意外傷害保險等；鐵路車輛保險：保險人負責賠償保單承保標的風險造成的機車及車輛損失及旅客意外傷害損失。

（5）工程保險分爲建築工程保險和安裝工程保險兩種。保險人負責在建築、安裝過程中發生的保單承保的風險造成的物質損失、費用損失、第三者人身傷害及財產損失引起的賠償責任。

2. 責任保險（Liability Insurance）

責任保險是以被保險人的民事損害賠償責任作爲保險對象，以第三者（受害者）向被保險人（肇事者）提出損害賠償請求爲保險事故的保險。產生責任風險的法律主要包括過失侵權責任和絕對責任兩種。

按照風險產生的原因，責任風險的類型有：直接責任風險、間接責任風險、合同責任風險。

按照責任風險的內容範圍，責任保險的類型有：公衆責任保險（Public Liability Insurance）、產品責任保險（Product Liability Insurance）、雇主責任保險（Employer Liability Insurance）、職業責任保險（Professional Liability Insurance），如醫療責任保險，

律師責任保險，建築工程責任保險，會計師責任保險，代理人、經紀人責任保險等。

3. 信用與保證保險（Credit Insurance and Bonds）

（1）信用保險。信用是指在沒有抵押物或沒有完全抵押物的情況下，商品交易或服務貿易中的延期付款的做法或貨幣的借貸行爲。

信用保險是以在商品賒銷和貨幣借貸中的債務人的信用作爲標的，以還款人到期不能履行其契約中的債務清償義務爲保險事故，由保險人承擔被保險人（即貸款人）由此遭受的經濟損失的賠償責任的一種保險。

信用保險承保的是企業應收帳款的壞帳風險，被保險人（投保企業）通過繳納一定的保費把其經營中的壞帳風險轉移給信用保險公司。信用保險還有助於企業向買方提供更長的信用期限或者更優惠的付款條件。買賣雙方越來越多地採用非信用證結算方式，如付款交單（Deliver/Payment）、掛帳賒銷（O/A）、承兌交單（D/A），減少了手續，節約了費用，但增加了信用風險。

（2）信用保險的分類。根據信用的種類，將信用保險分爲商業信用保險、銀行信用保險和國家信用保險三種；商業信用保險又可分爲：貸款信用保險，賒銷信用保險，預付信用保險及個人信用保險等。根據被保險人的貿易範圍不同，可將信用保險分爲：國內信用保險和出口信用保險兩類。按照保險期限不同，可將信用保險分爲：短期信用保險（不超過兩年），中期信用保險（二至五年的信用保險）、長期信用保險（五年以上的信用保險），後兩者適合於對各種大型工程項目進行投保，其中很大一部分是由國有信用保險機構經營的。

（3）保證保險

①投保人（被保證人）的作爲或不作爲致使被保險人遭受損失時，由保險人（保證人）向被保險人承擔經濟賠償責任的保險。

②保證保險的特點。

有三個關係人：保證保險的擔保人即保險人，權利人即被保險人，義務人即投保人或被保證人。

在保證保險中，當保險事件發生並使權利人遭受損失時，只有在被擔保人不能履行損失賠償責任時，才由保險人代爲補償。見圖6-2。

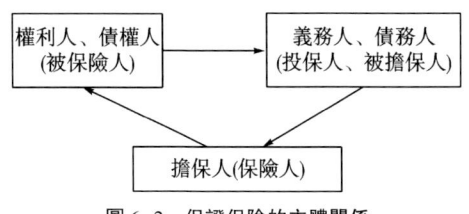

圖6-2　保證保險的主體關係

被擔保人對保證人（保險人）爲其向權利人支付的任何補償均有返還給保險人的義務。

（4）保險與擔保的區別。擔保合同必須有三方當事人，保險合同只有兩方當事人。

在擔保合同項下，擔保人賠償後有權向被擔保人追索，保險合同下的賠款是不能向被保險人或投保人追索的，只有在一定的條件下向相應負責任的第三方追索。在擔保合同項下，擔保人的賠償責任通常是第二位的，即只有被擔保人不能支付時，才由擔保人代付，保險人的保險賠款責任對保險人不存在第二位的問題；擔保合同通常由義務人申請用來保障權利人的利益，而保險合同通常是由權利人申請用來保障自己的利益。

(5) 履約保證保險（Surely Bonds）。

履約保證保險是指當債務人（被保證人）不按合同規定履行其義務，而導致債權人（被保險人）的經濟利益遭受損失時，由保險人（擔保人）負責向債權人履行損失賠償責任的保險。主要有：合同履約保證保險、司法履約保證保險、特許履約保證保險。

(6) 保證保險與信用保險的區別。保證保險是由保險公司經營的具有特定範圍的擔保業務；信用保險不是擔保，而是真正的保險。

4. 人身保險（Personal Insurance）

人身保險是各種以人的生命、身體和健康為保險對象的保險。人的一生面臨的主要人身風險有：提前死亡、身體不健康、傷殘、失業及養老。人身保險分為人壽保險（Life Insurance）、年金保險（Annuity Insurance）、健康保險（Health Insurance）和人身意外傷害保險（Accident Insurance）四大類。其中，人身壽險分為定期壽險（Term Life Insurance）、終身壽險（Whole Life Insurance）和兩全保險。

5. 社會保險（Social Insurance）

社會保險指國家通過立法對社會勞動者暫時或永久喪失勞動能力或失業時提供一定的物質幫助以保障其基本生活的一種社會保障制度。當勞動者遭受生育、年老、疾病、死亡、傷殘和失業等危險時，國家為其提供基本的生活保障，將某些社會危險轉移於政府或者某一社會組織。

6. 政策保險（Policy Insurance）

政策保險是政府為了一定政策目的運用普通保險的技術而開辦的一種保險。一般分為四類：為實現農業增產增收政策開辦的農業政策，具體包括種植業保險、養殖業保險等；為實現扶持中小企業發展政策開辦的信用保險，具體包括無擔保保險、能源對策保險、預防公害保險、特別小額保險等；為實現促進國際貿易政策開辦的輸出保險，具體包括出口信用保險、外匯變動保險、出口票據保險、海外投資保險、存款保險等；針對洪水、地震、核輻射等因素引起的巨災損失開辦的巨災保險。由於巨災保險涉及面廣、風險巨大，因此，許多國家成立了專門的機構來經營該種保險，並通過再保險集團來分散巨大的風險。政策保險的目的是穩定經濟發展和社會和諧運行，在後續章節將詳細介紹其具體內容。

三、按損失轉移層次分類

(一) 原保險與再保險

按照危險損失轉移的層次分類，保險可分為原保險和再保險。

原保險是指投保人與保險人之間直接簽訂合同，確立保險關係，投保人將危險損失轉移給保險人。這裡的投保人不包括保險公司，僅指除保險公司以外的其他經濟單位和個人。

再保險，也稱分保，是指保險人將其所承保的業務的一部分或全部分給另一個或幾個保險人承擔。再保險的投保人本身就是保險人，稱爲原保險人，又稱保險分出人；再保險業務中接受投保的保險人稱爲再保險人，又稱保險分入人。再保險人承保的保險標的是原保險人的保險責任，原保險人通過將業務轉讓給再保險人，使危險損失在若干保險人之間又進行了轉移。這種危險轉移是縱向的，再保險人面對的是原保險人，再保險人並不與最初的投保人打交道。

(二) 複合保險與重複保險

投保人在同一期限內就同一標的物的同一危險向若干保險公司投保，如果保險金額之和沒有超過標的財產的實際可保價值，稱爲複合保險；如果保險金額之和超過標的財產的實際可保價值，稱爲重複保險。

我國《保險法》規定：重複保險是指投保人對同一保險標的、同一保險利益、同一保險事故分別與兩個以上保險人訂立保險合同，且保險金額總和超過保險價值的保險。構成複合保險或重複保險必須滿足以下條件：

(1) 保險標的相同，否則保險合同之間沒有關係。

(2) 保險利益相同，對於同一個保險標的物，如果投保人針對不同的可保利益投保，不構成重複保險。

(3) 保險事故相同，如果投保人投保的保險事故不同，各自爲單保險合同。

(4) 分別與兩個或兩個以上的保險人簽訂保險合同，首先要有兩個或兩個以上的保險人，其次要有兩份或兩份以上的保險合同，如果僅有一份保險合同，則屬於共同保險。

(5) 保險金額之和未超過保險價值，屬於複合保險；超過保險價值，屬於重複保險。

(三) 共同保險

共同保險也稱共保，具體有兩種情況：一種是幾個保險人聯合起來共同承擔同一標的同一危險、同一保險事故，而且保險金額不超過保險標的的價值。發生賠償責任時，賠償金依照各保險人承擔的金額按比例分攤。另一種是保險人和被保險人共同分擔保險責任，這實際上是指投保人的投保金額小於標的物價值的情況，不足額被視同由被保險人承擔。共同保險的危險轉移形式是橫向的。這裡要注意將以下幾個概念區分清楚：

(1) 共同保險和再保險。共同保險中，每一個保險人直接面對投保人，各保險人的地位是一樣的，危險在各保險人之間被橫向分攤；而再保險中，投保人直接面對原保險人，原保險人又與再保險人發生業務關係，投保人與再保險人之間沒有直接的聯繫，兩者通過原保險人發生間接關係，危險在各保險人之間被縱向分攤。

(2) 共同保險和複合保險。兩者在本質上是相同的，都是若干保險人共同承擔保某一危險,但在形式上存在差別:共同保險中,幾家保險人事先已經達成協議,決定共同承保,投保人與各保險人之間簽訂的是一個保險合同,各保險人是主動採用這種共同分擔方式的;而複合保險中,保險人事先並未達成協議,投保人與各保險人之間簽訂了多個合同,而且是投保人主動採取行動,保險人對於這種共同分擔方式是被動接受的。

四、其他分類方式

(一) 按是否以營利爲目的分類,分爲營利保險和非營利保險

按照經營保險是否以營利爲目的,可以將保險分爲營利保險和非營利保險。營利保險是指保險組織以追求利潤爲目的而經營的保險。保險經營者按照利潤最大化的原則開展保險業務,並將所獲得的利潤分配給投資者,通常所指的營利保險就是商業保險。

非營利保險是不以營利爲目的的保險業務的統稱,它主要由非營利機構經辦,如美國的聯邦農作物保險公司經辦的農作物保險業務、美國藍盾—藍十字組織經辦的醫療保險業務、中國進出口銀行經營的出口信用保險業務等;也可以由營利機構受政府的委託經辦,如中國人民保險公司受政府的委託經辦的出口信用保險業務。

按照主體的不同分,非營利保險又可爲社會保險、政策保險、相互保險及合作保險。

(二) 按經營主體所有制屬性分類,分爲公營保險和私營保險

公營保險是指由政府經營的保險。一般分爲國家經營的保險和地方政府經營的保險。政府經營保險不外乎兩個目的:一是爲了營利,以增加國家財政收入;二是爲了政策的實施。對於營利性質的公營保險,在經營方面與私營保險並無區別,兩者自由競爭、共同生存。對於以實施政策爲目的的公營保險,一般具有獨佔性,即只能由國家經營。其中有的險種具有強制性,如社會保險、政策保險;有的險種不具有強制性,如美國聯邦政府舉辦的銀行存款保險對保險加入者就沒有強制性。

私營保險是指由私人投資經營的保險。它的組織形態較多,按照是否以營利爲目的可分爲兩大類:第一類是具有營利性質的保險,主要包括公司保險和個人保險;第二類是非營利性質的保險,主要包括合作保險和相互保險。

(三) 按保險客戶分類,分爲個人保險和團體保險

個人保險,其投保人是單個的自然人,是以個人的名義向保險人購買的保險。團體保險,其投保人爲集體,投保的團體與保險人簽訂一份保險總合同,向集體內的成員提供保險,保險費率要低於個人保險,團體保險多用於人身保險。團體保險的程序不像個人保險那麼繁瑣,如團體人身保險一般不要求成員進行體驗,而是發給每人一個保險證。

團體人身保險在各國有不同的險種,在美國有團體健康保險、團體養老保險和團體年金保險。在我國有團體終身保險、團體意外傷害保險、團體定期壽險、團體年金

保險、團體短期健康保險、團體長期健康保險等。企業一般把團體保險作爲爲職工謀取福利的一種方式。有些險種，保險人爲了防止道德危險和逆向選擇，只對團體而不對個人開辦。近年來，團體保險的市場已經由過去的人身保險領域延伸至財產、責任保險領域，如美國的一些企業在其雇員福利計劃中就包括有團體私用汽車保險和團體房主保險。

（四）按承保風險數量分類，分爲單一風險保險、綜合風險保險和一切險

單一風險保險，即保險人僅對被保險人所面臨的某一種風險提供保險保障，例如，地震保險只對地震災害負賠償責任。

綜合風險保險，即保險人對被保險人所面臨的兩種或兩種以上的風險承擔經濟補償責任。目前的保險險種，大部分都是綜合風險保險。

一切險，即保險人除了對合同中列舉出來的不保危險外，對被保險人面臨的其他一切危險都負有經濟賠償責任。就綜合險和一切險而言，僅從保險合同中列明了的保險責任外還難以判斷，但是從險種的名稱、除外責任能夠加以區別。一切險通常在險種的名稱中加以體現，同時，在保險責任項下通常註明"本保單除外責任之外的一切責任"納入保險責任範圍；而綜合險卻通常在除外責任項下註明"本保單保險責任之外的一切責任"納入除外責任範圍。因此，一切險是將保險合同中沒有明示的危險視爲保險責任，而綜合險是將保險合同中沒有明示的危險視爲除外責任。

（五）按照是否在保險合同中列明保險標的物的價值，保險可分爲定值保險和不定值保險

定值保險，是指在保險合同中列明當事人雙方事先確定的保險標的物的實際價值，即保險價值。因爲人身保險不能以價值來衡量，所以定值保險僅用於財產保險。一般而言，定值保險標的物的實際價值極不容易確定，例如，藝術品、書籍、礦物標本等，如果不在合同中加以明確，很容易引發糾紛。當發生損失時，賠償金額按照保險金額和損失程度確定，具體計算方法如下：

$$損失程度 = \frac{保險標的實際價值 - 保險標的殘值}{保險標的實際價值}$$

賠償額 = 保險金額 × 損失程度

不定值保險，除上述採取定值保險外的財產保險均採用不定值保險方式，不定值保險在合同中不事先列明保險標的的實際價值，僅將列明的保險金額作爲賠償的最高限度。發生損失時，先按照保險金額與保險標的物的實際價值算出保障程度，再按照損失額的相應比例賠償。具體計算方法如下：

$$保障程度 = \frac{保險金額}{損失當時保險標的完好實際價值}$$

損失額 = 損失當時保險標的完好實際價值 − 殘值

保險賠償額 = 損失額 × 保障程度

（六）按是否足額投保分類，分爲足額保險、不足額保險和超額保險

按照保險金額占標的物價值的比例分類，保險可分爲足額保險、不足額保險和超

額保險。

　　足額保險是指投保人以全部保險價值投保，與保險人訂立保險合同，建立保險關係。保險合同中確定的保險金額與保險價值相等。當保險事故發生時，如果保險標的物全部受損，保險人按照保險金額全部賠償；如果保險標的物一部分受損，保險人則以實際損失爲準支付賠償金。但也有一種稱爲"推定全損"的情形，指的是保險標的雖然沒有達到全部損失，但有全部損失的可能，或者其修復所需費用將超過修復後保險標的的價值。在權威部門經過鑒定做出"推定全損"的結論後，被保險人可以將標的物的殘餘價值或一切權利轉讓給保險人，同時要求保險人支付保險標的全部保險金額，這種行爲稱爲"委託"。經過委託，保險標的即視爲保險人所有，保險人取得了任意處置保險標的物的權利。在委託的情況下，保險標的雖然沒有發生全部損失，但只要"推定全損"，投保人仍可要求獲得全部保險金。

　　不足額保險也稱部分保險，指的是保險合同中約定的保險金額小於保險價值。不足額保險產生的原因有三種：一是投保人僅以保險價值的一部分投保，原因或者是爲了少繳保險費，或者是投保人認爲標的物發生全損的可能性非常小，沒有必要足額投保；二是因爲保險標的發生危險事故的可能性非常大，保險人只接受不足額投保，要求投保人也要承擔一部分損失，從而增強其防損意識；二是保險合同簽訂以後，保險標的物的價值上漲，導致最初的足額保險變成了不足額保險。不足額保險賠償金的計算要分兩種情況：一種是標的物發生全損時，保險人根據保險合同中確定的保險金額賠償，不足部分由投保人自行承擔；另一種是標的物發生部分損失時，保險人按照對保險價值的保障比例承擔損失，具體金額依據下列公式計算：

$$賠償金額 = 損失金額 \times \frac{合同中約定的保險金額}{保險價值}$$

　　超額保險指的是保險合同中約定的保險金額大於保險價值。產生超額保險的原因有兩種：第一種原因是在訂立保險合同時，保險雙方確定的保險金額就大於保險價值。出現這種情況，可能是投保人對保險價值沒有準確清晰的認識，高估了保險價值，投以超額保險金，而保險人也沒能發現，造成了超額保險；也可能是投保人明知確切的保險價值，卻故意投保高額保險金，企圖利用保險獲得不當利益，這是惡意超額保險。產生超額保險的第二種原因是簽訂保險合同後，保險標的物的價值下跌，導致保險金額超過保險價值，使原來的足額保險轉爲超額保險。當危險事故發生後，保險人只按照保險標的物的實際價值賠償，如果投保人存在欺詐行爲，保險合同即失效。

第六節　政策保險

一、政策保險定義

　　政策保險是爲了經濟發展或社會穩定，運用商業保險原理並給予扶持政策而開辦的保險。政策保險包括社會政策保險和經濟政策保險兩大類型。社會政策保險即社會保險，是爲了穩定社會秩序，貫徹社會公平原則而開辦的，具有一定的政治意義。經濟政策保險是從宏觀經濟利益出發，國家對某些關係國計民生的行業實施保護政策而開辦的保險，包括出口信用保險、農業保險、存款保險等。政策保險一般具有非營利性、政府提供補貼與免稅以及立法保護等特徵。

二、出口信用保險

出口信用保險，是各國政府爲了推動本國的產品和服務出口而建立的官方信用工具。中國出口信用保險公司及各地分支機構是開展該業務的唯一單位。

出口信用保險是國家爲推動外貿出口，保障出口企業收匯安全而制定的一項由國家財政提供保險準備金的非營利的政策性保險業務。除了政策性、不以營利爲目的的區別外，出口信用保險公司與國際貿易中商業性保險的主要區別是承保對象和風險範圍不同。出口信用保險承保的對象是出口企業的應收帳款，承保的風險主要是人爲原因造成的商業信用風險和政治風險。商業信用風險主要包括：買方因破產而無力支付債務、買方收貨後超過付款期限四個月以上仍未支付貨款、買方因自身原因而拒絕收貨及付款。政治風險主要包括買方所在國禁止或限制匯兌、實施進口管制、撤銷進口許可證、發生戰爭叛亂等賣方、買方均無法控制的情況，導致買方無法支付貨款。以上這些風險，是無法預計、難以計算發生概率的，也是商業保險無法承受的。

國際貿易商業性保險承保的對象一般是出口商品，承保的風險主要是因自然原因在運輸、裝卸過程中造成的對商品數量、質量的損害。有的商業保險也承保人爲原因造成的風險，但僅限於對商品本身的損害。

出口企業爲防範出口信用方面的風險，向出口信用保險公司填寫投保單、申請買方信用限額，並在出口信用保險公司批準後支付保費，保險責任即成立。企業按時申報適保範圍內的全部出口，如發生保單所列的風險，企業可按規定向出口信用保險公司索賠。根據支付方式、信用期限和出口國別的不同，保費分爲多個級別。買家拒付、拒收的，按照不同的比例賠付。保險公司在賠付後向買家追討的受益，按上述比例再分配給投保企業。

投保出口信用保險可確保收匯的安全性，擴大企業國際結算方式的選擇（除L/C外還可採用T/T、D/P、D/A等），增加出口成交機會。同時，投保可提高出口企業信用等級，有利於獲得銀行打包貸款、托收押匯、保理等金融支持，加快資金周轉。

出口信用保險公司爲企業提供客戶信用調查、帳款追討等其他業務。按照出口信用保險的期限長短分爲短期出口信用保險、中長期出口信用保險。

（一）短期出口信用保險

短期出口信用保險保障一年以內，出口商以信用證（L/C）、付款交單（D/P）、承兌交單（D/A）、賒銷（O/A）方式從中國出口或轉口的收匯風險。中國信保承保商業風險和政治風險。目前，有以下主要短期出口信用保險品種：

1. 特定合同保險。特定合同保險承保出口企業在某一特定出口合同項下的應收帳款收匯風險，適用於較大金額的機電產品和成套設備等產品出口並以信用證方式結算的業務。

　　2. 統保保險。統保保險承保出口企業所有以非信用證爲支付方式出口的收匯風險。它補償出口企業按合同規定出口貨物後，因政治風險或商業風險發生而導致的出口收匯應收帳款經濟損失。適保於從中國出口或轉口的貨物、技術或服務。

　　3. 信用證保險。信用證保險承保出口企業以信用證支付方式出口的收匯風險。它保障出口企業作爲信用證收益人，按照信用證要求提交了單證相符、單單相符的單據後，由於政治風險或商業風險的發生，不能如期收到應收帳款的損失。適保於從中國出口或轉口，支付方式爲不可撤銷的跟單信用證的貨物、技術或服務。

　　4. 買方違約保險。買方違約保險承保出口企業以分期付款方式簽訂的商務合同項下因買方違約而遭受的出運前和出運後的收匯損失風險。它不僅適用於機電產品、成套設備出口，而且適用於對外工程承包和勞務合作。其特點是：商務合同中以分期付款爲支付方式，且付款間隔期不超過360天。

（二）中長期出口信用保險

　　保險保障一年期以上，十年期以內的，100萬美元以上的出口損失風險（預付款或現金支付比例不低於合同金額的15%，船舶出口的比例不低於20%）。目前，中國信保提供兩個中長險品種。

　　1. 出口買方信貸保險。出口買方信貸保險是指在買方信貸融資方式下，中國信保向貸款銀行提供還款風險保障的一種政策性保險產品。在本保險中，貸款銀行是被保險人。投保人可以是出口商、貸款銀行或借款人，但一般要求貸款銀行直接投保。

　　2. 出口賣方信貸保險。出口賣方信貸保險是中國信保提供的一類政策性保險產品。它以擴大中國出口、保障企業收匯爲目的，對因政治風險或商業風險引起的出口方在商務合同項下應收的延付款損失承擔賠償責任。它是一項旨在促進我國市場多元化戰略的實施，支持並推動我國高技術含量、高附加值的大型成套設備和機電產品出口的政策性險種。

（三）出口信用保險的其他業務

　　1. 保單融資。出口信用保險項下的融資業務，是銀行針對已投保中國出口信用保險公司短期出口信用險的企業提供融資授信額度，並在額度內辦理押匯和人民幣貸款等。它是解決出口企業資金需求、加速企業資金周轉的有效途徑；是一種信用授信方式，出口商一般無須提供擔保即可獲得融資。可靈活選擇融資幣種。融資貨幣既可以是人民幣，也可以是出口業務的結算貨幣，便於企業選擇適當貨幣，以避免匯率風險。

　　2. 資信評估。中國信保可爲企業提供國內外各類企業的資信調查與評估，爲企業的客户關係管理和風險管理提供全面的信用信息支持、資信信息諮詢。主要產品有海外買家資信調查報告、國內企業資信調查報告。

　　3. 投資保險。其是中國信保開辦的一項政策性保險，目前提供的險種有海外投資保險和來華投資保險。

　　海外投資保險是中國信用保險開辦的一項政策性保險，目的是鼓勵中國企業進行海外投資。與一般商業保險不同，海外投資保險有着鮮明的政策性，不以營利爲目的。

目前，海外投資保險產品包括股權保險和貸款保險兩類產品。

來華投資保險是中國信保開辦的一項政策性保險，目的是保障投資者的合法權益，進而鼓勵外商來華投資。目前，來華投資保險產品包括股權保險和貸款保險兩大類產品。

4. 擔保業務。擔保業務也是中國信保開辦的一項政策性保險，目前提供的險種有融資擔保和非融資擔保。

融資擔保是直接向爲出口商發放出口貸款的銀行提供擔保，保證在貸款發生損失時予以賠償。其擔保範疇限於出口商的融資還款風險，因此稱作融資擔保。這種方式對銀行來說比信用保險的保障更爲全面，因爲出口商轉讓保單權益是有條件的。在出口商按合同履約的情況下，由於進口方發生的商業風險或政治風險，而給融資銀行貸款帶來的損失，可以通過信用保險得到部分賠償。但如果作爲被保險人的出口商違反了保單條款的規定，保險人可以依據保單的除外責任條款拒賠，因此銀行的貸款損失就不能得到補償。而融資擔保是無條件的，不管出口商在出口信用險保單項下是否存在違約行爲，融資銀行都可以獲得即時賠償。目前，中國信保提供的主要產品有：打包放款擔保、出口押匯保險、賣方信貸擔保、項目融資擔保。

非融資擔保。非融資擔保業務用於向進口方（受益人）擔保出口商按進出口雙方簽訂的合同約定履約。由於擔保範疇不包括出口商的融資需求及還款風險，因此稱作非融資擔保。目前，非融資擔保業務提供的主要產品有：投標保函、履約保函、預付款保函、質量維修保函、海關免稅保函、保釋金保函、租賃保函。

5. 商帳追收。出口企業爲擴大出口規模和市場占有率，紛紛採用商業信用結算方式出口貨物。但由於缺乏信用風險管理經驗，企業的逾期應收帳款大量增加。有的企業壞帳率甚至高達30%以上，遠遠高於西方企業平均0.25%~0.5%的水平。而當欠款出現時，出口企業往往苦於不瞭解當地法律制度、慣例和程序，再加上語言方面的障礙，無法有效地進行境外追討。

爲減少國家和企業的損失，中國信保於2002年7月1日建立國際商帳追收處，並在同年12月1日正式開展境外追收業務。中國信保是國內唯一的出口信用保險機構（ECA機構）和伯爾尼協會（國際信貸和投資保險人協會）成員。經過不斷的探索、開發、試用和合作，中國信保的追收渠道已遍及五大洲、數十個國家，追收區域已擴展到全世界。

三、中國出口信用保險的現狀

出口信用保險是國家爲適應國際貿易慣例、靈活貿易做法而制定的一項由國家財政提供保險準備金的非營利性的政策性保險業務，其主要功能是推動出口外貿、減少出口企業收匯風險。我國的出口信用保險是在20世紀80年代末發展起來的。1989年，國家責成中國人民保險公司負責辦理出口信用保險業務，當時是以短期業務爲主。1992年，人保公司開辦了中長期業務。1994年，政策性銀行成立，中國進出口銀行也有了辦理出口信用保險業務的權力。出口信用保險業務開始由中國人民保險公司和中國進出口銀行兩家機構共同辦理。

出口信用保險業務從開辦到現在，經過這麼多年的探索，出口信用保險有力地支持了大陸機電產品、成套設備等商品的出口，在保證企業安全收匯方面發揮了重要作用。據統計，2012年中國出口信用保險費約160億人民幣，賠付額達到67億元。總的看來，我國的出口信用保險業務與大陸作為出口大國的地位很不相稱，發展步伐較慢。當前我國規定出口信用保險必須採用"統保"的方式。所謂統保，就是說承保出口商所有的出口業務。出口企業在一定時期或一定區域市場上所有業務都要一次性辦理出口信用保險。從承保人的角度來看，這一規定使承保面擴大，有利於分散風險。但從出口商的角度來看，對於風險不大的出口業務，如老客戶或信用證結算方式的貿易則沒有必要進行投保。統保方式不被出口商認同，這是中國出口信用保險發展緩慢、沒有和對外貿易同步發展的主要原因之一。1997年的承保金額只占出口總額的1%左右，2011年我國信用保險費與進出口貨物總額該比例僅為0.049%。日本、法國、韓國的這個比例已高達39%、21%和13.2%，全世界的國際貿易總量中有12%是由出口信用保險支持的，最高時曾達到14%。這一方面，由於中國實行出口信用保險制度時間不長，另一方面，說明中國出口信用保險管理體制和運作機制還存在一些比較突出的問題。

1. 經營和管理體制不規範。首先，商業性保險機構經營政策性保險業務，不利於政企分開，容易導致向企業"搭售"保險，不利於國家的產業政策和外貿政策得到貫徹落實。目前我國承辦出口信用保險業務的機構主要是中國人民保險公司和進出口銀行。保險公司主要經營短期出口險；進出口銀行主要經營機電產品和大型成套設備中長期出口的信用險。這種"兩家辦"的局面使得進出口銀行很難開展其他商業保險業務。而人保公司作為一家商業性保險經營機構，同時經營政策性的出口信用保險，勢必從商業角度出發考慮問題，既不適當，在人員、資金乃至風險控制等方面也都受到制約。同時，進出口銀行的服務網路不健全，業務很難覆蓋全國各地的出口市場。

2. 缺乏法律保障。世界各國開辦出口信用保險基本是按照立法、建機構、辦業務的順序來進行的。但是到目前為止，中國還沒有專門的出口信用保險方面的法律規範，在《對外貿易法》或《保險法》等相關法律中也沒有明確規定。原外經貿部貿易與經濟合作研究院的許丹鬆舉例說，比如有的項目需要追蹤好幾年，剛開始追時保險公司認為這個項目可以，當時也有額度，但是幾年以後當企業已經簽約並交了履約保證金後，保險公司當年卻沒有額度了，不能承保，於是糾紛便產生了。

3. 保險規模太小。中國現有的1億美元出口信用保險基金是按照1:22的比例來支持出口的，這一限額同我國每年將近2萬億美元的出口額相比顯然過小。根據外經貿部與進出口銀行、人保總公司對安徽、江蘇、上海、浙江、湖北、福建、廈門、廣東、深圳、遼寧及山東等省市進行的調查，1998年上述省市出口總額達1 497億美元，承保信用險出口額8億美元，承保出口率占0.54%；人保公司保費收入598萬美元，賠付支出633萬美元，平均賠付率106%，平均保費率0.74%。2011年，我國信用保險保費收入115.5億元，賠付56.8億元，平均賠付率為49.2%。這些基本數據表明，我國出口信用險的發展還有待進一步提升。

4. 保險運行操作尚欠規範。目前，中國雖然制定了出口信用保險國家限額表，對國家的風險進行了評級分類，但保險機構還沒有建立一個比較系統的客戶數據庫，對風險進行動態跟蹤的能力十分有限。國別限額沒有透明化。許多公司都反應，不知道什麼國家和地區能投保。有些項目，外貿公司或工程公司覺得很好，但到保險公司一問，卻不行。中國有色金屬建設股份有限公司的總經理王寶林提出，國別風險應該明確、具體地公布出來。

5. 投保申請週期過長、保費過高。目前，出口企業從申請出口信用保險到最後投保，中間最少要 1 個月。雖然目前對不同國家和地區的出口信用險保費不同，但許多企業都認爲是 5.8%。有資料認爲目前我國的出口信用險平均保費率近 1%，對東歐、南美、非洲等急需投保的國家和地區，平均保費率高達 2%，這對大部分處於虧損或保本經營狀況的外貿企業來說，已經超過了其承受能力。而出口企業的投保意識十分淡薄。目前，中國參與出口信用保險的企業不多，據調查只占全部出口企業的 2.7%左右。對外貿公司的一項調查顯示，外貿公司對銀行、海關、商會等部門的收費都覺得合理，唯獨認爲保險公司是"雁過拔毛"。

另外，對外承包工程和一般的出口還不太一樣。對外承包工程工期長，往往在施工結束後還要經營十幾年才能完全回收資金，再加上對外承包工程中間含有技術貿易、貨物貿易和服務貿易三種形式，因此就要求出口信用保險政策和產品能夠相應地調整以適應市場需要。

四、農業保險

1. 農業保險的概念。農業保險指以農業生產中的各類作物的種植和各類畜禽的養殖作爲保險對象，由經營農業保險的保險公司對從事各種種植業和養殖業的農業生產單位、農戶和個人遭受到的自然災害和意外事故所造成的經濟損失給予補償的一種保險。其有利於提高農業生產的積極性，減輕農民的經營風險，扶持農業生產。

2. 農業保險的特點。由於農業生產週期長、季節性強、受益不穩定，生產受自然條件、時間和空間的影響，因此其保險具有風險大、保險費率高、經營效益低等特點。

3. 農業保險的種類。農業保險按照保險標的的不同可分爲農作物保險、森林保險、牲畜保險、畜禽保險、經濟林苗圃保險、水產養殖保險、其他養殖保險等。

第七節　保險發展的統計指標

一、保險統計的重要性

在市場經濟體制下，保險統計在保險經濟中的地位是非常突出和重要的。統計部門在企業中僅僅是一個向上級報送統計報表、提供企業生產經營狀況的職能部門。在市場經濟體制中，企業的生產經營與市場密切相關。保險企業在金融市場中面臨與保險同業、銀行和證券企業的激烈競爭，信息量的多少和傳遞速度的快慢已成爲決定企業興衰成敗的關鍵。保險統計信息是企業信息主體，抓住統計信息的收集、整理和製作，就抓住了企業信息的核心。

(一) 保險統計是保險經濟活動必不可少的職能部門

　　保險精算（Insurance Actuary）部門設置在保險公司最高決策層，一個總公司只有一個精算職能機構，負責險種開發、新保單設計工作，目的是設計保單及條款，提供符合市場需求的保險商品。而保險統計在保險總公司下屬各分支機構均設有其職能部門，負責保費、保險金額、保險賠償等保險統計信息的收集工作，橫向為國家各級統計職能部門提供保險統計信息，縱向為總公司精算部門提供精算修訂參數。通常保險精算工作是在總公司完成的，對於一些全國性公司來講，由於分支機構龐大，總公司制定的精算標準與各個分支公司有一定出入，因此需要各分支公司提供相應統計數據進行修正。

(二) 保險統計是保險業務部門各級領導決策的重要依據

　　保險統計通過統計報表制度與抽樣調查相結合，可以經常地搜集與反饋國內外保險市場的狀況及有關信息，為保險經濟活動提供第一手資料，並協同業務部門開展經濟活動，分析和運用適當的數學模型，推測出所研究對象未來某一時期或某一時刻可能達到的規模、水平，對保險狀況進行預測，為各級領導經營決策提供符合客觀規律的重要依據。同時保險統計工作還能為完善保險條款、防災防損、釐定費率、降低費用及完善管理服務提供數量依據。

(三) 保險統計是監督檢查公司經營狀況的有效工具

　　在市場經濟體制下，中國保險公司微觀管理計劃也是非常嚴密的　，做好保險公司經營管理工作至關重要。保險統計不僅要為編制保險計劃提供信息資料，而且要對縝密的保險計劃進行經常性、定期性的檢查和監督，以確保險計劃按質按量完成。保險統計在檢查保險計劃執行過程中還要不斷總結經驗，發現問題，積極提出建議以便及時採取措施，解決矛盾，進一步促進保險公司內部經濟關係與外部經濟關係的協調。

二、傳統保險統計方式

(一) 保險費總收入（Gross Income of Insurance Premium）

　　保險費總收入是指全部保險或某類保險保費收入總額。在不計價格水平變動的前提下，該指標可用於進行縱向比較。但是，在不同國家或地區之間，由於人口數量的差異，不能單純比較不同國家或地區的保險費總收入，故不能進行橫向比較。

(二) 保險密度（Insurance Density）。

　　保險密度是指一國在一個日歷年度內按全國人口計算，平均每人支付的保險費數額。其可衡量國民受保險保障的程度高低，保險保障普及的程度，可進行橫向比較。

(三) 保險深度（Depth Of Insurance）。

　　保險深度是指一國在一個日歷年度內的保險費總收入占其國內生產總值的比重。其是橫向比較一國或地區保險業是否發達的指標。

三、我國現行保險統計模式缺陷

(一)保險統計信息採集方式單一

受計劃經濟影響，我國現行保險統計仍局限於公司內部信息的搜集，採用的是單一的統計報表制度方式。公司各級統計部門的主要任務是完成統計信息的逐級匯總上報工作，而對公司發展密切相關的信息沒有建立相應的統計制度，加上我國保險公司經濟核算在總公司範圍內進行，業務經費的撥付由會計核算得來，與保險統計無關。因此，保險統計工作實質上是可有可無的職能部門，領導不可能重視統計工作，出現了統計工作誰都可以干、統計人員不穩定、統計數據可以隨意調整的狀況，造成統計信息質量下降，從而陷入惡性循環局面，沒有發揮信息主體作用。

(二)保險統計分析缺乏前瞻性建議

中國保險統計人員素質不高，既懂保險又懂統計的專業人才更少，員工文化水準直接影響工作質量。保險公司各級統計部門撰寫出來的統計分析報告基本上是將統計數字文字化表述，統計信息只負責向上級主管部門和同級專業統計信息管理部門（統計局）提供數據資料，而沒有對本部門的統計信息進行相關性分析、指數分析和統計預測。保險統計不能為本公司內部各職能部門提供有效的參考信息，不能為進行市場開發研究服務，不能為領導決策服務，基層統計工作顯現不出其生命力。

(三)保險統計指標體系不健全

延續計劃經濟的模式，保險統計是金融統計的組成部分。因此，為保險公司業務發展服務的信息就顯得不夠。例如，保險公司的市場占有率、當地社會保障普及程度對保險公司業務發展的影響、在降息之前突擊開辦老險種業務存在的潛在風險對保險公司發展的影響等關係到保險公司切身利益的信息幾乎不能及時提供。如今，保險公司由國家行政機關的附屬物變成了自主經營、自負盈虧、自我發展的獨立的法人經濟實體。保險公司商業化經營，要求保險業務統計有必要轉換職能，建立健全符合市場競爭機制的保險統計指標體系已是刻不容緩的事情。

(四)保險統計信息資源管理方式比較落後

目前，國際上的信息管理已經發展到信息資源管理時代，而我國的信息管理還處於技術管理時期，即信息管理系統、辦公自動化系統的社會應用時期。當前保險統計信息管理仍局限於統計資料的積累、統計報表的編製、統計圖表的繪製方面，而統計定量分析、相關分析、預測分析仍然非常欠缺。

四、市場經濟體制下的保險統計指標創新

現有保險統計指標不完善，不能全面反應保險經濟活動，應設置相應指標來全面、系統反應保險行業經營管理及經濟效益狀況。

(一)險種數與新險種數

衡量一個國家保險業的發展狀況，不僅要考察保費收入、保險深度、保險廣度、

保險密度、保險利潤等指標，還應考慮險種數及新險種數，以便研究保險市場供給主體到底能夠提供多少產品供給消費主體消費，反應保險市場供給能力。①保險品種數。指該指標是總量指標，分險種統計。反應報告期保險市場有多少保險產品可供消費者選擇。在我國，保險業尚處於起步階段，增設該指標有一定的現實意義。②新險種數。該指標統計報告期新開發的保險險種。新險種有國際新險種、國家新險種和總公司新險種之分。

（二）退保相關指標

退保是保險經濟活動中不可避免的現象，但是該類指標值不宜過高，過高則必須進行退保原因分析。①退保人數。統計報告期實際退保的人數，是計算退保率指標的基礎。②退保保單份數。一份保單上可以承保一個或多個被保險人，所以退保人數大於退保保單份數。③退保金額。根據退保保單上的實際金額計算。④退保率。退保人數（財產標的數）或退保金額與承保人數（財產標的數）或保險金額之比。該指標反應退保比重，指標取值範圍在 0~1。對於該指標的計算僅局限於按照退保費計算是不完善的，應該增設按照人數和金額來計算的退保率。

（三）新合同保費占全部保費比重

設置該指標的目的是研究本年度保險市場發展情況。指標比值大說明本年度工作成果大，原有險種還能滿足市場需求。指標比值小，意味老險種需要更新換代或行銷人員售後服務不到位，應當進一步查明原因。

（四）年度新合同率

某一年度累計承保數量與該年度末有效承保數量之比。新合同率高，說明這個險種受客戶歡迎，生命力強。反之，該險種難以發展。

（五）新合同保額率

該指標是新合同率的價值指標。但是保險經營的特殊性導致這兩個指標的比值一般不相等。當新合同保額率大於新合同率，則意味着某一年度的平均保額高於以前年度的平均保額。當新合同保額率小於新合同率，則表明某一年度的平均保額低於以前年度的平均保額。

（六）新險種保費占全部保費比重

設置該指標的目的是研究新險種市場開發前景狀況。比值大，市場發展前景好；比值小，要進行原因分析。是否保險宣傳不到位？是否適銷？其是檢驗保險產品創新是否成功的指標之一。

（七）參保人員人均保費

它是指年保費收入與年末承保有效人數之比。該指標是一個平均指標，反應參加保險人員所能得到保障的一般水平。該指標可以由保險密度與保險廣度對比而來，可以進一步深刻分析保險密度的背後到底有多少人有能力承受保險以及這些人的承受能力有多大。

(八) 保險員工脫落率

它是指報告期内離開本公司的個人代理人員數與報告期內個人代理人員總數之比。該指標反應保險代理人員的穩定狀況。目前各保險公司爲了在激烈的競爭中取勝，均大舉增員，擴大壽險新契約的保費收入來搶占市場份額。員工脫落率過高，增加了保險公司的培訓成本，脫落的業務人員會帶走部分的保單和客户，致使一些客户退保，造成續保率下降，影響保險業務的持續、穩定發展。

思考題

1. 試談談風險與保險的内涵及關係。
2. 簡述風險管理的主要步驟。
3. 談談保險的主要作用及危害。
4. 説明保險統計的主要指標。

國際貨物運輸與保險

第 7 章　中外保險業發展概況

　　隨著保險業的對外開放和保險業的快速發展,保險業在中國國民經濟中的作用進一步增強。本章內容:介紹入世前的中國保險業的創立和發展,以及我國保險市場形成、開放和發展的過程;介紹中國保險市場對外開放的入世承諾與過渡期特點;介紹中國保險業的現狀和發展目標;介紹世界現代保險業發展概況。

第一節　中國保險的發展與演變

一、中國保險業的創立與發展

(一) 近代保險業的引進

　　1. 外國保險業的滲入

　　19 世紀初,以英國爲代表的西方列強加緊對中國的商品輸出,海運量不斷擴大,保險顯得越來越重要。與此同時,西方現代形式的保險業開始向中國廣州及其他東南沿海地區滲透。

　　鴉片戰爭前,廣州是當時中國唯一的對外通商口岸。1805 年,東印度公司在廣州設立保險行,這是近代中國出現的第一家保險公司。第一次鴉片戰爭以後,清政府被迫簽訂《南京條約》,割讓香港島,開放廣州、福州、廈門、寧波、上海爲通商口岸。帝國主義用武力打開了中國的大門,伴隨而來的是資本主義的經濟侵略。1864 年,英國人在上海設立"永福""大東亞"兩家人壽保險公司。

　　19 世紀中期,外商保險業對中國進行更大規模的入侵。所有保險條款、費率均由英商的外國保險公司同業公會制定。

　　20 世紀以後,美國、法國、德國、瑞士、日本相繼在中國設立了保險公司或代理機構。外國保險公司對中國民族工商業實行高利盤剝,不僅保險期限短,而且保險費率高(如對中國船舶收取保險費高達 10%)。

　　2. 民族保險業的創立和發展

　　19 世紀 80 年代,中國新興的民族資產階級提出"商戰"的口號,反對"困商"政策,要求清政府保護和發展民族工商業。1875 年,招商局在上海設立了一個附屬保險機構,主要承保招商局的輪船、貨棧並進行貨物運輸保險。10 年後,招商局在上海創辦"仁和""濟和"兩家保險公司,後合併爲"仁濟和保險公司",這是中國近代第一家民族保險公司。中國自辦的人壽保險公司出現時間較晚,1912 年才開辦了"華安合群人壽保險公司"。

中國近代民族保險業在創立的初期發展緩慢。截至1912年,中國自辦的保險公司僅7家。民族資本還沒有足夠的資金投入保險業,同時也缺乏保險方面的管理人才和經營人才,特別是外國保險公司對中國保險市場的壟斷,阻礙了民族保險業的發展。

1914年爆發了第一次世界大戰,西方各國忙於戰事,無暇東顧,暫時放鬆了對中國的經濟侵略,中國民族工商業和保險業得到了一個迅速發展的機會。1916年,民族資本開辦了數十家保險公司。但好景不長,第一次世界大戰後,西方各國很快又卷土重來,與中國有貿易關係的國家幾乎都來開設保險公司、分公司或代理處。這些公司大多集中在上海、廣州、天津等通商口岸,也有的滲入到漢口等內地城市。

五四運動後,民族保險業有了長足的發展,但由於資本小,業務自留量有限,仍然擺脫不了外商的控制和支配。民族保險業始終沒有在中國保險市場上占據主導地位。

(二) 現代保險業的創立和演變

1. 中國人民保險公司的建立

1949年5月上海解放,人民政府立即接管了21家官僚資本保險機構,並對私營保險業實行重新登記,繳存保證金,經批準後方準復業,有近半數保險公司被淘汰。政府規定:保險公司除經營保險業務外不得兼營買賣外匯、證券和其他商業活動;在承保國內業務時,不得簽發外幣保險單;廢除保險費折扣,規定了保險經紀人的傭金比例。為解決國內保險企業的業務分保問題,1949年7月47家華商保險公司成立了"民聯分保交換處",割斷了華商與外商的保險業務分保關係。外商保險公司因招攬不到保險業務而紛紛申請停止營業,到1952年年底,外資保險企業全部撤離上海。

1949年10月,中國人民保險公司正式成立並開業。中國人民保險公司強調保險與防災相結合,並改革舊的保險經營方式。初期經營的業務主要是火險和運輸險,公司有計劃地降低費率,並積極開拓新的業務,如有團體與個人的壽險業務、汽車保險、旅客意外險、郵包險、航空險、金鈔險、船舶險、漁業險等。同時,在東北、華北地區試辦了養殖業保險,在華北、西北地區試辦了種植業保險。1949年12月起,政務院連續頒布了一系列強制保險的決定和條例,如《關於實行國家機關、國營企業、合作社財產強制保險及旅客強制保險的決定》《鐵路車輛強制保險條例》《船舶強制保險條例》等。保險業務的迅速發展使保費收入迅速增長。至1958年年底,中國人民保險公司已有分支機構4 600多個,從業人員5萬多人,累積收入保費16億元,支付賠款3.8億元,上繳國庫5億元,積累保險資金4億元,結餘資金都存入銀行作為信貸資金。

2. 現代保險曲折發展

在這個過程中,由於過分強調國家法定保險的作用,使部分地區和一些群眾對保險產生了逆反心理。後來,在國家宏觀調控下,停辦了部分強制保險,並試辦新的險種,對工作中出現的問題進行了總結和改進。在這一時期,保險業務的發展對恢復國民經濟起到了積極的作用。

(三) 國內保險業務的停辦

人民公社化以後,實習"一大二公",吃、穿、生、老、病、死、災害事故都由國家包下來了，保險的歷史作用已經完成。因此，政府決定除國外保險業務外，國內保險業務一律停辦。從 1959 年 5 月起，中國人民保險公司對外仍掛牌，對內則成爲中國人民銀行總行的一個處的建制。但是，這一決定在事實上很難貫徹執行，上海、哈爾濱的國內保險業務停不下來，廣州、天津等地的國內保險業務停辦後又申請恢復。這說明停辦國內保險業務違反了社會經濟發展的客觀規律，保險在社會主義經濟建設中的作用和地位是無法取代的。

1966 年"文化大革命"開始以後，保險業再次受到衝擊，在"左"的錯誤思想影響下，保險被認爲是資本主義的產物，保險公司被認爲是"剝削公司"，應當徹底"砸掉"。僅存的上海、哈爾濱等地的國內保險業務被迫停辦，還有人提出要停辦涉外業務，在當時國務院總理的干預下，涉外保險業務才得以保存下來。中國人民保險公司只留下 7 個人進行清理工作。

中國保險業務在全國中斷 20 年的結果是大量的專業人員和寶貴的資料的散失，拉大了與國外保險業的差距，給中國現代保險業的發展帶來不可挽回的損失。

（四）國內保險市場的恢復形成

改革開放以來，中國保險市場的對外開放經歷了以下幾個階段：

1. 引進和試點階段（1992-2001 年）

1992 年 7 月，中國人民銀行頒布《上海外資保險機構暫行管理辦法》，明確規定了外資保險公司設立的條件、業務範圍、資金運用等方面的內容。該年 9 月，美國友邦公司在上海設立分公司，成爲第一家進入中國的外資保險公司。

2. 開放過渡階段（2001-2004 年）

2001 年中國正式加入 WTO，這標誌着中國保險業對外開放進入一個新階段。該年12月國務院頒布《外資保險公司管理條例》，2002 年修改了原保險法，保監會也修改了《保險公司管理規定》，這些都爲保險業的全面對外開放打下了基礎。

3. 國際接軌階段（2004 年至今）

2004 年 12 月 11 日，保險業"入世"過渡期結束，標誌着中國保險業進入全面開放的新時期。

總的來說，自 1979 年以來，爲適應黨的十一屆三中全會以經濟建設爲中心的形勢需要，中共對金融領域進行了大刀闊斧的改革。國務院批準恢復了中國人民保險公司，並從 1980 年起，在中國恢復辦理中斷了 21 年之久的國內保險業務。1988 年之前，由於中國人民保險公司在中國保險市場上處於獨家壟斷經營地位，其行政色彩和官辦作風較濃厚，因此，從中國保險市場的總體情況來看，嚴格地說，這一時期真正的中國保險市場尚未形成。1988 年 4 月，平安保險公司在深圳特區宣告成立，打破了中國人民保險公司獨家經營壟斷市場的格局。在此之前的 1986 年 7 月，新疆建設兵團農牧業生產保險公司雖然已正式開業，由於當時只是一家自保機構，因而對國內保險市場格局幾乎未能產生什麼影響。而平安保險公司成立初期，雖然從資本規模到經濟範圍都無法同中國人民保險公司相比，但由於機制靈活，管理先進，業務發展極爲迅速。例如，從保費收入來看，1990 年平安保險公司保費收入 5 600 萬元人民幣，僅占當年全國保費收入 0.3%，1998 年保費收入已達 16 億元人民幣，占據中國保險市場 12.9%的份額（1992 年中國人民銀行批準平安保險公司由區域性公司改爲全國性公司）。

第二節　入世前中國保險市場的試點開放

　　1992 年，中國保險市場開始了對外開放的試點工作，美國國際集團在上海設立第一家在華外資保險經營機構。1994 年，批準日本的東京海上火災保險公司在上海設立分公司，在上海籌備一家合資人壽保險公司，外資保險公司僅在上海、廣州、深圳三個城市和地區設有營業機構，業務範圍僅限於在華外資企業的財產保險業務及個人繳費的人身保險業務。截至 2001 年年底，共有 29 家外資保險公司在華設立了 44 家經營機構，中外合資保險公司 19 家，外資保險公司分公司 13 家。外資保險公司的保費收入爲 33.29 億元人民幣，市場份額爲 1.58%。

　　因此，在試點開放階段，外資保險公司僅在上海、廣州、深圳三個城市和地區設有營業機構，業務範圍僅限於在華外資企業的財產保險業務及個人繳費的人身保險業務。其主要特點：第一，從時間上看，中國保險市場的對外開放與國內保險業的改革和發展幾乎是同步進行的。長期以來，中國國內保險業一直由中國人民保險公司占據壟斷地位。在大力培育和發展國內保險機構的同時，我國的保險市場也開始了對外開放的試點工作。第二，從地域上看，我國保險市場的對外開放是循序漸進的。1992 年，上海作爲我國第一個試點城市對國外保險公司開放，到 1995 年，在總結試點經驗的基礎上，保險對外開放的試點城市擴大到了廣州市。第三，從業務範圍上看，在保險市場對外開放的試點過程中，對外資保險公司的業務範圍進行了一定的限制。外資壽險分公司和中外合資壽險公司只能經營外國人和由境內個人繳費的人身保險業務，不能經營團體人身保險業務。第四，從壽險公司設立形式上看，在保險對外開放試點的過程中，對外資保險公司的形式也有一定的限制，主要是外資壽險公司必須與中方合資。第五，從保險開放的進程來看，由於我國保險市場對外開放還處於試點時期，與《保險法》相關的規定還在制定中，國內保險公司承受競爭壓力的能力還有限。

第三節　中國保險市場的開放與過渡

一、中國保險市場對外開放的入世承諾

　　入世時，中國保險業在企業設立形式、地域範圍、業務範圍、營業執照的發放、法定保險五個方面做出了高水平的承諾。同時，對於入世前就已進入中國保險市場的外資保險公司，中國保險業根據世貿規則，承諾其適用"祖父條款"。保險業入世承諾具體內容如下：

1. 企業設立形式

對於外資財產險公司，加入時，只允許設立合資公司，外資股比不超過50%，外方可自由選擇合資夥伴。對於外資壽險公司，加入時，允許設立分公司、合資公司或獨資公司，既沒有設立形式的限制，也沒有地域限制和營業執照的數量限制。對於外資再保險公司，加入時，只允許設立合資公司，且外方股比不超過50%；加入後3年內，外資股比可達到51%；加入後5年內，允許設立外資全資子公司。隨著地域限制的放開，經批準已進入市場的外資公司在機構擴展時不需要滿足第一次市場準入時的資格條件。

2. 地域範圍

入世後，第一批保險開放城市和地區包括上海、廣州、大連、深圳和佛山；加入兩年內，開放城市的地區增加10個，分別爲北京、成都、重慶、福州、蘇州、廈門、寧波、沈陽、武漢和天津；加入3年內，外資可以在全國任何城市和地區設立營業機構，即沒有地域限制。

3. 業務範圍

對於外資財產險公司，加入時，外資公司可經營境外企業的財產險服務、在華外商投資企業的財產保險以及與之相關的責任保險和信用保險；同時可以從事沒有地域限制的"統括保單"和大型商業險業務。加入後兩年內，除法定保險以外，外資財產險公司業務範圍完全放開。對於外資壽險公司，加入時，只能在營業範圍內經營外國人和境內個人繳費的人身保險業務；加入3年內，業務範圍可以擴大到經營中國公民和外國公民的健康險、團體險和養老金/年金保險。

此外，根據入世承諾，入世後，沒有在中國設立保險營業機構的外國保險公司可以通過跨境的方式進行國際水險、航空險、貨運險和再保險的經濟業務。

4. 營業執照的發放

按照承諾，入世後，中國發放保險營業執照將沒有數量上的限制。根據《中華人民共和國外資保險公司管理條例》，申請營業執照的外國保險公司應滿足三個基本條件：①申請者經營保險業務的時間超過30年；②申請者提出申請前一年年末總資產超過50億美元；③申請者在華設立代表處2年以上。

對外資保險經紀公司而言，上述三個條件只是在申請前一年年末總資產方面與產壽險公司要求不同。具體是：加入時，外資保險經紀公司總資產要求超過5億美元；加入後1年內總資產要求超過4億美元；加入後2年內總資產要求超過3億美元；加入後4年內總資產要求超過2億美元，此後維持這一標準不變。

5. 法定保險

按照中國保險法規，目前境內保險公司應向中國再保險公司進行20%的法定分保。根據入世承諾，加入時境內保險公司法定分保比例不變；加入後1年內，法定分保比例降至15%；加入後2年內降至10%；加入後3年內降至5%；加入後4年內取消法定分保。但是，機動車輛第三者責任險、商用運輸車輛司機、承運人責任險，加入後不允許外資保險公司經營。

6. 祖父條款

簡單地說，祖父條款指入世前外資在中國境內設立的營業機構，其既得利益入世後不受影響；入世後設立的機構，必須按照入世承諾等現有法規操作。即老機構老辦法，新機構新辦法。

二、中國保險市場入世過渡期特點

2001年年底，按照入世承諾放開對外資保險公司經營和業務範圍等有關限制後，其業務增長能力進一步增強，外資保險公司的強勁增長勢頭已逐漸顯現。具體來看：截至 2013 年 12 月 31 日，有來自 14 個國家和地區 55 家外資保險公司在中國設立了224 個省級營業機構。在華外資保險公司的業務增長迅速，年保費收入從入世前 2001年年底的 33.29 億元人民幣增長到 2013 年年底的 4 335.3 億元人民幣。

中國保險市場對外開放的入世過渡期主要有以下幾個特點：第一，外資保險公司數量增長較快。入世前，我國保險市場上有 29 家外資保險公司，共設立了 44 家保險營業機構。截至 2004 年年底，外資保險公司在數量上已超過中資保險公司。第二，外資保險公司經營範圍不斷擴大。外資保險公司經營保險業務的城市和地區已經由入世前的 5 個增加到當時的 14 個，包括上海、廣州、深圳、佛山、大連、江門、東莞、海口、天津、北京、蘇州、成都、重慶和寧波。第三，外資保險公司業務增長迅速。入世以來，外資保險公司保費收入年均增長速度爲 43.11%，高於市場平均水平約 14.67 個百分點。外資保險公司在我國保險市場上的迎新和作用逐步增強，成爲促進保險業增長的生力軍。第四，保險市場對外開放的環境有明顯的改善。入世後，保監會及時清理了世貿組織規則和中國入世承諾不符的保險法律法規，加快完善保險法規制度。2002年 2 月 1 日，《中華人民共和國外資保險公司管理條例》正式實施，爲外資保險公司市場準入和經營發展提供了更明確的法律依據。2014 年 10 月新修訂的《中華人民共和國保險法》、新修訂的《保險公司管理規定》以及《外資保險公司管理條例實施細則》的實施，進一步完善了保險法規制度。

總之，在這一時期，中國保險業已經逐步實現了從封閉到開放、從局部開放到全面開放的平穩過渡。保險市場基本形成以中資保險公司爲主、中外資公司相互競爭、共同發展的新局面。

三、中國保險市場入世後過渡期特點

在入世後過渡期階段，外資保險公司開始通過進一步拓展經營地域、擴大業務範圍、設立分支機構、股權滲透等多種途徑，全面加強對我國保險市場的影響。

截至 2013 年 12 月 31 日，共有 55 家外資保險公司在華設立了 224 個營業性機構。外資保險公司的保費收入爲 4 335.3 億元人民幣，市場份額爲 5.23%。在業務險種方面，保險業積極引進國際上經營有特色的專業保險機構，填補了國內保險業部分空白。在經營地域方面，積極引導外資保險公司進入中西部地區和西北老工業基地，推動地區經濟均衡發展。

中國保險市場對外開放的入世後過渡期主要特點：第一，業務發展快，但增長基

數低，市場影響有限。外資保險公司 2007 年的保費收入是 2001 年的 3 倍多，但自 2001 年以來歷年市場份額最高只達到 6.92%。第二，市場準入趨緩，分支機構拓展加快。入世後保險業共批準了 20 家外資保險公司主體，批準了 89 家外資保險分支機構。第三，地域分布相對集中。截至 2007 年 5 月 31 日，在北京、上海、深圳和廣東四個開放較早的城市和地區，外資保險公司市場份額分別占 14.15%、20.77%、15.99%、11.92%，這四個城市和地區外資保險公司保費合計占全國市場份額的 3.62%。第四，公司之間發展不平衡。2007 年 5 月 31 日，外資產險公司保費收入排名前兩位的公司，其保費合計約占外資產險總保費收入的 47.21%；外資壽險公司保費收入排名前兩位的公司占外資壽險總保費收入的 35.19%。第五，產險影響小於壽險。在 2007 年 5 月 31 日，外資產、壽險公司保費收入的市場份額分別為 0.36% 和 4.28%，產險較入世前下降了 0.37%，而壽險則增長了 2.23%。

總之，在這段時期，外資保險公司開始通過進一步拓展經營地域、擴大業務範圍、設立分支機構、股權滲透等多種途徑，全面加強對我國保險市場的影響。除了外資產險公司不得經營機動車第三者責任險、外資設立壽險公司必須合資且股比不超過 50% 等限制外，對外資保險公司基本上已經無限制。

第四節　中國保險業的現狀和發展目標

一、中國保險業的現狀和發展特徵

改革開放以來，中國保險業迅速發展，充分發揮了經濟補償職能，為改革開放和國民經濟發展做出了重要貢獻。2012 年，中國保險費收入達到 15 487.9 億元，自 1991 年以來的年均增幅為 24.53%。2006 年，中國的保險密度達到 53.5 美元，2012 年保險密度達到 185 美元；保險深度 2006 年為 2.7%，2012 年則為 2.9%。雖然中國保險市場發展迅速，但是發展水平還是遠低於世界平均水平，因此，中國保險市場的發展潛力巨大。伴隨著市場規模的快速增大，中國保險業的發展已初步度過了初期的粗放型階段，並開始呈現出成熟階段的某些特徵。

（一）體制改革不斷深入，市場機制初步確立

根據社會主義市場經濟發展的內在需求和保險業的發展的自身需要，20 世紀 90 年代以來，中國對原有計劃經濟體制下形成的保險體制進行了一系列的重大改革。一是按照產、壽險分業經營的原則，對混業經營的保險公司進行規範和改組；二是按照現代企業制度的要求，對保險企業進行了股份制改造，加快了國有保險公司的商業化改革進程；三是按照銀行、保險、證券分開經營、分別監管的原則，成立了中國保險管理與監督委員會，集中管理全國保險市場；四是界定了商業保險與政策保險的經營範圍，規定了政策保險的經營範圍，進行了政策保險體制改革的探索。保險體制的一系列改革，不僅規範了保險市場的秩序，而且激活了保險業的活力。

（二）市場主體的多元化格局逐步完善

截至 2013 年年底，從資本結構看，中資保險機構數爲 119，外資保險機構數爲 55，初步形成了國有控股公司、股份制公司、專業性公司、外資保險公司等多種組織形式、多種所有制成分共存，公平競爭、共同發展的市場格局。

（三）保險法律法規體系逐步完善

1995 年，中國頒布了第一部《中華人民共和國保險法》，這部保險法的頒布實施標誌着中國保險業開始走上法治化的發展軌道。依據該法的有關規定，保險監管部門在保險機構的設立、經營、市場行爲、中介機構管理等方面，先後制定和實施了一些配套的性質規章和管理辦法。保險法律法規體系框架初步形成，從而爲規範保險經營活動、保護被保險人和保險人的合法權益、加強保險業的監督管理提供了法律依據。由於保險業高速發展，這部保險法頒布不久即在很多地方不適應形勢發展的需要。爲此，2002 年年底又頒布了修訂後的《中華人民共和國保險法》，修正了原保險法不合時宜的地方，較好地適應了中國加入世界貿易組織後保險業與國際接軌的需要，爲中國保險業的進一步發展奠定了良好的基礎。2014 年 10 月，中華人民共和國第十二屆全國人民代表大會常務委員會第十次會議對保險法進行了修訂，修訂後的《中華人民共和國保險法》自 2015 年 1 月 1 日起施行。

（四）中介機構發展迅速

保險代理人隊伍不斷擴大，並已開始嘗試通過經紀人進行銷售的方式，其他各種提供保險服務的諮詢、公估機構也在增多。截至 2006 年 12 月月底，全國共有專業保險代理機構 1 563 家，占中介機構的 74%；全國共有保險代理人 155.8 萬人，其中，壽險代理人 137.6 萬人，產險代理人 18.2 萬人。

（五）保險市場逐步與世界接軌

中國保險市場自 1992 年開始在上海進行對外開放試點以來，外資保險公司在中國得到迅速發展，保險對外開放地域也由上海擴展到廣州、深圳等地，並逐步擴展到全國。外資保險公司數量從加入世界貿易組織前的 18 家公司 44 家總分支公司，增加到 2013 年年底的 55 家公司 224 家總分支公司。保險業已對外資保險公司放開了全部地域和除有關法定保險以外的全部業務。加入世界貿易組織後，保險市場對外開放的步伐進一步加快。保險業及時清理了與世界貿易組織規則和入世承諾不符的保險法律法規，努力完善保險業法律體系。新頒布的《中華人民共和國保險公司管理條例》，爲滿足入世後保險市場發展及監管奠定了法律基礎。此外，按照國務院行政審批制度改革、《中華人民共和國行政許可法》的有關要求以及世貿組織規則，積極完善保險監管和行政審批制度，提高了監管的效率和透明度。中國保監會加快了保險市場建設和結構調整，促進了保險體系的完善和均衡發展。保險公司的經營觀念和經營機制有了明顯轉變，經營管理逐步走向成熟，市場競爭力不斷增強，開放促進了保險業管理創新、產品創新、服務創新和行銷模式創新。

(六) 保險資金運用渠道逐漸拓寬

資金運用渠道狹窄，一直是困擾中國保險業發展的一個重要因素。尤其是 20 世紀 90 年代中後期，央行連續下調利率，保險公司特別是壽險公司利差虧損問題日益嚴重，拓寬保險資金運用渠道迫在眉睫。爲解決這一問題，繼 1998 年允許保險公司進入銀行間同業拆借市場後，國務院又於 1999 年 10 月批準了保險公司以購買證券投資基金的方式間接進入證券市場的方案。目前保險基金運用渠道除了《保險法》規定的銀行存款、買賣政府債券和金融債券以外，已經擴大到了投資企業債券、證券投資基金，並且允許保險外匯資金到境外運用，允許保險公司投資銀行債券和可轉換公司債券等，允許保險公司向商業銀行辦理協議存款以及直接進入股市買賣股票。保險資金運用渠道的拓寬，爲保險公司加強資產負債匹配管理、分散投資風險和提高投資收益創造了條件。隨著保險資金運用渠道的拓寬，保險資產結構出現了戰略性轉變，期限較長、收益穩定的債券投資在 2005 年首次超過銀行存款，成爲第一大類投資工具，保險資產結構進一步優化。

(七) 監管體系逐步完善

中國保險業積極探索建立了以償付能力監管、市場行爲監管和公司治理結構監管爲支柱的現代保險監管體系框架。償付能力監管邁出實質性步伐，促使保險公司樹立了資本金觀念，提高了市場機制的效率。現場檢查制度已經建立，非現場監管框架初步搭建，內控監管框架建設取得實質進展。大力推進保單通俗化、標準化，增強社會公衆對人身保險產品的信息。精算框架布局基本完成，建立了科學的產品定價機制、負債評估標準、精算報告制度和內含價值報告制度，促使人身保險經營日益走向科學化。

當然，中國保險業剛剛起步，保險市場還是一個新興市場，還有許多方面亟待完善和發展。

二、中國保險業和保險市場的發展目標

(一) 保險市場體系化

目前，中國保險市場只形成了一個雛形；從市場體系架構來看，原保險市場較大，再保險市場很小；市場發展很快，監督和法規發展較慢；保險中介混亂，違規代理嚴重，全力運作、官方管制使各保險主體在市場中處於不平等地位。一個完善的保險市場體系，既要有保險主體，又要有保險消費市場，還要有中間人組織、監督組織，以及完備的法律法規。保險市場體系化是中國保險業發展的重要目標，特別是要發展保險經紀人和公估人，這對於市場體系的完善具有特殊的意義。

(二) 保險產品品格化

隨著中國經濟改革的進一步深化，保險會更加深入人心，企業與居民在逐步提高保險意識的同時，對保險的選擇意識也不斷增強，投保需求呈多樣化和專門化趨勢。它們從自身利益和需要出發，慎重選擇。在這種逐漸成熟的市場裡，產品要佔領市場只能靠品牌+價格+服務，這就是產品的"品格化"問題。

（三）保險制度創新化

當今世界的保險業，從保險組織機構到保險業務的運作流程，再到資產的運用和管理，各個方面均在經歷着深刻的創新和變革。積極開展保險創新，既是歷史發展的潮流，也是推動我國保險業發展的重要力量。根據中國的具體情況，中國的保險業應在產品開發、行銷方式、業務管理、組織機構、電子技術、服務內容以及用工制度、分配制度、激勵機制等方面進行創新。

（四）經營管理集約化

這是指要以成本—收益管理爲中心，而不是單純註重擴大規模、搶占市場。一方面，通過加強資金管理、成本管理、人力資源管理、經營風險管理和技術創新實現集約化的經營管理；另一方面，在國內資本市場逐步完善、保險資金運用政策逐步放寬的基礎上，將大量的準備金所形成的巨額資金通過直接或間接渠道進行更加有效的投資，實現投資多元化，達到提高經濟效益的目的。

（五）從業人員專業化

21世紀是知識經濟時代，因此，未來保險市場的競爭也就是人才的競爭。越來越激烈的競爭客觀上對保險從業人員提出了更高的要求，保險行業應重視人才的培養，既要培養國內保險業務員發展需要的核保師、核賠師、精算師等專業人才，更要培養精通國際保險慣例、能夠參與國際保險市場競爭的管理人才。

（六）經營國際化

在經濟全球化的大趨勢下，中國保險業與國際接軌是必由之路。加入WTO後，中國在加快保險市場對外開放步伐、接受外資保險公司資本投入的同時，中資保險公司也會到國外設立分支機構、開展業務或者購買外國保險公司的股份，甚至收購一些外國的保險企業。在業務經營上，通過再保險分入分出或國內外公司相互代理等形式，加強與國際保險及再保險市場的技術合作和業務合作，積極開展國際保險業務。

第五節　國際保險業的發展概況

一、義大利——現代海上保險的發源地

11世紀末，十字軍東徵以後，義大利商人控制了東方和西方的中介貿易。在經濟繁榮的義大利比薩、熱那亞和威尼斯等北部城市，已經出現了類似現代形式的海上保險。商人和高利貸者將他們的貿易、匯兌票據和保險的習慣做法帶到他們所到之處。由於義大利商人的足跡遍及整個歐洲，在14世紀以後，保險也就由此在西歐各國的商人中間開始流行，現代化的保險業務逐漸形成。

二、資本主義的發展促進了保險立法

資本主義的產生和發展以及新航線的開闢，導致歐洲商人的貿易範圍空前擴大，海上保險得到迅速發展，保險方面的糾紛也相應增加。為了適應保險業務發展的需要，巴塞羅那、威尼斯、佛羅倫薩等地政府相繼制定並頒布了海上保險法令、條例以及標準保險單格式。

在美洲新大陸被發現以後，貿易中心逐漸從地中海一帶轉移至大西洋沿岸。海上保險制度也自義大利經葡萄牙、西班牙的各大城市傳入荷蘭、英國、法國以及北歐的一些城市，這些國家已處於世界貿易的發展前端。1556年，西班牙國王頒布法令確定了保險經紀人制度；安特衛普於1563年也通過法令規定海上保險及保單格式，這一法令及安特衛普交易所的習慣做法被歐洲各地的保險人所採用。

（一）英國海上保險的產生和發展

1. 英國海上保險和保險立法

16世紀之前，英國對外貿易和保險業均被義大利和漢薩同盟的商人所控制。此後，隨著資本主義在各國的發展以及新航線的開闢，歐洲的貿易規模空前擴大了。特別是發現美洲新大陸以後，世界貿易中心由地中海一帶轉移到了大西洋沿岸，對外貿易得到迅猛發展，16世紀以後，英國人採取措施排斥外國商人的勢力。例如，1554年，英國商人從國王那裡獲得特權，組織貿易公司壟斷經營海外業務，從此對外貿易海上保險開始由英國商人自己經營，海上保險的一些法令和制度也相繼制定和建立。經過一個多世紀的發展，英國成為世界海上保險的中心。促進英國海上保險發展的一個很重要的因素是1574年伊麗莎白女王批準設立保險商會和頒布經營海上保險的法案並制定標準保險單。1601年伊麗莎白女王制定了第一部有關海上保險的成文法，稱為《涉及商人使用保險單的立法》。為了加強保險業的競爭力量，整頓當時的倫敦保險市場，英國政府於1720年頒布了《泡沫法案》，批準"皇家交易保險公司"及"倫敦保險公司"這兩家公司享有經營海上保險的獨占權，其他公司或合夥組織均不得經營海上保險業務。從此這兩家公司壟斷經營倫敦海上保險業務長達近百年。但法案並沒有限制個人經營者辦理海上保險業務。這就為勞合社——一家以個人名義辦理海上保險業務的社團組織的發展提供了有利條件。

1824年，英國政府取消了《泡沫法案》，大量資金開始湧入上海保險市場，英國保險業的經營主體與空間迅速增多和擴大。1884年，在倫敦經營海上保險業務的公司成立了"倫敦保險人協會"，該公會組織在水險條款標準化方面進行了大量的工作，其指定的保險條款（簡稱"協會條款"）在國際保險市場獲得廣泛應用。

1906年，英國制定了《海上保險法》，是曼斯菲爾德爵士自出任英國皇家法院首席大法官後20年間，對上千個海上保險判例所做研究的基礎上結合國際慣例而制定的。長期以來，它對世界各國的保險立法產生著深刻的影響，直到現在仍是世界上最具權威的一部海上保險法典。

2. 倫敦勞合社的發展

勞合社又稱勞埃德社，是當今世界上唯一的允許個體保險人經營保險業務的保險市場。勞合社本身不接受保險業務，而是由取得會員資格的承保人以自己的名義來辦理承保業務。所以勞合社只是一個管理與服務的機構，並不是一個保險公司。

勞合社是由一個名叫愛德華-勞埃德的英國商人於 1688 年在泰晤士河畔塔街所開設的咖啡館演變發展而來的。17 世紀的資產階級革命爲英國資本主義的發展掃清了道路，英國的航運業得到了迅速發展。當時，英國倫敦的商人經常聚集在咖啡館裡，邊喝咖啡邊交換有關航運和貿易的消息。由於勞埃德咖啡館臨近一些與航海有關的機構，如海關、海軍部和港務局，因此這家咖啡館就成爲經營航運的船東、商人、經紀人、船長及銀行高利貸者經常會晤交換信息的地方。保險商也聚集於此，與投保人接洽保險業務。後來這些商人們聯合起來，當某船出海時，投保人就在一張紙即承保條上註明投保的船舶或貨物以及投保金額，每個承保人都在承保條上註明自己承保的份額，並簽上自己的名字，直至該承保條的金額被 100% 承保。

由於當時通信十分落後，準確可靠的消息對於商人們來說是無價之寶。店主勞埃德先生爲了招攬更多的客人到其咖啡館來，於 1696 年出版了一張小報《勞埃德新聞》，每周出版三次，共發行了 76 期，成了航運消息的傳播中心。約在 1734 年，勞埃德的女婿出版了《勞合社日報》，至今該報仍在倫敦出版。後來，咖啡館的 79 名商人每人出資 100 英鎊，於 1774 年租賃皇家交易所的房屋，在勞埃德咖啡館原業務的基礎上成立了勞合社。英國議會於 1871 年專門通過了一個法案，批準勞合社成爲一個保險社團組織，勞合社通過向政府註冊取得了法人資格，但勞合社的成員只能經營海上保險業務。直至 1911 年，英國議會取消了這個限制，批準勞合社成員可以經營包括水險在內的一切保險業務。

3. 勞合社的承保人

勞合社的承保人，又稱名人（Name）或真正承保人（Actual Underwriter）。勞合社就其組織性質而言，不是一個保險公司，而是一個社團組織，它不直接接受保險業務或出具保險單，所有的保險業務都通過勞合社的成員，即勞合社承保人單獨進行交易。

勞合社只爲其成員提供交易場所，並根據勞合社法案和勞合社委員會的嚴格規定對他們進行管理和控制，包括監督他們的財務狀況，爲他們處理賠案、簽發保單、收集共同海損退還金等，並出版報刊，進行信息收集、統計和研究工作。勞合社承保人以個人名義對勞合社保險單項下的承保責任單獨負責，會員之間沒有相互牽連的關係。勞合社從成員中選出委員會，勞合社委員會在接受新會員入會之前，除了必須由勞合社會員推薦之外，還要對他們的身份及財務償付能力進行嚴格審查。例如，勞合社要求每一會員具有一定的資產實力，並將其經營保費的一部分（一般爲 25%）提供給該社作爲保證金，會員還須將其全部財產作爲其履行承保責任的擔保金。另外，每一承保人還將其每年的承保帳冊交呈勞合社特別審計機構，以證實其擔保資金是否足以應付他所承擔的風險責任。根據勞合社委託書，承保人所收取的保險費由勞合社代管。

在 1994 年以前，勞合社的承保人都是自然人，或稱個人會員（Individual Member）。1944 年以後，勞合社允許公司資本進入該市場，出現了公司會員（Corporate

Member)。從此以後，個人會員的數量連年遞減，而公司會員的數量逐年遞增。根據1997—1999年統計數字，勞合社個人會員的數目分別爲6,825、4,503和3,317名，而公司會員的數目爲435、660和885名。

勞合社的承保人按承保險種組成不同規模的組合，即承保辛迪加（Underwriting Syndicate）。組合人數不限，少則幾十人，多則上千人。每個組合中都設有積極承保人（Active Underwriting），又稱承保代理人（Underwriting Agent）。由該承保代理人代表一個組合接受業務，確定費率。這種組合並非合股關係，每個承保人各自承擔風險責任互不影響，沒有連帶關係。截至1999年，勞合社的承保辛迪加的數量爲122個。

勞合社作爲一個商業組織，僅接受它的經紀人招攬的業務。換句話說，勞合社的承保代理人代表辛迪加不與保險客户即被保險人直接打交道，而只接受保險經紀人提供的業務。保險經紀是技術性業務，經紀人是受過訓練的專家，他們精通保險法和業務，有能力向當事人建議何種保險單最符合其需要，保險客户不能進入勞合社的業務大廳，只能通過保險經紀人安排投保。經紀人在接受客户的保險要求以後，準備好一些投保單，上面寫明被保險人的姓名、保險標的、保險金額、保險險別和保險期限等內容，保險經紀人持投保單尋找一個合適的辛迪加，並由該辛迪加的承保人代理人確定費率，認定自己承保的份額，然後簽字。保險經紀人再拿着投保單找同一辛迪加内的其他會員承保剩下的份額，如果投保單上的風險未分完，他還可以與其他辛迪加聯繫，至到全部保險金額被完全承保。最後，經紀人把投保單送到勞合社的保單簽印處。經查核對，投保單換成正式保險單，勞合社蓋章簽字，保險手續至此全部完成。

4. 勞合社保險市場的承保業務及其改革

勞合社早在勞埃德咖啡館時代就以經營海上保險業務而出名。1871年，英國議會通過法案正式承認勞合社爲法人組織，限制其成員專營海上保險業務。到1911年，英國議會取消了對勞合社經營範圍的限制，允許其成員除了經營海上保險業務外，還可以經營其他所有種類的保險。目前，勞合社成員的承保業務大體分爲四大類，即水險、非水險、航空和汽車保險。

第一類：水險。勞合社的水險業務約占勞合社總業務的21%。世界上約有13%的海上保險業務是由勞合社承保的。勞合社承保的水上風險範圍很廣，從遊艇到超級油輪及其貨物，從海岸供給船（Offshore Supply Boat）到大型石油鑽井機，世界上幾乎所有的遠洋船舶的責任風險都在勞合社辦理了再保險。

第二類：非水險。非水險業務在勞合社業務中所占的比例約爲51%。勞合社承保的非水險包羅萬象，從火災到暴風雨，從地震到盜竊搶劫，從產品責任到職業過失，從影星的眼睛、鋼琴家的手指到可怕的疾病。只要市場上對某種風險產生了保障需求，富有創新進取精神的勞合社承保人很快就會設計出相應險種。勞合社的非水險市場也承保短期壽險業務。勞合社不承保的風險種類只有長期壽險和信用風險兩種。

第三類：航空保險。航空保險業務約占勞合社業務的11%。目前，勞合社的航空保險業務約占世界該類業務量的25%。勞合社的航空險承保人被認爲是承保航空器實體損害風險和責任風險方面的傑出專家。世界10大航空公司中有9家以及前9名最大的航空器製造商都在勞合社購買了保險。

第四類：汽車保險。汽車保險在勞合社業務中約占17%。許多其他的汽車保險商都要求投保的汽車要標準化，但勞合社的汽車承保人則樂意承保非標準化的高價值的汽車，甚至爲電動自行車這樣小的保險標的也辦理保險，勞合社因此而在汽車保險領域名聲大噪，世界上最大的7家汽車製造商都在勞合社購買了保險。

進入20世紀90年代以來，由於世界保險市場競爭加劇，加上勞合社本身業務經營方式的影響，勞合社的業務經營陷入了困境，1992年營業出現巨額虧損。從1993年開始，勞合社大力進行改革，實施了"重建更新計劃"。改革的一個令人矚目的措施便是向勞合社市場引入了"公司會員"，允許公司資本進入勞合社，打破了勞合社會員只允許自然人而不允許法人的傳統慣例。勞合社的公司會員承擔有限責任，自1994年1月1日被准入勞合社以來，公司會員的數目及其承保能力連年增長。到1999年，已有885個公司會員，其承保能力達130億美元，占勞合社總承保能力163億美元的80%，而個人會員的承保能力僅占20%。公司會員要將其經營保費的50%或更多上繳勞合社，作爲擔保金最低不少於80萬美元，比對個人會員所要求的25%和30%的比例要高得多。勞合社目前還在醞釀更多的改革計劃，包括打破只接受勞合社經紀人招攬業務的做法，嘗試從世界上其他保險經紀人直接獲得業務。

1997年，世界著名的評估機構標準普爾公司在其推出的"世界最大商業保險公司"排行統計表中，包括了勞合社，因爲他們認爲勞合社在許多項目上是一個全球經營者，首次披露的市場評級爲A+。按非壽險保費淨收入排行，勞合社列居世界第二，非壽險保費淨收入爲108.66億美元，僅次於日本東京海上與火災保險有限公司。但在過去40多年中，來自石棉和污染責任的巨額索賠使得勞合社的經營陷入了困境，雖然改革措施取得了一些成績，但仍不盡如人意。這個保險業巨子正面臨着巨大的內外壓力。

(二) 美國保險業概況

美國是世界上最大的保險市場，無論公司數量、業務種類還是業務量，在世界上都首屈一指。2006年，保費收入最多的是美國，爲11 701.01億美元，占當年全世界保費收入的31.43%。龐大的保險體系，衆多的保險人，通過保險服務對美國經濟發展起了極大的推動作用。

保險經紀人在美國市場上發揮着一定的作用，但遠沒有英國那麼重要。在壽險方面，保險經紀人幾乎不介入。在一些州（如紐約州）有規定，保險經紀人不得辦理人壽保險和年金保險業務。

美國保險市場競爭十分激烈，表現在銀行和一些金融機構，以及國外公司都紛紛進入美國市場。激烈的競爭使從業者努力通過信息技術的應用、降低成本、提供特色服務等手段來保持市場份額。

未來美國保險業的增長將主要來自海外市場。美國的保險公司不斷增加對保險市場增長較快的國家和地區的投資。國際保險市場的不斷開放，爲美國的保險公司提供了本國高度成熟市場不能提供的發展機遇。同樣，歐洲等地的保險公司，通過兼併等手段進入美國保險市場，與美國的從業者進行競爭。

美國對保險業的管理主要從立法、司法和行政三方面進行，其管理的嚴格性和廣泛性着重體現在監督範圍上。通過立法，對保險公司的創設、經營範圍、經營所需的最低資本、保險人的償付能力、準備金標準、投資範圍及費率釐定、保險單格式等加以嚴格管理。司法管轄主要體現在法院對保險條款的解釋及對保險糾紛的裁決上。美國對保險業實行聯邦政府和州政府的雙重管理體制。

（三）日本保險業概況

日本保險市場的一個顯著特徵是保險人數量較少，保險主管機構大藏省對保險開業實行認可制。通過控制保險人數量來達到限制競爭的目的。截至 2006 年 12 月月底，日本保險市場上共有 86 家保險公司，其中，壽險公司 38 家（日本公司 34 家、外國公司 4 家），財產保險公司 48 家（其中日本公司 26 家、外國公司 22 家）。2006 年日本仍然是世界第二大財產保險市場，保費收入 4,602.61 億美元，占世界保險市場的 12.369%。

日本壽險業在世界上堪稱一流，從展業、理賠、險種設計、經營管理到計算機普及應用等方面都已形成獨特的體系。日本保險公司展業有兩種主要途徑，一種是保險公司職員進行的直接展業，另一種通過代理店進行的間接展業，其中後者的保險費收入占絕大部分（90%以上）。代理店根據委託合同代理保險人與投保人簽訂保險合同，並幫助投保人選擇合適的投保項目，接受保險費並負責售後服務。20 世紀 90 年代中期，日本共有代理店 47 萬餘家。

在日本，壽險收入占其全部保費收入的大部分（一般都在 70%以上），全國壽險的普及率達 90%，是世界上壽險普及率最高的國家。日本壽險險種眾多，經營者根據經濟的發展與社會需求的變化，不斷推出新險種。

日本還有兩家專業再保險公司，在國內市場上發揮分保職能，並與海外許多國家的保險公司開展分保業務。

日本本國保險企業與外資保險企業都受大藏省的監督管理。日本對保險業管理相當嚴格，但在嚴格限制下允許靈活經營，使日本保險業得以充分發展。

（四）瑞士保險業概況

瑞士保險業歷史悠久、信譽卓著，自 19 世紀上半葉萌芽發展至今，已成爲擁有百餘家保險公司、年保費總額達 1 200 多億瑞士法郎的重要金融服務部門。瑞士保險業十分發達，人均保費多年來一直位居世界各國之首。

瑞士有保險公司百餘家，其中壽險公司占 1/4，再保險公司有十幾家。瑞士保險市場分布很不平衡，前 15 家最大壽險公司占了壽險市場份額的 98%，15 家最大保險公司的市場份額占整個非壽險市場的 85%。這種集中程度在發達國家是十分罕見的。瑞士的一些實力雄厚、經營規模龐大的保險公司不僅在國內市場上占有舉足輕重的地位，而且在國際保險市場上頗具影響力。

瑞士的保險公司十分多樣化：有的保險公司集中經營一個或少數幾個險種；有的保險公司經營業務廣泛，涉及幾乎所有主要險種；有的保險公司服務對象僅局限於國內客戶，有的則將業務拓展至廣闊的國際市場。

再保險實力強是瑞士保險業的一大特色。再保險公司使直接保險公司的部分風險得以轉移，從而提高了直接保險公司的承保能力。瑞士再保險業每年的保費收入占整個保險業的 1/4 左右。世界著名的瑞士再保險公司是世界第二大再保險公司，它在世界各地的主要城市均設有分支機構。

　　由於擁有先進的金融服務和資產管理業，投資業務是瑞士保險公司的長項。由於保險公司每年均能吸收到大量資金，如何管理好這部分資金至關重要，因此它同時也是一個爲保户服務的"理財"機構。瑞士保險公司通常利用保費收入進行各種投資業務。總體來説，瑞士保險業將近 60% 的收入投資於有價證券及債券，約 13% 的收入投資於股票，約 14% 的收入投資於房地產業。

　　瑞士是一個比較典型的外向型保險國家，每年保險費收入一半來自海外，在開拓國外保險市場方面一直處於優先的地位。多年來，瑞士各大保險公司紛紛尋求進入國外保險市場的途徑，通過建立分支機構、購買外國公司股權等拓展保險業務，取得了令人矚目的成就。

思考題

1. 什麼是保險密度？什麼是保險深度？
2. 簡述中國保險市場改革開放的四個階段。
3. 中國保險市場對外開放的入世承諾的主要內容是什麼？
4. 簡述中國保險業發展的特點。
5. 簡要介紹倫敦勞合社的情況。

國際貨物運輸與保險

第 8 章 保險的基本原則

　　保險基本原則是保險合同當事人雙方在訂立、變更和履行合同的過程中必須遵循的準則。保險作爲一種民事法律關係，在調整這種關係中更註重商業習慣，而保險基本原則就是在保險活動中逐漸形成，爲人們所公認的習慣做法。本章將介紹可保利益原則、最大誠信原則、損失補償原則和近因原則的基本含義和主要內容，瞭解其在國際貨物運輸保險實務中的地位及具體應用。

第一節　保險利益原則

一、保險利益的含義

(一) 保險利益的內涵及其性質

　　保險利益是指投保人或被保險人對投保標的所具有的法律上承認的利益。它體現了投保人或被保險人與保險標的之間存在的利益關係。衡量投保人或被保險人對保險標的是否具有保險利益的標誌是看投保人或被保險人是否因保險標的損害或喪失而遭受經濟上的損失，即當保險標的安全時，投保人或被保險人可以從中獲益；反之，當保險標的受損，投保人或被保險人必然遭受經濟損失，則投保人或被保險人對該標的具有保險利益。保險標的與保險利益是有區別的，保險利益是建立在保險標的之上的，而不是保險標的本身；保險標的是保險利益存在的前提，保險利益是保險標的與投保人或被保險人的經濟利益關係。

　　保險利益具有以下性質：

　　(1) 保險利益是保險合同的客體。保險標的是作爲保險對象的財產及其有關利益，或者人的壽命和身體。保險標的是保險合同必須載明的內容，但保險並不能保證標的本身不會發生危險，投保的目的在於保險標的遭受損失後得到經濟上的補償。投保人和被保險人要求保險人予以保障的是其對保險標的的經濟利益，保險合同保障的也是投保人對保險標的所具有的利益關係，即保險利益。

　　(2) 保險利益是保險合同生效的依據。保險利益是保險合同關係形成的根本前提和依據。只有當投保人或被保險人對保險標的具有保險利益時，才能對該標的投保。如果不具有保險利益而確立保險經濟關係，那麼，投保人可以將與自己沒有任何利益關係的財產或人的生命作爲保險標的投保，這樣將會引發不良的社會行爲和後果。在訂立合同時，若投保人或被保險人對同一標的有多方面的保險利益，可就不同的保險利益簽訂不同的保險合同；若在多個保險標的上具有同一保險利益，投保人或被保險人可就不同的標的訂立一個保險合同。

（3）保險利益並非保險合同的利益。保險利益體現了投保人或被保險人與保險標的之間存在的利益關係。該關係在保險合同簽訂前已經存在或已有存在的條件，投保人與保險人簽訂保險合同的目的在於保障這一利益的安全。保險合同的利益是指因保險合同生效後取得的利益，是保險權益，如受益人在保險事故發生後得到的保險金等。保險權益在一定條件下可以自由轉讓，如壽險合同的投保人和被保險人可經保險人批準認可，自由變更受益人。

(二) 保險利益確定條件

保險合同的成立必須以保險利益的存在爲前提，因此，對保險利益的確定十分重要。投保人對保險標的的利益關係並非都可作爲保險利益，成爲保險利益應符合以下條件：

保險利益必須是合法利益；保險利益必須是客觀存在、確定的利益；保險利益必須是經濟利益。所謂經濟利益是指投保人或被保險人對保險標的的利益必須是能以貨幣計量的利益。

(三) 保險利益原則的含義

保險利益原則是保險的基本原則，其本質內容是投保人以具有保險利益的標的投保，否則，保險人可單方面宣布合同無效；當保險合同生效後，投保人或被保險人失去了對保險標的的保險利益，而保險合同隨之失效；當發生保險責任事故後，被保險人不得因保險而獲得保險利益額度以外的利益。

保險利益原則要求投保人在與保險人簽訂合同時，必須對保險標的具有保險利益；保險人在承保時，應認定投保人對投保標的所具有的保險利益；雙方約定的保險金額不得超過該保險利益的額度。在處理賠付時，特別是在財產保險中，保險人應先認定索賠者對保險標的是否具有保險利益，再確定賠付的額度不得超過其保險利益的額度。

二、不同標的的保險利益

由於各類保險的保險責任不同，在保險合同的訂立以及履行過程中，對保險利益原則的應用也存在一定的差異。

(一) 財產保險的保險利益

財產保險的保險標的是財產及其有關利益，因此，投保人對其受到法律承認和保護的、擁有所有權、占有權和債權等權利的財產及其有關利益具有保險利益。該保險利益是由於投保人或被保險人對保險標的具有的某種經濟上或法律上的利益關係而產生的，包括現有利益、預期利益、責任利益和合同利益。

（1）現有利益。現有利益隨物權的存在而產生。現有利益是投保人或被保險人對財產已享有且可繼續享有的利益。

（2）預期利益。預期利益是因財產的現有利益而存在確實可得的、依法律或合同產生的未來一定時期的利益。

（3）責任利益。責任利益是被保險人因其對第三者的民事損害行爲依法應承擔的賠償責任，因而，因承擔賠償責任而支付賠償金額和其他費用的人具有責任保險的保險利益。它是基於法律上的民事賠償責任而產生的保險利益，如對第三者的責任、職業責任、產品責任、公衆責任、雇主責任等。

（4）合同利益。合同利益是基於有效合同而產生的保險利益。雖然有效合同並非以物權爲對象，但以財產爲其履約對象。在國際貿易中，買方對已經售出的貨物持有保險利益，當賣方將貨物賣給買方，並已發運，但由於某種原因造成買方拒收貨物；雇員對雇主的不忠實等。這樣，債務人因種種原因不履行應盡義務，使權利人遭受損失，權利人對義務人的信用就存有保險利益。

(二) 人身保險的保險利益

人身保險的保險利益在於投保人與被保險人之間的利益關係。人壽保險以人的生命或身體爲保險標的，只有當投保人對被保險人的生命或身體具有某種關係時，投保人才能對被保險人具有保險利益。即被保險人的生存或身體健康能保證其原有的經濟利益，而當被保險人死亡或傷殘時，將使投保人遭受經濟損失。

人身保險的保險利益決定於投保人與被保險人之間的關係：投保人對自己的生命或身體具有保險利益。任何人對其自身的生命或身體都具有保險利益。因此，當投保人爲自己的生命或身體投保時，其保險利益不容置疑。

法律規定投保人與有親屬血緣關係的人具有投保利益。親屬血緣關係主要是指配偶、子女、父母、兄弟姐妹、祖父母、孫子女等家庭成員。有些國家規定，具有保險利益的僅爲直系近親，有些範圍較大。通常，只要在同一家庭中生活的近親屬，一般認爲相互存在保險利益。

投保人對承擔贍養、收養等法定義務的人也具有保險利益，不論是否存在血緣關係，如收養人與被收養人之間相互具有保險利益。

投保人與其有經濟利益關係的人具有保險利益。投保人與被保險人之間的關係是經濟利益關係，如雇傭關係、債權債務關係等。另外，合夥人對其他合夥人、財產所有人對財產管理人等也存在經濟利益關係。前者對後者具有保險利益。

當投保人以他人的生命或身體投保時，各國對保險利益的確定有不同的規定。例如，英美法系國家基本採取"利益主義"原則：即以投保人與被保險人之間是否存在經濟上的利益關係爲判斷依據，如果有，則存在保險利益。而大陸法系的國家通常採取"同意主義"原則：即無論投保人與被保險人之間有無利益關係，只要被保險人同意，則具有保險利益。另外，還有一些國家採取"利益和同意相結合"原則：即投保人與被保險人之間具有經濟上的利益關係或其他的利益關係，或投保人與被保險人之間雖然沒有利益關係，但只要被保險人同意，也被視爲具有保險利益。

我國《保險法》第三十一條規定，投保人對下列人員具有保險利益：（1）本人；（2）配偶、子女、父母；（3）前項以外與投保人有扶養、贍養或者扶養關係的家庭其他成員、近親屬；（4）與投保人有勞動關係的勞動者。除前款規定外，被保險人同意投保人爲其訂立合同的，視爲投保人對被保險人具有保險利益。在實務操作中，要求投保人與被保險人之間存在合法的經濟利益關係，保險金額需在投保人對標的所具有的保險利益限度內，當投保包含死亡責任險種時，往往要徵得被保險人的書面同意。因此，實行的是"利益和同意相結合"原則。

(三) 責任保險的保險利益

責任保險是以被保險人的民事損害經濟賠償責任作爲保險標的的一種保險。投保人與其所應負的損害經濟賠償責任之間的法律關係構成了責任保險的保險利益。凡是法律法規或行政命令所規定的，因承擔民事損害經濟賠償責任而需支付損害賠償金和其他費用的人對責任保險具有保險利益，都可以投保責任保險。根據責任保險的險種不同，責任保險的保險利益也不同。

(1) 公衆責任險。各種固定場所（如飯店、旅館、影劇院等）的所有人、管理人員對因固定場所的缺陷或管理上的過失及其他意外事件導致顧客、觀衆等人身傷害或財產損失依法應承擔經濟賠償責任的，具有保險利益。

(2) 產品責任險。製造商、銷售商、修理商因其製造、銷售、修理的產品有缺陷對用戶或消費者造成人身傷害和財產損失，依法應承擔的經濟賠償責任的，具有保險利益。

(3) 職業責任險。雇主對雇員在受雇期間因從事與職業有關的工作而患職業病或傷、殘、死亡等依法應承擔醫藥費、工作補貼、家屬撫恤責任的，具有保險利益。

(四) 信用與保證保險的保險利益

信用與保證保險是一種擔保性質的保險，其保險標的是一種信用行爲。權利人與被保險人之間必須建立合同關係，雙方存在經濟上的利益關係。當義務人因種種原因不能履行應盡義務，使權利人遭受損失時，權利人與義務人的信用存在保險利益；而當權利人擔心義務人履約與否、守信與否時，義務人與權利人對其信譽懷疑而存在保險利益。例如，債權人對債務人的信用具有保險利益，可投保信用險。債務人對自身的信用也具有保險利益，可投保保證保險。其他如雇主對雇員的信用具有保險利益；製造廠商對銷售商店信用具有保險利益。

三、保險利益的變動、時限與堅持保險利益原則的意義

(一) 保險利益的變動

保險利益的變動是指保險利益的轉移、消滅。保險利益轉移是在保險合同的有效期間，投保人將保險利益轉移給受讓人，而保險合同依然有效。所有權人對自己所有的財產有保險利益，在其投保後的保險合同有效期內，所有人如果將財產所有權轉讓他人，則其由於喪失了與保險標的的利益關係而失去了保險利益；新的財產所有人在法律上被認爲自動取代原投保人的地位，保險合同的消滅是指投保人或被保險人對保險標的的保險利益由於保險標的的滅失而消失。

保險標的的保險利益會由於各種原因而發生轉移和消失。但在財產保險和人身保

險中，情況又各有不同。

　　在財產保險中，保險利益存在因繼承、讓與、破產等而發生轉移，因保險標的的滅失而消滅的情況。例如，保險利益在保險事故發生前，會因爲被保險人的死亡使保險標的被繼承而轉移；也會因爲保險標的被出售而隨之被轉讓；還會因被保險人的資金運轉不靈而被債權人抵債等。通常情況下，保險利益隨保險標的的所有權的轉移而同時轉移，即該保險標的的繼承人、受讓人和債權人在被保險人死亡後、保險標的被賣出後、保險標的被用於償還債務後，對該保險標的具有保險利益。同時，原被保險人對該保險標的具有的保險利益消失。保險利益的轉移會影響到保險合同的效力，保險人依據合同對保險利益的轉移進行否定或認可。例如，張某的汽車轉讓給李某時，張某以該汽車進行投保的合同的轉移就需要得到保險人的認可，否則，該合同無效。

　　在人身保險中，也存在保險利益的變動情況，即保險利益的消滅和轉移。在人身保險中，被保險人因人身保險合同除外責任規定的原因死亡，如自殺等均爲保險利益的消滅。人身保險的保險利益的轉移通常體現在因債權債務關係而訂立的合同的繼承和讓與上。保險人死亡，則意味着保險事故的發生，該保險合同因保險金的給付而終止；如果被保險人在其他的人身保險合同中或因除外責任的原因死亡，保險合同因保險標的的消滅而終止，不能被認爲是轉移。如果投保人死亡，而投保人與被保險人不是同一人，若人身保險合同爲特定的人身關係而訂立，如親屬關係、扶養關係等，保險利益不能轉移；若保險合同因一般利益關係而訂立，如債權債務關係，被保險人的利益由投保人專屬（如債務人的利益由投保人的債權人專屬），則由投保人的繼承人繼承（如債權人的繼承人繼承對債務人的利益）。在人身保險中，除因債權債務關係而訂立的合同可隨債權一同轉讓外，其他的人身保險的保險利益不得因讓與轉讓。

（二）保險利益的使用時限的規定

　　保險利益原則是保險實踐中必須堅持的，但在財產保險和人身保險中，保險利益的適用時限卻有所不同。

　　在財產保險中，從保險合同訂立到保險合同終止，始終都要求存在保險利益，若投保時具有的保險利益在發生損失時喪失，則保險合同無效。對於投保時具有的期待利益部分通常還要求轉化爲現實利益，被保險人才能獲得賠付。在海洋運輸貨物保險中，保險利益在適用時限上具有一定的靈活性，它規定在投保時可以不具有保險利益，但在索賠時被保險人對保險標的必須具有保險利益。這一規定起源於海上貿易的習慣，當貨物在運輸途中，其所有權是可以轉移的。因此，儘管在簽發保單時，貨物的買方可能還不具有保險利益，但從貨物轉讓時起，則具有合法的保險利益，在發生保險事故時，可要求保險人進行賠償。

　　人身保險強調在保險合同訂立時必須具有保險利益，而當保險事故發生進行索賠時是否具有保險利益不要求。這主要是因爲人身保險的保險標的是人的生命和身體，人身保險合同生效後，被保險人的聲明或身體受到傷害，獲得保險金給付利益的是被保險人或受益人，投保人不會因被保險人發生保險事故而享有領取保險金的權利，因此，在發生保險事故時，投保人是否對被保險人具有保險利益沒有意義。而且，對作爲受益人的投保人也有約束：依據有關規定，受益人需經被保險人同意或指定，當被保險人因受益人的故意行爲而受到傷害時，受益人將喪失獲得保險金的權利，由此保障了被保險人的生命安全和利益。只要在投保時具有保險利益，即使後來投保人對被保險人因離異、雇傭合同解除或其他原因而喪失保險利益，也不會影響保險合同的效力，保險人仍負有保險金給付責任。

(三) 堅持保險利益原則的意義

(1) 爲了防止賭博行爲的發生。保險利益原則要求投保人必須對保險標的具有保險利益是爲了使保險與賭博相區別，實現保險補償損失的目的。

(2) 爲了防止道德危險的發生，規定保險利益原則將投保人利益與保險標的的安全緊密相連，保險事故發生後，給投保人的保險賠償僅爲原有的保險利益，使投保人促使保險事故的發生無利可圖，最大限度地控制了道德風險。另外，保險事故發生後的保險賠付額不得超出被保險人的保險利益額度，使保險人的賠償是對被保險人實際經濟利益損失的全部或部分補償，被保險人因保險所得不會超出其損失的數額，由此，可以防範道德危險的產生。

(3) 保險利益原則規定了保險保證的最高額度，並限制了賠付的最高額度。保險的宗旨是指補償被保險人在保險標的發生保險事故時遭受的經濟損失，但不允許有額外的利益獲得。以保險利益爲保險保障的最高額度既能保證被保險人獲得足夠的、充分的補償，又能滿足被保險人不會因保險而獲得額外利益的要求。投保人依據保險利益投保，保險人依據保險利益確定是否承保，並在其額度內支付保險賠付。因此，保險利益原則爲投保人確定了保險保障的最高限額，同時爲保險人進行保險賠付提供了科學依據。

四、國際貨物運輸保險中保險利益的轉移

一般而言，在財產保險中，投保人和被保險人是同一個人，一份有效的保險合同要求投保人和被保險人自始至終對保險標的都具有保險利益；但是，在國際貨物運輸保險中，投保人或被保險人應於何時具有保險利益的問題則有一定的靈活性。國際貨物運輸保險允許投保人在投保時可以不具有保險利益，但在發生事故和向保險人索賠時，被保險人對保險標的必須具有保險利益。這一原則起源於海上貿易的習慣，即當貨物在運輸途中，貨主可以通過交付海運提單或其他具有物權性質的運輸單據轉移貨物的所有權。因此，買方在與保險人訂立保險合同時可能還不具有保險利益，但從貨物所有權轉移時起，即具有了保險利益，如發生保險事故造成損失，就有權要求保險人進行賠償。

關於貨物所有權應於何時由賣方轉移於買方，各國法律規定差異較大，因此，在國際貨物運輸保險中，確定保險利益的轉移時間，均以貨物風險轉移的時間爲依據，而貨物風險轉移的具體時間又是隨著買賣雙方在買賣合同中約定使用的貿易術語 (Trade Terms) 的不同而有所差別的。

總之，在國際貨運保險中，貨物自賣方倉庫運至買方倉庫的整個運輸過程中，是賣方還是買方具有對貨物的保險利益，如果發生保險事故造成損失，何方享有向保險人請求損害賠償的權利，則取決於發生損失時貨物滅失或損壞的風險應由何方承擔，也就是取決於買賣雙方訂立的買賣合同所使用的貿易術語。因為，不同的貿易術語對風險於何時由賣方轉移至買方的規定是不同的，而風險轉移的時間又決定着對貨物保險利益轉移的時間。現在就 2011 年 1 月 1 日實施的《國際貿易術語解釋通則 2010》（International Rules for the International of Trade Terms, INCOTERMS 2010》）所解釋的 11 種貿易術語對貨物風險轉移時間的規定以及由此決定的保險利益的轉移時間簡述如下：

EXW。EXW 是英文 Ex Works 的縮寫，中文譯作工廠交貨（……指定地點）。以此術語訂立的買賣合同，賣方在其所在處所（工廠、工場、倉庫等）將貨物置於買方處置之下時，即履行了交貨義務。貨物的滅失或損壞的風險也於貨物被置於買方處置之時起由賣方轉移至買方，因此對貨物的保險權益也於此時轉移給買方。如果買方已經辦理了投保手續以後貨物遇保險事故引起的損失，買方有權向保險人提出索賠。

FAS。FAS 的英文全稱為 Free Alongside Ship，即裝運港船邊交貨。在此術語下，賣方須將已辦理出口清關的貨物運至碼頭或在駁船上靠海輪的船邊，即履行交貨。貨物滅失或損壞的風險於此時起由賣方轉移至買方。如果買方指定的海輪未能按時抵港或雖已抵港但不適航或接載條件不合要求無法裝運，則由買方負責買賣合同規定的交貨期屆滿後的風險。也就是説，在 FAS 條件下，當貨物運至船邊或在無法裝運交貨期屆滿時貨物的保險利益也轉移至買方。至於在貨物運到船邊前的内陸運輸以及因海輪不能停靠碼頭的駁運風險由於也要由賣方負擔，因而賣方應向保險人投保相應險別。貨物運到船邊買方受領貨物之時起，自應由買方自行辦理保險。

DAT、DAP、DDP。根據《INCOTERMS 2010》解釋，DAT（Delivered At Terminal）為目的地或目的港終點交貨；DAP（Delivered At Place）為目的港船上交貨；DDP（Delivered Duty Paid）為完稅後交貨。

FOB、CFR。FOB（裝運港船上交貨）與 CFR（成本加運費）兩個術語只適用於海上運輸保險與内河運輸的交易。按照《INCOTERMS 2000》的解釋：貨物在裝運港越過船舷為止的風險由賣方承擔；越過船舷之後的貨物保險則由買方負責辦理。可是，按照各國海上運輸保險的習慣做法，承保貨物運輸險的保險人所承擔的風險責任期限都是"倉至倉"（Warehouse To Warehouse），即貨物從運離賣方倉庫起至運達買方倉庫止。然而，由於貨物在裝運港越過船舷以前的風險由賣方承擔，此時的保險利益歸賣方而非買方，所以如果由買方辦理投保而在裝運港越過船舷前發生貨損買方無權向保險人索賠。總之，在 FOB、CFR 條件下，買方對貨物的保險利益需待貨物在裝運港越過海輪的船舷後才具有，買方投保的海上運輸貨物險，即使保險單上載有"倉至倉"保險責任條款，保險人實際承擔的貨物保險責任期限僅始於貨物在轉運港越過船舷之後；而對於貨物自遠離發貨人倉庫至在裝運港越過船舷以前的風險仍應由賣方自辦保險。

FCA、CPT。FCA（Free Carrier，貨交承運人）、CPT（Carriage Paid To，運費付至）與 CIP（Carriage Insurance Paid To，運費、保險費付至）是為了適應現代運輸方

式，尤其是多式運輸（如用拖車或輪渡運送的集裝箱而產生的）。FOB、CFR 與 CIF 的主要區別只是把交貨點，即風險劃分點從裝運港船舷移至在貨物裝運前陸地上的某一點作爲交貨點。使用 FCA、CPT 術語訂立的買賣合同，賣方承擔貨物的風險直至將經過出口清關的貨物按合同約定的時間和地點交給買方指定的（FCA 條件下）或自己選定的（CPT 條件下）承運人接管爲止，此後的風險即由買方承擔，對貨物的保險利益也於承運人接管貨物之時起轉移至買方。如果買方已經辦理保險，此時起因保險事故造成損失買方可以向保險人索賠。出於與 FOB、CFR 兩術語同樣的理由，雖然保險單可能載明保險責任期限爲"倉至倉"，但貨物在交付承運人接管前的損失，買方因不具有保險利益而無權向保險人索賠。對於此段風險，賣方需另辦內陸運輸保險。

採用 FOB、CFR、FCA、CPT 四種術語訂立的貨物買賣合同，由買方負責辦理保險。在實踐中，買方在投保時，通常還不具有保險利益。如上文提到過的這是由國際貨物運輸的特殊情況決定的靈活做法。但這種靈活作法的實質是：由於訂立保險合同時，投保人對貨物不具有保險利益，所以，可以這樣理解：凡由買方辦理的按 FOB、CFR、FCA、CPT 條件達成的交易，其保險合同須隨貨物風險轉移至買方。保險合同中的被保險人，即投保人對貨物不具有保險利益，所以，可以作這樣的理解：凡由買方辦理的按 FOB、CFR、FCA、CPT 條件達成的交易，其保險合同須隨貨物風險轉移至買方，保險合同中的被保險人，即投保人對貨物具有保險利益後，保險合同開始正式生效。因此，這種靈活做法與我國《保險法》中"投保人對保險標的應當具有保險利益"的規定也並不矛盾。

CIF 與 CIP。CIF（Cost, Insurance and Freight，成本加保險費、運費）與 CIP（Carriage and Insurance Paid To，運費、保險費付至）兩個貿易術語關於貨物的風險與保險利益的轉移時間分別與 FOB、CFR 和 FCA、CPT 相同，CIF 是從貨物在裝運港越過船舷時轉移；CIP 是從貨物交給承運人接管時轉移。其區別僅在於：在 CIF 和 CIP 條件下，賣方以背書的方式將保險單的權利轉讓給買方。因此，貨物自遠離發貨人倉庫至越過船舷或交付承運人接管以前這一段時間發生的損失，不僅賣方可向保險公司提出索賠，買方也可憑背書轉讓的保險單向保險人索賠。也就是說，在 CIF 與 CIP 條件下，買方享有按"倉至倉"保險責任條款就運輸全程中的損失向保險人索賠的權利。

第二節　最大誠信原則

一、最大誠信原則的含義

在保險活動中，最早以法律形式出現的最大誠信原則，是 1906 年英國《海上保險法》作的規定："海上保險是建立在最大誠信原則的基礎上的保險合同，如果任何一方不遵守這一原則，他方可以宣告合同無效。"我國《保險法》第五條規定：保險活動當事人行使權利、履行義務應當遵循誠實信用原則。

最大誠信的含義是指當事人要向對方充分而準確地告知有關保險的所有重要事實，

不允許存在任何的虛僞、欺騙和隱瞞行爲。重要事實一般是指對保險人決定是否承保或以任何條件承保起影響作用的事實，它影響保險人決定是否接受投保人的投保和確定收取保險費的數額。其包括有關投保人和被保險人的詳細情況，有關保險標的的詳細情況、危險因素及變化情況、以往的損失賠付情況，以及以往遭到其他保險人拒絕承保的事實等。

因此，最大誠信原則可表述爲：保險合同當事人訂立保險合同及在合同的有效期內，應依法向對方提供影響對方做出是否締約及締約條件的全部實質性重要事實；絕對信守合同訂立的約定與承諾。否則，受到損害的一方，可以以此爲理由宣布合同無效或不履行合同的約定義務或責任，還可以對因此而受到的損害要求對方予以賠償。

（一）規定最大誠信原則是由保險經營的特殊性決定的

保險經營的是一種特殊的勞務活動。一方面是因爲保險經營以危險的存在爲前提，保險人對可保風險提供保障承諾，因此，對保險人而言，危險的性質和大小直接決定着保險人是否承保及保險費率的高低；另一方面，保險標的具有廣泛性和複雜性的特點，投保人對保險標的的危險情況最爲瞭解，因此，保險人根據投保人的介紹來確定是否承保並確定保險費率。另外，最大誠信原則最早起源於海上保險，往往遠離船舶和貨物所在地，保險人對保險標的一般不能做實地勘察，簽訂保險合同時僅僅依靠投保人敘述來決定是否承保和怎樣承保。因此，保險經營特別要求投保人誠信可靠，基於最大誠信原則履行告知與保證的義務。

（二）保險合同的附和性要求保險人的最大誠信

保險合同屬於附和合同或格式合同，合同內容一般是由保險人定的，投保人只能同意或不同意，或以附加條款的方式接受。保險合同條款較爲複雜，專業性强，一般的投保人或被保險人不易理解和掌握，如保險費率是否合理，承保條件及賠償方式是否苛刻等，在一定程度上是由保險人決定的。所以，保險合同的附和性要求保險人基於最大誠信來履行其應盡的義務與責任。

（三）規定最大誠信原則是保險本身所具有的不確定性決定的

保險人所承保的保險標的，危險事故的發生是不確定的。對有些險種來說，投保人購買保險僅僅支付了較少的保費，當保險標的發生危險事故時，被保險人所能獲得的賠償或給付金額將是保費的數十倍甚至是數百倍。因此，如果投保人不能按照誠信原則來進行保險活動，保險人可能將無法長久地經營，給投保人或被投保人的保險賠償或給付造成困難，造成損失無法彌補、合同無法履行的局面。

（四）最大誠信原則的基本內容

最大誠信原則是簽訂和履行保險合同所必須遵守的一項基本原則，堅持最大誠信原則是爲了確保保險合同的公平，維護保險合同雙方當事人的利益。最大誠信原則的具體內容主要包括告知、保證、棄權與禁止反言。

1. 告知。在保險中告知分爲狹義告知和廣義告知。狹義告知是指合同當事人在訂立合同前或訂立合同時，雙方互相據實申報或陳述。在保險的最大誠信中的告知是指廣義的告知，即在保險合同訂立前、訂立時及合同有效期內，投保人對已知或應知的危險和與標的有關的實質性重要事實向保險人作口頭或書面的申報；保險人也應將對投保人利害相關的實質性重要事實據實通知投保人。告知強調的是最大誠信中的誠實，其目的在於使保險人能夠正確估計其承擔的危險損失是否可保，對投保人來說是能夠確知未來危險損失是否能得到保障。保險人根據投保人的告知判斷是否接受承保或以何條件承保；投保人根據保險人的告知，判斷是否應向該保險人投保或以何條件投保。

(1) 投保人的告知。作爲投保人，應告知的内容有五個方面：

第一，在保險合同訂立時根據保險人的詢問，對已知或應知的與保險標的及其危險有關的重要事實進行如實回答。通常情況下，保險公司會讓投保人首先填寫投保單，在投保單上列出投保人、被保險人及保險標的等詳細情況讓投保人填寫；或由代理人按投保單内容問訊，代爲填寫，由投保人確認。

第二，保險合同訂立後，在保險合同的有效期內，保險標的的危險程度增加時，應及時告知保險人。

第三，保險標的轉讓或保險合同有關事項有變動時，投保人或被保險人應及時通知保險人，經保險人確認後可變更合同並保證合同的效力。當其中的重要事項變動時，保險人對變動的確認是重要的，它表明保險公司接受變動並對由此產生的可能的保險損失承擔賠付責任。

第四，保險事故發生後投保人應及時通知保險人。

第五，有重複保險的投保人應將有關情況通知保險人。

投保人告知的形式有客觀告知和主觀告知兩種。

客觀告知又稱無限告知，即法律上或保險人對告知的内容無論有沒有明確的規定，只要是事實上與保險標的的危險狀況有關的任何事實，投保人都有義務告知保險人。客觀告知的形式對保險人的要求比較高，目前，法國、比利時以及英美法系國家的保險立法採用該形式。

主觀告知即詢問回答告知。它是指投保人對保險人詢問的問題必須如實告知，而對詢問以外的問題投保人無須回答。大多數國家的保險立法採用該種形式，我國也採用此種形式進行告知。投保人或被保險人對某些事實在未經詢問時可以保持緘默，無須告知。

(2) 保險人的告知。保險人作爲保險關係中的當事人，也應遵循誠信原則履行如實告知義務，保險人告知的主要内容有：

第一，保險合同訂立時，保險人應主動地向投保人説明保險合同條款的内容，特別是免責條款的内容必須明確説明。

第二，在保險事故發生時或保險合同約定的條件滿足後，保險人應按合同約定如實履行賠償或給付義務；若拒賠條件存在，應發送拒賠通知書。

保險人的告知有兩種形式：明確列示和明確説明。明確列示是指保險人只需將保險的主要内容明確列在保險合同中，即視爲已告知投保人。在國際保險市場上，一般只要求保險人列示告知。明確説明是指保險人不僅應將保險的主要内容明確列在保險合同中，還必須對投保人進行正確的解釋。我國要求保險人的告知形式採用明確説明方式，要求保險人要對保險合同的主要條款尤其是責任免除部分進行說明。

2. 保證。保證強調守信，恪守合同承諾。保證的内容爲保險合同的重要條款之一。保證的目的在於控制危險，確保保險標的及其周圍環境處於良好的狀態中。而且，保證對被保險人的要求更爲嚴格，無論違反保證的事實對危險是否重要，一旦違反，保險人即可宣告保單無效。

保證按形式可以分爲：明示保證和默示保證。明示保證是以文字或書面的形式在保險合同中載明，成爲合同條款的保證。明示保證以文字的規定爲依據，是保證的重要形式。明示保證可細分爲：認定事項保證和約定事項保證。認定事項保證又叫確認保證，該類保證事項涉及過去與現在，它是投保人對過去或現在某一特定事實存在或不存在的保證。如某人保證從未得到過某種疾病是指過去到現在從未得過，但不能保證將來是否會患該病。約定事項保證又稱承諾保證，是指投保人對未來某一特定事項的作爲和不作爲，其保證的事項涉及現在和將來。如某人承諾絕不從事高危運動是指從現在開始不參加危險性高的運動，但在此前是否參加過並不重要，也無須知曉。

默示保證是指雖未在保單中明確表明，但訂約雙方在訂約時都清楚的保證。默示保證無須保險合同中的文字表述，一般是指國際慣例所通行的準則、習慣上或社會公認的在保險實踐中遵守的規則。其内容通常是以往法庭判決的結果，也是某行業習慣的合法化，與明示保證一樣對被保險人具有約束力。在海上保險中默示保證較多，如：船舶必須有適航能力；及船主在投保時，保證船舶的構造、設備、駕駛管理員等都符合安全標準，適合航行；船舶要按預定的或習慣的航線航行，除非因躲避暴風雨或救助他人才允許改變航道；船舶保證不進行非法經營或運輸違禁品等。

3. 棄權與禁止反言。棄權是指保險合同的一方當事人放棄其在保險合同中可以主張的權利，通常是指保險人放棄合同解除權與抗辯權。禁止反言是指合同一方若已放棄其在合同中的某項權利，日後不得再向另一方主張該權利，也稱爲禁止抗辯，在保險實踐中主要約束保險人。

構成保險人的棄權必須具備兩個條件：首先，保險人須有棄權的意思表示，無論是明示的還是默示的；其次，保險人必須知道有違背約定義務的情況及因此享有抗辯權或解除權。

對於默示的意思表達，可以從保險人的行爲中推斷，如果保險人知道被保險人有違背約定義務的情形，而做出以下行爲的，一般被視爲棄權或默示棄權：

第一，投保人有違背按期繳納保險費或其他約定義務的時候，保險人原本應解除合同，但是，如果保險人已知此種情形卻仍舊收受補繳的保險費時，則證明保險人有繼續維持合同的意思表達，因此，其本應享有的合同解除權、終止權及其他抗辯權均視爲棄權。

第二，在保險事故發生後，保險人明知有拒絕賠付的抗辯權，但仍要求投保人或被保險人提出損失證明，因而增加投保人在時間及金錢上的負擔，視爲保險人放棄抗辯權。

第三，保險人明知投保人的損失證明有紕漏和不實之處，但仍無條件予以接受，則可視爲是對紕漏和不實之處抗辯權的放棄。

第四，保險事故發生後，保單持有人（投保人、被保險人或受益人）應於約定或法定時間期限內通知保險人，但如逾期通知，保險人仍表示接受的，則認爲是對逾期通知抗辯權的放棄。

第五，保險人在得知投保人違背約定義務後仍保持沉默，即視爲棄權。具體來說，如財產保險的投保人申請變更保險合同，保險人在接到申請後，經過一定時間不表示意見的，視爲承諾；保險人於損失發生前，已知投保人有違背按期繳納保險費以外約定義務的，應在一定期限內解除或終止合同，如在一定期限內未做任何表示，其沉默視爲棄權。

棄權與禁止反言在人壽保險中有特殊的時間規定，保險人只能在合同訂立之後一定期限內（通常爲兩年）以被保險人告知不實或隱瞞爲由解除合同，超過規定期限沒有解除合同的視爲保險人已經放棄該權利，不得再以此爲由解除合同。

棄權與禁止反言的限定可以約束保險人的行爲，要求保險人爲其行爲及其代理人的行爲負責，同時，也維護了被保險人的權益，有利於保險人權利義務關係的平衡。

二、違反最大誠信原則的法律後果

(一) 違反告知的法律後果

由於保險合同當事人雙方均有告知的責任和義務，所以雙方違反告知都將承擔法律後果。

1. 投保人違反告知的法律後果。投保人或被保險人違反告知義務有四種情形：一是漏報，由於疏忽、過失而未告知，或者對重要事實誤認爲不重要而未告知；二是誤告，由於對重要事實認識的局限性，包括不知道、瞭解不全面或不準確而導致，並非故意欺騙；三是沒有如實告知或僅部分告知；四是欺詐，即投保人懷有不良企圖，故意做不實告知，如在未發生保險事故時卻謊稱發生保險事故。對以上不同的違反告知的情形的處分也不同。

（1）對於投保人或被保險人違反如實告知的行爲，分爲故意和過失兩種情形。保險人有權宣布合同無效或不承擔賠償責任。投保人故意不履行如實告知義務，我國《保險法》第十六條規定："……投保人故意或者因重大過失未履行前款規定的如實告知義務，足以影響保險人決定是否同意承保或者提高保險費率的，保險人有權解除合同……投保人故意不履行如實告知義務的，保險人對於合同解除前發生的保險事故，不承擔賠償或者給付保險金的責任，並不退還保險費。投保人因重大過失未履行如實告知義務，對保險事故的發生有嚴重影響的，保險人對於合同解除前發生的保險事故，不承擔賠償或者給付保險金的責任，但應當退還保險金……"

對於投保人因過失或疏忽而未如實告知，當足以影響保險人決定是否同意承保或者提高保險費率的，保險人有權解除保險合同，對在合同解除前發生的保險事故，保險人不承擔賠償或者給付保險金的責任，但可以退還保險費。在《保險法》第十六條和第五十二條都有相應的規定。

投保人進行欺詐，僞造事實時，有兩種後果：當投保人、被保險人在發生保險事故後，編造虛假證明、資料、事故原因，誇大損失時，保險人對弄虛作假部分不承擔賠付義務；未發生保險事故，卻故意製造保險事故者，保險人有權解除保險合同並不承擔保險賠付責任。

（2）保險人違反告知義務的法律後果。如果保險人在訂立保險合同時未盡告知義務，如對免責條款沒有明確說明，根據中國《保險法》第十七條規定，該條款不產生效力。保險人如果在保險業務活動中隱瞞與保險合同有關的重要情況，欺騙投保人，或者拒不履行保險賠付義務，如構成犯罪，將依法追究其刑事責任，如未構成犯罪的，由監管部門對保險人處以1萬元以上5萬元以下的罰款，對有關人員給予處分，並處以1萬元以下的罰款。保險人若阻礙投保人履行告知義務，或誘導投保人不履行告知義務，或承諾給投保人以非法保險費回扣或其他利益，都將承擔與上相同的法律後果。我國《保險法》第一百三十一條對此有規定。

（二）違反保證的法律後果

任何違反保證條款或保證約定、不信守合同約定的承諾或擔保的行為，均屬於破壞保證。保險合同約定保證的事項為重要事項，是訂立保險合同的條件和基礎，投保人或被保險人必須遵守。各國立法對投保人或被保險人遵守保證事項的要求也極為嚴格，凡是投保人或被保險人違反保證，無論其是否有過失，也無論是否對保險人造成傷害，保險人均有權解除合同，不予以承擔責任。對於保證的事項，無論故意或無意違反保證義務，對保險合同的影響是相同的，無意的破壞，不能構成投保人抗辯的理由；即使違反保證的事實更有利於保險人，保險人仍可以違反保證為由使合同無效或解除合同。而且，對於破壞保證，除人壽保險外，一般不退還保險費。

與告知不同的是，保證是對某一特定事項的作為和不作為的承諾，而不是對整個保險合同的保證，因此，在某種情況下，違反保證條件只部分地損害了保險人的利益，保險人只應就違反保證部分拒絕承擔保險賠償責任。即當被保險人何時、何事項違反保證，保險人即從何時開始拒絕賠付並就此時此次的保證破壞額而拒絕賠付，但並不一定完全解除保險合同。

但有例外規定。在下列情況下，保險人不得以被保險人破壞保證為由使保險合同無效或解除保險合同：一是因環境變化使被保險人無法履行保證事項；二是因國家法律法規變更使被保險人不能履行保證事項；三是被保險人破壞保證是由保險人事先棄權所致，或保險人發現破壞保證仍保持沉默，也視為棄權。

第三節　近因原則

一、近因原則的含義

近因原則是判斷保險事故與保險標的損失之間的因果關係，從而確定保險賠償責任的一項基本原則。在保險經營實務中是處理理賠案所必須遵循的重要原則之一。

在保險實踐中，對保險標的的損害是否進行賠償是由損害事故發生的原因是否屬於保險責任來判斷的。保險標的的損害不總是由單一原因造成，其表現形式是多種多樣的：有的是多種原因同時發生，有的是多種原因不間斷地連續發生，有的是多種原因時斷時續地發生。近因原則就是要求從中找出哪些屬於保險責任，哪些不屬於保險責任，並據此確定是否進行賠償。

近因是什麼？近因是指引起保險標的損失的直接的、最有效的、起決定作用的因素。它直接導致保險標的的損失，是促使損失結果發生的最有效的或是起決定作用的原因。但在時間上和空間上，它不一定是最接近損失結果的原因。1907 年，英國法庭對近因所下的定義是："近因是指引起一連串事件，並由此導致案件結果的能動的、起決定作用的原因。"在 1924 年又進一步說明："近因是指處於支配地位或者起決定作用的原因，即使在時間上它並不是最近的。"

近因原則的基本含義是：若引起保險事故發生，造成保險標的損失的近因屬於保險責任，則保險人承擔損失賠償責任；若近因屬於除外責任，則保險人不負賠償責任。即只有當承保危險是損失發生的近因時，保險人對於由所承保的危險近因造成的損失，負賠償責任，但對於不是由所承保的危險近因造成的損失，概不負責。

二、近因原則的應用

近因原則在理論上講簡單明了，但在實際中的運用卻存在相當的困難，即如何從眾多複雜的原因判斷出引出損失的近因。因此，對近因的分析和判斷成為掌握和運用近因原則的關鍵。

1. 認定近因的基本方法。認定近因的關鍵是確定危險因素與損失之間的因果關係。對此，有兩種基本方法：

第一種方法是從原因推斷原因，即從最初的事件出發，按邏輯推理直至最終損失的發生，最初事件就是事後事件的近因。例如，大樹遭雷劈而折斷，並壓壞了房屋，屋中的電器因房屋的倒塌而毀壞，那麼，電器損失的近因是雷擊，而不是房屋倒塌。

第二種方法是從結果推斷原因，即從損失開始，從後往前推，追溯到最初事件，沒有中斷，則最初事件就是近因。如上例中，電器毀壞是損失，它由房屋倒塌而壓壞，房屋倒塌是由於大樹的壓迫，大樹是因為雷擊而折斷。因此，在此事件中，因果相連，則雷擊為近因。

2. 近因的認定和保險責任的確定。在保險理賠中，根據引起保險標的損失的原因，確定保險責任。近因認定分為以下幾種情況：

（1）單一原因情況下的近因認定。如果事故發生所導致損失的原因只有一個，則該原因為損失近因。若該近因屬於承保危險，保險人應對損失負賠償責任；如果該近因是除外責任，保險人則不予賠償。例如，車輛因車輛本身設備原因發生自燃而導致損失時，自燃為近因，若其只投保了機動車輛保險的基本險，則自燃不屬於保險責任，保險人不承擔賠償責任；若其在投保了基本險的同時，附加了自燃損失險，則保險人應予以賠償。

（2）多種原因存在的近因認定。如果損失的產生源於多種原因，在不同的情形下應區別對待。

①多種原因同時並存的情形。如果損失的發生有同時存在的多種原因，首先看多種原因中是否存在除外原因，造成的結果是否可以分解。

如果同時發生導致損失多種原因均爲保險責任，則保險人應承擔全部損失賠償責任；反之，若同時發生的導致損失的多種原因均爲除外責任，則保險人不承擔任何損失賠償。當多種原因中，沒有屬於除外責任的，只要其中有一個爲承保危險，則不論其他原因如何，保險人應負賠償責任。當同時發生導致損失的多種原因中既有保險責任又有除外責任的，則應分析損失結果是否易於分解。

如果在多種原因中有除外危險和承保危險，而損失結果可以分解則保險人只對承保危險所導致的損失承擔賠償責任。如果損失的結果不能分解，則除外危險爲近因，保險人可不負賠償責任。例如，汽車由於發動機故障導致自燃，同時，遭遇冰雹襲擊，後因及時救助，車輛未全損。該車輛若投保了機動車輛險，自燃爲除外責任，若又未附加自燃損失險，則在自燃的損失與外界冰雹的砸傷易於分解時，保險人只承擔冰雹造成的損失。

②多種原因連續發生的情形。如果多種原因連續發生導致損失，並且前因和後因之間存在未中斷的因果關係，則最先發生並造成了一連串事故的原因就是近因。

在此情形下，保險人的責任依情況確定：若連續發生導致損失的多種原因均爲保險責任，則保險人承擔全部保險責任；如果連續發生導致損失的多種原因不全屬於保險責任，最先發生的原因即近因屬於賠償責任，而其後發生的原因中，既有除外責任又有不屬於保險責任的，當後因是前因的必然結果時，保險人也負賠償責任。例如，某汽車投保有機動車輛第三者責任險，汽車行駛過程中，輪胎壓飛石子，石子擊中路人眼睛，造成失明，一連串事故具有因果關係，則輪胎壓飛石子爲近因。汽車在正常行駛過程中，發生意外致使第三者遭受人身傷亡的，屬於第三者責任保險的保險責任，保險人依合同應予以賠償。若最先發生的原因即近因屬於除外責任或不屬於保險責任，其後發生的具有因果關係的原因，即使屬於保險責任，保險人也不承擔賠償責任。例如，戰爭導致火災發生，而被保險人未投保戰爭險，受損財產並不能因火災發生而得到保險人的賠償，這是因爲戰爭是財產損失的近因，而其又爲除外責任。

③一連串原因間斷發生的情形。當發生並導致損失的原因有多個，並且在一連串發生的原因中有間斷情形，即有新的獨立的原因介入，使原有的因果關係斷裂，並導致損失，則新介入的獨立原因是近因。此時，如果沒有除外責任的規定，只需判斷近因是否屬於保險責任。若近因屬於保險責任範圍的事故，則保險人應負賠償責任；若近因不屬於保險責任範圍，則保險人不負賠償責任。如果有除外責任的規定，若新原因爲除外責任，在新原因發生之前發生的承保危險導致的損失，保險人應予以賠償。例如，某人投保人身意外傷害險，發生交通事故並使下肢傷殘，但在康復過程中，突發心臟病，導致死亡。其中，心臟病突發爲獨立的新介入的原因，在人身意外傷害保險中，不屬於保險責任範圍，但其爲死亡近因，因此，保險人對被保險人死亡不承擔賠償責任。但對其因交通事故造成的傷殘，保險人應承擔保險金的支付責任。

堅持近因原則的目的在於分清有關主體的責任，明確保險人的承保危險與保險標的的損失之間的因果關係。近因原則的規定是保險實踐中的理論依據，但導致原因的發生與損失結果的因果關係往往錯綜複雜。因此，運用近因原則時，應根據實際案例，實事求是分析，認真辨別，並遵循國際慣例，特別是判例的援用。

第四節　損失補償原則

一、損失補償原則的含義

經濟補償是保險的基本職能，也是保險產生和發展的最初目的和最終目標。因而保險的損失補償原則是保險的重要原則。但需要指出的是，損失補償原則對於補償性合同來說是理賠的首要原則，而對於給付性的保險合同在實務中並不適用。

(一) 損失補償原則的含義及堅持損失補償原則的意義

(1) 損失補償原指當保險標的發生保險責任範圍內的損失時，被保險人有權按照合同的約定，獲得保險賠償，用於彌補被保險人的損失，但被保險人不能因損失而獲得額外的利益。其中，有兩重含義：

第一，損失補償以保險責任範圍內的損失發生為前提，即有損失發生則有損失補償，無損失則無補償。因此，在保險合同中強調，因保險事故所致的經濟損失，依據合同有權獲得賠償。

第二，損失補償以被保險人的實際損失為限，而不能使其獲得額外的利益，即通過保險賠償使被保險人狀態恢復到事故發生前狀態。被保險人的實際損失既包括有保險標的的實際損失，也包括由被保險人為防止減少保險標的的損失所支付的必要的合理施救費用和訴訟費用。因此，在保險賠付中應包含此兩部分金額。這樣，保險賠償才能使被保險人恢復到受損前的經濟狀態。同時，不應獲得額外利益。

(2) 堅持損失補償原則具有以下意義：

第一，堅持損失補償原則能維護保險雙方的正當權益，真正發揮保險的經濟補償職能。保險的基本職能是損失補償，按照合同約定的責任範圍和投保價值額度內的實際損失數額給予等額賠付。損失補償原則體現的職能是：其有損失賠償而無損失不賠償的規定和賠償額的限定都是保險基本職能的具體反應。因此，堅持損失補償原則維護了保險雙方的正當權益；若被保險人發生保險事故所發生的經濟損失不能得到補償，則違背了保險職能，該原則保證了其正當權益的實現；對保險人而言，在合同約定條件下承擔保險賠償責任的同時，其權益也通過損失補償的限額約定得到了保護——超過保險金額或實際損失的金額無須賠付。

第二，堅持損失補償原則能防止被保險人借助保險賠償而得到額外利益。損失補償原則中關於有損失賠付而無損失不賠付的規定，還有被保險人因同意損失所獲得的補償總額不能超過其損失總額的規定，都表明被保險人不能因投保而得到超過損失的額外利益。因此，該原則有利於防止被保險人利用保險賠償獲得額外利益。

第三，堅持損失補償原則能防止道德危險的發生。由於損失補償原則不能使被保險人獲得額外利益，就會防止被保險人以取得賠款為目的故意製造損失的不良企圖和行爲發生，從而保持良好的社會秩序和風尚。因此，堅持損失補償原則有利於防止道德危險的發生。

(二) 損失補償原則的限制

損失補償原則要求，被保險人獲得的保險賠償金的數量受到實際損失、合同和保險利益的限制。

(1) 損失補償以被保險人的實際損失爲限。在補償性的合同中，保險標的遭受損失後，保險賠償以被保險人所遭受的實際損失爲限：全部損失時全部賠償，部分損失時部分賠償。只在重置價值保險中存在例外。重置價值保險是指以被保險人重置或重建保險標的所需費用或成本來確定保險金額的保險，其目的在於滿足被保險人對受損財產進行重建費用賠付時，可能出現保險賠款大於實際損失的情況。

(2) 損失補償以投保人或被保險人投保金額爲限。損失補償還依據保險合同的約定，損失賠償的最高限額以合同中約定的保險金額爲限。賠償金額只應低於或等於保險金額而不應高於保險金額。這是因爲保險金額是以保險人已收取的保費爲條件確定的保險最高限額，超過此限額，將使保險人處於不平等的地位。即使發生通貨膨脹，仍以保險金額爲限。其目的在於維護保險人的正當利益，使損失補償同樣遵循權利義務對等的約束。

(3) 損失補償以投保人或被保險人所具有的保險利益爲限。保險人對被保險人的賠償以被保險人所具有的保險利益爲前提條件和最高限額，被保險人所得的賠償以其對受損標的的保險利益爲最高限額。如在財產保險中，保險標的受損時，被保險人的財產權益若不再擁有，則被保險人對該財產的損失不具有索賠權。債權人對抵押的財產投保，當債務人全部償還債務後，債權人對該財產不再具有保險利益，即使發生標的損失，債權人也不再對此具有索賠權。

在具體的實務操作中，上述三個限額同時起作用，因此，其中金額最少的限額爲保險賠償的最高額。

二、損失補償原則的派生原則

(一) 重複保險的損失分攤原則及分攤方式

1. 重複保險的損失分攤原則。重複保險的損失分攤原則是損失補償原則的一個派生原則。它是指在重複保險的情況下，當保險事故發生時，通常採取適當的分攤方法，在各保險人之間分配賠償責任，使保險人既能得到充分補償，又不會超過其實際的損失而獲得額外的利益。

2. 重複保險的損失分攤方式。重複保險的損失分攤方式主要有比例責任分攤、限額責任分攤和順序責任分攤等方式。

①比例責任分攤方式。比例責任的分攤方式是由各保險人按其所承保的保險金額與所有保險人承保的保險金額的總和的比例來分攤保險賠償責任的方式。其計算公式爲：

各保險人承擔的賠償金額＝損失金額×承保比例

$$承保比例 = \frac{該保險人承保的保險金額}{所有保險人承保的保險金額總和}$$

②限額責任分攤方式。限額責任分攤方式是以在假設沒有重複保險的情況下，各保險人按其承保的保險金額獨立應負的賠償限額與所有保險人應負的該賠償限額的總和的比例承擔損失補償責任。其計算公式爲：

各保險人承擔的賠償金額＝損失金額×賠償比例

$$賠償比例 = \frac{該保險人的賠償限額}{所有保險人的賠償限額的總和}$$

③順序責任分攤方式。順序責任分攤方式規定，由先出單的保險人首先承擔損失賠償責任，後出單的保險人只有在承保的標的損失超過前一保險人承保的保險金額時，才順次承擔超出部分的損失賠償。在該種方式下，被保險人的損失賠償可能由一家保險人支付，也可能由多家保險人承擔，這決定於被保險人的損失大小和順次承保的保險金額的大小。當被保險人的損失額小於或等於第一順序的保險人承保的金額時，則保險賠償額僅由其一家承擔，否則，由兩家或者兩家以上的保險人承擔。無論由幾家承擔賠償責任，被保險人的損失都能獲得充分的補償，又避免了獲得額外利益的可能。

(二) 代位原則

1. 代位與代位原則的含義。代位原則也是損失補償責任原則的派生原則，是爲了防止被保險人獲得額外利益而規定的。

代位在保險中是指保險人取代投保人獲得追償權或對保險標的的所有權。

代位原則是指保險人依照法律或者保險合同規定，對被保險人所遭受的損失進行賠償後，依法取得向對財產損失負有責任的第三者進行追償的權利或取得被保險人對保險標的的所有權。代位原則包括兩個部分：代位追償和物上代位。

代位追償是指在保險標的遭受保險責任事故造成損失，依法應當由第三者承擔賠償責任時，保險人自支付保險賠償金後，在賠償金額的限度內，相應取得對第三者請求賠償的權利。代位追償是一種權利代位，是保險人擁有代替被保險人向責任人請求賠償的權利。中國《保險法》第六十條規定：因第三者對保險標的的損害而造成保險事故的，保險人自向被保險人賠償保險金之日起，在賠償金額範圍內代位行使被保險人對第三者請求賠償的權利。

物上代位是指保險標的遭受責任保險事故，發生全損或推定全損，保險人在全額給付保險賠償金之後，即擁有對保險標的物所有權，即代位取得對受損保險標的權利與義務。所謂推定全損是指保險標的遭受保險事故尚未到達完全損毀或完全滅失的狀態，但實際全損已不可避免；或修復和實施費用將超過保險價值；或失蹤達一定時間，保險人按照全損處理的一種退定性損失。保險人在按全損支付了賠償金後，則取得了保險標的的所有權，否則，被保險人就可能通過獲得保險標的的殘值、保險標的的失而復得而得到額外利益。中國《保險法》第五十九條規定："保險事故發生後，保險人已支付了全部保險金額，保險人按照保險金額與保險價值的比例取得受損保險標的的部分權利。"物上代位的取得一般通過委付實現。

2. 代位原則的意義。規定代為原則的意義首先在於防止被保險人因同一損失而獲得超額賠償，即避免被保險人獲得雙重利益。在被保險標的發生損失的原因是由第三者的疏忽、過失或故意行為造成且該損失原因又屬於保險責任事故，則被保險人既可以依據法律向第三者要求賠償，也可以依據保險合同向保險人提出索賠。這樣，被保險人因同一損失所獲得的賠償將超過保險標的實際損失額，從而獲得額外利益，違背損失補償原則。同樣，在被保險標的發生保險事故而使實際全損或推定全損時，在保險人全額賠付下，被保險人將保險標的的剩餘物資處理或保險標的被找回後，其所得的利益將超出實際損失的利益。

規定代位原則的意義還在於維護社會公共利益，保障公民、法人的合法權益不受侵害。社會公共利益要求肇事者對其因疏忽或過失所造成的損失負有責任。如果被保險人僅從保險處獲得賠償而不追究責任人的經濟賠償責任，將有違公平，並且也易造成他人對被保險人的故意或過失傷害行為的發生，增加道德危險。通過代位，既使得責任人無論如何都應承擔損害賠償責任，也使得保險人可以通過代位追償從責任人處追回支付的賠償費用，維護保險人的利益。

另外，代位原則的實行，還有利於被保險人及時獲得經濟補償。通常與向保險人索賠相比，由被保險人直接向責任人索賠需要更多的時間、物力和人力。盡快使被保險人的經濟狀況恢復到保險事故發生前的水平是保險的要求，也是代位原則實行的意義。

(三) 代位追償原則

1. 代位追償原則的含義。代位追償是一種權利代位，即追償權的代位。在財產保險中，致使保險標的發生損失的原因既屬於保險責任，又屬於第三者的責任原因時，被保險人有權向保險人請求賠償，也可以向第三者請求賠償。依據保險法規定，當被保險人已從責任人取得全部賠償的，保險人可以免去賠償責任；如果被保險人從責任人得到部分賠償，保險人在支付賠償金時，可以相應扣減被保險人從第三者處已取得的賠償。如果被保險人首先向保險人提出索賠，保險人應當按照保險合同的規定支付賠償，被保險人在取得賠償後，應將向第三者追償的權利轉移給保險人，由保險人代位行使追償的權利。被保險人不能同時取得保險人和第三者的賠償而獲得雙重或多於保險標的的實際損失的補償。

2. 代位追償實施的條件。保險人實施代位追償權有以下幾個前提條件：

第一，被保險人對保險人和第三者必須同時存在損失賠償請求權。該條件首先要求損失的原因是屬於保險責任內的，只有這樣，保險人才能依據合同給被保險人以經濟賠償，即被保險人依據合同享有索賠權。其次要求損失產生的原因還應是由第三者的原因所致，第三者過失、疏忽或故意導致對被保險人的侵權行為、不履行合同行為、不當得利行為或其他依法應承擔賠償責任的行為，造成了保險標的的損失，依據法律第三者應負民事損害賠償責任時，被保險人依法有權向第三者請求賠償。

第二，被保險人要求第三者賠償。保險人的追償還要求是在被保險人要求第三者賠償時，才能行使。當被保險人放棄對第三者的請求賠償權時，保險人不能享有代位追償權。因此，被保險人與第三者之間的債權關係如何，對被保險人能否順利履行和實現其代位追償權是非常重要的。當被保險人不要求第三者的賠償時，保險人也無須對被保險人進行保險賠償。《保險法》規定：保險事故發生後，保險人未賠償保險金之前，被保險人放棄對第三者請求賠償的權利的，保險人不承擔賠償保險金的責任。該法同時規定：保險人向被保險人賠償保險金後，被保險人未經保險人同意放棄對第三者請求賠償的權利的，該行爲無效，即被保險人的放棄須經保險人認可，才是有效的。如房屋出租人同意承租人對房屋損壞不負責任的，在投保時得到了保險人的認可，若因承租人的過失而發生損失，保險人賠付房屋出租人的損失後，不得向承租人追償損失。但由於被保險人的過失致使保險人不能行使代位請求賠償的權利的，保險人可以相應扣減保險賠償金，其目的在於使被保險人的棄權或過失不得侵害保險人的代位追償權。

第三，保險人履行了賠償責任。保險人按合同規定，對被保險人履行賠償義務之後，才有權取得代位追償權。代位追償權是債權的轉移，被保險人與第三者之間的特定的債權債務關係，在保險人賠付保險金之前，與保險人沒有直接的關係。只有當保險人賠付保險金之後，它才依法取得向第三者請求賠償的權利。

3. 代位追償的金額限定。保險人在代位追償中追償的金額大小不是隨意的，要受到一定的限制。保險人在代位追償中享有的權益以其對保險人的賠付的金額爲限，如果保險人從第三者處追償的金額大於其對保險人的賠償，則超出部分應歸被保險人所有。保險代位追償原則規定的目的不僅在於防止被保險人取得雙重賠付而獲得額外的利益，從而保障保險人的利益，也同樣在於防止保險人通過代位追償權而獲得額外的利益，損害被保險人的利益。因此，保險人的代位追償的金額以其對被保險人賠付的金額爲限。而被保險人獲得的保險賠償金額小於第三者造成的損失時，有權就未取得賠償的部分繼續對第三者請求賠償。

4. 代位追償原則的適用範圍。代位追償原則主要適用於財產保險合同，在人身保險中僅涉及醫療費用的險種適用。這主要是人身保險的標的是人的生命或身體，其標的的性質與財產的性質不同，其價值難以估計和衡量，因而不存在發生獲得多重利益的問題。但在涉及醫療費用的險種中，醫療費用的支出是可確定的數額，存在多重獲得的可能，該類合同具有補償性。因此，被保險人因第三者行爲而發生死亡、傷殘或者殘疾等保險事故的，由此產生的醫療費用的支出，在保險人向被保險人或者受益人給付保險金後，享有向第三者追償的權利。

在財產保險中，《保險法》規定：除被保險人的家庭成員或者其組成人員故意造成本法規定的保險事故外，保險人不得對被保險人的家庭成員或者其組成人員行使代位請求賠償的權利。即保險人不能對被保險人行使代位追償權，否則，保險就無意義。

(四) 保險委付

1. 委付定義。委付是被保險人在發生保險事故造成保險標的推定全損時，將保險標的的一切權益轉移給保險人，請求保險人按保險金額全數予以賠付的行爲。委付是被保險人放棄物權的法律行爲，在海上保險中經常採用。

2. 委付成立的條件。委付的成立需要具備以下條件：

第一，委付必須以保險的推定全損爲條件。委付包含全額賠償和保險標的全部權益的轉讓兩項內容，因此要求必須在保險標的推定全損時才能適用。

第二，委付必須由被保險人向保險人提出。該條件要求被保險人進行委付，須提出委付申請。按照海上保險管理，委付申請應向保險人或其授權的保險經紀人提出。委付申請時，通常採用書面形式，即以委付書提出。委付書是被保險人向保險人作推定全損索賠之前必須提交的文件，被保險人不能向保險人提出委付保險人對受損的保險標的只能按部分損失處理；另外，被保險人的委付申請要求在法定時間內提出，有的爲3個月，如日本、英國。中國規定了非人身保險合同的索賠權時限爲 2年，對委付未有明確的規定，應當遵循2年的期限。

第三，委付須就整體的保險標的提出要求。中國《海商法》規定："保險標的發生推定全損，被保險人要求保險人按照全部損失賠償的，應當向保險人委付保險標的。"保險標的在發生推定全損時，通常標的本身不可拆分，因此，委付就應對整體的保險標的進行委付。若僅有其中一部分標的獨立、可以分離並發生有委原因，可以就該部分標的實行委付。

第四，委付須經保險人同意。委付是否成立和履行，還需要保險人的承諾。因爲委付不僅是將保險標的一切權益進行了轉移，也將被保險人對保險標的一切義務同時進行了轉移。因此，保險人在接受委付之前須慎重考慮。當保險人接受委付時，則委付成立；反之，委付就不成立。我國《海商法》規定："保險人可以接受委付，也可以不接受委付，但是應當在合理的時間內將接受委付或者不接受委付的決定通知被保險人。"

第五，委付不得附有附加條件。委付要求被保險人將保險標的的一切權利義務轉移給保險人，並不得附加任何條件。例如，被保險人對船舶的失蹤申請委付，那就不能同時要求當船舶有着落時返還，否則，將增加保險合同雙方之間的糾紛，爲法律所禁止。中國《海商法》規定："委付不得附帶任何條件。"

3. 委付成立後的效力。委付一經成立，便對保險人和被保險人產生法律約束力：一方面被保險人在委付成立時，有權要求保險人按照保險合同的保險金額全額賠償；另一方面保險人將被保險人對該保險標的的所有權和義務一並轉移和接受。中國《海商法》規定："保險人接受委付的，被保險人對委付財產的全部權利和義務轉移給保險人。"例如，船舶觸礁沉沒，經委付後沉船及其相關運輸費均爲保險人所有，但同時，保險人須履行打撈沉船和清理航道的義務。

4. 委付與代位追償的區別。從以上可以看出，委付和代位追償是有區別的，其主要區別在於：

第一，代位追償只是一種純粹的追償權，取得這種權利的保險人無須承擔其他義務；而保險人在接受委付時，則是將權利和義務全部接受，既獲得了保險標的的所有權，又須承擔該標的產生的義務。

第二，在代位追償中，保險人只能獲得保險賠償金額內的追償權；而在委付中，保險人則可享有該項標的一切權利，包括被保險人放棄的保險標的所有權和對保險標的的處分權。在委付後，保險人對保險標的處置而取得的額外利益也由保險人獲得，而不必返還給被保險人。

案例分析

案例1：可保利益原則

某年6月，中國沿海某省A公司向英國B公司按FOB條件出口一批家用電器，裝運前，進口方按FOB條件在當地向保險公司按ICC（A）（協會貨物A條款）辦理了保險，貨物在從A公司倉庫用卡車運往裝運港碼頭途中，不慎翻車，致使大部分貨物毀損。事後A公司以保險合同含有"倉至倉"條款爲由，向保險公司提出索賠，遭到保險公司拒賠；過後在A公司請求下，B公司又以自己的名義憑保險單向保險公司提賠，同樣遭保險公司拒賠。最終A公司只能自己承擔這部分損失。

[分析]：
在以下情況下，保險公司才會受理相應的索賠：
（1）所發生的風險損失必須在所保險險別規定的承保範圍內。（2）只有保險單的合法持有人，才能向保險公司索賠。（3）向保險公司行使索賠權利的人，不僅要是保險單的合法持有人，還必須享有可保利益。

從A公司來看，當損失發生時，它對貨物擁有所有權，貨物的損失直接對其造成了經濟利益的損害，從而享有可保利益。但是由於保險是由B公司爲其自身利益自行辦理的，所以B公司是該批貨物的投保人，A公司既不是被保險人，也不是保險單的受讓人，儘管保險單內包括"倉至倉"條款，而A公司在損失發生時也擁有可保利益，但由於A公司不是保險單的合法持有人，因此A公司無權向保險公司要求賠償。

從B公司來看，它是該批貨物的擔保人，因此它是保險單的合法持有人。但是貨物事故發生在運往裝運港途中，此時B公司不擁有對貨物的所有權，而且根據FOB條件，風險轉移以船舷爲界，風險只有在貨物裝船後才能移轉。所以損失發生時，風險並沒有從A公司轉移給B公司。也就是說，該損失沒有給B公司帶來經濟利益的損害，因此它不具有可保利益，保險人對B公司所負的賠償責任僅限於貨物在裝運港越過船舷之後至目的地收穫倉庫爲止。所以儘管上例的損失屬於ICC（A）的承保範圍，但B公司也無權向保險公司要求賠償。

結論：保險公司拒賠是正當的，合理合法。

案例2：最大誠信原則

2009年7月16日，原告外企公司（買方）與法國S公司（賣方）達成進口木材協議，約定木材從法國加蓬港運至中國張家港。9月12日，承運人爲承運木材簽發了正本清潔提單。10月14日，外企公司向被告豐泰保險傳真發出投保書，要求投保一切險，保險單簽發日須倒簽爲9月12日。10月18日，豐泰保險公司製作了日期倒簽爲9

月12日的保險單,並載明了"保證2009年10月14日之前無已知或被報道(報告)的損失"的保證條款。10月21日,S公司向外企公司傳真,稱貨船受損;10月22日,S公司向外企公司轉發承運人的傳真,稱貨船已於10月14日沉沒,貨物全損;11月8日,外企公司向豐泰保險報案並要求理賠。

據豐泰保險所委託的保險專業鑒定機構瞭解,10月12日,S公司收到承運人傳真,獲悉貨船已因進水而於10月11日被放棄;10月14日法國時間13時38分,S公司向外企公司發送了承運人關於貨損的傳真,外企公司承認收到,但認爲其收到時間爲10月14日20點38分,已超過投保時間。

[分析]:

本案中雙方當事人均同意適用《英國1906年海上保險法》,故該法爲此案的準據法。豐泰保險向外企公司交付保險單的最早時間爲10月18日,且該保險單附加了保證條款並改變了保險條件,故認爲保險合同成立於10月18日,而非外企公司提出要約的10月14日。

根據《英國1906年海上保險法》的規定,保險合同的訂立應遵循最大誠信原則。被保險人在發出要約、接受新的要約、做出承諾的整個過程中,都應依據最大誠信原則,向保險人如實告知其知道或者在通常業務中應當知道的、可能影響保險人做出是否承保與是否增加保險費決定的任何重要情況,外企公司違反了最大誠信原則未盡如實告知義務,豐泰保險有權宣布保險合同無效。

案例3:近因原則

2010年1月18日,福建省某船務公司(以下簡稱承運人)所屬的"國源"輪承運福建某人造板廠(以下簡稱人造板廠)一批(270件,重459噸)中纖板,由泉州港運往深圳太平港。該批貨物向保險公司投保水路貨物運輸保險綜合險,保險金額81萬元,人造板廠按約定向保險公司交通了保險費。

1月19日在汕頭海事局對"國源"輪沉沒事故調查報告分析,結果如下:(1)操作不當。該輪在風浪中急速右滿舵,又回左滿舵,是對本船的安全極其不利的操作行爲。該輪船長採取右滿舵避讓漁船,船舶進入回航時,船體向轉舵反向(向左)產生較大角度傾斜,造成貨物移位,貨物移位加劇了船體左傾。在此情況下,船長又採取了錯誤的措施,突然回舵、左滿舵,引起舵力的橫向力迅速消失,使船體產生更大的左傾角,左滿舵初期,船體又向內(向左)傾斜,最終導致船舶傾覆沉沒。(2)風浪是事故的另一個因素。當時,海面東北風6級,陣風8級,大浪。船體受風浪作用是貨物移位加劇的又一重要因素。(3)空檔是事故的潛在因素。"國源"輪型寬8.5米,艙裡的貨物橫向寬度爲$2.44 \times 2 + 3.22 = 6.1$(米)。甲板及艙口上堆積的貨物也有空檔(通道),且缺少必要的系固措施。這種裝載,遇惡劣天氣時,極易造成貨物移位。事故發生後,人造板廠即通知保險公司,保險公司於3月25日函告汕頭海事局,稱因中纖板經海水浸泡,近乎報廢,決定放棄打撈,後港監部門因清理航道需要,將該沉船爆破後,人造板廠向保險公司提出索賠。保險公司經調查出具汕頭氣象證明,"國源"輪輪沒時,陣風的最高等級只有7級,根據保險合同約定,保險責任中暴風是8級以上，保險公司建議人造板廠向承運人提出索賠。而人造板廠卻向法院提起訴訟，告保險公司不予賠款，請求法院判令保險公司賠償 81 萬元。

[分析]：

本案涉及的主要問題是保險近因原則，近因原則仍是保險理賠應遵循的原則，採用近因原則判定保險責任是國際上百年來從保險實踐中總結出來的，它能較爲合理地認定保險責任的歸屬，有利保險人和被保險的利益。根據《水路貨物運輸保險條款》第五條規定："由於下列保險事故造成的保險貨物的損失和費用，保險人依照本條款約定負責賠償：（一）……暴風……" 根據該條款規定，被保險人必須是由於暴風（按條款解釋 8 級風視爲暴風）造成的保險貨物的損失，保險人才負賠償責任。可以得出：如果有暴風（8 級風），但沒有造成貨物的損失，保險人當然不應承擔賠償責任；如果暴風（8 級風）不是造成貨物損失的原因，而是除外責任造成貨物的損失，保險人也不負賠償責任。根據汕頭海事局海事調查報告，本次沉船事故的主要原因是船長操作不當，而風浪與裝載空檔只是在操作不當的基礎上導致事故發生的兩個因素。也就是說，如果船長操作無誤，即使風浪如原告所講，在多因一果的情況下，保險人是否要承擔賠償責任屬於民法因果關係範疇的理論和實踐問題均未被明文規定。因此，本案應參照已爲各國海上保險法所採用的、我國多數專家學者所主張適用的 "近因原則" 理論，並依據保險單背面條款的內容認定處理爲宜。據此，"近因" 是指在效果上對損失的作用最直接有力的原因。而 "近因" 不屬保險責任範圍時，保險人不負責即爲 "近因原則"。本案中，船長操作不當顯然是船沉貨損的最直接、最有效、起決定作用的因素，應被認定爲 "近因"。由於操作不當不屬保險單約定的保險責任範圍，因此，被告對本事故不承擔賠償責任。本案保險標的物爲中纖板，中纖板經海水浸泡後即失去了價值是衆所周知的事實。被告所作放棄打撈的函件並沒有從實質上侵害原告的利益，要求因被告的棄權而應承擔賠償責任的請求本院不支持，現判決駁回原告的訴訟請求。本案訴訟費 13 110 元由原告負擔。

案例 4：補償原則

2012 年 5 月孫某和王某共同出資購得三菱卡車一輛，其中孫某出資 3 萬元，王某出資 5 萬元。孫某負責卡車駕駛，王某負責聯繫業務，所得利潤按雙方出資比例分配。保險公司業務員趙某得知孫某購車後，多次向其推銷車輛保險。在趙某多次勸說下，孫某同意投保車損險和第三者責任險。隨後，保險公司向孫某簽發保單，列孫某爲投保人和被保險人。2012 年 10 月，孫某駕車與他人車輛相撞，卡車全部毀損，孫某當場死亡。事發後，王某自趙某處瞭解孫某曾向保險公司投保，於是與孫某家人一起向保險公司提出索賠。保險公司認爲，根據保單，孫某系投保人與被保險人，保險公司只能向孫某賠付。王某非爲保險合同當事人，無權要求保險公司賠償。並且，因投保車輛屬孫某與王某共有，孫某僅對其出資額部分享有保險利益，故保險公司只能賠償孫某出資額部分賠款。王某與孫某家人均表示不能接受，遂向人民法院起訴。

法院經審理認爲，由於孫某負責投保車輛的駕駛及實際運營，因此可以認定孫某對投保車輛具有完全的保險利益，保險公司主張部分賠付不能成立。同時，投保車輛屬孫某與王某共有，孫某僅對投保車輛享有部分所有權，因此孫某不能獲得全部賠款，而應將保險賠款按出資比例進行分配。

[分析]：

對於上案爭議，通常認爲，首先，保險公司應當按照保險合同約定的全額賠償。孫某作爲卡車的共有人之一，雖然僅享有該車輛的部分所有權，但其實際保管和經營該車輛，其對該卡車具有保險利益，可以爲該車輛訂立保險合同。並且，此種行爲可以視爲其代表王某爲車輛進行投保。故該份保險合同合法、有效，發生保險事故時，保險公司應當承擔保險責任。其次，在程序上，王某不享有原告資格，無權請求保險金。雖然王某享有該車輛部分所有權，但鑒於保單上並沒有註明其爲被保險人，故王某並不享有保險金的請求權。即從法律程序上，王某不應作爲該案的原告起訴。再次，雖然王某不享有保險金請求權，但並不意味着其不享有保險金的受益權。由於財產保險適用損失補償原則，即被保險人不能通過保險賠償而額外獲益。而且，孫某投保的行爲可以視爲其代表王某爲車輛辦理保險。保險事故發生後，孫某家人不能獨享保險公司支付的保險賠款，而應將保險賠款按照孫某和王某的出資比例在孫某的家人和王某之間進行分配。因此，就結果而言，上案法院的判決是公平、合理的。

案例 5：代位求償權原則

2010 年 10 月 16 日，Y 保險公司承保自德國漢堡運往中國上海的裝飾紙。投保人爲 B 公司，收貨人是 W 進口公司，保險條款爲一切險加戰爭險。該批貨物於 2010 年 10 月 6 日裝船，Z 貨運公司簽發了以 Z 貨運公司作爲承運人的已裝船清潔提單，承運船舶爲"H 輪"。該批貨物於 2010 年 11 月 6 日到達上海港，2010 年 11 月 16 日收貨人 W 進口公司從碼頭提貨，開箱後發現貨物有水濕現象。2010 年 11 月 17 日中國外輪理貨公司出具了發現貨物水濕的報告，2010 年 11 月 23 日，Y 保險公司在目的港的檢驗代理人 A 公司對受損貨物進行了檢驗並出具了檢驗報告，認定貨損原因系承運船舶在運輸過程中淡水進入集裝箱所致，認定貨物實際損失爲 13 521 美元。Y 保險公司依保險條款向收貨人 W 進口公司進行了賠償，並從 W 進口公司處得到代位求償權益轉讓書。所以，Y 保險公司據此向 Z 貨運公司主張權利，請求賠償其損失。

法院認爲，此案是一起海上保險代位求償權糾紛。(1) Y 保險公司與 B 公司的海上貨物運輸保險公司符合法律的規定，依法成立並有效；(2) Y 保險公司依照保險條款向收貨人 W 進口公司進行了賠償並得到其權益轉讓書，取得了涉案貨物的代位求償權；(3) 被告 Z 貨運公司在此案中是涉案貨物的承運人；(4) 貨損的價值應以 Y 保險公司在目的港的檢驗代理人 A 公司出具的檢驗報告爲標準。

依據《中華人民共和國海商法》（以下簡稱《海商法》）第四十二條第（一）項、第二百五十二條第一款的規定，判決：被告 Z 貨運公司賠償原告 W 進口公司貨物損失金額 13 521 美元。

[分析]：

本案涉及保險人如何取得被保險人對第三人的權益問題，即海上保險代位求償問題。所謂代位求償權（Subrogation Right），是指在財產保險合同中，保險人按照保險合同規定，對保險標的的全部或部分損失履行經濟補償後，應即取得對該項保險標的的所有權和對第三者的求償權。《保險法》第四十四條第一款規定："因第三者對保險標的損害而造成保險事故的，保險公司自向被保險人賠償保險金之日起，在賠償金額範圍內代位行使被保險人對第三者請求賠償的權利。"保險人的代位求償權是基於法律規定而產生的，其適用具有強制性。《海商法》第二百五十二條規定："保險標的發生保險責任範圍內的損失是由第三人造成的，被保險人向第三人要求賠償的權利，自保險人支付賠償之日起，相應轉移給保險人。被保險人應當向保險人提供必要的文件和其所需要知道的情況，並盡力協助保險人向第三人追償。"保險人向被保險人實際賠付以後，依法取得代位求償權，可以向對被保險人損失負有責任的第三人追償。

代位求償權既然是法定權利，其適用必然應符合法定的條件，才能爲法律所認可。這些條件包括：（1）保險人所代位的被保險人，對造成保險標的物損壞的第三人，依法具有損害賠償請求權；（2）保險人已經向被保險人實際支付了保險賠償；（3）保險人行使代位求償權以保險賠償責任範圍爲限；（4）保險人應當在保險責任範圍內賠償被保險人的損失。

在本案中，Z 貨運公司承運涉案貨物，應爲承運人。本案中的提單爲 Z 貨運公司的格式提單，按航運業慣例通過該提單可以識別的唯一承運人爲 Z 貨運公司。承運人在海上運輸過程中未盡謹慎管貨義務，對涉案貨物發生貨損應承擔責任，收貨人 W 進口公司對 Z 貨運公司享有損害賠償請求權。

保險人 Y 保險公司根據保險條款的規定應向收貨人 W 進口公司進行賠償。W 進口公司收到了 Y 保險公司的賠償款；Y 保險公司從 W 進口公司處得到代位求償權益轉讓書。因此本案中保險人 Y 保險公司完成了保險賠償並取得了收貨人的代位求償權已轉讓書，其在保險賠償範圍內享有了收貨人對承運人的損害賠償權。

案例 6：重複保險分攤原則

某 L 於 2006 年 5 月 11 日向甲保險公司投保了家財險及附加盜竊險，保額爲 1 萬元。同年 7 月 5 日，L 所在單位爲全體職工在乙保險公司亦投保了家財險附加盜竊險，每人的家財險保額爲 5 000 元。次年 1 月 17 日，L 家被盜，即向公安部門報案，並立即告知了保險公司。現場勘查發現，家電損失 4 000 元，高級服裝損失 3 000 元，金戒指 1 枚價值 1 000 元，現金損失 800 元。3 個月後，公安機關未能破案，L 向甲、乙兩保險公司索賠。

問：保險公司如何賠付？

[分析]：

家財險屬於財產險的一種，它的主要目的是彌補損失。所以無論怎樣賠付，兩家甚至於還有其他家保險公司，所有的賠償額度總和不超過保險金額和損失金額中較小的那一額度。

至於兩家保險公司如何承擔這筆損失賠償，要看保險條款裡面，如果寫清按時間順序負擔賠償責任，那麼全由第一家負擔。

如果寫明按比例，那麼按照在兩家公司的保險金額的比例進行相應賠償。甲（1 萬元）：乙（5,000 元）= 2：1，那麼 L 所損失的 8 800 元就分別由甲乙兩家按照 2：1 的比例賠償。

案例 7：保險利益原則

2010 年 9 月 27 日，某技術進出口公司代理某通信公司與阿爾卡特（亞洲）有限公司簽訂了一份數字數據網路設備國際貨物買賣合同，約定的總價款為 851,108 美元，以 FOB 加拿大渥太華離岸價為價格條件。合同簽訂後，技術進出口公司與某運輸公司聯繫運輸事宜，某運輸公司委託海外運輸商 S 公司海外運輸。2010 年 11 月 15 日，技術進口公司與某保險公司簽署了一份《國際運輸預約保險起運通知書》，載明：被保險人是技術進口公司，保險貨物項目是一套數字數據網路設備，投保險種為一切險，保險金額為 851,108 美元，保險費為 3,915 美元。2010 年 11 月 15 日，技術進出口公司向保險公司支付了保險費，並收到保險公司出具的收據。渥太華時間 2010 年 11 月 15 日 19 時即北京時間 2010 年 11 月 16 日 08 時，被保險貨物在渥太華 S 公司倉庫被盜。2010 年 12 月 7 日，技術進出口公司將情況告知了保險公司。同年 12 月 21 日，技術進出口公司向保險公司提出索賠，保險公司以技術進出口公司不具有保險利益而主張合同無效並拒賠，技術進出口公司遂向法院起訴。

法院經審理後認為，本案的焦點問題是保險利益的認定問題。本案中技術進出口公司是否具有保險利益取決於其對買賣合同項下貨物承擔的風險，而對貨物承擔的風險及其起始時間又取決於買賣合同約定的價格條件。本案買賣合同約定的價格條件是 FOB 加拿大渥太華，意為貨物在渥太華越過船舷或裝機後，貨物的風險才發生轉移。在此時前，貨物的風險仍由賣方承擔。因此，本案技術進出口公司購買的貨在海外運輸商 S 公司倉庫被盜時技術進出口公司不具有保險利益。同時，法院還認定，保險合同載明的工廠交貨對確定投保人對保險標的物是否具有保險利益沒有法律意義，技術進出口公司以保險合同為主張以工廠交貨並轉移風險的觀點不能成立。法院最終判定保險公司與進出口公司的保險合同因投保人對保險標的物不具有利益而無效。技術進出口公司無權要求保險公司承擔賠償責任，而保險公司亦應退還保險費。

[分析]：

在國際貨物運輸保險中，投保人（保險人）投保貨物是否具有保險利益，取決於貨物風險是否轉移，而貨物風險的轉移又與買賣雙方採取的價格條件密切相關。在 FOB 價格條件下，貨物風險自貨物越過船舷之時由賣方轉移給買方，因此，只有在貨物越過船舷之後，買方（保人、被保險人）才能對貨物享有保險利益。本案中，法院對投保人（被保險人）是否具有保險利益做出了正確的認定，並依據《保險法》第十二條關於"保險人對保險標的不具有保險利益的，保險合同無效"的規定做出無效的判決。

案例 8：最大誠信原則

2006 年 12 月 3 日，某保險公司與香港某貿易公司簽署《保險協議》一份，約定貿易公司海上貨物運輸保險業務由該公司承辦，運輸的貨物為花生仁/果，並規定貿易公司應在貨物起運前申請對貨物進行檢驗，貨物水分含量確保在 8% 以下，並取得有關貨物的數據、資料告知保險人。

2006 年 12 月 19 日，貿易公司將準備交予某海洋運輸公司所屬 A 輪由山東往英國的 8 000 餘噸花生仁/果向保險公司投保，並提交了相關單據，保險公司出具了正式保單。

2007 年 3 月 16 日，A 輪抵達目的地，收貨人發現其中部分貨物有霉損。經現場聯合檢查，結果為部分貨物發霉、短卸、短量。發生損貨後，貿易公司向保險公司提出索賠，認為發生了保險合同約定的保險事故，保險公司應向貿易公司賠償上述貨物損失。

保險公司接到索賠通知後，經調查取證，獲得了貿易公司向商檢局出具的接受不符合保險協議的信用證要求的貨物保函。保險公司據此認為，保險標的物在起運前即存在水分過高、不符合要求等嚴重問題，貿易公司在投保時未將上述情況告知保險人，於是保險公司做出拒賠的決定。

貿易公司接到保險公司的拒賠通知後，向法院提起訴訟。法院經過審理，最終認為：貿易公司未履行如實告知義務，保險公司不承擔賠償責任。

[分析]：

貿易公司是否履行了如實告知義務、該批貨是否屬保險責任時雙方爭議的焦點。我國新《保險法》規定："訂立保險合同，保險人就保險標的或者被保險人的有關情況提出詢問的，投保人應當如實告知。"中國《海商法》第二百二十二條規定："合同訂立前，被保險人應當將其知道的或者通常業務中應當知道的有關影響保險人據以確定保險費率或者確定是否同意承保的重要情況，如實告知保險人。"本案中，貿易公司投保的是海上貨物運輸保險，應按《海商法》中有關海上保險的相關法律調整。因此，貿易公司嚴重違反海上保險如實告知義務。

如實告知義務是投保人應盡義務，尤其在投保海上保險時，擔保人或被保險人都應當切記按《海商法》的要求認真履行如實告知的義務，否則有可能造成嚴重的後果。

思考題

簡述保險的基本原則及各原則的作用。

第 9 章 保險合同

　　保險合同是保險人與投保人及保險人之間權利義務關係的聯繫紐帶。保險制度主要是以保險合同這一法律形式運轉起來的，也是自願保險所必須採取的一種形式。因此，保險合同在保險經濟補償中起着重要作用。本章學習掌握保險合同的基本概念和特徵；瞭解保險合同的主體和客體；掌握保險合同內容，保險合同訂立、生效和履行過程；瞭解保險合同的變更與終止的條件及保險合同的解除與爭議處理方式。

第一節　保險合同的概念、特點和分類

　　投保人與保險人通過訂立保險合同這一法律行爲來建立保險關係。保險合同不僅是雙方當事人爲建立、變更和終止保險關係而達成的協議，而且是保護當事人享受權利和約束當事人履行義務的法律依據。

一、保險合同的概念

　　根據《保險法》第十條規定，保險合同的定義爲：「保險合同是投保人與保險人約定保險權利義務關係的協議。」

　　保險合同是保險關係雙方爲實現經濟保障目的，明確相互之間權利義務而訂立的一種具有法律約束力的協議。一方承諾支付保險費，另一方承諾在約定保險事件發生時，支付賠償金或保險金。保險合同作爲保險關係確立的正式文本和書面憑證，體現了合同雙方的意願和平等互利的關係。

（一）保險合同的特徵

　　保險合同是合同的一種形式，具有合同的一般法律特徵，即保險合同必須合法，雙方當事人必須具有平等的法律地位且意見協商一致。但保險合同又是一種特殊的民商合同，具有一些獨有的法律特徵。

　　1. 保險合同是對價有償合同或有條件的雙務合同

　　保險合同的有償性是指投保人爲了獲得保險合同中約定的經濟保障，必須支付相應的保險費。但是保險合同的有償性又不同於一般的經濟合同，不是等價交換。因爲投保人交付的保險費並非一定能換取保險人支付賠償金或保險金，而且投保人交付的保險費與保險人支付的賠償金或保險金也並非相等。所以，保險交換關係是一種對價交換關係，投保人以支付保險費作爲對價換取保險人承擔其轉移風險的承諾。保險合

同的對價有償性也説明了保險合同是雙務合同，投保人有交付保險費的義務，保險人有承擔保險風險的義務。另外保險合同的對價有償性還説明了保險合同是保障性合同，當約定的保險事件發生時，保險人向被保險人支付賠償金或保險金，提供的是一種經濟保障。

2. 保險合同是射幸合同

保險合同的射幸性是指保險人履行保險賠償或給付義務是以約定的保險事件發生爲前提條件的。保險合同中約定的保險事件是具有不確定性的，保險事件是否發生、何時發生、發生的結果如何等都是不確定的，具有偶然性。事實上，投保人交付保險費的義務是確定的，而保險人履行保險賠償或給付義務是不確定的，並且投保人有以小額的保險費博取大額保險金的機會。所以，對保險合同雙方來説這似乎是在碰運氣。這種以偶然事件的發生作爲合同當事人履約條件的合同是碰運氣的合同，也稱射幸合同。保險合同的射幸性就符合這一法律特徵。

3. 保險合同是最大誠信合同

保險合同的最大誠信是指保險合同比其他經濟合同要求更高程度的誠實和信用。保險合同的權利義務完全建立在誠實信用的基礎上，任何一方的不誠實行爲都會影響保險合同的效力。保險合同最大誠信的要求基於兩方面的原因：一方面，保險人在對投保標的做出是否承擔和以什麼條件承保的決定時，很難全面掌握每一投保標的的具體情況，主要是依據投保人對保險標的的陳述和申報來決定。因此，投保人必須如實申報保險標的的危險狀況，不能隱瞞重要事實，更不能以欺騙的手段誘使保險人簽訂合同，否則就會影響合同訂立的公平性和有效性。特別是保險合同的射幸性，要求投保人應該謹慎妥善地管理保險標的，不能因爲保了險而任由保險事故發生，更不能爲獲利而故意製造保險事故，這樣會嚴重損害保險人的利益。另一方面，投保人支付保險費所換取的是保險人一張紙的承諾，這種對被保險人進行賠償或給付的承諾不是即期的，有的保險期限長達幾十年，完全依賴於保險人的信用。保險合同條款專業性很強，許多專業術語和保險條件不爲投保人所瞭解，容易引起投保人的誤解和歧義。因此，保險人的誠實和信用也相當重要，必須向投保人如實告知合同保障的範圍和條件，不能有欺騙行爲，並忠實履行合同義務。

4. 保險合同是屬人的合同

保險合同的屬人性體現在以財產及其利益爲保險標的的合同中。雖然財產保險合同的標的是財產，從表面上來看保險人承保的是財產，實際上保險人承保的是投保人對財產所具有的經濟利益。如果保險財產發生損失，投保人遭受經濟損失，保險人則應給與補償。所以，財產保險合同是對人的合同，與投保人的保險利益有關，同時也與投保人的信譽、品德和行爲密切相關，因爲投保人的稟性和行爲會影響保險標的發生損失的可能性和嚴重性。因此，財產保險合同的投保人必須得到保險人的認可，必須符合有關品質、道德和信用的承保標準。保險單未經保險合同人同意是不能隨財產轉讓給他人的，否則會影響保險人對風險的承擔。在以人的壽命或身體爲保險標的的合同中，由於保險標的就是被保險人，所以不具有這一特徵。

5. 保險合同是附合合同

保險合同的附合性是指保險合同的內容通常是由保險人事先擬定的，投保人只能做接受或拒絕的選擇，沒有太大的協商餘地去改變合同的條款內容。這一點與其他經濟合同大爲不同，因爲大多數經濟合同的內容都是可以協商的，允許雙方商談合同條件。保險合同的附合性是由保險合同的特點所決定的，只有使用格式化的條款，才能將同類風險集合起來，運用大數法則科學合理地厘定保險費率。當然保險合同的附合性並非排除對保險內容或條件的特別約定，保險人可以根據投保人某些特殊的要求，採用事先準備好的附加條款或特約條款對原保險合同內容或條件作補充和修改。保險合同是以附合爲主，以特別約定爲輔。所以，保險合同也稱格式合同。

6. 保險合同是要式合同

保險合同的要式性是指保險合同的訂立必須依據法律規定的特定形式進行。世界上大多數國家對保險合同的訂立都明確規定必須採取書面形式才產生法律效力。這是因爲保險合同的訂立既依賴於投保人對保險標的陳述，也依賴於保險人對各種保險責任的承諾，如果不以固定書面形式，就可能導致口說無憑的後果，引起保險合同雙方的爭議。中國《保險法》第十三條規定："投保人提出保險要求，經保險人同意承保，保險合同成立。保險人應當及時向投保人簽發保險單或者其他保險憑證。保險單或者其他保險憑證應當載明當事人雙方約定的合同內容。當事人也可以約定採用其他書面形式載明合同內容。"儘管目前保險市場上也有投保人通過電話或其他非書面形式投保，但大多數保險合同的訂立要求投保人填具投保單，或採用信件、電報等其他書面形式投保，並經保險人簽章承保後，出具正式保險單。

(二) 保險合同的分類

根據合同的不同特徵和不同作用，保險合同主要有以下幾種分類：

1. 單一險合同、綜合險合同和一切險合同

這種分類是根據合同中所載明的對保險標的承擔風險的多少而分類的。在合同中一般都會列明對哪些危險事故承擔保險責任，這樣既明確了保險人要對哪些危險事故造成的後果承擔責任，也明確了被保險人因哪些危險事故導致的損失可以得到補償，是危險事故發生後合同雙方享受權利和履行義務的依據。

單一險合同是指合同中載明僅對一種危險事故承擔保險責任。例如，地震保險，合同只對地震引起的損失承擔保險責任；盜竊保險，合同只對盜竊行爲所致的損失承擔保險責任。

綜合險合同是指合同中僅列明對多種不同危險事故承擔保險責任，如火災保險合同對火災、爆炸、暴雨等多種災害事故引起的損失承擔保險責任。

一切險合同是指合同中僅列明除外不保的風險，而不列明保險人承擔的具體保險。這意味着除了列明不保的風險外，保險人承擔其他一切普通風險責任。例如海洋運輸貨物的一切險條款，就是對除外責任以外的危險事故造成的損失負保險責任。需要指出的是，一切險合同並非保險人承擔一切風險，而是承擔除列明的除外風險以外的其他普通風險，通常不包括道德風險和特殊風險。

2. 定值保險合同和不定值保險合同

這種分類是根據合同中是否載明保險標的的保險價值而區分的。在合同中是否載明保險標的的保險價值，會影響被保險人的保障程度。如果在合同中載明了保險標的的保險價值，那麼被保險人的保障程度就確定了，保障程度為保險金額與保險價值之比，不會改變，即使保險標的發生損失，保險標的的實際市場價值發生變化，也不影響被保險人受保障的程度。如果在合同中不載明保險標的的保險價值，那麼被保險人的保障程度就不確定了，因為保險標的實際市場價值會由於價格漲跌、通貨膨脹等原因而發生變化，被保險人的保障程度是根據保險標的發生損失時保險金額與保險標的的完好市場價值之比而確定的，市場價值不同，保障程度也就不同。

定值合同是指合同雙方事先確定保險標的的保險價值，並載明在合同中。由於保險標的的保險價值已由雙方約定，所以投保人投保的保險金額一般與保險價值一致。倘若保險標的發生損失，保險人在保險金額範圍內按照保險金額和損失程度賠償。損失程度是保險標的的實際損失額與保險標的的完好市場價值之比。保險價值的確定，當保險標的的損失時的市價與保險價值不一致時，不能視為超額保險或不足額保險。定值合同一般適用於海洋運輸貨物船舶保險以及難以確定價值的珍貴保險標的的財產保險。海洋運輸貨物的價格常常在起運港和目的港變化很大，因無法確定的實際價格會影響被保險人的保障程度，所以一般採用定值保險的方式，以避免補償不足。古玩、名字畫、郵票等珍貴保險標的更是價格無法預料，需要定值保險。

不定值合同是指在合同中不載明保險標的的保險價值，只載明保險金額作為賠償的最高限額。倘若保險標的發生損失，保險人在保險金額範圍內按照保險保障程度和實際損失金額給予賠償。當保險金額低於保險標的發生時的完好市場價值時，則視為不足額保險。當保險金額高於保險標的發生損失時的完好市場價值時，則視為超額保險，超額部分無效。

3. 足額保險合同、不足額保險合同和超額保險合同

這種分類是根據保險合同中保險金額與保險價值的關係來區別的。保險金額與保險價值可能一致，也可能不一致，而不同的情況所支付的保險代價是不一樣的。所以，為了維護保險賠償的公平性，必須依據不同情況確定不同的保險賠償標準。

足額保險合同又稱全額保險合同，是指保險金額與保險價值相等的合同。這裡所指的保險價值，在定值保險單中指合同中載明的保險價值，在不定值保險單中指保險標的發生損失時的完好市場價值。倘若足額保險合同中的保險標的發生損失，保險人在保險金額範圍內按保險標的的實際損失賠償。

不足額保險合同又稱低額保險合同，是指保險金額小於保險價值的合同。倘若不足額保險合同中的保險標的發生損失，保險人在保險金額範圍內按保障程度進行賠償。

超額保險合同是指保險金額大於保險價值的合同。倘若不足額保險合同中的保險標的發生損失，保險人在保險金額範圍內按保障程度進行賠償，保險人對超過保險價值部分的保險金額不予賠償，只作足額保險來對待，除非雙方另有特別約定。

4. 個別保險合同和集合保險合同、特定保險合同和總括保險合同

根據保險標的的情況不同，保險的承保方式和理賠方式也不同。

153

以一人或一物作爲保險標的的合同稱爲個別保險合同，或稱單獨保險合同，如個人養老保險屬於個別保險合同。

以特定的物作爲保險標的的合同稱爲特定保險合同。保險人對同一地點、同一所有人所保的財產，均分項列明保險金額，發生損失時，保險人對保險財產按房屋及附屬設備、存放於室內其他家庭財產、代保管或與他人共有財產等分別立項，分項後的保險標的爲特定保險標的，並分別列明保險金額。無論是個別保險合同還是集合保險合同都可以有特定的保險標的。

可變動的多數人或多數物的集體爲保險標的的合同稱爲總括保險合同。保險人對同一地點、同一所有人的保險標的，不分類別，只訂出一個總的保險金額。如果發生損失，無論受損標的屬於哪一類或哪一項，在總保險金額限額內，保險人承擔保險責任。例如，家庭財產保險的投保人如果投保財產只有一項，即存放在室內的其他財產，而這些財產包括衣服、床上用品、家具、用具、家用電器、文化娛樂用品及其他生活資料，由於財產的流動性很大，投保時的財產狀況與損失發生時的財產損失的實際情況，按實際損失予以賠償，而不受特定保險標的的限制，保險標的只是一個總括的概念。

5. 單保險合同和複保險合同

這類分類是根據訂立合同的保險人的數量和訂立合同的數量來區別的。投保人與單個保險人訂立單個保險合同，和投保人與多個保險人訂立數個保險合同會產生不同的賠償情況，甚至會產生道德風險。

單保險合同是指投保人就同一保險標的、同一保險利益、同一保險事故與同一保險人訂立一個保險合同。大多數保險合同都是單保險合同。

複保險合同是指投保人就同一保險標的、同一保險利益、同一保險事故與數個保險人訂立數個保險合同。由於數個保險合同同時存在，構成了重複保險，所以複保險合同也稱爲重複保險合同。對於複保險合同的法律效力，中國《保險法》是這樣規定的：重複保險的投保人應當將重複保險的有關情況通知各保險人。重複保險的各保險人賠償保險金的總和不得超過保險價值。除合同另有約定外，各保險人按照其保險金額與保險金額總和的比例承擔賠償保險的責任。重複保險的投保人可以就保險金額總和超過保險價值的部分，請求各保險人按比例返還保險費。

6. 補償性保險合同和定額保險合同

這種分類是根據保險人承擔的責任來區別的。補償性保險合同是指保險人的責任以補償被保險人的實際損失爲限，並且不得超過保險金額。大多數保險合同屬於補償性保險合同，因爲財產作爲保險標的是有價的，遭受保險事故損失是可以確定的，保險人對保險標的損失的賠償責任是按價補償，所以稱爲補償性型保險合同。

定額保險合同是指保險人的責任以合同中約定的保險金額爲準，不得增減。在保險事故或約定的事件出現時，保險人根據保險合同的規定，向被保險人或受益人支付保險金。大多數人壽保險合同屬於定額保險合同，因爲人的壽命或身體價值難以確定，也無法確認全部損失或部分損失的標準，而只是通過給付定額保險金的形式，在保險事故或約定事件出現時，解決經濟保障問題，所以稱爲定額保險合同。

7. 原保險合同和再保險合同

這是根據訂立合同的主體來區別的。原保險合同與再保險合同不僅合同主體當事人不同，合同的保險標的也不同，導致合同的性質也不同。

原保險合同是投保人與保險人之間達成的保險協議。合同主體一方是社會公衆，可以是法人，也可以自然人，另一方是保險人，原保險合同的標的可以是人的壽命或身體，也可以是有形的財產或無形的利益和責任。所以，原保險合同既是具有保險性質的合同，又是具有給付性質的合同。

再保險合同是保險人（分出公司）與保險人（分入公司）之間達成的分擔原保險責任的協議。合同主體雙方都是保險人。再保險合同的標的是原保險人承擔的合同賠償或給付責任，因此，再保險合同都是補償性質的合同。

不同種類的保險合同有其不同的用途，投保人可以根據自己的需要選擇合適的合同。當然，訂立合同的類型不同，合同雙方的權利義務也不同。

第二節　保險合同的民事法律關係

保險關係是一種民事法律關係。《保險法》《海商法》等法律作爲民法的特別法，專門用於調整和規範法律關係。《民法通則》《合同法》《公司法》等法律的相關規定以及國務院、保監會等政府部門發布的調整保險關係的行政法規、行政規章等也是保險活動應遵守的法律、法規。如涉及國際保險關係，則須遵循國際公法、國際私法、國際商法以及國際公約、國際慣例等法律法規中的相關規定。保險合同的民事法律關係由主體、客體和内容三要素組成。

一、保險合同的主體

保險合同的主體是指保險合同所確定的享有權利和承擔義務的合同當事人和關係人。

（一）保險合同的當事人

1. 保險人。保險人是指與投保人訂立保險合同，收取保險費，並按照保險合同承擔賠償或給付保險金責任的人。保險人又稱承保人，通常是經營保險的各種組織。世界各國對保險人的資格都有明確的法律規定，除法律特準的自然人外，一般只允許法人經營，目前只有英國允許勞合社的承保人可以是自然人。

保險人是保險合同的一方當事人，具有以下法律特徵：第一，保險人履行賠償或給付保險金之義務是由保險合同的約定產生的，而不是由侵權或違約行爲而產生的。第二，保險人通過收取保險費，建立保險基金，在保險事件發生時依據保險合同履行保險賠償或給付責任。因此，保險人是保險基金的組織、管理和使用人。第三，保險人是依法成立並許可經營保險業務的保險公司。由於保險公司的經營活動涉及社會公衆的利益，因此法律還規定了經營保險的各種條件，只有符合法律規定的條件並經政府許可，才能經營保險業務。

2. 投保人。投保人是與保險人訂立保險合同，並按照保險合同負有支付保險費義務的人。投保人又稱爲要保人，可以是法人，也可以是自然人。

投保人是保險合同的另一方當事人，必須具備以下條件：第一，投保人必須具有相應的權利能力和行爲能力。未取得法人資格的組織和無行爲能力或無完全行爲能力的自然人不能成爲保險合同的投保人，否則所訂立的保險合同是無效合同。第二，投保人必須對保險標的具有保險利益，否則所訂立的保險合同也是無效合同。第三，投保人應當承擔支付保險費的義務。很多人壽保險合同均以投保人交付保險費爲合同生效的前提條件。

(二) 保險合同的關係人

1. 被保險人。被保險人是指其財產或者人身受保險合同保障，享有保險金請求權的人。

在財產保險中，投保人可以與被保險人是同一人，如果投保人與被保險人不是同一人。則財產保險的被保險人必須是保險財產的所有人，或者是財產的經營管理人，或者是與財產有直接利害關係的人，否則不能成爲財產保險的被保險人。

在人身保險中，被保險人可以是投保人本人。如果被保險人與投保人不是同一人，則投保人與被保險人存在行政隸屬關係或雇傭關係，或者投保人與保險人存在債權和債務關係，或者投保人與被保險人存在法律認可的繼承、贍養、撫養或監護關係，或者投保人與被保險人存在贈予關係，或者投保人是被保險人的配偶、父母、子女或法律所認可的其他人。

2. 受益人。受益人是指由被保險人或投保人指定的在被保險人死亡後享有保險金請求權的人。受益人一般見於人身保險合同中，但爲了尊重被保險人對於保險標的的處置權益的意願，在一些財產保險合同中也有指定受益人。受益人只享受領取保險金的權利，不承擔支付保險費的義務。

受益人通常是由被保險人或投保人指定，並在保險合同中列明。倘若保險合同中未指定受益人，則被保險人的法定繼承人視爲受益人。我國《保險法》第三十九條規定："人身保險的受益人由被保險人或者投保人決定。投保人指定受益人時須經被保險人同意，投保人爲與其有勞動關係的勞動者投保人身保險，不得指定被保險人及其近親屬以外的人爲受益人。被保險人爲無民事行爲能力的人或者限制民事行爲能力人的，可以由其監護人指定受益人。"

指定受益人領取的保險金一般不得作爲被保險人的遺產，不納入遺產分配，無須繳納遺產稅，也無須用來清償被保險人生前的債務。但如果受益人是非指定受益人，則受益人領取的保險金是作爲被保險人的遺產，必須首先用來清償被保險人生前的債務。中國《保險法》第四十二條規定："被保險人死亡後，有下列情形之一的，保險金作爲被保險人的遺產： （一）沒有指定受益人，或者受益人指定不明無法確認的；（二）受益人先於被保險人死亡，沒有其他受益人的；（三）受益人依法喪失收益權或者放棄收益權，沒有其他受益人的。"需要說明的是，在財產保險中，不論是指定受益人還是非指定受益人，受益人領取的保險金都可以作爲被保險人的遺產，進行二次分配。

受益人可以是特定的受益人，即具體列明受益人的名稱，也可以是成員受益人，如指定受益人爲父母、子女、法定繼承人等。中國《保險法》第四十條規定："被保險人或者投保人可以指定一人或數人爲受益人。受益人爲數人的，被保險人或者投保人可以確定收益順序和收益份額；未確定收益份額的，受益人按照相等份額享有收益權。"

被保險人對受益人的收益權擁有處分權，即可以指定、變更和撤銷受益人。中國《保險法》第四十一條規定："被保險人或者投保人可以變更受益人並書面通知保險人。保險人收到變更受益人的書面通知後，應當在保險單或者其他保險憑證上批註或者附貼批單。投保人變更受益人時須經被保險人同意。"如果保險合同中指定的受益人是不可撤銷的受益人，則受益人是不可變更的。

受益權對受益人而言是一種期待權，一種不確定的權利。只有在被保險人因保險事故的發生而死亡後，受益人的期待權才可以轉化爲債權。

3. 保險代理人。保險代理人是指根據保險人的委託，向保險人收取手續費，並在保險人授權的範圍內代爲辦理保險義務的單位和個人。我國《保險法》第一百二十六條規定："保險人委託保險代理人代爲辦理保險業務，應當與保險代理人簽訂委託代理協議，依法約定雙方的權利和義務。"

保險代理人的法律特徵主要表現爲：第一，保險代理人以保險人的名義進行代理活動，代表保險人的利益；第二，保險代理人在保險人授權範圍內做獨立的意思表示；第三，保險代理人的保險代理行爲視爲保險人的民事法律行爲，法律後果由保險人承擔；第四，保險代理人的保險代理是基於保險人授權的委託代理。

中國《保險法》第一百二十七條規定："保險代理人根據保險人的授權行爲辦理保險業務的行爲，由保險人承擔責任。保險代理人沒有代理權、超越代理權或者辦理權終止後以保險人名義訂立合同，使投保人有理由相信其有代理權的，該代理行爲有效。保險人可以依法追究越權的保險代理人的責任。"

按照代理合同或授權書所授權代理的業務險種，保險代理人可分爲財產代理人和壽險代理人；按照代理合同或授權書所授予的代理業務範圍，保險代理人可分爲承保代理人、理賠代理人、檢驗代理人和追償代理人；按照代理人的歸屬關係，保險代理人可分爲獨立代理人和專屬代理人；按照代理人的代理權限範圍，保險代理人可分爲普通代理人和總代理人；按照代理人的職業性質，保險代理人可分爲專業代理人和兼業代理人。按照中國現行《保險法》的規定，中國保險代理人分爲專業代理人、兼業代理人和個人代理人三種。

中國保險專業代理人（即保險代理機構）的組織形式爲合夥企業、有限責任公司和股份有限公司。保險代理機構經中國保監會批準頒發《經營保險代理業務許可證》，並在工商行政部門註冊登記領取營業執照後，方可營業。

中國保險兼業代理人的認定資格由被代理的保險公司報中國保監會批準，由保監會對經核準取得保險兼業代理資格的單位頒發《保險兼業代理許可證》。

中國保險個人代理人必須通過資格考試，獲得由保監會頒發的保險代理人從業人員資格證書，並由保險代理機構核發保險代理人從業人員資格證書，方可從事保險代理業務。我國《保險法》第一百二十五條規定："個人保險代理人在代爲辦理人壽保險業務時，不得同時接受兩個以上保險人的委託。"

4. 保險經紀人。保險經紀人是基於投保人的利益，爲投保人和保險人訂立保險合同提供中介服務，並依法收取傭金的單位。目前我國保險經紀人的存在形式是保險經理公司，分爲有限責任公司和股份有限公司兩種組織形式。

保險經紀人是投保人或被保險人的代理人，受投保人或被保險人的委託，代表投保人或被保險人的利益，代爲投保、續保、交付保險費、索賠等。當保險人接受保險經紀人安排的業務以後，由保險人付給保險經紀人傭金。保險經紀人是獨立於保險人的中介人，保險經紀人的行爲對保險人不具法律約束力，其行爲所產生的法律後果由自己承擔。中國《保險法》第一百二十八條規定："保險經紀人因過錯給投保人、被保險人造成損失的，依法承擔賠償責任。"

保險經紀人大致分爲直接保險經紀人和再保險經紀人、壽險經紀人和非壽險經紀人、大型經紀公司和小型經紀公司、專門的勞合社經紀人。大多數國家都允許個人保險經紀人從事保險經紀活動，但必須獲得職業資格，並繳納保險金或者參加保險經紀人職業責任保險。保險經紀公司在獲得中國保險監督管理委員會頒發的經紀業務許可證後，向工商行政管理部門辦理登記，領取營業執照。從事保險經紀業務的人員必須參加保險經紀人員從業資格考試。資格考試合格者，由保監會頒發保險經紀人從業人員資格證書。獲得資格證書的個人必須經保險經紀公司聘用，由其核發保險經紀人職業證書，才能從事保險經紀業務。

中國《保險法》第一百三十一條對保險代理人和保險經紀人的職業操守做了規定，保險代理人、保險經紀人及其從業人員在辦理保險活動中不得有下列行爲：

（1）欺騙保險人、投保人、被保險人或者受益人；

（2）隱瞞與保險合同有關的重要情況；

（3）阻礙投保人履行本法規定的如實告知義務，或者誘導其不履行本法規定的如實告知義務；

（4）給予或者承諾給予投保人、被保險人或者受益人保險合同約定以外的利益；

（5）利用行政權力、職務或者職業便利以及其他不正當手段強迫、引誘或者限制投保人訂立保險合同；

（6）僞造、擅自變更保險合同，或者爲保險合同當事人提供虛假證明材料；

（7）挪用、截留、侵占保險或者保險金；

（8）利用業務便利爲其他機構或者個人牟取不正當利益；

（9）串通投保人、被保險人或者受益人，騙取保險金；

（10）泄露在業務活動業務中知悉的保險人、投保人、被保險人的商業秘密。

5. 保險公估人。保險公估人是指接受保險合同當事人的委託，專門從事保險標的的評估、勘察、鑒定、估損、理算等業務的單位。

保險公估人具有三種職能：第一，保險公估人具有評估職能。保險公估人通過對保險標的的估價、風險估評、查勘、檢驗、估損及理算等工作，做出保險標的的市場價值、風險性質、風險程度、損失原因、損失程度等評估報告，以助於保險人快速、科學地處理保險案件。第二，保險公估人具有公證職能。保險公估人具有豐富的專業知識和技能，且是保險合同當事人之外的第三方，對保險標的的公估結論具有權威性和公正性。第三，保險公估人具有中介職能。保險公估人是獨立於保險合同當事人之外的第三方，既可以受保險人的委託，也可以受投保人或被保險人的委託，從事公估經營活動，爲保險關係當事人提供中介服務。

保險公估人的酬金一般由委託人支付。但也有一些國家的法律規定，無論是由合同保險合同當事人哪一方委託公估，公估費用均由保險人承擔。保險公估人因爲工作過錯而給委託人造成損失的，由保險公估人承擔賠償責任。

保險公估人主要分爲：核保公估人和理賠公估人，技術型公估人和綜合性公估人，雇傭公估人和獨立公估人，受托於保險人的公估人和受托於被保險人的公估人，財產保險公估人、工程保險公估人、責任保險公估人、海上保險公估人和汽車保險公估人等。

根據中國《保險公估機構管理規定》，目前中國保險公估人的組織形式是合夥企業、有限責任公司或股份有限公司。保險公估公司在獲得保監會頒發的保險公估業務許可證後，向工商行政管理部門辦理登記，領取營業執照。保險公估從業人員必須具有大學本科以上學歷，並且通過保監會統一組織的保險公估從業人員資格考試，在獲得保險公估從業人員資格考試證書以後，由所聘保險公估公司核發保險公估從業人員執業證書，方可從事保險公估業務。

6. 保險合同的客體

保險合同的客體是指保險合同雙方權利義務所共同指向的對象，即雙方當事人要求保險保障和提供保險保障的目標，明確保險人要在哪些客體上發生保險事故承擔責任，這一客體稱爲保險標的。在財產保險中，保險標的是財產及其有關的利益；在人身保險中，保險標的是人的壽命和身體。中國《保險法》第十二條規定："人身保險是以人的壽命和身體爲保險標的的保險。財產保險是以財產及其有關利益爲保險標的的保險。"

事實上，保險合同所真正保障的對象並不是保險標的本身，而是保證被保險人因保險標的的受損所遭受的經濟損失可以得到補償。保險合同實際保障的是被保險人對保險標的所擁有的經濟利益，即保險利益。保險利益才是保險合同的真正客體，而保險標的只是保險利益的載體。因此，被保險人對保險標的具有合法的經濟利益是成爲合同客體的有效條件之一。

二、保險合同的內容

保險合同的內容是對合同保險當事人雙方具體權利義務的規定，也就是保險人與投保人或被保險人之間達成的有關保險標的及其利益予以保障事項的條款。合同的內容是雙方履行合同義務和承擔法律責任的依據，也是決定合同合法性和有效性的依據。

(一) 保險合同內容的構成

保險合同內容主要由聲明事項、保險責任、除外責任、條件事項、其他事項五個部分構成。

1. 聲明事項。聲明事項是保險合同的第一部分。聲明事項是對保險標的基本情況的陳述和對保險標的保險事項的一般約定。在財產保險合同中，聲明事項主要包括保險人的名稱和住所，投保人、被保險人的名稱和住所，保險財產的名稱，保險財產的地址，保險的險種，以何種價值承保，保險金額、保險費率、保險費以及支付方法，保險期間和保險責任開始時間，保險單的編號和出單日期等。在人身保險合同中，聲明事項主要包括被保險人的姓名和住所，被保險人的性別、年齡和職業，保險的種類，保險金額，保險費以及支付方法，受益人的姓名或指定方法，保險金給付辦法，保險期間和保險責任的開始時間，保險單編號和出單日期等。聲明事項中的內容是保險人進行承保選擇和決定保險費率的依據。

2. 保險責任。其是保險合同的核心部分。保險責任是保險人對被保險人予以賠償或給付的承諾。保險人的承諾有兩種形式：一種是列明保險責任範圍，在保險單中指出哪些損失原因導致的哪些損失屬於保險人賠償或給付的範圍。保險人通常將列明的保險責任範圍分為基本保險責任範圍和附加保險責任範圍。如我國的家庭財產保險單將火災、暴雨等自然災害和意外事故列為保險人的基本保險責任範圍，將盜竊風險列為附加保險責任範圍。另一種是一切險保險責任範圍，在一切險保險單中只列明除外的損失原因及損失，其他普通的損失原因及損失都屬於保險責任範圍。如人壽保險單通常是屬於一切險保險責任範圍的保險合同，除了自殺和戰爭這兩種原因造成的死亡外，所有其他原因造成的死亡都屬於保險責任範圍。

3. 除外責任。除外責任主要是規定哪些損失原因、哪些損失或哪些標的不屬於保險責任範圍。例如，大多數財產保險單將戰爭、核輻射等風險列為除外不可保的損失原因，將折舊、磨損等列為除外不可保的損失，將貨幣、有價證券等列為除外不可保財產。除外責任通常針對一些巨災風險、道德風險和特殊風險，使保險人的責任得到限制。除外責任的表示方式有兩種：一種是採用列舉的方式，在除外條款中列明保險人不負賠償或給付責任的範圍；另一種是採用不列舉的方式，凡是未列入保險責任範圍的都屬於除外責任。

4. 條件事項。條件事項主要是規定被保險人的義務，被保險人只有履行了規定的義務，保險人才承擔合同規定的保險賠償或給付責任，否則保險人可以拒絕承擔保險責任或者有權解除和終止保險合同。被保險人的義務一般包括交清保險費、保險標的危險程度增加通知、防災防損措施實施、保險事故通知和保險標的施救等。

5. 其他事項。其他事項是處理保險人和被保險人之間關係的一些事宜，如規定雙方執行合同的程序、代位求償權的行使、保險單的轉讓、保險費交付的寬限期、共同保險的比例、免賠額的大小和爭議處理等問題。

(二) 保險合同的基本條款和特約條款

保險合同的內容通常是以保險條款的形式來體現的。從條款的擬訂角度來看，保險合同的內容由基本條款和特約條款構成。

1. 基本條款。基本條款是標準保險合同的基本內容，一般由保險人擬訂。中國《保險法》用列舉方式將基本條款直接規定為保險合同中不可缺少的法定條款。根據中國《保險法》第十八條規定，保險合同的基本條款包括以下事項：

（1）保險人的名稱和住所。保險人作為保險風險和責任的承擔者，明確其名稱和住所，就是為了明確責任人，並明確因其不同的住所產生不同的法律規範。保險人的名稱必須與保險監管部門和工商行政管理機關批準和登記的名稱一致。保險人的住所為保險公司或分支機構的主營業場所所在地。

（2）投保人、被保險人、受益人的名稱和住所。明確保險合同的當事人和關係人，就可以確定保險合同各方的權利義務。明確保險合同當事人和關係人的住所，則可以明確保險合同的履行地點和合同糾紛的訴訟管轄權。

（3）保險標的。明確保險標的就是確定保險的對象，判斷投保人是否具有保險利益並為確定保險價值、保險金額及賠償金額提供依據，同時也可以確定訴訟管轄權。

（4）保險責任和責任免除。明確保險責任和責任免除就是確定保險人承擔風險和責任範圍，以免保險人承擔過度的責任，也為保險人索賠提供了依據。

（5）保險期間和保險責任開始時間。明確保險期間就是確定保險的有效期，是保險人承擔保險風險和責任的時間限制，可以按年、月、日計算，也可以按一個工程期、一個航程期或一個生長期計算。保險責任開始時間一般由保險合同雙方在合同中約定。

（6）保險金額。明確保險金額就是為了確定保險人承擔賠償或給付保險金的最高限額。保險金額可以由投保人根據保險標的的實際價值確定，也可以由投保人和保險人根據保險標的的實際價值協商確定。

（7）保險費及其支付方式。明確保險費及其支付方式，就是確定投保人的繳費，投保人不履行繳費義務往往會影響保險合同的效力。保險費的多少與保險費率、保險金額以及保險期限有關。保險費的支付辦法可以由保險合同的當事人在保險合同中約定，可以一次支付，也可以分期支付。

（8）保險金賠償或者給付款法。明確保險金賠償或者給付辦法，就是確定保險人的賠償或給付義務。保險人承擔保險賠償或給付責任的具體辦法可以由保險合同當事人在保險合同中依法約定。通常情況下，在財產保險合同中按實際損失計算賠償金額，在人身保險合同中按約定的金額給付保險金。但特別約定的，也可用修復、置換和重置等方式予以賠償。

（9）違約責任和爭議處理。明確違約責任和爭議處理，就是確定保險合同雙方因違約必須承擔的法律後果。違約一般要支付違約金或者賠償金。明確爭議處理的方法就是確定爭議的解決途徑。

（10）明確合同內容。保險合同的內容會因不同的保險標的、不同的保險險種而有所不同，但其基本構成部分差異不大。合同的內容是關係到雙方利益的約定，而合同的基本保險責任和除外責任通常是保險人事先確定的，因此，我國《保險法》中規定，訂立保險合同，保險人應當向投保人說明保險合同的條款內容。保險合同中規定有關於保險人責任免除條款的，保險人在訂立保險合同時應當向投保人明確說明，未明確

161

說明的，該條款不產生效力。

2. 特約條款。特約條款是保險合同雙方根據特殊的需要所作的約定，一般包括附加條款和保證條款兩種。

（1）附加條款。附加條款是保險合同當事人在基本條款的基礎上另行約定的補充條款。附加條款通常是對基本條款的擴充、修改或變更。附加條款主要採用兩種形式：一是在保險單的空白處作批註，批註的內容相對較爲簡單；二是在保險單上加貼批單或特約附加，批單或特約附加的內容相對較爲複雜。批單或附加特約是保險合同的組成部分。

（2）保證條款。保證條款是投保人或被保險人履約的一種承諾。保證條款規定了投保人或被保險人的義務，倘如投保人或被保險人不能履行義務，保險人有權解除保險合同，或者不履行賠償或給付保險金義務。保證條款通常由法律規定或保險同業協會制定，具有一定規範性，以避免保險合同中過度規定投保人或被保險人義務，使合同有失公平。

第三節　保險合同的訂立、變更和終止

一、保險合同的訂立

保險合同的訂立過程是當事人雙方就合同內容協商達成協議的過程。根據中國《保險法》第十一條規定："訂立保險合同，應當協商一致，遵循公平原則確定各方的權利和義務。除法律、行政法規規定必須保險的外，保險合同自願訂立。"

（一）保險合同訂立的程序

爲了體現公平互利、協商一致、自願訂立的原則，保險合同的訂立必須經過要約和承諾兩個過程。

1. 投保人的要約。投保人的要約表現爲投保人向保險人提出保險的要求，即投保。通常來說，投保人填寫由保險人事先擬訂並印製好的投保單，並將投保單提交給保險人的行爲被視爲訂立保險合同的要約行爲，投保人是要約人，保險人是被要約人。投保是訂立保險合同的前提條件。

2. 保險人的承諾。保險人的承諾表現爲保險人向投保人表示願意按照投保的內容與其訂立合同，即承保。通常來說，保險人接受投保人填具的投保單，並在投保單上簽章的行爲被視爲是訂立保險合同的承諾行爲。保險人的承諾行爲還表現爲：保險人出具保險費收據，保險人出具暫保單、保險憑證和保險單等憑證，或採用其他書面協議形式。保險人是承諾人，即承保人。

（二）保險合同的成立與生效

一般來說，經過投保人的要約和保險人的承諾，保險合同即告成立，合同成立立即生效，保險合同條款產生法律效力。保險合同成立的時間通常爲保險人承諾的時間，

有的要求保險人即時承諾，有的同意保險人限期承諾。即時承諾是指在要約中沒有訂明承諾的期限，保險人應及時表示承諾，一旦保險人承諾，合同即告成立。限期承諾是指在邀約中訂明一個承諾期限，在期限內表示承諾，合同就告成立，過期承諾，投保人可以拒絕。對於限期承諾的承諾時間標準各國規定不同，大陸法系的國家是以投保人收到保險人承諾時郵局簽發的郵戳時間為合同成立的時間，英美法系的國家以保險人發出承諾時郵局簽發的郵戳時間為合同成立的時間。

在保險實務中，保險合同多為附生效條件、附生效時間的合同，這意味著保險合同成立非立即生效。保險合同生效的條件和時間一般由雙方約定，只有符合了雙方約定的條件和時間，保險合同才生效。例如，以航程作為保險期限的海上保險合同，必須在航程開始後，合同才生效。大多數人壽保險合同是以交付首期保險費為合同生效的條件，有的則需體檢合格後，壽險合同才生效，還有的須正式簽發保險單，壽險合同才生效。中國財產保險合同普遍推行"零時起保制"，即合同生效的時間為起保日的零時。所以，保險合同生效時間是根據雙方約定的某些條件的實現而確定的。

(三) 保險合同的有效和無效

1. 保險合同的有效。保險合同的有效是指保險合同是由雙方當事人依法訂立並受國家法律保護。只有符合法律規定的條件，訂立的保險合同才有效，否則，保險合同即使訂立，也是無效合同。訂立保險合同的法律要求主要包括以下四個方面：

(1) 訂立保險合同的主體必須合意。保險合同訂立的主體必須合意包含了兩層意思：第一層意思是訂立合同是當事人雙方的意願；第二層意思是合同的訂立是當事人雙方真實意思表示一致的結果。一方要約，投保人提出投保的申請，另一方承諾，保險人予以承保，合同才能成立。

根據中國《合同法》的有關規定，採取欺詐、脅迫等手段所簽訂的合同為無效合同。如果投保人或保險人故意告知對方虛假情況，或者故意隱瞞真實情況，以誘使對方做出錯誤的意思表示屬於欺詐行為。如果投保人或保險人以給對方的人身、名譽、財產或其他利益造成損害為要挾，迫使對方做出違背真實意願的意思表示屬於脅迫行為。另外，因重大誤解訂立的保險合同，當事人一方有權要求變更或撤銷保險合同。所以，投保人與保險人訂立保險合同，應當遵循公平互利、協商一致、自願訂立的原則，任何違背當事人意願所訂立的保險合同都是無效的。

(2) 訂立保險合同的客體必須合法。由於保險合同的客體是投保人對保險標的所擁有的法律上承認的經濟利益，所以，保險合同所保障的對象必須是合法的利益。如果保險合同所保障的利益是非法的，違反國家法律和政策，違反國家利益和公共利益，那麼訂立的保險合同是無效合同，不具法律效力。例如，投保人是不能為其偷盜得來的汽車投保機動車輛保險的，即使簽訂了機動車輛保險合同，所簽的保險單也是無效的。因為如果偷竊得來的汽車在行駛過程中遭遇保險事故而受損，偷車人可以從保險人那裡獲得賠償，那麼保險就保障了偷車人的非法利益。很明顯，保險合同是不能保障這種非法利益的，只能保障合法的利益。所以，保險合同的訂立必須客體合法。

(3) 訂立保險合同的當事人必須具有法定資格。首先，作為訂立保險合同當事人一方的保險人必須具有法定資格。這就是說保險人必須是取得有關國家法定資格的合法經營者。根據中國《保險法》規定，保險人必須具備《保險法》規定的條件，經保險監督管理部門批準，由批準部門頒發經營保險業務許可證，還須向工商行政管理機關辦理登記，領取營業執照，才算是具有法定資格的保險人。不符合有關國家法律規定條件的，就不具有保險人的法定資格，不能或爲保險合同的訂立者，當然由其訂立的保險合同也是無效的。

其次，作爲訂立保險合同當事人另一方的投保人也必須具有法定資格，投保人資格通常是指投保人必須具有權利能力和行爲能力，並對保險標的具有保險利益。未取得法人資格的組織、無行爲能力和限制行爲能力的個人、對保險標的不具有保險利益的單位和個人，都不能成爲保險合同的訂立者。

(4) 訂立保險合同的形式必須合法。雖然目前對保險合同是要式合同還是非要式合同有不同的爭議，但是如果合同中有特別的約定將保險合同認定爲要式合同，那麼合同的訂立必須採用法律規定的形式。根據中國《保險法》的有關規定，保險合同應當採用保險單、保險憑證和其他書面協議的形式。由於保險合同內容複雜，保險條款多種多樣，保險合同的訂立還是以法律規定的書面形式爲妥，這樣才能得到法律更好的保護。如果合同中沒有明確認定保險合同爲要式合同，則只要保險合同雙方就保險條件達成協議，雙方協商一致，合同成立。保險單的簽發只是保險人應該履行的義務，而不是作爲保險合同成立或生效的前提條件。

當然，保險合同的訂立不僅要符合法律規定的有效條件，還要符合合同中雙方約定的生效條件。毫無疑問，有效合同是保險合同生效的前提條件。

2. 保險合同的無效。保險合同的無效是指保險合同從訂立時起，由於違反法定的或合同約定的事項，不具備合同成立的有效條件，因而合同自始不發生法律效力，合同不受國家法律保護。

根據保險合同無效的原因，無效可分爲法定無效和約定無效。如果保險合同的訂立不符合法規的要求，那麼保險合同的無效屬於法定無效。我國《保險法》規定，在以下情況下，確認保險合同爲無效合同：保險合同的當事人不具有行爲能力；保險合同的內容不合法；保險合同的當事人意思表示不真實；保險合同違反國家利益和社會公共利益；未成年人父母以外的投保人，爲無民事行爲能力人訂立的以死亡爲保險金給付條件的保險合同；以死亡爲給付保險金條件的保險合同，未經被保險人書面同意並認可保險金額者。如果保險合同的訂立不符合雙方約定的有效條件，那麼保險合同的無效屬於約定無效。例如，保險合同雙方約定，倘若保險合同是由代理人訂立而事先不作說明的，合同無效。

根據保險合同無效的性質，無效可分爲絕對無效和相對無效。如果保險合同的訂立不符合法律規定的要求，那麼保險合同的無效屬於絕對無效，自合同訂立時起就不發生法律效力。相對無效是指因當事人雙方產生重大誤解和顯失公平等引起的保險合同無效。如果要認定保險合同是相對無效，則首先必須由有關利害關係人提出認定要求，然後必須由人民法院或仲裁機構做出認定，經認定爲相對無效的保險合同自始無效。

根據保險合同無效的程度，無效可分爲全部無效和部分無效。全部無效指保險合同違反國家法律規定被確認爲無效合同後，不得繼續履行，保險合同從訂立時起就全部不發生效力。部分無效是指保險合同因無效的原因而涉及合同效力一部分無效，其餘部分仍然有效。例如，中國《保險法》中規定，惡意的超額保險從合同訂立時起就全部不發生效力；善意的重複保險，其超額部分無效，即保險總金額超過保險標的實際價值的那部分無效，與保險標的實際價值相等的部分有效。

　　無效保險合同的確認通常是由人民法院和仲裁機關根據中國有關法律、行政法規和司法辭釋來做出的。由於無效保險合同是自始不產生法律效力的，因此，合同雙方沒有承擔合同責任的義務，即使投保人已經交付了保險費，或者保險人已經支付了賠款或保險金，投保人也有權要求保險人返還已交的保險費，保險人則有權要求被保險人返還已支付的賠款或保險金，如同保險合同從未訂立過。如果當事人一方有過失造成另一方的損失，則要承擔相應的賠償責任。

　　無效保險合同的法律後果是：①返還財產。保險合同被確認無效後，當事人雙方應將合同恢復到訂約時的狀態，即保險人應將收取的保險費退還給投保人；發生保險金賠償或給付的，被保險人應將保險金返還給保險人。②賠償損失。無效合同的當事人因過錯給對方造成損失的，應由責任方承擔賠償責任。③追繳財產。對於違反國家利益和社會公共利益的保險合同，應當追繳財產，收歸國庫。

(四) 保險合同訂立的憑證

　　對保險合同是否爲要式合同一直有不同的認識，中國《保險法》對保險合同的形式也未明確規定必須採用書面形式，或者禁止採用口頭形式。但考慮到保險合同的複雜性和長期性，爲避免日後發生糾紛，如無特殊情況，保險合同通常還是採用書面形式，以證實保險合同關係的確立，並以此作爲履行保險合同的依據。保險合同訂立的憑證主要有以下幾種：

　　1. 投保單。投保單是投保人向保險人申請訂立保險合同的書面要約。根據慣例，投保單是由保險人事先準備好的，投保人在申請保險時填寫，保險人根據投保單簽發保險單。投保單中列明了保險人需要瞭解的保險標的主要情況的項目以及保險的條件，投保人必須如實填寫。由於保險人是通過投保單瞭解保險標的的風險狀況，並決定是否承保和承保條件的，因此，投保人在投保單上所填寫內容的真實性很重要。如果投保人填寫不實或故意隱瞞、欺騙，則會影響保險合同的效力。通常情況下，投保單只是投保人申請訂立保險合同的書面憑證，而非合同的正式文本，不能作爲保險合同訂立的憑證。但是投保單一經保險人接受並簽章以後，往往成爲保險合同的組成部分之一，有時甚至起到了臨時保險單的作用。倘如在特殊情況下，投保單被視作臨時保險單，則投保單具有暫保單的法律效力。

　　保險人在投保單上簽章承保後要及時出具保險單。

　　2. 暫保單。暫保單又稱爲臨時保單，是正式保險單簽發之前由保險人或保險代理人出具的臨時保險合同憑證。暫保單的內容比較簡單，一般只載明保險合同的一些重要事項以及保險單以外的特別保險條件。有關保險合同當事人的權利和義務，都以保險單的規定為準。暫保單一般在兩種情況下使用，一種是保險公司的分支機構在接受投保時須請示總公司審批，或在某些保險條件尚未全部談妥時預先開立的同意保險的證明；另一種是保險代理人在爭取到業務而尚未向保險人辦妥保險單之前臨時出具的保險憑證。暫保單的法律效力與正式保險單相同，但有效期較短，一般為30天。當保險單出立時，暫保單自動失效。保險合同的任何一方也可以在保險單出立前終止暫保單的效力，但應事先通知對方。

3. 保險單。保險單是保險合同成立以後，保險人簽發給投保人或被保險人的正式書面憑證。保險單是具有法律效力的，保險合同雙方當事人都要受其約束。保險單明確完整地記載了保險合同雙方當事人的權利和義務，是合同雙方履約的依據。在人壽保險中，由於有的保險單具有現金價值，因此，保險單有時還起到了有價證券的作用。

4. 保險憑證。保險憑證又稱小保單，是保險人簽發給投保人或被保險人證明保險合同已經訂立的一種書面憑證。保險憑證與保險單具有同等的法律效力，只是一種簡化了的保險單。保險憑證上只列明保險標的和保險條件的主要事項，不印保險條款，但是保險憑證上沒有列明的保險內容，均以同險種的保險單內容為準。在海洋運輸貨物保險中，流動保險、總括保險和預約保險通常都通過簽發保險憑證來證明保險關係的確立。另外，在團體保險中也使用保險憑證，除投保單位有主保險單之外，對參加團體保險的個人再分別簽發保險憑證。保險合同訂立的憑證還可以是合同雙方認可的其他書面形式。

二、保險合同的變更

保險合同變更是指在保險合同有效期內，基於一定的法律事實而改變保險合同主體或內容的法律行為。保險合同依法訂立之後，具有法律上的約束力，合同當事人任何一方都不得擅自變更合同，否則要承擔相應的法律後果。保險合同又是合同當事人雙方的協議，要經過合同雙方協商同意的，或者是根據法律規定的，在合同的主體或內容發生變化後，都可以採取一定的形式對合同的主體和內容進行變更。保險合同的變更有狹義和廣義之分。狹義變更指保險合同的內容變更，即合同當事人雙方權利和義務的變更；廣義變更不僅包括保險合同的內容變更，還包括保險合同的主體變更。

（一）保險合同的主體變更

保險合同的主體變更是指保險合同的當事人或關係人的變更。

1. 人的變更。保險人的變更主要是指保險公司因分立、合並或者公司章程規定的解散事由出現而變更，或者保險公司因依法撤銷、依法宣告破產而變更。前者屬於保險公司的任意解散，後者屬於保險公司的強制解散。

由於保險公司的解散會給被保險人帶來許多不便，尤其是長期的人壽保險業務涉及大量的未了責任，各國的保險法一般都限制保險公司的自行解散。中國《保險法》第八十九條第二款規定："經營有人壽保險業務的保險公司，除因分立、合並或者被依法撤銷外，不得解散"，規定經營有人壽保險業務的保險公司不得在其公司章程中規定任何自行解散的事由。相對人壽保險業務而言，財產保險業務一般期限較短，未了責任的比重相對較低，中國《保險法》中未明令禁止經營財產保險業務的保險公司的任意解散，但在實際執行中仍有很多限制。中國《保險法》第八十九條規定："保險公司因分立、合並需要解散或者股東會、股東大會決議解散，或者公司章程規定的解散事由出現，經國務院保險監督管理機構批準後解散。經營有人壽保險業務的保險公司，除因分立、合並或者被依法撤銷外，不得解散。保險公司解散，應當依法成立清算組進行清算。"很顯然，不論何種原因，保險公司的任意解散都必須得到保險監督管理機構的批準，未經批準的，保險公司不得以任何理由解散。保險公司因分立、合並而解散的，其債權債務由分立或合並後的公司承擔，不進行《公司法》意義上的清算，意味着保險人發生了變更，由原保險公司變更爲分立或合並後的保險公司。

保險公司在經營過程中發生嚴重違法、違規行爲，危害被保險人和公衆利益的，可以由保險監督管理部門吊銷其經營保險業務的許可證，依法撤銷。保險公司一旦出現資不抵債而破產時，公司自然解散。爲此，中國《保險法》第九十條規定："保險公司有《中華人民共和國企業破產法》第二條規定情形的，經國務院保險監督管理機構同意，保險公司或者其債權人可以依法向人民法院申請重整、和解或者破產清算；國務院保險監督管理機構也可以依法向人民法院申請對該保險公司進行重整或破產清算。"但不管是保險公司依法撤銷，還是依法宣告破產，都會影響到被保險人、受益人的利益。而人壽保險合同期限較長，帶有儲蓄性和投資性，必須對人壽保險合同的效力維持予以特別的規定，才能有效保護被保險人或者受益人的利益，維護社會安定。所以，中國《保險法》第九十二條規定："經營有人壽保險業務的保險公司被依法撤銷或者被依法宣告破產的，其持有的人壽保險合同及責任準備金，必須轉讓給其他經營有人壽保險業務的保險公司；不能同其他保險公司達成轉讓協議的，由國務院保險監督管理機構指定經營有人壽保險業務的保險公司接受轉讓；轉讓或者由國務院保險監督管理機構指定接受轉讓前確定的人壽保險合同及責任準備金的，應當維護被保險人、受益人的合法權益。"毫無疑問，經營有人壽保險業務的保險公司因依法撤銷或者依法宣告破產者，其被保險人只能按照清償順序參與清算後財產的分配。

2. 投保人、被保險人或受益人的變更。在財產保險合同中，投保人或被保險人的變更通常有以下幾種情況：

（1）保險標的所有權、經營權發生轉移。因買賣、讓與、繼承等民事法律行爲所引起的保險標的所有權的轉移；保險標的是國有財產的，其經營權或法人財產權的轉移等，均可導致投保人或被保險人的變更。

（2）保險標的用益權的變動。保險標的的承包人、租賃入因承包、租賃合同的訂立、變更、終止，致使保險標的的使用權、用益權發生變更，從而導致投保人或被保險人的變更。

（3）債權債務關係發生變化。當保險標的是作爲抵押物、質押物、留置物時，抵押權、質押權、留置權等會隨著債權債務關係的消滅而消滅。抵押權人、質押權人和留置權人也因此會失去對保險標的的保險利益，進而導致投保人或被保險人的變更。

當保險標的的所有權、經營權、用益權等發生變更時，保險合同不能自動隨保險標的所有權、經營權、用益權的轉移而轉移，必須經保險人同意，批註變更合同主體以後轉讓保險合同才能繼續有效。因為保險合同是屬人合同，投保人或被保險人的信譽好壞、風險意識和駕馭風險的能力，與保險人承擔風險的大小有直接的關係，所以，保險合同不是其標的的附屬物。例如，被保險人將保險房屋出售轉讓給新的房屋主，保險單只有在徵得保險人同意，經批註更改被保險人以後，才能轉讓，新房東持有的保險單才有效，否則，新房屋主即使持有未批註的保險單，也是得不到保險保障的。又譬如在船舶保險合同中，一般都訂有船舶出售或轉讓的通知條款，規定船舶在出售或轉讓前應及時書面通知保險人關於船舶產權轉讓情況，如果船舶產權的受讓人即新的船舶所有人同意仍由原保險人承保，並經原保險人同意，辦妥批改手續，那麼原船舶保險合同繼續有效。否則，船舶保險合同自船舶產權轉讓之時起失效。但也有例外情況，在貨物運輸保險合同中，允許保險單可以不經保險人同意而由被保險人背書後隨貨物所有權轉讓而轉讓。主要原因是在貨物運輸過程中，被保險人不能對貨物加以控制和管理，被保險人的變更不影響保險標的的風險大小；同時也是為國際貨物運輸貿易提供便利條件，不致因繁瑣的保險單批改手續而影響貨物所有權的轉讓。

在人身保險合同中，投保人、受益人可以變更。投保人的變更通常是因為被保險人或受益人為了保證保險合同的價值，在不改變被保險人或受益人基礎上，希望通過變更投保人來繼續履行交付保險費的義務。投保人的變更須徵得被保險人的同意並通知保險人，經保險人核準批註後，方可變更。受益人的變更通常是因為被保險人重新指定受益人，或者被保險人撤銷原有的受益人。受益人的變更須經被保險人的同意並通知保險人，保險人在保險單上作批註，變更的受益人才有效。在個人的人身保險合同中不存在被保險人的變更，因為變更被保險人意味著變更保險標的，而個人的風險狀況是有區別的，如果投保人要變更被保險人，則需要訂立新的個人人身保險合同；但團體的人身保險合同允許變更被保險人，因為團體中的被保險人會因各種情況而發生變化，這些隨機的變化並不會影響保險人對整體風險的承擔，只要團體人身保險合同的投保人提出變更被保險人的要求，出具相關的證明，保險人批註即可。

(二) 保險合同的內容變更

保險合同的內容變更是指合同的主體不變更，而保險合同主體的權利義務的變更。保險合同內容變更分為兩種情況：一種情況是投保人或被保險人根據自己的需要要求變更合同的內容；另一種情況是當某些法定或約定事實出現時，投保人或被保險人必須通知保險人，變更合同的內容，否則會產生相應的法律後果。

保險合同的內容變更表現為：保險標的的保險金額增減、保險標的的地域範圍變化、保險標的的用途改變或風險程度變化、保險期限的變化、保險責任範圍的變化、被保險人的職業變化、交費方法變化等。以海洋運輸貨物保險為例，合同的內容變更有貨物標記、包裝、數量、名稱的變更，貨物保險金額的變更，船舶名稱、航期、航程、航線的變更，保險條件即保險險別的變更，保險期限的變更等。

如果保險合同內容的變更是出於投保人或被保險人的需要，則投保人或被保險人應向保險人申請辦理批改手續，經保險人同意，必要時增加保險費。變更後的合同內容具有法律效力，合同雙方均須按變更後的內容承擔責任。如果保險合同內容的變更是由於某些法定或約定事實的出現，且保險標的的危險程度增加，則投保人或被保險人應該按照合同的約定及時通知保險人，經保險人同意，加繳保險費，保險合同才繼續有效。保險合同内容的變更一般採用批單或附加特約的形式，加貼在保險單上，也可以由保險人在保險單或其他保險憑證上批註，還可以由投保人和保險人訂立變更的書面協議，作爲合同内容變更的依據。但如果保險合同的内容發生變更，並且保險標的的危險程度增加，投保人或被保險人沒有履行通知義務，則保險人可以根據法律或者合同約定不承擔賠償或給付保險金責任，並可以解除合同。

三、保險合同的終止

保險合同的終止是指保險合同在存續期間，因某些法定或約定的事由發生，使合同的效力自終止時起歸於消滅。保險合同的效力終止意味着合同所確定的當事人雙方權利義務關係的消滅。根據終止的原因不同，保險合同的終止可分爲解除終止和自然終止兩種。

（一）解除終止

保險合同的解除終止是指保險合同訂立以後，在合同有效期内，因當事人一方行使法定或約定的解除權而使保險合同效力提前終止的法律行爲。保險合同的解除有兩種形式，一是法定解除，二是協議解除。

1. 法定解除。法定解除是指保險合同一方當事人行使法律賦予的解除權而使保險合同效力終止。中國《保險法》對保險合同的解除權有如下的規定：除本法另有規定或者保險合同另有約定外，保險合同成立後，投保人可以解除保險合同。

除本法另有規定或者保險合同另有約定外，保險合同成立後，保險人不得解除保險合同。貨物運輸保險合同和運輸工具航程保險合同，保險責任開始後，合同當事人不得解除合同。

投保人故意隱瞞事實，不履行如實告知義務的，或者因過失未履行如實告知義務，足以影響保險人決定是否同意承保或者提高保險費率的，保險人有權解除保險合同。對於故意不履行告知義務的，不退還保險費。

被保險人或者受益人在未發生保險事故的情況下，謊稱發生了保險事故，向保險人提出賠償或者給付保險金請求的，保險人有權解除保險合同，並不退還保險費。

投保人、被保險人故意製造保險事故的，保險人有權解除合同，不承擔賠償或者給付保險金的責任；除本法第四十三條規定外，不退還保險費。

投保人、被保險人未按照約定履行其保險標的安全應盡的責任的，保險人有權要求增加保險費或者解除合同。

在合同有效期内，保險標的危險程度增加的，被保險人按照合同約定應當及時通知保險人，保險人有權要求增加保險費或者解除合同。被保險人未履行規定的通知義務的，因保險標的危險程度增加而發生的保險事故，保險人不承擔賠償責任。

投保人申報的被保險人年齡不真實並且其真實年齡不符合合同約定的年齡限制的，保險人可以解除合同，並在扣除手續費後，向投保人退還保險費，但是自合同成立之日起逾兩年的除外。分期支付保險費的人身保險合同，投保人在支付了首期保險費後，未按約定或法定期限支付當期保險費的，合同效力中止，合同效力中止後兩年內雙方未就恢復保險合同效力達成協議的，保險人有權解除合同。但是，人身保險合同的投保人交足兩年以上保險費的，保險人應當按照合同的約定向其他享有權利的受益人退還保險單的現金價值。

保險標的發生部分損失的，在保險人賠償後 30 日內，投保人可終止合同；除合同約定不得終止合同的以外，保險人也可終止合同。保險人終止合同的，應當提前 15 日通知投保人，並將保險標的未受損部分的保險費，扣除自保險責任開始之日起至合同終止之日止期間的應收部分後，退還投保人。

2. 協議解除。協議解除是指保險合同當事人雙方經協商同意解除合同的一種法律行為。協議解除又稱約定解除。保險合同是當事人雙方自願訂立的合同，如果合同雙方協商同意，可以在合同自然終止之前協議解除終止。出於對合同雙方利益的考慮，也為了便於合同的當事人一方行使約定的解除權，在保險合同中常常載明約定解除的事由和條件。另外，解除協議也應採取書面形式。

通常情況下，保險合同中一般都訂有保證條款或者特約條款，當事人雙方約定如果一方違反保證條款或者不履行合同義務，或者特約條款的事由出現，另一方可以行使解除權使合同效力提前終止。例如，某企業財產保險合同中規定，保險標的必須存放在有防火牆和防火門的建築內。如果被保險人不能提供有防火牆和防火門的建築存放保險標的，保險人可以解除合同。這一類情況也被稱為違約終止。又如中國《船舶戰爭險條款》規定，對於船舶定期保險，保險人有權在任何時候向被保險人發出註銷戰爭險責任的通知，在發出通知後 14 天期滿時終止戰爭險責任。例如，中國《簡易人身保險條款》規定，被保險人繳付保險費一年以上並且保險期已滿一年以上，如果不願意繼續保險，可以向保險公司申請退保，並按規定領取退保金。

對於解除權的行使，有的法律條款或合同條款中有解除權時效的規定，當事人只能在規定的時效內行使解除權，逾期則喪失解除權。例如，人身保險合同中的不可爭議條款規定，從人壽保險合同訂立起滿兩年後，除非投保人停繳續期保險費，否則保險人不得以投保人在投保時誤告、漏報或隱瞞事實為理由主張合同無效或拒絕給付保險金。這意味著保險人行使解除權的時效為兩年。

對於保險合同解除終止的法律後果，除了上述《保險法》明確規定的保險人可以解除保險合同的情形外，中國《保險法》第五十四條規定："保險責任開始前，投保人要求解除合同的，應當按照合同約定向保險人支付手續費，保險人應當退還保險費。保險責任開始後，投保人要求解除合同的，保險人應當將已收取的保險費，按照合同約定扣除自保險責任開始之日起至合同解除之日止應收的部分後，退還投保人。"

(二) 自然終止

自然終止是指保險合同雙方按照合同的規定履約完畢，合同效力歸於消滅。自然終止有以下幾種形式：

1. 期滿終止。保險合同中規定的保險有效期限已屆滿，保險合同即告終止。這是保險合同終止原因中最普遍的原因。假如某企業財產保險合同中規定的保險期限爲一年，從 2015 年 1 月 1 日至 2015 年 12 月 31 日，那麼，保險合同到 2015 年 12 月 31 日 24 時終止，即使在保險合同有效期內，保險人未履行任何賠償保險金的義務。

2. 履約終止。在保險合同有效期內，保險人履行了賠償或給付全部保險金的責任，保險合同即告終止。即使保險有效期尚未屆滿，保險合同也因保險人已經履約完畢而終止。例如，某家庭財產保險合同的保險期限爲一年，保險責任從××年 1 月 1 日開始至××年 12 月 31 日止，保險金額爲 20 萬元。××年 7 月 2 日被保險家庭不幸遭火災，家庭財產損失達 35 萬元。根據保險合同的規定，保險人賠償被保險人財產損失 20 萬元。當保險人將全部保險金賠付給被保險人，保險人的賠償責任已經完全履行，儘管保險期限還未到，但保險合同自然終止。

3. 財產保險合同因保險標的滅失而終止。在財產保險合同中，當保險標的因非保險事故原因而滅失或喪失時，保險合同即告終止。由於保險合同雙方權利義務所共同指向的對象——保險標的已不存在，投保人就不再具有保險利益，保險合同的效力自然隨即終止。從另一個角度來說，保險標的不存在了，投保人也失去了投保的意義。

4. 人身保險合同因被保險人的死亡而終止。如同財產保險合同一樣，人身保險合同的保險標的被保險人因非保險事故原因而死亡，保險合同即告終止。保險標的不存在了，保險合同的保障對象也就不存在了，保險合同因此失去了存在的基礎，保險合同的效力自然終止。

5. 財產保險合同因保險公司的撤銷、破產、解散而終止。當保險公司被撤銷、被宣告破產或者解散，法人組織已經解體，經營的保險業務也被徹底停止，財產保險合同自然終止。當然，如果有其他保險公司接受其未了責任，則可避免財產保險合同的終止。

綜觀保險合同的效力問題，有許多方面值得注意。例如，保險合同無效與保險合同解除有何區別，保險合同解除終止與保險合同自然終止又有什麼不同。其實，保險合同的無效與保險合同的解除有很大的區別，合同的解除是以有效合同爲前提條件的，是當事人一方行使法定的或約定的解除權使合同終止的單方面行爲；而合同無效的前提是因爲合同的無效，不需要任何一方行使解除權，也不受解除權時效的限制，無效合同自始無效。

保險合同的解除終止與保險合同的自然終止也有很大的不同。首先，終止的原因不一樣，解除終止是當事人一方行使法定的或約定的解除權而使合同的效力提前終止。自然終止是合同期限屆滿或履約完畢，或者保險標的已滅失或損毀，或者保險公司已解體、解散或被撤銷，保險合同的效力自然終止。其次，終止的法律後果不一樣，解除終止的法律後果由於解除的原因不同，有的具有溯及力，即要使合同恢復到訂立時的原來狀態，保險人退還投保人已繳的保險費，投保人或被保險人退還已獲得的保險金；有的則不具有溯及力，解除前的合同關係仍然有效，解除後合同關係消滅，保險人要向投保人退換自合同解除之日起相應的未到期保費；還有的則因爲投保人、被保險人或者受益人嚴重的違法、違約行爲，保險人不僅不履行賠償或者給付保險金的義務，而且可以解除保險合同，不退還保險費。自然終止的法律後果是既往不咎，從終止之日起保險合同的權利義務關係消滅。如果保險人已履約完畢或者合同期限屆滿，保險人不退還保險費，但因保險標的失火、損毀或者保險人解體、解散、撤銷，則保險人退還相應的未到期保費。

四、保險合同的中止和復效

在人壽保險中，對於分期支付保險費的合同一般都規定有投保人繳費的寬限期，在寬限期內，投保人即使未交付保險費，保險人仍按合同規定承擔保險責任。但超過寬限期，投保人還未交付保險費的，保險合同的效力中止。在保險合同效力中止期間，保險人不承擔賠償或者給付保險金的責任。保險合同的中止可以理解爲保險合同因投保人違反如期交付保險費義務而引起的暫時失效。

保險合同的中止與保險合同的終止最大區別在於，效力中止的保險合同在約定的期限內，只要雙方達成復效的條件，投保人可以要求重新恢復保險合同的效力，而效力終止的保險合同是不可能恢復效力的。人壽保險合同中加入復效條款的理由是，人壽保險合同大多爲長期合同，在分期交付保險費的漫長過程中，難免會遇到繳費困難的時候，也可能因疏忽而未能按時繳費。一旦發生不如期繳費的情況，保險人就有權終止保險合同，對投保人來說無疑是太苛刻了，會造成投保人長期利益的損失。爲了保護投保人的長期利益，人壽保險合同中就有了復效條款，專門規定了復效的條件和時間。投保人行使復效的權利，就可以獲得比重新投保更多的好處。如果投保人重新投保，那麼就會因投保年齡的提高而支付更多的保險費。另外，保險單還必須再經過兩年後才產生現金價值。但如果投保人選擇恢復保險合同效力，則只需按原來的保險條件補交保險費，再加上相應的利息就可以了，原保險合同的保障依然不變，這樣對投保人來說是有利的。從保險人的角度來說，儘管是給了投保人恢復原保險合同效力的機會，但事實上對自己業務的保全也是有利的，否則投保人在不能如期交付保險費而導致保險合同效力"終止"後，或許會選擇其他保險人重新投保。

中國《保險法》第三十六條規定："合同約定分期支付保險費，投保人支付首期保險費後，除合同另有約定外，投保人自保險人催告之日起超過三十日未支付當期保險費，或者超過約定的期限六十日未支付當期保險費的，合同效力中止，或者由保險人按照合同約定的條件減少保險金額。被保險人在前款規定期限內發生保險事故的，保險人應當按照合同約定給付保險金，但可以扣減欠交的保險費。"第三十七條規定："合同效力依照本法第三十六條規定中止的，經保險人與投保人協商並達成協議，在投保人補交保險費後，合同效力恢復。但是，自合同效力中止之日起滿兩年雙方未達成協議的，保險人有權解除合同。保險人依照前款規定解除合同的，應當按照合同約定退還保險單的現金價值。"

第四節　保險合同的履行

保險合同的履行是指保險合同當事人雙方依法全面完成合同約定義務的行爲。保險合同履行分爲兩個方面：一是投保人義務的履行，二是保險人義務的履行。

一、投保人義務的履行

（一）如實告知

如實告知是指投保人在訂立保險合同時必須將保險標的的重要事實，以口頭或書面的形式向保險人作真實陳述。這是因爲保險人在作承保選擇以及保險價格選擇時通常是根據投保人對保險標的的描述來決定的，投保人對保險標的重要事實告知與否以及告知是否如實會影響保險人對風險的判斷。所以，如實告知是投保人必須履行的首要義務，這樣可以保證保險合同的信息對稱，維護保險合同訂立的公平公正。如果投保人違反如實告知義務，保險人可以解除合同，甚至可以不履行賠償或給付保險金義務。

（二）交付保險費

保險合同是雙務合同，交付保險費是投保人最基本的義務。雖然《保險法》並未明確規定交付保險費是保險合同生效的要件，但作爲保險人承保保險責任的對價，投保人有履行交付保險費的義務。保險合同成立後，如果投保人不能如期交付保險費，保險人可以按一般債的關係，以訴訟方式請求投保人交付保險費或者可以解除保險合同，但通常不影響保險合同的效力，除非保險合同中特別約定，投保人交付保險費是保險合同生效的條件。中國《保險法》第十四條規定：“保險合同成立後，投保人按照約定交付保險費，保險人按照約定的時間開始承擔保險責任。”

（三）維護保險標的的安全

保險合同訂立以後，投保人或被保險人應當遵守國家有關消防、安全、生產操作、勞動保護等方面的規定，維護保險標的的安全，不能因爲有了保險而放鬆對保險標的安全的謹愼態度，否則會增加保險標的的危險程度，從而增加保險人的危險負擔。所以，保險人有權對保險標的的安全工作進行檢查，並可要求投保人採取安全措施。中國《保險法》第五十一條規定："被保險人應當遵守國家有關消防、安全、生產操作、勞動保護等方面的規定，維護保險標的的安全。保險人可以按照合同約定對保險標的的安全狀況進行檢查，及時向投保人、被保險人提出消除不安全因索和隱患的書面建議。投保人、被保險人未按照約定履行其對保險標的的安全應盡責任的，保險人有權要求增加保險費或者解除合同。保險人爲維護保險標的的安全，經被保險人同意，可以採取安全預防措施。"

（四）危險增加通知

保險合同訂立以後，由於主觀或客觀的原因產生保險標的危險增加的現象，投保人應將危險增加的有關情況及時地通知保險人，使保險人瞭解危險的真實狀況，並根據危險的程度作加收保險費或者解除保險合同的選擇。如果投保人或被保險人不履行危險增加通知，對保險人來說是不公平的，不僅使保險人在不知情的情況下承擔了過度的風險，而且也破壞了保險的對價平衡。危險程度增加，投保人交付保險費的義務應該增加。所以，中國《保險法》第五十二條規定："在合同有效期內，保險標的的危險程度顯著增加的，被保險人應當按照合同約定及時通知保險人，保險人可以按照合同約定增加保險費或者解除合同。保險人解除合同的，應當將已收取的保險費，按照合同約定扣除自保險責任開始之日起至合同解除之日止應收的部分後，退還投保人，被保險人未履行前款規定的通知義務的，因保險標的的危險程度顯著增加而發生的保險事故，保險人不承擔賠償保險金的責任。"

(五) 保險事故發生的通知

中國《保險法》第二十一條規定："投保人、被保險人或者受益人知道保險事故發生後，應當及時通知保險人。故意或者因重大過失未及時通知，致使保險事故的性質、原因損失程度難以確定的，保險人對無法確定的部分，不承擔賠償或者給付保險金的責任，但保險人通過其他途徑已經及時知道或者應當及時知道保險事故發生的除外。"投保人、被保險人或者受益人履行保險事故發生通知義務的目的是：第一，可以使保險人獲得取證的時間，迅速調查事實真相，明確事故責任。第二，可以使保險人及時採取救措，避免損失的擴大。第三，可以使保險人有相對充裕的時間準備保險金。所以，保險事故發生後，投保人、被保險人或者受益人可以採用口頭或書面的形式及時通知保險人，這也是被保險人或者受益人提出索賠的必要程序。雖然現行的《保險法》對投保人、被投保人或者受益人的逾期通知的法律後果沒有明確的規定，但在一些保險條款中有涉及此類問題的約定。例如，有的大、中疾病保險條款中規定，由於延誤時間，導致必要證據喪失或事故性質、原因無法認定的，應由受益人承擔相應的責任。又如有的人身保險條款規定，投保人、被保險人或者受益人應當承擔由於通知延誤致使保險公司增加的查勘費用。還如有的機動車輛保險條款中規定，投保人、被保險人逾期通知為違約行為，保險人有權拒賠或自書面通知之日解除合同，已賠償的，保險人有權追回已付保險賠款。所以，在保險實務中，如果投保人、被投保人或者受益人不能及時履行保險事故發生的通知義務，很可能會因此喪失索賠的權利或者會因此增加費用支出。但大多情況下，逾期通知不構成根本違約，保險人不能以此為由拒絕承擔保險責任。

(六) 施救

中國《保險法》第五十七條第一款規定："保險事故發生時，被保險人應當盡力採取必要的措施，防止或者減少損失。"這意味着投保人或者被保險人不能因為有了保險，就放棄對保險標的施救，其有義務盡量減少保險標的的損失。確實在許多情形下，投保人或者被保險人處於較有利的施救地位，如果及時採取有效的措施，就可以防止損失的擴大，這樣不僅可以減少保險賠款支出，而且可以減少社會財富損失。為了鼓勵投保人或被保險人積極履行施救義務，中國《保險法》第五十七條第二款規定："保險事故發生後，被保險人為防止或者減少保險標的的損失所支付的必要的、合理的費用，由保險人承擔；保險人所承擔的費用數額在保險標的損失賠償金額以外另行計算，最高不超過保險金額的數額。"

(七) 提供單證

中國《保險法》第二十二條規定："保險事故發生後，依照保險合同請求保險人賠償或者給付保險金時，投保人、被保險人或者受益人應當向保險人提供其所能提供的與確認保險事故的性質、原因、損失程度等有關的證明和資料。保險人按照合同的約定，認爲有關的證明和資料不完整的，應當及時一次性通知投保人、被保險人或者受益人補充提供。"作爲提出索賠要求的一方，投保人、被保險人或者受益人向保險人提供有關的證明和資料是義不容辭的，正所謂誰主張誰舉證。這些證明和資料包括：保險單或其他保險憑證、已交付保險費的憑證、保險標的的證明、被保險人的身份證明、必要的鑒定結論、損失評估書、索賠請求書等。倘若爲確定保險人應當承擔的保險責任，以及應當支付的賠償金額，必須由技術專家或者保險公估機構對保險事故的原因、性質及保險標的的損失程度進行調查和認定，那麼由此產生的合理費用由保險人承擔。中國《保險法》第六十四條作了相應規定："保險人、被保險人爲查明和確定保險事故的性質、原因和保險標的的損失程度所支付的必要的、合理的費用，由保險人承擔。"如果投保人、被保險人或者受益人不能提供與確認保險事故有關的有效證明和資料，或者提供的證明和資料不真實、不準確、不完整，那麼就會影響投保人、被保險人或者受益人的索賠權利，如果有過錯，則要承擔相應的過錯責任。中國《保險法》第二十七條第三款規定："保險事故發生後，投保人、被保險人或者受益人以僞造、變造的有關證明、資料或者其他證據，編造虛假的事故原因或者投保人、被保險人或者受益人有前三款規定行爲之一，致使保險人支付保險金或支出費用的，應當退回或者賠償。"

(八) 協助追償

在財產保險中，如果保險事故的發生涉及第三者責任方，則保險人向被保險人支付賠償金後，享有代位求償權，即保險人有權以被保險人的名義向第三者責任方追償。由於保險人向第三者責任方追償是以被保險人的名義，所以，被保險人在獲得全部保險金的賠償以後，有義務向保險人提供必要的文件和告知相關重要事實，如提供第三者的侵害事實、受損財產清單、權益轉讓書等，必要時出庭作證，爲保險人向第三者責任方追償提供一切可能的便利條件。中國《保險法》第六十三條規定："保險人向第三者行使代位請求賠償的權利時，被保險人應當向保險人提供必要的文件和所知道的有關情況。"第六十一條第三款規定："被保險人故意或因重大過失致使保險人不能行使代位請求賠償的權利的，保險人可以扣減或者要求返還相應的保險金。"

二、保險人義務的履行

(一) 承擔保險責任

保險人按照法律規定或者合同約定的保險責任承擔賠償或給付保險金義務是保險人最基本的義務。具體表現在以下幾個方面：

1. 保險人承擔保險責任的範圍。保險人承擔保險責任的範圍包括賠償或者給付保險金，支付合理的施救費用、爭議處理費用和檢驗費用。

保險人除了要支付保險責任範圍內的賠償金或者保險金外，對於爲減少損失而支出的合理施救費用、爲明確保險責任而支出的爭議處理費用，以及爲鑒定損失原因和損失程度而支出的檢驗費用也屬於賠償責任範圍內。我國《保險法》對保險人應該承擔的保險責任範圍作了相應的規定。

2. 保險人承擔保險責任的時限。中國《保險法》第二十三條規定："保險人收到被保險人或者受益人的賠償或者給付保險金的請求後，應當及時做出核定；情形複雜的，應當在30日內做出核定，但合同另有約定的除外。保險人應當將核定結果通知被保險人或者受益人；對屬於保險責任的，在與被保險人或者受益人達成賠償或者給付保險金的協議後10日內，履行賠償或者給付保險金義務。保險合同對賠償或者給付保險金的期限有約定的，保險人應當按照約定履行賠償或者給付保險金義務。保險人未及時履行前款規定義務的，除支付保險金外，應當賠償被保險人或者受益人因此受到的損失。任何單位和個人不得非法干預保險人履行賠償或者給付保險金的義務，也不得限制被保險人或者受益人取得保險金的權利。"第二十四條規定："保險人依照本法第二十三條的規定做出核定後，對不屬於保險責任的，應當自做出核定之日起三日內向被保險人或者受益人發出拒絕賠償或者拒絕給付保險金通知書，並說明理由。"第二十五條規定："保險人自收到賠償或者給付保險金的請求和有關證明、資料之日起60日內，對其賠償或者給付保險金的數額不能確定的，應當根據已有證明和資料可以確定的數額先予支付；保險人最終確定賠償或者給付保險金的數額後，應當支付相應的差額。"

因此，根據中國《保險法》的規定，保險人承擔保險責任的時限分爲三種情況：一是保險合同雙方達成賠償或者給付保險金協議的，保險人在達成協議後的10天內履行賠償或者給付保險金的義務；二是保險合同對賠償或者給付保險金有時限約定的，保險人在約定時限內履行賠償或者給付保險金的義務；三是保險人在收到保險索賠資料之日起60天內對賠償或者給付保險金的數額不能確定的，保險人應按可以確定的最低數額先予支付，然後再支付相應的差額。保險人若不能如期履行賠償或者給付保險金的義務，則要賠償被保險人或者受益人因此受到的損失。

3. 保險索賠時效。有關被保險人或者受益人對保險人請求賠償或者給付保險金的權利是有時效規定的，即索賠時效。中國《保險法》第二十六條規定："人壽保險以外的其他保險的被保險人或者受益人，對保險人請求賠償或者給付保險金的訴訟時效期間爲兩年，自其知道或者應當知道保險事故發生之日起計算。人壽保險的被保險人或者受益人向保險人請求給付保險金的訴訟時效期間爲五年，自其知道或者應當知道保險事故發生之日起計算。"

從中國《保險法》的規定來看，保險索賠時效是一種權利消滅時效，即被保險人或者受益人在索賠時效內不行使請求賠償或者給付保險金的權利，則超過索賠時效將喪失索賠的權利。在保險實務中，某些保險險種的保險條款對索賠時限或者保險事故發生通知時限有一些特別的規定，這些特別的規定一般被理解爲是保險合同雙方約定的一項合同義務。如果被保險人或者受益人違反此項義務，則應當根據合同約定的違約責任承擔相應的後果，但並非必然導致保險金請求權的喪失或放棄。此類特別約定不得與保險法或者相關法律關於索賠時效的強制性規定相抵觸，尤其不能違反公平原則。

(二) 條款說明

保險合同是附合性合同，保險條款通常是由保險人事先擬訂的，投保人只能選擇接受或不接受。對於這樣格式化的條款，由於專業性較強且技術複雜，投保人很難理解其中的内涵。為了保證合同的公平和公正，保險人有義務將保險條款解釋清楚，使投保人真正瞭解其購買的保險產品的保障範圍，不至於因理解的偏差而得不到預期的保險保障，損害投保人的利益。

中國《保險法》第十六條規定："訂立保險合同，保險人就保險標的或者被保險人的有關情況提出詢問的，投保人應當如實告知。投保人故意或者因重大過失未履行前款規定的如實告知義務，足以影響保險人決定是否同意承保或者提高保險費率的，保險人有權解除合同。前款規定的合同解除權，自保險人知道有解除事由之日起，超過30日不行使而消滅。自合同成立之日起超過兩年的，保險人不得解除合同；發生保險事故的，保險人應當承擔賠償或者給付保險金的責任。投保人故意不履行如實告知義務的，保險人對於合同解除前發生的保險事故，不承擔賠償或者給付保險金的責任，並不退還保險費。投保人因重大過失未履行如實告知義務，對保險事故的發生有嚴重影響的，保險人對於合同解除前發生的保險事故，不承擔賠償或者給付保險金的責任，但應當退還保險費。保險人在合同訂立時已經知道投保人未如實告知的情況的，保險人不得解除合同；發生保險事故的，保險人應當承擔賠償或者給付保險金的責任。保險事故是指保險合同約定的保險責任範圍内的事故。"毫無疑問，如實告知是保險合同雙方當事人都必須履行的義務，保險人也不例外。如果由於保險人沒有履行保險條款的說明義務或者說明不實，而引起投保人或者被保險人對保險條款的重大誤解或者使合同顯失公平，則可能導致保險合同的相對無效，因為誠信是合同成立的基礎。

關於保險人對保險合同免責條款的說明義務，中國《保險法》第十七條作了更進一步的規定："訂立保險合同，採用保險人提供的格式條款的，保險人向投保人提供的投保單應當附格式條款，保險人應當向投保人說明合同的內容．對保險合同中免除保險人責任的條款，保險人在訂立合同時應當在投保單、保險單或者其他保險憑證上做出足以引起投保人註意的提示，並對該條款的內容以書面或者口頭形式向投保人做出明確說明；未作提示或者明確說明的，該條款不產生效力。"之所以特別強調保險人對免責條款明確說明的義務，主要是因為免責條款關係到投保人的切身利益，投保人應該清楚地知道什麼樣的風險和損失保險人是不承擔責任的，投保人是得不到保障的。投保人什麼樣的行為是違約的，可能導致保險合同的失效，或者保險人不承擔責任。如果在投保人沒有搞清楚條款的真實內容的情況下，保險人以免責條款為理由而不承擔保險責任，很顯然對投保人是不公平的。因此，保險人不僅要以書面形式將免責條款列明在保險合同中，而且要對投保人作詳盡的說明，使投保人對此條款有足夠的重視，並對條款有較為全面準確的認識。倘若保險人不能履行免責條款的明確說明義務，那麼此條款是不發生效力的，保險人不能以此爲理由不承擔保險責任。

（三）及時簽發保險單證

中國《保險法》第十三條規定："投保人提出保險要求，經保險人同意承保，保險合同成立。保險人應當及時向投保人簽發保險單或者其他保險憑證，保險單或者其他保險憑證應當載明當事人雙方約定的合同內容。當事人也可以約定採用其他書面形式載明合同內容。"保險合同成立後，及時簽發保險單或者其他憑證是保險人的法定義務。因爲保險單或者其他保險憑證是保險合同訂立的證明，也是履行保險合同的依據，所以在有些保險條款中對保險人簽發保險單證有時限規定。如果保險人不能在約定的時限內簽發保險單證，保險人要承擔相應的後果。

（四）爲投保人、被保險人或再保險分出人保密

保險人或者再保險接受人在辦理保險業務的過程中，對投保人、被保險人或者再保險分出人的業務和財務狀況負有保密義務。保險人在處理保險業務時，不可避免地會瞭解到一些投保人、被保險人或者再保險分出人的業務和財務情況，保險人應該對此保密，不能向外透露，否則會損害投保人、被保險人或再保險分出人的利益。維護保險合同雙方的利益是維持合同有效性、持續性的前提。

三、保險合同的爭議處理

在保險合同的履行過程中，保險合同雙方會因爲各種不同的原因而產生爭議，但大部分爭議的主要根源在於保險合同雙方對合同條款內容在理解和認識上有歧義。雖然保險合同條款作爲保險合同雙方履約的依據會盡量追求內容完整、文字準確，但在保險實務操作中情況錯綜複雜。所以，對保險合同條款真實意思的解釋成爲解決保險合同爭議的關鍵，爲此，逐步形成了保險合同解釋的原則。

（一）保險合同的解釋原則

保險合同的解釋應遵循以下原則：

1. 術語解釋。術語解釋是指在保險合同中所用一般文字和詞語應該按文字和詞語的通常含義並結合合同的整體內容來解釋。在合同中出現的同一詞語，對它的解釋應該是統一的。雙方有爭議的，以權威性工具書或專家的解釋爲準。在合同中所用的保險專業術語、法律專業術語或者其他行業的專業術語，有立法解釋的，以立法解釋爲準；沒有立法解釋的，以司法解釋、行政解釋爲準；沒有立法、司法或行政解釋的，應該以所屬行業公認的特定含義、技術標準或者行業習慣來解釋。

2. 意圖解釋。意圖解釋是指當保險合同條款中出現文義不清、用詞混亂和含糊的時候，對保險合同的解釋應該尊重當事人雙方訂約時的真實意思，並根據訂約的背景和客觀實際情況來分析和推定。如果合同的書面約定和口頭約定不一致，以書面約定爲準；如果保險單及其他憑證與投保單或其他合同文件不一致，以保險單及其他憑證中載明的內容爲準；如果特約條款與基本條款不一致，則按批單優於正文，後批註優於先批註，手寫優於打印，加貼批註優於正文批註的規則解釋。這些規則更能反應合

同當事人的真實意圖。

3. 解釋應有利於非起草人。由於保險合同條款通常是由保險人事先擬訂的，保險人對合同條款的內容和含義更瞭解、更清楚，因此當保險合同雙方對條款內容的合理解釋或者合理推定有兩種以上時，尤其是合同中的用詞模棱兩可，法院或仲裁機關應當做出有利於非起草人的解釋。中國《保險法》第三十條規定："採用保險人提供的格式條款訂立的保險合同，保險人與投保人、被保險人或者受益人對合同條款有爭議的，應當按照通常理解予以解釋。對合同條款有兩種以上解釋的，人民法院或者仲裁機構應當做出有利於被保險人和受益人的解釋。"

(二) 保險合同的爭議處理

當保險合同雙方發生爭議時，解決爭議的方式主要有協商、仲裁和訴訟三種。

1. 協商。協商是爭議雙方首選的方式，因爲協商解決爭議是建立在雙方自願誠信的基礎上，充分交換意見，互作讓步，達成共同接受的和解協議。其優點是：一是可以省時省錢省事。協商是在雙方自願的基礎上自行解決爭議，自然不會產生支付給第三方的費用，也不會經歷漫長的時日。二是可以維護雙方的友好關係，有利於合同的繼續履行。三是處理爭議的方式較爲靈活，可以具體問題具體分析，實事求是地解決爭議。但協商最大的缺點是和解協議不是終局性的，對合同雙方沒有約束力。如果協商不成，保險合同雙方可以選擇以仲裁或者訴訟方式解決爭議。

2. 仲裁。仲裁是保險合同雙方當事人在爭議發生前或者爭議發生後，願意把他們之間的爭議交由共同認可的第三方進行裁決。仲裁以雙方達成的仲裁協議爲基礎，仲裁機構可以是臨時性的，也可以是常設的，仲裁人可以由雙方自由指定，也可以由專業仲裁機構的仲裁人承擔。仲裁方式不僅有協商和解省時省事、不傷和氣的好處，而且費用也較訴訟方式節約，最大的好處是裁決由專業人士做出，具有較好的信譽和公正性，並且註重商業習慣，靈活性較大，有利於維持合同關係的繼續。同時，仲裁裁決是終局性的，對合同雙方都有約束力。

3. 訴訟。訴訟是保險合同雙方通過法院裁決解決爭議的方式。訴訟由保險合同當事人一方提出，不需要得到另一方的同意。訴訟必須經過一定的法定程序，並支付相應的訴訟費用。訴訟的好處在於註重以法律爲依據、以事實爲準繩來處理爭議，並且裁決結果對雙方有約束力。訴訟的缺點是費時費力費錢，不利於雙方繼續維持合同關係。

案例分析

案例：中國抽紗貨物損失保險索賠案

2007年7月4日，中國抽紗上海進出口公司（以下簡稱中國抽紗）與中國太平洋保險公司上海分公司（以下簡稱太平洋保險）訂立海上運輸貨物保險合同，保險標的物爲9 127箱玩具，保險金額計550 508美元，承保險別爲中國人民保險公司1981年海運一切險和戰爭險條款。根據太平洋保險的《主要險種條款匯編》的解釋，一切險包括"偷竊、提貨不着險"，責任起訖期間爲倉至倉等。涉案貨物運抵聖彼得堡後，承運人銀風公司未收回正本提單而將貨放給了中國抽紗對外貿易合同的買方。中國抽紗與買方約定的付款方式爲付款寄單，因買方遲遲沒有支付貨款，中國抽紗遂派人持正本提單至聖彼得堡提貨未着。就該批貨物，中國抽紗已向買方收取預付款 100 076.5 美元。隨後，中國抽紗依據保險合同向太平洋保險提出保險索賠被保險公司拒賠。中國抽紗就此向法院提起訴訟。此案經二審法院報請最高人民法院後，依法判決駁回了中國抽紗的訴訟請求。

[分析]：

二審法院在審理本上訴案時，就無單放貨是否屬於保險責任範圍存有較大爭議。

一種意見認爲，中國抽紗投保的是一切險和戰爭險，根據中國太平洋保險公司的業務規則，一切險包括"偷竊、提貨不着"險在內的 11 種普通附加險。中國抽紗系投保人和提單持有人，承運人的無單放貨，必然導致提單持有人的提貨不着。無單放貨行爲對承運人而言是人爲因素，但對投保人而言當屬意志以外的原因，故符合一切險中的"外來原因"的條件，保險人應予賠償。

另一種意見認爲，無單放貨發生在貨物安全運抵目的港後，不屬於運輸中的保險風險，且中國太平洋保險公司業務規則中明文規定適用提貨不着險時，被保險人必須向責任方取得提貨不着的證明，但中國抽紗並未提供承運人出具的提貨不着證明，保險人可不予賠償。最高人民法院的答復爲：根據保險條款，保險條款一切險中的"提貨不着"險並不是指所有的提貨不着。無單放貨是承運人違反憑單交貨義務的行爲，是其自願承擔的一種商業風險，而非貨物在海運途中因外來原因所致的風險，不是保險合同約定由保險人應承保的風險；故無單放貨不屬於保險理賠的責任範圍。

思考題

1. 什麽是保險合同？簡述保險合同的特點。
2. 投保人是不是就是被保險人，爲什麽？
3. 試比較保險代理人和保險經紀人的異同。
4. 定值保險合同與不定值保險合同的區別是什麽？
5. 保險合同訂立、生效和保險責任開始時間是同時發生的嗎？保險合同有效的條件是什麽？

第三部分
貨物運輸保險實務

第 10 章　海洋運輸貨物保險保障的範圍

　　海洋運輸具有運輸量大、運輸距離長、運費低廉等優點，國際貿易的貨物，絕大部分都是通過海洋運輸完成的。但是，海洋運輸的貨物和船舶容易遭受海上多種風險的侵襲和威脅，導致貨物和船舶滅失或者損害，並由此產生費用。根據英國 1982 年"協會貨物條款"、中國 1981 年修訂的"海洋運輸貨物保險條款"以及 1993 年 7 月 1 日實施的《中華人民共和國海商法》爲框架，本章介紹海洋貨物運輸保險保障的風險、損失及費用等方面相關內容，並瞭解國際貨物運輸中其他運輸途徑的保險承保的風險範圍。

第一節　海洋運輸貨物保險保障的風險

　　海洋貨物運輸保險所承保的廣義的海上風險，泛指航海時所發生的一切風險。狹義的海上風險（Perils of Sea），是指海上偶然發生的自然災害和意外事故，按其發生的性質，包括海上風險和外來風險兩類。海上風險又可以分爲自然災害和意外事故兩種，而外來風險包括一般外來原因造成的風險和特殊外來原因造成的風險。具體分類見表 10-1。

表 10-1　　　　　　　　　　海洋運輸貨物保險的分類

風險類型		風險內容
海上風險	自然災害	惡劣氣候、雷電、海嘯、地震、洪水、火山爆發、浪擊落海等
	意外事故	船舶擱淺、觸礁、沉默、互撞、失火、爆炸
外來風險	一般外來險	偷竊、提貨不著、淡水雨淋、短量、滲漏、破碎、受潮、受熱、霉變、串味、玷污、鉤損鏽損等
	特殊外來險	戰爭、罷工、交貨不到、拒收等

一、海上風險

　　海上風險，是指保險人承保的在海上和海與陸上、內河或與駁船相連接的地方所發生的風險。在海上保險業務中，保險人所承保的海上風險是有特定範圍的，它並不是包括一切在海上發生的風險，又不局限於航海中所發生的風險。具體來說，保險承保的海上風險包括下列風險：

(一) 自然災害

自然災害（Natural Calamity）是指不以人們意志為轉移的自然力量所引起的災害。但在海上保險中，它不是泛指一切由於自然力量所造成的災害。例如，根據我國《海洋運輸貨物保險條款》規定：所謂自然災害僅指惡劣氣候、雷電、海嘯、地震、洪水以及其他人力不可抗拒的災害等。而英國《倫敦協會貨物保險條款》（1982年1月1日開始使用）規定：屬於自然災害性質的風險有雷電，地震或火山爆發，浪擊落海以及海水、湖水、河水進入船舶、駁船、運輸工具、集裝箱、大型海運箱或儲存處所等。具體地，各種自然災害風險的含義如下：

1. 惡劣氣候。一般是指因海上暴風雨、颶風、臺風、大浪等引起船舶顛簸、傾斜而造成的船體破裂、船上機器設備損壞，或使貨物進水、散包、破碎、衝走，以及因關閉通風艙致使艙內濕度過大歘及貨物等。在實務上，保險人對惡劣氣候一詞也沒有明確的定義，往往根據風險的具體情況進行解釋。我國對暴風的解釋為風力在8級以上，風速在17.2米/秒以上即構成暴風責任。

2. 雷電。指由雷電直接造成的，或者由雷電引起火災造成的船舶或貨物的直接損失。例如，因雷電擊中船上桅杆造成倒塌，而壓壞船艙，致使海水浸入，貨物受海水浸泡的損失，都屬於雷電責任。

3. 海嘯。指由於地震或風暴引起海水巨大漲落現象，導致航行於海上的船舶及其所載貨物的損毀或滅失。

4. 地震或火山爆發。指直接或歸因於地震或火山爆發所致船舶或貨物的損失。陸地上發生的地震雖不影響在海上的航運，但可能影響停泊在港口的船貨，而發生在海底的地震更會引起海嘯而危及航運。

5. 洪水。一般指山洪暴發、江河泛濫、潮水上岸及倒灌或暴雨積水成災，造成航行或停泊於沿海水面的船舶或運輸中的貨物被淹沒、衝散、衝毀、浸泡等損失。

6. 其他自然災害。通常包括浪擊落水以及海水、湖水、河水進入船舶、駁船、運輸工具、集裝箱、大型海運箱或儲存處所等。浪擊落水是指艙面貨物受海浪衝擊落水而造成的損失，不包括在惡劣氣候下船身晃動而造成貨物落水的損失。海水、湖水、河水進入船舶、駁船、運輸工具、集裝箱、大型海運箱或儲存處所的危險，對儲存處所可以理解為包括陸上一切永久性或臨時性的、有頂篷或露天的儲存處所。

(二) 意外事故

海上意外事故（Fortuitous Accidents）是指在運輸工具遭遇外來的、突然的、非意料中的事故，如船舶擱淺、觸礁、沉沒、互撞、與流冰或其他物體碰撞、失蹤以及火災，爆炸等海上保險所承保的意外事故，並不是泛指所有海上意外事故，而是僅指保險合同規定的特定範圍內的意外事故。

1. 擱淺。指船舶與海底、沙灘、堤岸在無法預料的情況下發生接觸，並擱置一段時間，使船舶無法繼續航行以完成運輸任務。但規律性的漲落潮所造成的擱淺則不屬於保險擱淺的範疇。同樣船舶擱淺經常發生於特定地區，如發生在運河中，也不屬於保險擱淺的範疇。

2. 觸礁。指載貨船舶觸及水中岩礁或其他阻礙物（包括沉船）而仍然能繼續行進的一種狀態。觸礁後船舶雖然接觸了水中障礙物但仍能繼續移動，這是觸礁與擱淺的區別。

3. 沉沒。指船體全部或大部分已經沒入水面以下，並已失去繼續航行的能力。若船體部分入水，但仍具航行能力，則不視作沉沒。

4. 碰撞。原指船舶與船舶之間發生的猛烈接觸。隨著時間推移，對該詞的解釋已經有所放鬆，現在通常將碰撞定義爲：碰撞是指船舶在水中與自身以外的其他固定或移動物體的撞擊或猛烈接觸。其中包括船舶、碼頭、防波堤、橋樑、燈標、浮筒、漂浮物以及浮冰等。換言之，碰撞是指船舶與船舶或與非船舶的其他約定物體的碰撞。需要註意的是，被承保的碰撞事故必須滿足三個條件：第一，船舶要有實際接觸，即要有碰撞事實；第二，碰撞和損失要有必然的因果關係；第三，碰撞必須以船舶在水上航行爲前提。如果船舶在港內修理時發生碰撞事故，保險人不必承擔賠償責任。

5. 失蹤。指船舶在海上航行中失去聯絡，並超過合理期限的一種情況。所謂合理期限，各國規定不同，我國一般規定兩個月爲合理期限。被保險船舶一旦宣告失蹤，除非能夠證明失蹤是因戰爭風險導致的，均由保險人當作海上風險損失負責賠償，如果在保險人賠償後，船舶又重新出現，該船的所有權歸保險人。

6. 傾覆。指船舶受災害事故，船身傾覆或傾斜，失去正常狀態，處於非正常的、非經施救或救助而不能繼續航行的狀態。在海上保險中，保險人除了承保船舶傾覆所造成的損失外，還承保了陸上工具的傾覆損失。也就是說，海上運輸保險人不僅承保被保險貨物因船舶發生傾覆導致的損失，也承保被保險貨物在陸上運輸時因陸運工具發生傾覆導致。

7. 火災。指船舶本身、船上設備以及載運的貨物被燒毀、燒焦、燒裂、烟熏以及因救火時搬運貨物、消防灌水等導致的水漬或其他損失。海上保險所承保的火災，通常是指由下列原因引起的火災而導致的損失：

（1）雷擊電閃起火；

（2）爆炸引起的火災，或因起火引起的爆炸；

（3）船長或船員的過失所導致的火災；

（4）貨物本身的特性因受外界氣候、溫度等影響而發生的自燃；但如果是由於貨物固有瑕疵而發生的自燃，保險人僅對火災造成的其他貨物和承運船舶的損失負責賠償，自燃貨物本身的損失不在承保範圍內。

（5）其他原因不明的火災。凡是由於上述原因所引起的火災損失，保險人均負賠償責任。但是，如果由於戰爭、罷工或民衆暴亂行爲所引起的火災不在保險人承保範圍內，只能通過加保戰爭險、罷工險獲得保障。

8. 爆炸。指船上鍋爐或其他機器設備發生爆炸和船上貨物因氣候條件（如溫度）影響產生化學反應引起的爆炸。

9. 暴力盜竊。指暴力掠奪貨物或船舶的行爲。例如，使用鐵杆將船上庫房的鎖砸壞後行竊，就是暴力偷竊。

10. 抛棄。指航行中的船舶在遭遇緊急情況時，船長爲了保全船舶與貨物的共同安全，人爲地、合法地將船上部分貨物或船上設備投入海中而造成的損失。例如，船舶擱淺有沉没的風險，將一部分貨物扔入海中，以減輕船舶的重量使其重新浮起。

保險人對下列情况下發生的抛棄並造成的損失不承擔賠償責任：

（1）被抛棄的貨物不是習慣上裝載在艙面或甲板上，又未加保艙面險的，保險人不負賠償責任；

（2）除非保單另有規定，貨物因固有瑕疵被抛棄的，不能獲得賠償，如扔掉腐爛的水果，發臭的肉等；

（3）貨物因裝載不當而被抛棄，保險人也不承擔賠償責任。

11. 船長或船員的惡意行爲。指船長或船員故意損害船東或租船人利益的一種非法行爲。海上保險承保這種風險的條件是：第一，船長或船員的惡意行爲不是由於船東或租船人的縱容、共謀或授意所做出的；第二，他們的行爲使船東、租船人或貨主的利益受到了損害，船長若爲船東，則不能構成船長的惡意行爲而是船東的惡意行爲，屬於海上保險的除外責任。船長或船員的惡意行爲的表現形式有以下幾種：

（1）故意棄船、縱火燒船或鑿沉船舶；

（2）故意違反航行規則，導致船舶遭受處罰；

（3）與敵人交易、走私或衝越封鎖線，以致船舶貨物被押或没收；

（4）欺詐出售或私自抵押船舶和貨物等。

二、外來風險

外來風險（Extraneous Risk），一般是指海上風險以外的其他外來原因造成的風險。所謂外來原因，必須是意外的、事先難以預料的，而不是必然發生的外來因素。因此，類似貨物的自然損耗和本質缺陷等屬於必然發生的損失，都不應包括在外來風險引起的損失之列。外來風險可分爲一般外來風險和特殊外來風險。

（一）一般外來風險

在運輸貨物保險中一般外來風險是指在貨物運輸途中由於偷竊、提貨不着、淡水雨淋、短量、滲漏、破碎、受潮、受熱、霉變、串味、玷污、鈎損、銹損等原因所導致的風險；在船舶保險中包括裝卸或移動貨物或燃料過程中的意外事故，鍋爐破裂、尾軸斷裂或機器船體的潛在缺陷，船長、高級船員以及被保險人以外的修船人或承租人的疏忽所致的風險。

（二）特殊外來風險

特殊外來風險是指由於戰爭、罷工、拒絕交付貨物等政治、軍事、國家禁令及管制措施所造成的風險及損失。主要包括交貨不到、拒收、戰爭和罷工。例如，因政治原因或戰爭因素，運送貨物的船只被敵對國家扣留而造成交貨不到；某些國家頒布的新政策或新的管制措施以及國際組織的某些禁令，都可能使得貨物無法出口或進口而造成損失。

第二節　海洋運輸貨物保險保障的損失

船舶和貨物在海上運輸中由於海上自然災害和意外事故等造成的損失和滅失，稱爲海上損失。根據國際保險市場的一般解釋，凡是與海上運輸有關聯的海陸連接的運輸過程中發生的損害與滅失，也屬於海上損失範疇。海上損失可從不同角度進行分類，按損失程度可以分爲全部損失和部分損失。

一、全部損失

全部損失（Total Loss），簡稱全損，是指保險標的因保險事故的發生而遭受的全部損失。具體分爲實際全損、推定全損、協議全損和部分全損等情況。

(一) 實際全損

實際全損（Actual Total Loss），又稱絕對全損，是指保險標的在運輸途中實際完全滅失。中國《海商法》第二百四十五條規定："保險標的發生保險事故後滅失，或者受到嚴重損壞完全失去原有形體、效用，或者不能再歸被保險人所擁有的，爲實際全損。"從本條規定中可知，海上保險標的的實際全損的主要有以下幾種：

(1) 保險標的物全部滅失。指保險標的在其物質實體上發生了完全毀損和不復存在。例如，船舶因遭遇海難後沉入海底無法打撈；船載貨物被大火全部焚毀；船艙進水，致使糖、鹽等貨物被海水溶解，都構成完全滅失。但是，如果沉没的船隨後又被撈上來，不能列爲實際全損。

(2) 保險標的物已失去原有商業價值或用途。保險標的受損後，雖然形體仍然存在，但不再具有投保時的屬性，失去了原有的商業價值或使用價值。例如，水泥受海水浸泡後結塊，食品被有毒物質玷污，都失去了其原有的使用價值。

(3) 被保險人對保險標的失去所有權，且無法挽回。指保險標的實際仍存在，也未喪失原有屬性和用途，但保險人已經喪失了對它的有效占有，而且無法挽回。例如，貨物被敵國没收，船舶被海盜劫走等。

(4) 船舶失蹤達一定時間仍無音訊。船舶失蹤達一定合理期限，損失按照實際全損處理。

(二) 推定全損

推定全損（Constructive Total Loss）是海上保險中特有的制度，指保險標的物在遭遇保險事故後尚未達到全部滅失，但是完全滅失已不可避免，或者恢復、修復該標的物或運送貨物到達原定目的地所耗費用，估計已達到或超過其實際價值或保險價值。構成被保險貨物推定全損的情況有以下幾種：

(1) 保險標的物在海上運輸中遭遇危險後，雖然尚未達到全部滅失、損毀或變質狀態，但實際全損已經無法避免。例如，一艘載貨船在一個偏僻的海域内擱淺，而且又碰上惡劣天氣，不便於其他船舶前來救助。雖然擱淺時船貨並没有完全滅失，但如

187

不及時對其救助,船貨的完全滅失將是無可避免的。

(2) 被保險貨物受損後,其修理和繼續運往目的港的費用估計要超過貨物到達目的港的完好價值。

(3) 被保險貨物遭受保險責任內的事故,使被保險人喪失對保險標的的所有權,而收回保險標的物的所有權所花費的費用估計要超過收回後的標的價值。

(4) 被保險船舶受損後,其修理或救助費用分別或兩項費用之和將要超過船舶的保險價值。

實際全損與推定全損的主要區別如下:

第一,實際全損強調的是保險標的在遭受保險事故後,確實已經完全毀損、滅失,或失去原有的性質和用途,並且不能再恢復原樣或收回。推定全損則是指保險標的已經受損,但未完全滅失,可以修復或收回,不過因此而需支出的費用將超過該保險標的復原或收回後的價值。可見,實際全損是一種物質上的滅失,而推定全損是一種經濟上的滅失。

第二,發生實際全損後,被保險人無須辦理特別手續,即可向保險人要求賠償全部損失。但在推定全損的情況下,被保險人可以按部分損失向保險人索賠,也可以按全部損失要求保險人賠償。如果採取後一種方式,即要求按全損賠償,被保險人還必須向保險人辦理"委付"手續。

委付是根據保險的基本原則——損失賠償原則派生出來的物權代位原則之一。它最初是海上保險合同的條款之一,被規定為"船舶航行方向不明而無任何消息時視同船舶的喪失",而後,為了適應海上航運貿易的特殊性,逐步發展為被保險人讓渡保險標的而取得保險賠償的制度。自15世紀以來,委付已為海上保險所廣泛採用,目前各國法律也普遍對委付作了相應的規定。

中國《海商法》第二百四十九條規定:"保險標的發生推定全損,被保險人要求保險人按照全部損失賠償的,應當向保險人委付保險標的。保險人可以接受委付,也可以不接受委付,但應當在合理的時間內將接受委付或不接收委付的決定通知被保險人。委付不得附帶任何條件。委付一經保險人接受,不得撤回。"第二百五十條規定:"保險人接受委付的,被保險人對委付財產的全部權利和義務轉移給保險人。"可見,委付指保險事故發生後,被保險人將尚未實際全損的保險標的的一切權利和義務轉移給保險人,而作為要求按推定全損賠付的前提條件。

委付是放棄物權的一種法律行為,即一方對另一方以明確方式表示放棄其財產、權利和利益。被保險人進行委付,必須在獲得有關保險事故的可靠消息,並在適當合理的期限內向保險人提交委付通知。一般來說,被保險人考慮採用委付方式要求保險人按全部損失賠償的決定是根據保險標的受損程度和經過核算後做出的。在此之前,要權衡作推定全損賠償或按部分損失賠償兩種方式中哪一種對自己有利。

委付通知是被保險人向保險人作推定全損索賠之前必須提交的文件。被保險人不提交委付通知,保險人對受損保險標的只能作部分損失處理。委付通知常用於書面形式。書面的委付通知並無統一格式,但被保險人在委付通知中應以明確肯定的詞語表明願意將其所有保險標的的一切權利無條件轉讓給保險人。被保險人在提交委付通知時，還應將其有關保險標的的證明文件交給保險人，將有關保險標的的其他保險合同和有關應歸其負擔的各種債務告訴保險人。目前我國法律並未對委付通知做出具體規定。

委付是被保險人的一種單方面行為，不必徵得保險人的同意，但委付行為必須經保險人的承諾才能成立。保險人在收到委付通知和有關文件、證明和材料後，經過研究，可以接受委付，也可以不接受委付。值得註意的是，無論接受與否，被保險人獲得推定全損賠償的權利並不受影響。只要達到推定全損條件，即使保險人拒絕委付，也要按全損賠償。然而，保險人一旦同意接受委付，就不能撤回，被保險人對於保險標的物的全部利益以及依附於它的一切權利和義務也隨之轉讓給保險人。在實務上，保險人往往拒絕接受委付，這是保險人不願意承擔責任。

如某公司出口稻穀一批，因保險事故被海水浸泡多時而喪失其原有價值，貨到目的港後只能低價出售，這種損失屬於實際全損。

又如有一批出口服裝，在海上運輸途中，因船體觸礁導致服裝嚴重受浸，若將這批服裝漂洗後運至原定目的港所花費的費用將超過服裝的保險價值，這種損失屬於推定全損。

(三) 協議全損

協議全損 (Negotiated Total Loss) 指在某些情況下，保險標的物所遭受的損害既不是實際全損，又沒有達到推定全損的要求，但基於維持保險人與被保險人之間良好的業務等因素的考慮，雙方一致認為，如以全損為基礎進行賠償，更有利於對保險合同規定的理解，有利於保險業務的開展，因此，保險人應被保險人的要求按全部保險金額進行賠償。嚴格地說，協議全損並非指保險標的物真正達到全部損失的程度，而是保險人處理某些損失通融賠償的一種方式。

(四) 部分全損

在海上保險中，凡是貨物中可以分割的某一部分發生全部損失時，稱為部分全損 (Total Loss of Appropriate Part)。例如，在裝卸貨物或在存倉轉運過程中，所有貨物的一件或數件發生全部損失就屬於部分全損，如果受損貨物不能按單位割分，這種損失只能是部分損失，而不是部分全損。

在海上保險中，部分全損主要是針對貨物而言的，因為船舶的全部損失，無論是實際全損還是推定全損，都是以整艘船為單位來衡量的。對於貨物，如果也規定被保險貨物全部受損才構成全部損失，則減少了被保險人獲得全損賠償的機會，對被保險人十分不利，也會影響保險人的業務經營。

目前，海上保險人按照部分全損負賠償責任的幾種情況是：

第一，同一張保險單上載有兩項以上的保險金額，其中有一項或幾項發生全部損失；第二，同一張保險單承保兩種以上不同貨物，其中有一類或幾類貨物發生全部損失；第三，在裝載貨物或轉船時，整件貨物發生全部損失；第四，貨物使用駁船駁運時，同一駁船上的全部貨物發生損失。

二、部分損失

部分損失是指由保單承保風險直接造成的保險標的沒有達到全部損失程度的一種損失。

其賠償方法爲根據海上保險的慣例，保險人對遭受損失的一方自己承擔的那部分損失免賠，即使損失一方購買了貨運保險，保險的賠償也有免賠的規定。

免賠有以下幾種方式：對於部分損失絕對不予賠償，即部分損失免賠，這種規定常用於海上船舶保險。

對於部分損失給予賠償，但對未達到約定金額或百分比的部分損失不賠，對已達到或超過約定金額的部分損失，全部給以賠償，即按實際損失額賠償。

對於部分損失給予賠償，但對於沒有超過約定的金額或百分比的部分損失不賠，保險人只賠償超過約定金額或百分比的部分損失（絕對免賠額的規定）。

對部分損失的賠償無任何限制，保險公司給予全額賠償。

第三節　海洋運輸風險費用

海上風險的發生除了會使保險標的本身遭受損失外，還會帶來費用上的損失。保險人承擔的費用是指保險標的發生保險事故後，爲減少保險標的的實際損失或確定賠款而支出的合理費用，包括施救費用、救助費用、共同海損分攤費用等。

一、施救費用

施救費用（Sue and Labor Expenses）是指保險標的在遭遇保險責任範圍內的災害事故時，被保險人或其代理人、雇傭人員等爲了避免或減少保險標的物的損失，採取各種搶救或防護而產生的費用。

在海上保險中，作爲被保險人的船東或貨主及其雇員和代理人有義務採取合理的措施，即履行施救義務來避免或減輕保險標的的承保損失，因此而產生的費用將由保險人給予賠償。當保險標的出於推定全損狀態，被保險人向保險人發出了委付通知的情況下，被保險人仍有義務對處於危險之中的保險標的盡力施救，保險人也可以採取任何措施去拯救、保護或恢復保險標的，但是被保險人或保險人的此種措施都不得被視爲放棄或接受委付，從而有利於任何一方的利益。

施救費用的賠償條件：

1. 施救費用必須是合理的、必要的。對於不合理的部分，保險人不予賠償。例如，在運費保險中船舶發生擱淺事故後，船方將貨物卸下，不用重新起浮脫淺的船載運貨物至爲合理；反之，保險只負責賠償原來運輸方式轉運所需費用，超出部分被視爲不合理。

2. 施救費用必須是爲防止或減少承保風險造成的損失而採取的措施支出的費用。如果所採取的行動是爲了避免或減少非由本保險承保的損失，其費用不得作爲施救費用向保險人索賠。因此，在施救費用的賠償上需要注意的是，承保危險必須已經發生，或者說保險標的已處於危險之中，而非僅僅是擔心很可能發生危險。另外，該危險所造成的損失必須是本保險承保的損失。

3. 由被保險人及其代理人、雇用人採取措施而支出的費用。施救費用限於由被保險人及其代理人、雇用人所支出的費用。實務中，尤其是發生推定全損，被保險人委付了保險。

世界各國的保險法規及保險條款一般規定保險人對被保險人所支出的施救費用承擔賠償責任，賠償金額以不超過該批被救貨物的保險金額為限。

二、救助費用

(一) 救助費用概念及特點

救助費用（Salvage Charges）指船舶和貨物在海上航行中遭遇保險承保責任範圍內的災害事故時由保險人和被保險人以外的第三者採取救助措施，並成功地使遇難船只和貨物脫離險情，由被救的船方和貨方支付給救助方的報酬。

海上保險人負責賠償的救助費用是指載貨船舶在航行中遭遇海難時，由獨立於保險合同以外的第三者前來救助並獲得成功後，根據"無效果、無報酬"原則由載貨船舶的承運人支付給救助方的那一部分救助報酬。一般情況下，救助費用是為船、貨各方的共同安全而支付的，屬於船舶正常航行以外的費用，作為共同海損分攤，可以向保險人索賠。

(二) 海上救助

海上救助又稱海難救助，是海商法中所特有的制度，是建立在人道主義基礎上的，其目的是為了鼓勵人們對海上遇難的船舶、貨物和人命進行救助以維護海上航行安全。海上救助早先是自願行為，任何在海上航行的船舶都有義務和責任援助其他遇難船舶，按國際法原則，如果對遇難船舶見死不救，輕者吊銷船長船員的資格證書，重者則給予刑事處分。在海難救助時，救助人承擔巨大的風險，耗費大量人力和物力，法律遂賦予其在救助成功後有請求救助報酬的特殊權利，以補償其船舶設施的損耗，這鼓勵了人們對遇難的船、貨或人的救助，也防止了救助人將獲救財物據為己有的現象。

(三) 海上救助合同

在海上救助中，為了明確救助人與被救助人之間的權利和義務，在救助開始之前或救助中簽訂救助合同，分為兩種："無效果、無報酬"救助合同、雇傭性救助合同。

1. "無效果、無報酬"救助合同

這是一種只有當救助取得效果才給付報酬的合同，如果救助沒有效果，則被救助方就沒有向救助方支付報酬的義務。在合同訂立時並不確定救助報酬的金額，而須待救助方提供救助服務後再由當事雙方協商確定。救助報酬考慮的因素有：救助效果、獲救財物的價值、救助難度和危險程度、救助工作所花時間和耗費的費用等，但救助報酬最多不超過獲救財物的價值。

救助人爲了保證其在實施救助後獲得報酬，一般都要求被救方提供擔保，對未提供擔保的被救財產救助人享有留置權，如果救助完成後，雙方因報酬數額達不成協議，則由法院或仲裁機構進行裁決。世界各國救助合同格式不完全相同，但精神是一致的，主要海運國廣泛採用"勞和社救助合同標準格式"，我國採用的是"中國貿促會海事仲裁委員會救助合同標準格式"。

2. 雇傭性合同

雇傭性合同也稱爲實際費用合同，是救助人與被救助人在救助前或救助過程中簽訂的，按實際支出計算報酬的合同。救助費用計算以救助人花費的人力、物力和時間爲依據，救助船舶在遇難船舶的指揮下進行救助，救助人對救助是否有效果不負責任，不論救助成功與否，遇難船舶均須向救助船舶支付實際費用。

3.《救助公約》的特殊補償條款

爲了鼓勵人們及時地對遇難船舶及其他財產進行有效的救助，以保護環境減少海洋污染，衝破傳統的"無效果、無報酬"救助原則，1989《救助公約》的特殊補償條款規定：當遇難船舶或船上貨物對環境污染構成威脅時，救助人對其進行救助作業，雖然救助財產無效果或效果不明顯，且未能減輕或防止環境污染，根據該公約13條確定的救助報酬少於其所花費的費用時，救助人有權獲得相當於該項費用的特殊補償。如果在實施救助作業的同時，防止或減輕了環境污染，特殊補償可增加到救助人所花費用的130%，在特殊情況下，法院或仲裁機構可將此項補償增至200%。

三、特別費用

《MIA1906》第64條第2款規定的特別費用（Particular Charge）是指"爲了保險標的物的安全或保管保險標的物，由被保險人或被保險人的代理人所支出的費用"。它不屬於共同海損費用及救助費用，如船舶在中途港、避難港支出的貨物的卸載費、存倉及運送貨物、保管費及重裝費。

四、續運費用

因保單承保風險引起的被保險貨物的運輸在非保單載明的目的地港口或地方終止時，保險人對被保險人貨物的卸載費用、倉儲費用及繼續運往保單載明的目的地港口的費用等額外費用統稱爲續運費用（Forwarding Charges）。根據1982年協會貨物條款規定，該費用由保險人給予賠償。

第四節　海上損失的理算

按海上損失的性質和保險人承保責任範圍內的損失支付賠償金的歸屬，分爲單獨海損和共同海損。

一、單獨海損

單獨海損（Particular Average Loss）是指保險標的在海上遭受承保風險所引起的部分損失，是共同海損以外的損失。例如，載貨船舶在海上航行，因惡劣氣候致使部分貨物受損，該受損貨物即屬貨方的單獨海損。單獨海損這個術語在倫敦保險協會貨物新條款中已不再使用，但在海上保險實務上，它仍用來表示共同海損以外的一切部分意外損害。

構成單獨海損的條件主要有：必須是保險標的物本身的損失；必須是意外的、偶然的或其他承保風險所直接導致的損失；必須是船方、貨方或其他利益方單方面所遭受的損失。

在海上保險中，保險人對單獨海損的補償，僅以承保風險爲限。如果單獨海損不是由承保風險事故造成的，則保險人不負賠償責任。不僅如此，即使某種單獨海損是承保的風險事故造成的，對此賠償與否，仍需視保單條款的約定。假若保險合同雙方約定單獨海損不保（Free from Particular Averag, FPA），並載明在保單上，保險人仍不負賠償責任。根據國際海上保險市場的慣例，保險人對單獨海損的賠償常採用下列幾種處理方式：

（1）對單獨海損絕對不予賠償。這種規定常用於海上船舶保險合同，即船舶全損險祭款。

（2）除某些特定危險造成的單獨海損以外，對單獨海損不賠償。中國人民保險公司海洋貨物運輸保險條款平安險條款及英國倫敦協會保險 ICC（C）條款對單獨海損的賠償規定就屬於這種情況。

（3）對單獨海損予以賠償，但單獨海損未達到約定的免賠率或免賠額時不予賠償。有些國家的海上保險水漬險條款對單獨海損的賠償規定，屬於這種情況。

（4）對單獨海損予以賠償，而不加任何特別限制，如 PICC 海洋貨物運輸保險條款的一切險條款。

二、共同海損

共同海損（General Average）是指在海上運輸中，船舶和貨物等遭遇自然災害、意外事故或其他特殊情況，威脅到船、貨等各方面的共同安全，爲了解除共同的危險，採取合理的人爲措施，導致船舶、貨物和運費的特殊損失或因此而支出的額外的費用，這部分損失和費用稱作共同海損犧牲，應由受益的船、貨和運費三方面共同分攤。例如，載貨船舶在航行途中擱淺，船長爲了使船、貨脫險，下令將部分貨物拋棄，船舶浮起轉危爲安。被棄的貨物就是共同海損的犧牲。再如，在船舶擱淺，爲謀求脫險起浮而不正常地使用船上機器，導致主機破壞，船舶無法航行，被其他船拖至安全港，就產生額外費用。

1. 構成共同海損的條件

第一，船方在採取措施時，必須確有危及船、貨共同安全的危險存在，風險必須實際存在或不可避免，而不能憑主觀臆斷。

第二，共同海損措施必須是自願的、有意的。共同海損的犧牲必須是由於人為的故意行為，而不是遭遇海上風險造成的。

第三，共同海損犧牲和費用的支出必須合理。共同海損犧牲和費用的支出以解除危難局面為限，船長不能濫用職權，任意擴大物資犧牲和費用支出。合理與不合理並無絕對標準，應結合具體情況而定。例如，拋貨雖然是合理的措施，但拋貨時不先拋重貨、廉價貨，而是先拋價值高而分量輕的貨物，就是不合理。

第四，共同海損犧牲和費用支出的目的僅限於為保船、貨等各方面共同安全。

第五，損失必須是共同海損行為的直接結果。例如，由於共同海損措施，使航程延長而發生的損失不是共同海損措施導致的直接結果，不可列入共同海損。再如，在載貨船舶遇到危難，開始往海中拋貨，在拋貨時海水濺入或衝入船艙，造成其他貨物損失，此項損失屬於共同海損。

第六，所採取的共同海損措施必須是有效果的。即經過採取某種措施後，船舶和貨物的全部或部分最後安全抵達航程的目的港，避免了船貨的同歸於盡。

共同海損犧牲和費用的支出都是為使船、貨和運費免於損失，因而應該由船方、貨方或運費等方面按最後獲救的價值共同按比例分攤，通常稱為共同海損分攤（G. A. Contribution）。由於共同海損分攤只能是在船、貨等最終獲救的前提才發生，故共同海損必然是部分損失的範疇。

2. 共同海損的理算

共同海損事故發生後，採取合理措施所引起的共同海損犧牲和支付的共同海損費用，由全體受益方共同分攤。為此，需要確定作為共同海損受到補償的犧牲和費用的項目及金額，應參加分攤的受益方及其分攤價值，各受益方的分攤額以及最後應付的金額和結算辦法，編制理算書等。這一系列調查研究和審計核算工作，稱為共同海損理算。

（1）理算的依據。共同海損理算的依據即共同海損理算據以進行的有關規則。中國《海商法》第二百零三條規定，共同海損理算，適用合同約定的理算規則；合同未約定的，適用該法第十章的規定。第三百七十四條規定，共同海損理算，適用理算地法律。在實務中，當事人一般是通過約定選擇某國家或地區相關組織制定的，或者由相關國際組織制定的共同海損理算規則來進行共同海損理算。

（2）共同海損理算人。共同海損理算工作由專門從事海損理算的機構或理算師進行，其統稱為海損理算人。海運比較發達的國家均有專門的海損理算機構或海損理算人。我國國際貿易促進委員會設有海損理算處，凡在提單或租船合同中約定共同海損在中國理算的，均由該海損理算處進行理算。

（3）共同海損理算的步驟分為：共同海損宣告與擔保及理算。

共同海損的宣告與擔保。發生共同海損事故後，船長或船東應在船舶發生共同海損之後到達的第一個港口後的一段合理時間內宣布共同海損。《北京理算規則》規定：如果船舶在海上發生事故，各有關方應在船舶到達第一港口後的48小時內宣布，如船舶在港內發生事故，應在事故發生後的48小時內宣布。只有在宣告共同海損後，才開始共同海損的理算。根據《海商法》第一百九十六條的規定，提出共同海損分攤請求的一方應當負舉證責任，證明其損失應當列入共同海損。

爲了確保共同海損分攤的順利進行，經利益關係人請求，有關受益方應當提供共同海損擔保，即做出承擔分攤的保證。我國《海商法》第二百零二條第二、三款規定："以提供保證金方式進行共同海損擔保的，保證金應當交由海損理算師以保管人名義存入銀行。保證金的提供、使用或者退還，不影響各方最終的分攤責任。"

共同海損的理算。船方在宣告共同海損後，應自海損理算人提出委託申請，再由理算人具體進行理算工作。共同海損理算的目的是要最終確定共同海損事件中各方當事人所應分攤的數額。

(4) 共同海損金額的確定。共同海損包括共同海損犧牲和費用。其中，共同海損犧牲的金額分別按船舶的共同海損犧牲、貨物的共同海損犧牲的規定計算。

船舶的共同海損犧牲。船舶的犧牲分部分損失和全損兩種。部分損失時，按照實際支付的修理費、減除合理的以新換舊的扣減額計算。船舶尚未修理的，按照犧牲造成的合理貶值計算，但是不得超過估計的修理費。全損時，按照船舶在完好狀態下的估計價值，減除不屬於共同海損損壞的估計的修理費和該船舶受損後的價值的餘額計算。

貨物的共同海損犧牲。貨物的犧牲分滅失和損壞兩種情況。貨物滅失的，按照貨物在裝船時的價值保險費加運費，減除由於犧牲無須支付運費計算。貨物損壞的，在就損壞程度達成協議前售出的，按照貨物在裝船時的價值加保險費加運費，與出售貨物淨得的差額計算。

運費的共同海損犧牲。按照貨物遭受犧牲造成的運費的損失金額，減除爲取得這筆運費本應支付，但是由於犧牲無須支付的營運費用計算。

(5) 共同海損分攤價值的確定。涉及三個方面問題：船舶、貨物、運費共同海損價值及其計算。

船舶共同海損分攤價值。按照船舶在航程終止時的完好價值，減除不屬於共同海損的損失金額計算，或者按照船舶在航程終止時的實際價值，加上共同海損犧牲的金額計算。

貨物共同海損分攤價值。按照貨物在裝船時的價值加保險費加運費，減除不屬於共同海損的損失金額和承運人承擔風險的運費計算。貨物在抵達目的港以前售出的，按照出售淨得金額，加上共同海損犧牲的金額計算。

運費共同海損分攤價值。按照承運人承擔風險並於航程終止時有權收取的運費，減除爲取得該項運費而在共同海損事故發生後，爲完成本航程所支付營運費用，加上共同海損犧牲的金額計算。

以上每一項分攤價值都要加上共同海損犧牲的金額，是因爲共同海損犧牲中的一部分將要從其他各受益方那裡得到補償，因此也有部分價值因爲共同海損行爲而得到保全，從而也應計算在共同海損分攤價值之內。

(6) 共同海損分攤金額的計算。共同海損應當由受益方按照各自的分攤價值的比例分攤。各受益方的分攤金額計算分兩步：首先計算出一個共同海損損失率。這應該以共同海損損失總金額除以共同海損分攤價值總額得出。然後以各受益方的分攤價值金額分別乘以共同海損損失率，得出各受益方應分攤的共同海損金額，計算公式如下：

受益人的共同海損分攤金額＝受益人的共同海損分攤價值×共同海損分攤率

共同海損分攤率＝共同海損損失總額÷共同海損分攤價值總額×100％

（7）分攤請求權的時效。根據中國《海商法》有關共同海損分攤的請求權，時效期間爲 1 年，自理算結束之日起計算。

實踐中，引起共同海損犧牲或費用的共同危險有時是由於承運人的過失造成的，這種過失有兩種：一種是承運人可以免責的過失，承運人對這類過失所致損失不負責任，由此產生的共同海損損失應由各受益方分攤；另一種是承運人不可免責的過失，承運人應當承擔該過失所造成的損失。通常認爲，承運人是否過失，不影響共同海損的成立和要求進行共同海損分攤的權利。但是，如果能夠證明承運人確實存在不可免責的過失，非過失方可以拒絕參加共同海損分攤，或者在參加共同海損分攤後向過失方追償。

三、單獨海損與共同海損的區別

從損失程度上看，共同海損和單獨海損都屬於部分損失，但是兩者在損失發生的原因和損失承擔方式上有差異。

1. 造成損失的原因不同。單獨海損是因意外的、偶然的事故所直接造成的損失。例如，船舶因火災或碰撞等意外事故造成貨物的損失。而共同海損是因採取人爲的、故意的措施導致的損失，它是海上危險危及船貨的共同安全時，採取某些人爲措施，犧牲一部分貨物或船舶的設備，達到保證全部財產安全的目的。在現實中，單獨海損的發生往往引起共同海損的發生。

2. 承擔損失的方式不同。對單獨海損，一般是由受損方自行承擔，如果涉及第三者責任方的過失，則由過失方負責賠償。在單獨海損情況下，如果受損方投保了海上保險，其損失由保險公司根據保險條款規定承擔損失賠償責任。而共同海損損失是爲了船貨的共同安全做出的，所以應由各受益方按比例分攤。如果受益方投保了運輸貨物保險或船舶險，保險公司對於保險人應承擔的分攤金額予以賠償。

案例分析

案例 1：

我國 A 公司與某國 B 公司於 2009 年 8 月 20 日簽訂進口 52,500 噸化肥的 CFR 合同，B 公司租的"順風號"輪於 10 月 21 日駛離裝運港。A 公司爲這批貨物投保了水漬險。2009 年 10 月 30 日"順風號"輪途經巴拿馬運河時起火，造成部分化肥燒毀。船長在命令救火過程中又造成部分化肥濕毀。請根據上述事例，回答以下問題：（1）途中燒毀的化肥損失屬什麼損失，應由誰承擔？爲什麼？（2）途中濕毀的化肥損失屬什麼損失，應由誰承擔？爲什麼？

[分析]：

（1）屬單獨海損，應由保險公司承擔損失。途中燒毀的化肥屬於單獨海損，近因是火災，依 CFR 術語，風險由 A 公司即買方承擔；而 A 公司購買了水漬險，賠償範圍包含單獨海損，因此由保險公司承擔。

（2）屬共同海損，應由 A 公司與船公司分別承擔。因船舶和貨物遭到了共同危險，船長爲了共同安全，有意又合理地造成了化肥的濕毀。共同海損也是水漬險責任範圍之內，A 公司可以向保險公司索賠。

案例 2：

我國某公司以 CIF 術語出口一批化肥，裝運前按合同規定已向保險公司投保水漬險，貨物裝妥後順利開航。載貨船舶起航後不久在海上遭遇暴風雨，海水涌入艙內，致使部分化肥遭到水漬，損失價值達 1 000 美元，數日後，又發現部分化肥袋包裝破裂，估計損失達 1 500 美元。問：該損失應由誰承擔？

[分析]：

（1）1 000 美元的損失應由保險公司承擔賠償責任，1 500 美元的損失應由買方自己承擔。

（2）本案例涉及保險理賠及 CIF 的風險界點問題，根據中國人民保險公司《海洋貨物運輸保險條款》規定的水漬險的承保責任範圍：除包括平安險的各項責任外，還負責被保險貨物由於惡劣氣候、雷電、海嘯、地震、洪水等自然災害所造成的部分損失。另外，本案中交貨條件爲 CIF，根據《2000 年國際貿易術語解釋通則》中的解釋，按 CIF 條件成交，買賣雙方交貨的風險界點在裝運港的船舷，貨物越過裝運港船舷以前的風險由賣方承擔，貨物越過裝運港船舷以後的風險由買方承擔；CIF 是象徵性交貨，賣方憑單交貨、買方憑單付款，即使貨物在運輸途中全部滅失，買方仍需付款。

（3）結合本案例，1 000 美元的損失是由於自然災害導致的意外損失，屬於保險公司水漬險的承保責任範圍，故保險公司應該賠償。1 500 美元的損失，是由於包裝破裂引起的，它不屬於水漬險的承保責任範圍，而屬於一般附加險中包裝破裂險的責任範圍，故保險公司是不負賠償責任的。另：根據 CIF 風險界點問題，此項損失應由買方自行承擔。

案例 3：

"昌隆號"貨輪滿載貨物駛離上海港。開航後不久，由於空氣溫度過高，導致老化的電線短路引發大火，將裝在第一貨艙的 1 000 條出口毛毯完全燒毀。船到新加坡港卸貨時發現，裝在同一貨艙中的烟草和茶葉由於羊毛燃燒散發出的焦煳味而不同程度受到串味損失。其中由於烟草包裝較好，串味不是非常嚴重，經過特殊加工處理，仍保持了烟草的特性，但是已大打折扣，售價下跌三成。而茶葉則完全失去了其特有的芳香，不能當作茶葉出售了，只能按廉價的填充物處理。

船經印度洋時，不幸與另一艘貨船相撞，船舶嚴重受損，第二貨艙破裂，倉內進入大量海水，劇烈的震蕩和海水浸泡導致倉內裝載的精密儀器嚴重受損。爲了救險，船長命令動用亞麻臨時堵住漏洞，造成大量亞麻損失。在船舶停靠泰國港避難進行大修時，船方聯繫了岸上有關專家就精密儀器的搶修事宜進行了諮詢，發現整理恢復工作量十分龐大，已經超過了貨物的保險價值。爲了方便修理船舶，不得不將第三艙和第四艙部分紡織品貨物卸下，在卸貨時有一部分貨物有鉤損。試分析上述貨物損失屬於什麼損失。

[分析]：

(1) 第一貨艙的貨物。1,000條毛毯的損失是意外事故火災引起的實際全損，屬於實際全損第一種情況——保險標的實體完全滅失。而烟草的串味損失屬於火災引起部分的損失，因爲在經過特殊加工處理後，烟草仍然能保持其屬性，可以按"烟草"出售，貶值的烟草是部分損失。至於茶葉的損失則屬於實際全損，因爲火災造成了"保險標的喪失屬性"，雖然實體還在，但是已經完全不是投保時所描述的標的內容了。

(2) 第二貨艙的貨物。精密儀器的損失屬於意外事故碰撞造成的推定全損。根據推定全損的定義，當保險標的的實際全損不可避免，或爲避免發生實際全損花費的整理拯救費用超過保險標的本身的價值或是其保險價值，就會得不償失，從而構成推定全損。精密儀器恢復的費用異常昂貴，大大超過了其保險價值，已經構成推定全損。亞麻的損失是在危機時刻爲了避免更多的海水涌入貨艙威脅到船貨的共同安全而被用來堵塞漏洞造成的，這種損失屬於共同海損，由受益各方共同分攤。

(3) 第三貨艙的貨物。紡織品所遭遇的損失，是爲了方便共同海損修理而被迫卸下時所造成的，也屬於共同海損。

案例4：

"明西奧"輪裝載着散裝亞麻子，駛向美國的紐約港。不幸，在南美颶風的冷風區內擱淺被迫抛錨。當時，船長發現船板有斷裂危險，一旦船體裂縫漏水，亞麻子受膨脹有可能把船板脹裂，所以船長決定迅速脫淺。於是，該船先後4次動用主機，超負荷全速後退，終於脫淺成功。抵達紐約港後，對船體進行全面檢修，發現主機和舵機受損嚴重，經過理算，要求貨方承擔6 451英鎊的費用。貨主對該項費用發生異議，拒絕付款。試分析本案？

[分析]：

根據共同海損的含義，貨主無權拒付。從案例陳述的過程中可得共同海損成立；爲了船、貨共同安全而採取的合理措施而引起的損失，應由獲救的各方和船方共同承擔。如果貨主購買了貨運險，可以由保險公司來承擔。

案例5：

某貨輪從天津新港駛往新加坡，在航行途中船舶貨艙起火，大火蔓延至機艙，船長爲了船貨的共同安全決定採取緊急措施，往艙中灌水滅火。火雖被撲滅，但由於主機受損，無法繼續航行，於是船長決定雇傭拖輪將貨船拖回新港修理，檢修後重新駛往新加坡。其中的損失與費用有：(1) 1 000箱貨被火燒毀；(2) 600箱貨由於灌水受到損失；(3) 主機和部分甲板被燒壞；(4) 拖輪費用；(5) 額外增加的燃料、船長及船員工資。請指出這些損失中哪些是單獨海損,哪些是共同海損?

[分析]:

(1) 1 000箱貨被火燒毀,屬單獨海損。

(2) 600箱貨由於灌水造成損失屬共同海損。

(3) 主機和部分甲板被燒壞,屬單獨海損。

(4) 拖輪費用以及(5)額外增加的燃料、船長及船員工資都屬共同海損。

思考題

1. 試簡述海洋運輸的主要風險。
2. 介紹海洋運輸保險保障的損失和費用類型。
3. 比較單獨海損與共同海運的內涵及理賠方式。

第 11 章　海洋運輸貨物保險條款

在國際海上保險市場上，各國保險機構制定了自己的保險條款。每一項保險險種都是依據合同確定其承保範圍的。在實際業務中，通常會採用國外的保險條款，其中最爲普遍的是英國倫敦保險協會制定的《協會貨物條款》(Institute Cargo Clause, ICC)。爲適應國際貨物海運保險的需要，中國人民保險公司根據中國實際情況並參照國際保險市場的習慣做法，制定的保險條款總稱爲"中國保險條款"(China Insurance Clause, CIC)，其中貨物運輸條款是它的重要組成部分，主要包括海洋、陸上、航空及郵包等不同運輸方式的貨物保險條款。在我國進出口實務中，一般採用中國保險條款。本章介紹我國海洋運輸貨物保險條款，以及倫敦海洋貨物運輸保險條款，並對它們進行比較。

第一節　中國海洋運輸貨物保險條款

中國海洋運輸貨物保險條款可分爲基本險、附加險和專門險三大類，每一險別包括責任範圍、除外責任、責任起訖、被保險人義務和索賠期限五部分內容。

一、基本險條款

根據中國的海洋運輸貨物保險條款規定，中國海上貨物運輸保險的基本險別有平安險、水漬險和一切險三種。

所謂基本險，是指可以獨立投保，而不必附加於其他險別下的險別，又稱主險。被保險人可以根據自己的保障需要選擇其中任何一種險別投保，當被保險貨物遭受損失時，保險人便按照保險單載明的投保險別所規定責任範圍負責賠償。

(一) 責任範圍

1. 平安險（Free from Particular Average，FPA）。平安險，不能從字面上把它理解爲保險人對投保了這一險別的貨物負責平安運抵目的地，如果貨物在運輸途中不平安，並不意味着因遭遇承保的海上風險事故而發生損失，被保險人就能得到保險人的賠償。平安險的英文原意是不負責單獨海損，但在我國保險行業內中文譯名沿用至今。平安險對單獨海損不承擔賠償責任，而單獨海損屬於部分損失，也有就把該險別的責任範圍局限於對全部損失的賠償，部分損失不賠。經過不斷修訂和補充，平安險的承保責任已經超出僅對全部賠償的範圍，保險人對某些原因造成的部分損失也負責賠償。

第 11 章　海洋運輸貨物保險條款

　　按照我國海洋運輸貨物保險條款，平安險責任範圍共有 8 項，負責賠償下列損失和費用：

　　自然災害造成的全部損失。

　　意外事故造成的全部或部分損失。

　　在意外事故發生前後，自然災害造成的部分損失。

　　落海損失。

　　施救費用。

　　避難港損失和費用。

　　共同海損犧牲、分攤或救助費用。

　　貨方根據運輸合同條款償還船方的損失。

　　(1) 自然災害造成的全損。這裡指"被保險貨物在運輸途中由於惡劣氣候、雷電、海嘯、地震、洪水自然災害造成整批貨物的全部損失或推定全損"。

　　本項列出保險人在該基本險別項下承保的自然災害共有 5 種，對這 5 種自然災害造成整批貨物的全部損失或推定全損，保險人是負責賠償的。除此以外的其他自然災害則被排除在保險責任以外。

　　所謂整批貨物，是指被保險貨物的全部損失，也就是整批被保險貨物因所列出的自然災害發生而全部損失或永遠失去有效的占有或無法恢復原狀或喪失原有性質。如果整批被保險貨物只是一部分遭災受損，而不是全部發生損失，保險人就不承擔責任。但是，需要註意的是，整批貨物全損在海上貨運險的理賠實踐中，並不僅僅是以一張保險單上所載運貨物的全部滅失為標準來確定的，只要一張保險單所承保的貨物中可以分割的某一部分發生全部滅失，便可視為全損。有人把這種全損稱為部分全損。因此，除了一張保險單載明的貨物全部損失或推定全損以外，整批貨物全損還包括以下幾種情況：一張保險單所承保一部分貨物的全損；一張保險單所承保分類額的貨物全損；一張保險單所承保數張提單中的一張提單貨物的全損；一張保險單所承保貨物用駁船駁運過程中的一條駁船貨物的全損。

　　(2) 意外事故造成的全損或部分損失。指"由於運輸工具遭受擱淺、觸礁、沉沒、互撞、與流冰或其他物體碰撞，以及失火爆炸事故造成貨物的全部或部分損失"。

　　本項列出保險人在該基本險別下承保的意外事故共有 7 種，對運載被保險貨物的船舶在運輸途中因遭受這些意外而造成被保險貨物的全部損失，保險人負責賠償；對因此在成的部分損失，保險人同樣負責賠償。

　　(3) 在意外事故發生前後，自然災害造成的部分損失。指"在運輸工具已經發生擱淺、觸礁、沉沒、焚毀等意外事故的情況下，貨物在此前後又在海上遭受惡劣氣候、雷電、海嘯等自然災害所造成的部分損失"。

　　本項的保險責任涉及運載被保險貨物的船舶在發生擱淺、觸礁、沉沒、焚毀這 4 種意外事故之際，即發生之前或之後，被保險貨物遭受了惡劣氣候、雷電、海嘯這 3 種自然災害而造成的部分損失，保險人是予以負責的。須註意本項的保險責任不包括以下兩種情況：在這些意外事故發生之前，運載被保險貨物的船舶在正常的運輸過程中因遭受自然災害而已經造成被保險貨物部分損失，保險人是不負責賠償的；在這些意外事故發生之後，載運貨物的船舶已經完全脫險，在以後的正常運輸過程中，被保險貨物因遭受自然災害而造成的部分損失，被保險人同樣不予負責。

（4）落海損失。這裡指在裝卸或轉運時由於一件或數件整件貨物落海造成的全部或部分損失。

本項責任中所提及的整件貨物落海造成的全損不難理解，比較費解的是部分損失。這主要是指整件貨物落海以後，經過被保險人努力搶救，打撈了一部分，損失了一部分，雖然未達到全損，但為了鼓勵被保險人積極打撈搶救以減少貨損，因而規定保險人對一件或數件貨物全部落海經施救仍遭受的部分損失也負責賠償，這顯然是具有積極意義的。但是由於一件或數件整件貨物的一部分散落在海裡所造成的部分損失，保險人不負責賠償。

（5）施救費用。這裡指被保險人對遭受承保責任範圍內危險的貨物採取搶救防止或減少貨損的措施而支付的合理費用，但以不超過該批獲救貨物的保險金額為限。

保險人負責的施救費用是被保險人（包括他的雇用人或代理人）為了避免或減少保險人所承保風險所造成的貨物損失所採取必要措施而合理支出的費用。如果被保險人是為了自己的方便或為了自己的本身利益，或者是為了避免或減少並非由保險人承保的風險所造成的貨物損失，保險人就對被保險人採取施救措施的費用是不予負責的。

保險人承擔對施救費用賠償的最高限額以被保險貨物的保額為限，但在被保險貨物賠償的保額以外計算。如果保額低於保險價值，也就是在不足額保險的情況下，除海上貨運險合同另有規定的以外，保險人承擔的施救費用應按保額和保險價值的比例計算。

（6）避難港損失和費用。指"運輸工具遭遇海難後，在避難港由於卸貨所引起的損失以及在中途港或避難港由於卸貨、存倉以及運送貨物所發生的特別費用"。

海難是指海上固有的風險，而且僅指海上意外事故，如沉沒、碰撞、觸礁、颶風及其他意外災難，不能把火災、爆炸、戰爭、海盜、搶劫、盜竊、拋棄，以及船長船員的不法行為等也列為海難。保險人負責賠償在避難港因卸貨所造成的被保險貨物的損失。這裡的特別費用，主要是指中途港、避難港為卸貨和卸貨後存倉及轉運而產生的卸貨費用、存倉費用和轉運費用，以及與卸貨、存倉、轉運有直接關係的其他費用，如雇傭工人裝卸所支付的費用，保險人予以賠償。

（7）共同海損犧牲、分攤或救助費用。保險人只負責賠償被保險貨物因共同海損行為所做出的犧牲和被保險人所分攤到的那部分共同海損金額，不是全部。在共同海損成立的前提下，被保險貨物本身因共同海損行為所造成的損失，保險人可先行賠付，無須由被保險人向其他共同海損受益方索取分攤。保險人賠償了共同海損內的損失後有權從其他受益方攤回共同海損理算金額，但僅以已經賠付的金額為限。

保險人對共同海損的賠償以保險單載明的保額作為根據，在不足額保險的情況下，被保險人同樣應就其差額部分與各受益方之間進行分攤。如果保險人對被保險人應分攤的部分不予負責的話，就不能用上述規定先行賠付。對救助費用，保險人也僅僅是負責賠償共同海損項下的應由被保險人分攤的救助費用，如果是不足額保險的話，保險人同樣按比例賠償被保險人應分擔的救助費用。

（8）貨方根據運輸合同條款償還船方的損失。指"運輸契約訂有'船舶互撞責任條款'，根據該條款規定應由貨方償還船方的損失"。

船舶互撞責任條款（Both-to-Blame Collision Clause），是在英國《協會貨物條款》中訂有的一條有關貨物運輸責任的條款。該條款（即 ICC［A］第 3 條）規定："本保險負責賠償被保險人根據運輸合同訂有'船舶互撞責任條款'規定，由被保險人應負的比例責任，視作本保險單項下應予以補償的損失。如果船東根據上述條款提出任何索賠要求，被保險人同意通知保險人，保險人支付費用，但保險人有權就此項索賠進行辯護。"

"船舶互撞責任條款"涉及的是船舶在航行中因與其他船舶發生碰撞引起的責任承擔問題。兩艘載貨船舶在航行中發生碰撞事故，以致造成兩船及兩船所載貨物損失，根據《關於統一船舶碰撞若干法律規定的國際公約》（簡稱《1910 年船舶碰撞公約》）的規定，如果碰撞是由於兩船互有過失所引起的，損害賠償責任應由每艘船舶按各自的過失程度比例分攤。因碰撞事故引起的損害賠償責任既有對兩船碰撞損失的賠償也有對兩船所載貨物的損失的賠償責任。然而，根據《海牙規則》的規定，由船長、船員、引水員在航行或管理船舶中疏忽或過失造成本船所載貨物的損失，船方即承運人對其所承運貨物的損失不負賠償。這樣一來，每艘船舶所載貨物的貨主只能向對方船舶索賠該方按其過失比例應承擔的那部分賠款。另外，得不到賠償的部分損失，貨主可以以被保險人的身份向承保其貨物的保險人索賠。一般來說，國際上對因船舶互撞引起的貨物賠償，以上述方式處理解決。

2. 水漬險（With Particular Average，WA 或 WPA）。水漬險是中國保險界長期使用的稱謂，不能簡單地從字面上去理解它的含義。水漬險按其原意應當是"負責賠償單獨海損"，也就是平安險不負責賠償的部分損失，它予以賠償。

中國水漬險條款的責任範圍共有 9 項：（1）平安險所承保的 8 項責任；（2）自然災害造成的部分損失。這裡的自然災害是指"被保險貨物由於惡劣氣候、雷電、海嘯、地震、洪水等自然災害所造成的部分損失"。

在平安險的責任範圍中，被保險貨物因以上列出的 5 種自然災害所造成的部分損失被排除在外，而在水漬險項下，卻可以從保險人處獲得賠償。就是在平安險的全部責任範圍的基礎上，加上被保險貨物由於海上自然災害所造成的部分損失，可見，水漬險責任範圍大於平安險的責任範圍。

雖然水漬險承擔賠償部分損失的責任，但是對被保險貨物因某些外部因素所導致的部分損失，如碰損、銹損、破碎等是不負責的。一般來說，水漬險適用於不大可能發生碰損、銹損、破碎，或者容易生銹但不影響使用的貨物，如鐵釘、鐵絲、螺絲等小五金類產品，舊汽車、舊機床、舊設備等貨物。

3. 一切險（All Risks）。一切險承保的風險較廣，但不是所有一切風險造成被保險貨物的損失，保險人均負責賠償。該基本險別承保責任範圍共有 10 項：（1）水漬險所承保的 9 項責任；（2）外來風險所造成的全部或部分損失，這是指"被保險貨物在運輸途中由於外來原因所致的全部或部分損失"。

按照我國一切險條款規定包括上述平安險和水漬險承保的各項責任以外還負責被

保險貨物在運輸途中由於外來原因所造成的損失，不論損失程度如何，均負責賠償。但是，不能因此得出一切險承保被保險貨物在運輸途中遭受一切外來風險所造成的損失這樣的結論，因爲該基本險別承保的外來風險不是必然發生的，而是被保險貨物意外地導致貨損發生的外部因素。例如，被保險貨物因自然屬性、內在缺陷引起的自然損耗，就不是外來原因造成的損失，而屬於內在的必然損失，對此保險人並不負責。即使是外因的影響下，被保險貨物的內因發生變化所造成的損失，如魚粉、煤炭的自燃是它們本身的特性受到外界氣候、溫度等的影響後才發生的，同樣屬於非意外性質的必然損失，也不能列入一切險的承保責任範圍。一切險承保的外來原因必須是意外的，事先難以預料的，不是必然出現的。

另外，一切險承保的一般外來風險包括：偷竊、提貨不着、淡水雨淋、短量、玷污、滲漏、碰損、破碎、串味、受潮受熱、銹損和鈎損等，因此，中國海上貨運險的 11 種一般附加險所承保的責任均在一切險的責任範圍之內。即被保險人如果投保了一切險，就無須再加保任何一種一般附加險。但是，諸如交貨不到、拒收或戰爭、罷工等特別和特殊外來風險，是不爲該基本險別承保的，被保險人如果需要獲得這些外來風險的保障，仍要通過加保相應的特別或特殊附加險。

這樣，可以把一切險的責任範圍概述爲是在水漬險的全部責任範圍的基礎上，加上 11 種一般附加險所承保的責任。可見，一切險是海上貨運險的三個基本險別中責任範圍最大的一個。正因爲一切險能夠向貨主提供較爲充分的風險保障，一些可能遭受損失因素較多的貨物適宜於投保，特別是一些糧油食品、紡織纖維類商品，以及新的機械設備投保一切險很有必要。

最後，將中國海上貨物運輸保險三種基本險別承保的責任範圍列出，以便於比較。

(1) 自然災害造成的全部損失；
(2) 意外事故造成的全部或部分損失；
(3) 在意外事故發生前後，自然災害造成的部分損失；
(4) 落海損失；
(5) 施救費用；
(6) 避難港損失和費用
(7) 共同海損犧牲、分攤或救助費用；
(8) 貨方根據運輸合同條款償還船方的損失；
(9) 自然災害造成的部分損失；
(10) 一般外來風險所造成的全部或部分損失。

其中，第 1~8 項是平安險的責任範圍，第 1~9 項是水漬險的責任範圍，第 1~10 項是一切險的責任範圍。

(二) 除外責任

中國海上貨運險條款將保險人除外不保的風險損失一一列出，它們都是一些非偶然非意外的，或者是比較特殊的風險，包括人爲的道德風險、未按貿易合同履行的風險、被保險貨物本身特性所產生的風險以及市價跌落或運輸延遲等。海上貨運險明確規定這些原因所造成被保險貨物的損失或費用不負責任，旨在劃清保險人與被保險人、承運人、發貨人和托運人等在貨物發生損失時各自應該承擔的責任範圍，使保險人對被保險貨物確是因遭遇承保風險而發生的損失按保險合同規定履行賠償義務，也促使貨物運輸合同的當事人和有關各方能各盡其職。我國海上貨運險的三種基本險別，不論是平安險、水漬險還是一切險，都規定保險人對下列原因所造成的貨物損失不負責賠償。

（1）被保險人的故意行爲或過失行爲所造成的損失。在法律上，故意行爲是指明知自己的行爲會發生損害的結果，還放任或希望這種結果發生的各種行爲；過失行爲則是指應當預見自己的行爲可能發生損害結果，卻因爲疏忽大意而沒有預見，或者已經預見但輕信能夠避免，以致發生這種損害結果。

在海上貨運保險實踐中，被保險人的故意行爲或過失行爲具體表現爲：被保險人未能及時提貨而造成被保險貨物損壞或損失擴大；被保險人租用不適航船舶或是租用資信不良的承運人的船舶導致被保險貨物損壞或是在貨損後無法向承運人追償；被保險人沒有及時申請檢驗而致使貨損擴大；被保險人參與海運欺詐或者對海運欺詐知情卻未及時採取措施避免或減少損失等。

（2）發貨人責任所引起的損失。發貨人的責任，即發貨人的故意行爲或過失行爲。具體表現爲：發貨人租用不適航船舶或是租用資信不良的承運人的船舶導致被保險貨物損壞或是在貨損後無法向承運人追償；發貨人提供的貨物品質不良、申報不實、包裝不善、標識不清、貨物原裝短少短量，以及發貨人未履行售貨合同的有關規定而引起貨損；在採用集裝箱運輸的條件下，整箱發運的集裝箱按 CY/CY 運輸方式，由發貨人裝箱引起的短裝、積載不當、錯裝及所選用的集裝箱不適貨所造成的損失；發貨人憑保函向承運人換取清潔提單；發貨人參與海運欺詐或者對海運欺詐知情卻未及時採取措施以避免或減少損失等。

（3）貨物原已存在品質不良的除外。這裡指保險責任開始前，被保險貨物已存在品質不良或數量短差所造成的損失。品質不良，是指貨物的質量原來就不佳；數量短差，則是貨物的數量原來就短少或短量。

（4）貨物的自然損耗或本質缺陷的除外規定。這裡指被保險貨物的自然損耗、本質缺陷、特性以及市價跌落、運輸延遲所引起的損失或費用。自然損耗，是指由於貨物自身特性而非災害事故造成的必然的、正常的減少或損毀，如糧谷、豆類含水量蒸發而導致的自然短重，油脂類貨物在油艙、油管周壁沾留而造成的短量損失等。本質缺陷，是指貨物本身固有的缺陷，如玻璃、陶瓷製品原來就有的裂痕，也指貨物發運前已經存在的質量上的瑕疵，如有些糧谷類貨物在裝船前就已有蟲卵，遇到適當溫度而孵化，導致貨物被蟲蛀受損。貨物特性，是指在沒有外來原因或意外事故的情況下，在運輸過程中，貨物自身性能變化引起的損壞，如水果腐爛、面粉發熱、發霉、砂糖發潮結塊、煤炭自燃、氧化發白等。對於以上這些必然發生的損失和貨物本身的固有瑕疵，保險人不承擔賠償責任。對於市價跌落與運輸延遲所造成的損失，保險人不負責賠償，即使它們發生的原因是由承保風險所引起的。

（5）戰爭險和罷工險條款規定的責任範圍和除外責任。由於海上貨運保險中有專門的戰爭險條款承保戰爭風險，並由專門的罷工條款承保罷工險，因此，這一項責任是基本險的除外責任。

(三) 責任起訖

責任起訖，即保險期間，亦稱保險期限，在海上貨運險中，就是指保險人對被保險標的的承保責任的起訖時間。中國《海洋運輸貨物保險條款》對海上貨運險在正常運輸和非正常運輸兩種情況下的責任起訖分別作了以下規定：

正常運輸情況下的責任起訖。正常運輸是指按照正常的航程航線行駛並停靠港口，包括途中的正常延遲和正常轉船，其過程自貨物運離保險單所載明的起訖地發貨人倉庫或儲存處所開始，直至貨物到達保險單所載明的目的地收貨人倉庫或儲存處所爲止。

(1) "倉至倉條款"的含義。在正常運輸情況下，海上貨運險的責任起訖時點以"倉至倉條款"爲依據，即保險人對貨物所承擔的保險責任，從貨物運離保險單所載明的目的地收貨人的最後倉庫或儲存處所時爲止。一旦貨物進入收貨人的最後倉庫，保險責任即行終止。

(2) "倉至倉條款"的內容。從字面上看，倉至倉條款已經把保險責任起訖闡述得很清楚了，但在實踐中，因爲該條款未具體說明發貨人倉庫的含義，它是指發貨人在港區碼頭自設的專用倉庫，還是發貨人臨時租用的港區碼頭倉庫？同樣，對於收貨人倉庫的含義也沒有明確的解析，它是指收貨人在卸港區設有的倉庫，抑或收貨人租用的港口碼頭海關等臨時性運輸倉庫？如果保險單上載明的目的地或是卸貨港，或是內陸某地，對收貨人最後倉庫的理解又是怎樣呢？明確這些概念的具體含義是極其必要的。

①保險責任的開始。

保險責任"起"的時點。按照倉至倉條款的規定，保險責任"起"的時點應該是被保險貨物運離保險單所載明起運地發貨人倉庫之時，或者說，是貨物離開起運地發貨人倉庫開始運輸之時。這表明，貨物在開始運輸之前，包括貨物在倉庫內，以及從倉庫內搬出裝上運輸工具的過程中受損，保險人是不負責的，因爲尚未到保限責任"起"的時點。

發貨人倉庫的含義。發貨人倉庫有兩個含義：一是指發貨人在起運地自己的倉庫，二是指發貨人臨時租用的承運人倉庫或港區碼頭倉庫。

在第一種情況下，發貨人在起運地自己的倉庫，當然屬於"倉至倉條款"中所指的發貨人倉庫，不過有一個前提條件，它必須是發貨人將起運的被保險貨物裝上運輸工具並直接運往港口碼頭裝船之前的那個倉庫。但在下列幾種情況下，保險人仍對被保險貨物的損失承擔責任：一是貨物在運離發貨人在起運地的倉庫之後，先存放在承運人的倉庫裡待運；二是貨物在運離發貨人在起運地的倉庫之後，存放在港區碼頭的倉庫裡待運；三是貨物在運離發貨人在起運地的倉庫之後，運入發貨人在港區碼頭自設的專用倉庫裡待運。

在第二種情況下，有些發貨人在港區碼頭沒有固定的倉庫，爲使自己的貨物能集中裝船出運，往往臨時租用承運人倉庫或港區碼頭倉庫，把從自己在起運地倉庫一批批運來的貨物儲運在那裡集中，等候裝船。在上述情況下，這些臨時租用的倉庫便應被視爲發貨人倉庫，因爲正常的運輸過程只能是從貨物運離這些倉庫後才算是真正開始。而被保險貨物在儲存於臨時租用倉庫期間發生的損失，保險人是不負責的。

②保險責任的終止。

保險責任"訖"時點。按照"倉至倉條款"的規定，保險責任"訖"的時點應該是被保險貨物運抵保險單載明的目的地收貨人倉庫之時。

保險責任"訖"的時點事實上有三種情況：一是貨物運抵保險單載明的目的地收貨人倉庫之時；二是發生戰爭罷工或災害事故時，從貨物卸離船舶完畢時起算的第60天；三是保險貨物在卸貨港從船上卸下後，由於某種原因而被裝運到不是保險單所載明的目的地，因改變目的地而保險責任終止。

收貨人最後倉庫的含義。在海運實務中，被保險貨物所運往的目的地有的就在卸載港，也有的是在內陸某地，正因爲保險單上所載明的目的地不同，對收貨人最後倉庫的含義便也有不同的理解。

如果保險單載明的目的地爲卸載港，收貨人的最後倉庫可以有以下幾種情況：一是收貨人自己設在卸載港的倉庫；二是收貨人的代理人或受托人設在卸載港的倉庫；三是收貨人在卸載港沒有倉庫，爲儲存貨物而租用的港口碼頭海關等臨時性運輸倉庫。

上述前兩種情況都應被視爲收貨人的最後倉庫，被保險貨物一經運入，保險責任即告終止。而對於臨時性倉庫，則要根據貨物以後的去向來確定：若以後是從這裡再運入收貨人在卸載港的倉庫，就不是最後倉庫；若以後是從這裡運往內陸目的地，則是最後倉庫；若運入後在倉庫內進行整理分配，它們就是最後倉庫。

如果保險單載明的目的地爲內陸某地，收貨人的最後倉庫就是指收貨人自己在內陸目的地的倉庫，保險人對被保險貨物一直負責到運抵該倉庫爲止。然而，在貨物運抵內陸目的地之前，收貨人在途中某個倉庫內對貨物進行分配分散轉運，則途中倉庫也就被視爲最後倉庫，保險責任即刻終止。

2. 非正常運輸情況下的責任起訖。非正常情況下的責任起訖是指在運輸過程中遇到被保險人無法控制的一些情況，致使貨物無法運往原定卸貨港而在途中被迫卸貨重裝或裝運，以及由此發生的運輸延遲繞航或合同終止等情況。

（1）航程終止後的保險責任終止。被保險貨物在運輸途中不再運往原卸貨港，而是在中途的某個港口將貨物卸下後不再向保險單載明的目的地發運，這就是說原來的航程已經終止。一旦出現航程終止，保險責任的終止取決於以下兩種情況中的先發生者：一是貨物卸離完畢後滿60天；二是下列兩種情況中的任何一種發生。

①貨物在中途港卸下後進入倉庫，即被保險貨物因航程終止而在中途港從載運船舶全部卸離以後，進入任何用於儲存該批貨物的倉庫或是其他儲存處所，只要貨物一進入倉庫，保險責任即行終止。

②貨物在非載明的目的地卸下後進入倉庫，即被保險貨物在運輸途中由於被保險人無法控制的原因，發生了運輸延遲、繞航、被迫卸貨、重裝、轉運或承運人運用貨物運輸合同賦予他的權限所做的任何航線上的變更或終止貨運合同等情況，致使被保險貨物運到非保險單所載明的目的地。

(2) 擴展責任的保險責任終止。指被保險人在獲知由無法控制的原因致使被保險貨物發生了運輸延遲繞航的情況後，及時通知了保險人並根據情況加繳了適當的保險費，原保險單繼續有效。在擴展責任情況下，保險責任按以下情況終止：

①在載明的目的地出售。被保險貨物如果在非載明的目的地出售，保險責任至交貨時爲止，但不論在何種情況下，均是以貨物在卸載港全部卸離載運船舶後的 60 天爲限。

②卸離後繼續運往目的地。被保險貨物如果在中途卸載港全部卸離載運船舶後的 60 天期限內，仍舊繼續運往保險單所載明的目的地或其他目的地，保險責任仍按照正常運輸情況下所規定的"倉至倉條款"內容處理。

（四）被保險人義務

海上貨運險作爲海上保險的一個主要險種，承保的風險要比其他財產損失保險大得多。保險人爲了明確自己的責任，在保險條款中具體規定了被保險人對已投保的貨物應該履行的義務和事項。如果由於被保險人未能及時履行這些規定的義務而使被保險人的利益受到損害，保險人有權對有關損失拒絕賠償。

中國《海洋運輸貨物保險條款》要求被保險人履行的義務具體爲五項：

1. 及時提貨，盡快報損，保留向責任方追償權。當被保險貨物運抵目的地後，被保險人應及時提貨；當發現被保險貨物遭受任何損失，應立即向保險單所載明的檢驗理賠代理人申請檢驗，並向有關當局（如海關港務局）索取貨損貨差證明；如涉及第三者責任，被保險人應以書面方式向他們提出索賠，必要時還須延長索賠時效的憑證。

2. 合理施救，減少損失，不作爲放棄委付表示。對遭受保險責任範圍內危險的貨物，被保險人應迅速採取合理的搶救措施，防止或減少貨物的損失。被保險人採取此項措施，不應視爲放棄委付的表示，而保險公司採取施救措施，也不視爲接受委付的表示。

3. 內容變更，通知加費，以使保險單繼續有效。如遇航程變更或發現保險單所載明的貨物、船名或航程有遺漏或錯誤，被保險人應在獲悉後立即通知保險人並在必要時加繳保費，保險才繼續有效。

4. 備全單證，辦妥手續，以供保險人定損結案。被保險人在索賠時需要提供的單證包括：保險單正本、提單、發票、裝箱單、磅碼單、貨損貨差證明、檢驗報告及索賠清單。如涉及第三者責任，還須提供向責任方追償的有關函電及其他必要單證或文件。

5. 船舶互撞，通報責任，幫助保險人抗辯船方。被保險人在獲悉有關運輸契約中"船舶互撞責任"條款的實際責任後，應及時通知保險人。

（五）索賠期限

被保險人提出保險索賠的時效爲兩年，從貨物在最後卸載港全部卸離海輪之日起算。需要註意的是：索賠期限不同於訴訟時效，前者是債權人向債務人提出賠償要求的最長時限，後者是債權人請求法院或仲裁庭保護其債權的最長時限；前者滅失的是實體權利，後者滅失的則是訴訟權利。

二、附加險條款

附加險別是指不能單獨投保，必須在投保基本險別的基礎上才被允許根據實際需要加保，也就是依附於基本險別項下的險別。海洋運輸貨物在運輸途中除發生遭遇海上自然災害或意外事故所造成的損失以外，還可能遭受各種外來原因所引起的損失。爲了取得更多更充分的保障，貨主就有必要爲運輸貨物加保有關的附加險別。

在國際上，對附加險未加細分，而是統稱爲特殊附加險。海上貨物運輸保險的附加險別很多，我國附加險分爲一般附加險、特別附加險和特殊附加險三類。

(一) 一般附加險

一般附加險（General Additional Risks）承保一般外來原因所引起的貨物損失，亦可稱爲普通附加險。中國海上貨物運輸保險承保的一般附加險有以下11種：

1. 偷竊、提貨不着險（Theft, Pilferage and Non-Delivery, TPND）。承保被保險貨物在保險有效期內遭受的三項損失：一是因偷竊行爲所致的損失；二是貨物抵達目的地後，收貨人未能提到整件所致損失；三是根據運輸合同規定船東和其他責任方免除賠償的部分。保險人對這些損失按保險價值負責賠償。

對相關概念進行比較。首先，區分偷竊行爲與搶劫行爲，偷竊指暗中進行的小偷小摸，而搶劫則是指公開的、使用暴力手段的劫奪。對貨物因被搶劫所致損失，該附加險是不負責賠償的。其次，要瞭解保險條款中的"偷"與"竊"兩種行爲在含義上的區別：所謂偷，一般是指整件貨物被偷走；竊則是指包裝完整的整件貨物中僅一部分被竊走。最後，整件提貨不着必須是沒有原因，不是因爲海關沒收等原因，是沒有蹤跡的提貨不着。

根據中國條款的規定，作爲貨主的被保險人有義務及時提貨。如果發現被保險貨物遭受偷竊損失，如包裝被挖破、箱板經重釘、內裝貨物短少而且包裝內部的空間有間隙等，保險人必須在提貨之日起10日內向保險人或保險單載明的檢驗理賠代理人申請檢驗；如果被保險貨物遭受整件提貨不着的損失，被保險人必須向責任方取得整件提貨不着的證明，否則保險人不負責賠償。此外，保險人有權收回被保險人向船東和其他責任方追償到的任何貨損賠款，但其金額以不超過保險人支付的賠款爲限。

2. 淡水雨淋險（Fresh Water&/or Rain Damage）。承保被保險貨物在運輸途中直接由於淡水、雨、冰雪融化所造成的損失。雨淋損失包括雨水、河水激濺，還有冰雪融化給貨物造成的損失；淡水損失則包括船艙內水汽凝聚而成的艙汗、船上淡水艙或淡水管漏水給貨物造成的損失。

註意區分淡水損失（Fresh Water Damage）與海水損失（Sea-Water Damage）很重要。因爲平安險和水漬險只承擔對海水損失的賠償，不負責淡水損失。當貨物上或其包裝外部出現水漬斑損時，就要弄清楚這是遭雨淋的結果還是海水泡濕的結果。如果是前者，而貨物僅投保了水漬險，不加保雨淋險，保險人就不必負責。

另須指出的是，保險人對貨物的淡水、雨淋損失承擔賠償責任是有前提條件的：一是貨物的包裝外部應當有淡水或雨水痕跡或者有其他適當證明；二是被保險人必須及時提貨,並在提貨後１０日內向保險人或保險單載明的檢驗理賠代理人申請檢驗。不具備這兩個條件的話,保險人不負責賠償。

3. 短量險（Risks of Shortage）承保被保險貨物在運輸過程中發生的數量短少及重量短缺的損失。造成短少、短量損失的原因很多,主要有自然途耗、包裝破裂、掃艙不淨、裝卸散失、衡器不準和被偷等。

4. 混雜、玷污險（Risk of Intermixture of Contamination）。承保貨物在運輸過程中因混進雜質或因與其他物質接觸而被玷污所造成的損失。某些貨物,特別是散裝的糧谷、礦砂和粉粒狀化工產品,容易混進泥土、草屑、碎石等,致使質量受到影響;而紙張、布匹、服裝以及食品等貨物可能被油類或帶色物質污染而引起損失。加保此附加險後,保險人對混雜、玷污損失予以賠償。

5. 滲漏險（Risk of Leakage）。承保液體、流質類貨物在運輸過程中由於容器損壞的滲漏損失,裝運原油等油類的管道破裂造成滲漏損失,以及用液體儲裝的貨物因儲液滲漏而發生的腐爛、變質的損失。所謂用液體儲裝的貨物,如用鹽漬盛裝在木桶內的腸衣、濕牛羊皮和壇裝的醬菜、腐乳一類腌製食品,一旦發生儲液滲漏,鹽漬腸衣、獸皮容易變質腐敗,腌製食品則不能食用。

6. 碰損、破碎險（Risk of Clash&Breakage）。承保被保險貨物在運輸途中因震動、碰撞、受壓或搬運不慎造成貨物本身的破碎、折裂、裂損和發生彎曲、凹癟、脫瓷、脫漆等損失。易發生碰損的主要是:金屬製品、漆木製品,如機器、儀表、儀器、搪瓷器皿、漆木器用具和家具等;而破碎損失集中在易碎品上,如玻璃製品、陶瓷製品、大理石板,以及玉、石、牙、木、竹器雕刻和貝殼製晶等觀賞性工藝品。由於這類貨物在保險期內因海上自然災害或運輸工具發生的意外事故所造成的碰損、破碎損失,已被平安險和水漬險這兩種基本險別列入其承保範圍,所以碰損、破碎險作為一般附加險,主要是對一切外來因素,如卸貨不當、裝卸操作粗魯或未按操作規程作業等所致的破損、破碎的損失承擔賠償責任。

7. 串味險（Risk of Odour）。串味險又稱變味險,承保被保險貨物在運輸過程中因受其他物品氣味的影響而引起的串味、變味損失。易發生串味、變味的多為食品、飲料、茶葉、中藥材、香料等貨物。它們在運輸途中若與皮革、樟腦和有腥味或異味物品存放在同一貨倉內,就有可能被串味而使本身品質受損。此外,貨物如果裝載在未洗乾淨的貨艙內,會受到貨艙內遺留的異味影響而使品質受到損失。

8. 受潮受熱險（Damage Caused by Sweating &/or Heating）。承保被保險貨物在運輸途中因在貨艙中受潮受熱的損失必須是在運輸過程中發生的,直接損失的原因是船艙內水汽凝結、發潮、發熱。這種船艙內水汽凝結、發潮、發熱必須是在運輸過程中因氣溫突然變化,或是由於船上通風設備失靈導致的。

9. 鉤損險（Risk of Hook Damage）。承保被保險貨物在運輸、裝卸過程中,因使用手鉤、吊鉤等鉤類工具而本身直接被鉤破的損失,或外包裝被鉤壞造成貨物的損失。捆裝棉布、袋裝糧食發生鉤損的情況較多。保險人不但要負責賠償貨物被鉤壞的損失,對因包裝被鉤破而進行調換、修補所支付的合理費用也予以承擔。

10. 包裝破裂險（Loss/Damage Caused by Breakage of Packing）。承保被保險貨物在

運輸過程中因搬運或裝卸不慎，導致包裝破裂所造成的短少、玷污、受潮等損失。一般用袋裝、箱裝、桶裝、簍裝的塊、粒、粉狀貨物容易發生這類損失。如果包裝破裂是由於包裝不良等其他原因所引起的，進而造成被保險貨物損失，保險人不負責賠償。

11. 銹損險（Risk of Rusting）。承保被保險貨物在運輸過程中因生銹而造成的損失。容易生銹的貨物當然指金屬或金屬製品。但這種生銹必須是在原裝時不存在，而在保險期內發生的。對於極易生銹的鐵絲、鋼絲繩、水管零件等，以及不可避免生銹的裸裝金屬條、板、塊、管等，往往保險人都拒絕承保；此外對於那些由於體積長大，習慣裝載於艙面的大五金，也往往將銹損責任除外。

當投保的基本險別為平安險或水漬險時，被保險人可以根據自己的需要，選擇加保上述 11 種一般附加險中的一種或數種。在投保的基本險別為一切險的情況下，被保險人就無須再加保一般附加險，因為一切險的承保責任範圍已經包括了這 11 種一般附加險所承保的風險。

(二) 特別附加險

特別附加險（Special Additional Risk）承保一些涉及政治、國家政策法令和行政措施等特殊外來風險所造成的貨物損失。這些特別附加險不包括在基本險別的承保責任範圍內，必須另行加保才能獲得保障。我國海上貨物運輸保險目前承保的特別附加險主要有以下 6 種：

1. 艙面險（On Deck Risk）。艙面險，又叫甲板險，對裝載在艙面的被保險貨物，除按基本險別的保險條款負責以外，還承保它們因被拋棄或被風浪衝擊落水所造成的損失。裝載海上運輸的貨物，無論是在干貨船上還是在散裝船上，一般都是裝載在艙內的。裝載在艙面上的貨物以及活牲畜、活家禽按照國際慣例，不能視作貨物，保險人對它們在運輸過程中的損失是不負責的。但在實際業務中，有些貨物或是因為體積龐大，或是因為含有毒性或酸性、有污染性，乃至是易燃易爆的危險品，根據航運習慣必須裝載於艙面上，它們因此被稱為"艙面貨"，為了滿足這些貨物保險保障的需要，就產生了艙面險。至於裝載在艙面上的活牲畜、活家禽，則由活牲畜、活家禽保險（Livestock Insurance）來解決它們在運輸途中死亡的損失補償問題。

由於裝載在艙面上的貨物暴露於外，極易遭受海水浸濕、雨淋和生銹損失，因此保險人通常只願意在平安險的基礎上加保艙面險，而不願意在一切險的基礎上加保，主要是為了防止責任過大。

隨著集裝箱運輸進入海運，裝於艙面的集裝箱貨物提單已經為國際貿易界普遍接受。銀行在辦理結匯時，已把這種提單視同清潔提單而予以接受，保險人也把裝載在艙面上的集裝箱貨物以及艙面上的集裝箱均視為艙內貨物承保。

2. 進口關稅險（Import Duty Risk）。承保被保險貨物由於遭受保險事故損失，但被保險人仍需按完好貨物價值繳納進口關稅所造成的損失。各國政府對運輸途中受到損失的進口貨物在徵收進口稅時的政策並不相同。有的國家規定受損貨物可按貨物受損後的實際價值減免關稅；有的國家規定要區別對待發生在進口前還是進口後的貨損，前者可以減免稅而後者則不能；還有規定不論貨物抵達目的港時是否完好，都一律按發票上載明的貨物價值或者海關估價徵收關稅口。

值得註意的是：首先，貨物的損失必須是保險責任事故所引起的；其次，保險金額應爲被保險貨物須繳納的關稅，而並非貨物本身的保險金額；最後，當被保險人索賠關稅損失時，必須提交關稅證明。

3. 拒收險（Rejection Risk）。承保被保險貨物在進口港被進口國政府或有關當局拒絶進口或没收所造成的損失。

如果貨物起運前進口國已經宣布禁運或禁止，保險人對拒收不負責；如果貨物在起運後尚未抵達進口港期間進口國宣布禁運或禁止，保險人只負責賠償將貨物運回出口國或轉口到其他目的地而增加的運費，但所賠金額不超過保險金額。

加保拒收險的貨物主要是與人體健康有關的食品、藥品等，由於大多數國家對這類貨物的進口基本上都有衛生檢驗標準，而且有些標準往往隱蔽、多變，一旦違反了進口國規定的標準，就會被拒絶進口甚至是被没收或銷毁。由於這種風險較大，保險人一般不願意承保，即使同意承保，其加保費率也高。也有保險人採取先收取高額保費，若不發生事故，再按一定比例退還部分保費的做法。加保時，保險人必須提供兩項證明：一是被保險貨物的生産、質量、包裝和商品檢驗符合産地國和進口國的有關規定；二是所有必需的有效進口特許證或許可證。

應註意該附加險對於被保險貨物因市價跌落、記載錯誤、商標或標記錯誤、貿易合同或其他文件發生錯誤、遺漏，以及違反産地國政府或有關當局出口貨物的有關規定而被拒絶進口貨没收所造成的損失，不予賠償。

4. 黄曲霉素險（Aflatoxin Risk）。承保某些含有黄曲霉素的食物因超過進口國對該霉素的限制標準而被拒絶進口、没收或强制改變用途的損失。黄曲霉素是一種致癌霉素，發霉的花生、油菜籽、大米等往往含有這種霉素，很多國家對這種霉素的含量都有嚴格的限制標準，一旦超標，就會被拒絶進口、没收或强制改變用途。由此可見，黄曲霉素險是一種專門的拒收險。

5. 交貨不到險（Failure to Deliver）。承保不論由於什麽原因，已裝上船的被保險貨物不能在預定抵達目的地的日期起6個月內交貨的損失。引起交貨不到損失的原因，既有運輸上的原因，也有政治上的原因，而且往往政治上的原因居多，如禁運、在中途港被强行卸載。

6. 出口貨物到香港（包括九龍在內）或澳門存倉火險責任擴展條款。出口貨物到香港（包括九龍在內）或澳門存倉火險責任擴展條款（Fire Risk Extension Clause for Storage of Cargo at Destination Hongkong, including Kowloon, or Macao），承保出口到港澳地區並在駐港銀行辦理押匯的貨物，在卸離運輸工具後直接存放於保險單載明的過户銀行所指定的倉庫期間因火災而遭受的損失。

這一條款專門適用於我國出口到港澳，而且在我駐港澳銀行辦理押匯的出口貨物運輸保險。在上述兩個條件中，如果缺少其中任何一個，也就是説，或者貨物到達目的地是在港澳地區，但未在我駐港澳銀行辦理押匯的，或者雖由我港澳銀行開證但貨物並不以港澳地區爲運輸地的，均不能附加該保險條款。

這一險别的保險期間，是從貨物運入過户銀行指定的倉庫時開始，直到過户銀行解除貨物權益或運輸責任終止時起計算滿 30 天爲止。

(三) 特殊附加險

特殊附加險（Special Additional Risk）與特別附加險一樣，不包括在任何基本險別中，需另行加保才能獲得保障。中國海上運輸保險承保的特殊附加險主要有以下兩種：

1. 戰爭險（War Risk）。承保被保險貨物由於戰爭、類似戰爭行爲和敵對行爲、武裝衝突或海盜行爲，以及由此而引起的捕獲、拘留、扣留、禁制、扣押所造成的損失；各種常規武器，包括水雷、魚雷、炸彈所致的損失。

戰爭險只承保戰爭風險造成的直接物質損失，對由於戰爭風險所致的附加費用並不予以承保。例如，因戰爭而導致航程中斷，或引起卸貨、存倉或轉運等額外支出的費用，並不屬於戰爭險的承保責任。如果被保險人希望保險人對這些附加費用也予以負責，可再加保戰爭險的附加費用險（Additional Expenses Ocean Marine Cargo War Risks），它實際上是對戰爭險責任範圍的擴展。

2. 罷工險（Strikes Risks）。承保被保險貨物因罷工者、被迫停工的工人或參加工潮、暴動、民衆鬥爭的人員採取行動而造成的直接損失。罷工險只承保罷工行爲所致的被保險貨物的直接損失。如果因罷工造成勞動力不足或無法使用勞動力，而使貨物無法正常運輸、裝卸以致損失，屬於間接損失，保險人不予以負責。

(四) 其他附加條款

除了上述三類附加險別以外，海上貨運險還有一些其他附加條款，主要是易腐貨物條款、海關檢驗條款、賣方利益保險條款、進口集裝箱運輸保險特別條款、海運進口貨物國內轉運期間保險責任擴展條款等。這些附加條款基本上都是對被保險人投保或加保相關的基本或附加險別規定承保條件，旨在限制保險責任。

1. 易腐貨物條款。該附加條款規定，對被保險貨物因市場變動引起的損失或由於不論什麼原因（包括承保風險）而造成延遲所引起的損失或腐敗，保險人概不負責。

2. 海關檢驗條款。該附加條款規定，保險人在被保險人加保了相關的附加險別的前提下對被保險貨物發生的偷竊或短少損失，以貨物到達約定地點的海關內爲止，並要求被保險人在約定地點發現損失後必須向保險單所指定的檢驗理賠代理人申請檢驗，確定損失。被保險貨物在此之後所遭受的偷竊或短少損失，保險人不予負責。

3. 賣方利益保險條款。該附加條款規定，保險人對賣方因被保險貨物遭受承保險別的責任範圍內的損失而受到的利益損失負責賠償，但前提是買方不向賣方支付貨物部分的損失，而且要求被保險人在獲得保險賠償以後應將其向買方或第三者的權限轉讓給保險人。

4. 進口集裝箱貨物運輸保險特別條款。該特別條款規定，在被保險人加保了本條款後，保險人按原海上貨運險保險單的責任範圍承保進口集裝箱貨物，但保險責任至原保險單載明的目的港收貨人倉庫終止。如果集裝箱貨物運抵目的港，原箱未經啓封而轉運內地，保險責任至轉運目的地收貨人倉庫終止。如果集裝箱貨物運抵目的港或目的港集裝箱轉運站，一經啓封開箱，全部或部分箱內貨物仍需繼續轉運內地的，被保險人或其代理人必須徵得目的港保險人同意，按原保險條件和保額辦理加批費手續後，保險責任可至轉運單上標明的目的地收貨人倉庫終止。

5. 海運進口貨物國內轉運期間保險責任擴展條款。該特別條款是擴展海上貨運險責任期限的條款，對被保險貨物在卸貨港轉運期間、等待轉運期間的保險責任具體作了規定：

（1）對轉運期間保險責任延長的規定。當海上貨運險承保的貨物運至海運提單載明的我國卸貨港後，如果需要轉運至國內其他地區，保險人按海上貨運險的險別（戰爭險除外），繼續承擔轉運期間的保險責任，直至被保險貨物運至卸貨港貨物轉運單據上載明的國內最後目的地。以下面兩種情況中先發生的爲準：一是經收貨單位提貨後運抵其倉庫爲終止，二是從貨物進入承運人倉庫或堆場當日零時起算滿30天終止。

（2）對等待轉運期間保險責任延長的規定。海運進口貨物在卸貨港等待轉運期間的保險責任，以貨物全部卸離船舶當日零時起算滿60天終止。如貨物不能在60天內轉運，收貨或接貨單位可在60天滿期前開列不能轉運的貨物清單，申請展延保險期限。保險人可根據具體情況決定是否展延和確定展延的日期。如同意展延，展延期限最長不能超過60天。在期限屆滿120天以後，若仍要求繼續展延，經保險人同意後，每30天爲一期按規定加費。

如果轉運貨物在卸貨港存放滿60天或經展延期限屆滿而未繼續辦理保險責任延展申請的，收貨或接貨單位應立即在港口進行檢驗。若發現貨物有短損，應在保險責任終止之日起10天內通知保險人進行聯合檢驗。保險人只對在港口檢驗確定的貨物損失負保險責任。

三、專門險條款

海運貨物專門險又稱特種貨物保險，是根據海運貨物的特性而設立的專門險種，可以單獨投保。海運貨物險的專門險主要有海洋運輸冷藏貨物保險和海洋運輸散裝桐油保險。

（一）海洋運輸冷藏貨物保險（Ocean Marine Insurance Frozen Products）

一些新鮮的貨物如蔬菜、水果，以及已經冷凍處理的魚、蝦、肉等貨物，爲保持新鮮程度，運輸時須置於專門的冷藏容器或冷藏艙內，並根據其特性保持一定的冷藏溫度。這些冷藏貨物在運輸途中，除和一般貨物一樣，可能遭受各種海上災害事故而受損，還可能因冷藏設備失靈發生腐爛變質，海運運輸冷藏貨物保險就是爲此設立的。

1. 險別及其責任範圍。我國海運運輸冷藏貨物保險分爲冷藏險和冷藏一切險兩種險別。

（1）冷藏險（Risks for Frozen Products）。冷藏險的承保範圍和水漬險的基本相同，但增加承保貨物"由於冷藏機器停止連續達24小時以上所造成的腐爛或損失"。這裡所說的冷藏機器包括載運貨物的冷藏車、冷藏集裝箱以及冷藏船上的制冷設備。

（2）冷藏一切險（All Risks for Frozen Products）。冷藏一切險的責任範圍是在冷藏險的基礎上，增加承保冷藏貨物在運輸途中"由於外來原因所致的腐爛或損失"。

冷藏險要求冷藏機器停止工作連續24小時以上，而且被保險人負有舉證責任，這對被保險人索賠十分不利。因此，對低溫要求苛刻的貨物，宜投保冷藏一切險。

2. 除外責任。運輸冷藏貨物保險針對冷藏貨物的特點，在海運貨物基本險的除外責任基礎上，增加了兩點規定：

（1）被保險貨物在運輸過程中的任何階段，因未存放在有冷藏設備的倉庫或運輸工具中，或輔助工具沒有隔溫設備所造成的貨物腐爛或損失，保險人不予賠償。

（2）被保險人在保險責任開始時，因未保持良好狀態，包括整理加工和包紮不妥，冷凍上的不合規定及骨頭變質所引起的貨物腐爛或損失，保險人不予賠償。

3. 責任起訖。海運運輸冷藏貨物保險的責任起訖與海運貨物基本險的基本相同，但又根據冷藏貨物的特點作了一定的變化。具體規定如下：

（1）保險責任自被保險貨物運離保險單所載明的起運地冷藏倉庫裝入運輸工具開始運輸時起（包括正常運輸過程中的海上、陸上、內河和駁船運輸），直至到達保險單所載明的目的港 30 天內全部卸離船舶，並將貨物存入岸上的冷藏倉庫後，從貨物卸離船舶時起算滿 10 天終止。

需要註意幾點：在上述的 10 天期限內，貨物一經移出冷藏倉庫，保險責任即告終止；貨物卸離載貨船舶後不存入冷藏倉庫，保險責任至卸離船舶時立即終止；保險責任終止地點是在最後卸貨港，不延伸到內地。

（2）被保險人無法控制的運輸延遲、繞航、被迫卸貨、重裝、轉運或承運人行使貨物運輸合同賦予的權限所做出的任何航海上的變更或終止運輸契約，致使被保險貨物運到非保險單所載明的目的地時，只要被保險人及時通知保險人，並在必要時加繳保險費，保險責任繼續有效。

需要注意：在貨物抵達卸載港 30 天內全部卸離載貨船舶，並將貨物存入岸上冷藏倉庫後繼續有效，但仍以貨物全部卸離船舶後算滿 10 天終止；在上述 10 天期限內，被保險貨物在該地出售，保險責任至交貨時終止；在上述 10 天期限內，被保險貨物繼續運往保險單所載明的目的地或其他目的地時，保險責任仍按照正常運輸情況下的規定終止。

（二）海洋運輸散裝桐油保險（Ocean Marine Insurance Wood oilBulk）

桐油是中國的特產，作爲油漆的重要原料，是中國大宗出口商品之一。桐油因其自身特性，在運輸過程中容易遭受污染、短量、滲漏和變質等損失。爲此，它需要不同於一般貨物保險的特殊保障，海洋運輸散裝桐油險就是爲了滿足這種貨物的特殊保障而設立的。

1. 責任範圍。海洋運輸散裝桐油險只有一個險別，除承保海上貨運險所承擔的保險責任外，還針對散裝桐油的特點，增加承保以下兩項：

（1）不論何種原因所致被保險桐油的短量、滲漏超過免賠率部分的損失。

（2）不論何種原因所致被保險桐油的玷污和變質的損失。

2. 除外責任。海洋運輸散裝桐油保險的除外責任與海上貨運險的完全相同。

3. 責任起訖。與基本險中關於責任起訖的規定一樣，海洋運輸散裝桐油險也採取"倉至倉"原則。具體規定如下：

（1）保險責任自被保險桐油運離保險單所載明的起運港的岸上油庫或盛裝容器開始運輸時生效，在整個運輸過程中繼續有效，直至安全交至保險單所載明的目的港的岸上油庫爲止。但如果桐油不能及時卸離船舶或未交至岸上油庫，則保險責任以船舶到達目的港後 15 天爲限。

（2）被保險人無法控制的運輸延遲、繞航、被迫卸貨、重裝、轉運或承運人行使貨物運輸合同所賦予的權限所做的任何航海上的變更或終止貨運合同等情況，致使被保險貨物運到非保險單所載明的目的地時，只要被保險人及時通知保險人，並在必要時加繳保險費，保險責任繼續有效。被保險桐油應在到達該港口 15 天內卸離船舶，保險責任從油卸離船舶之日起滿 15 天終止。

註意：在上述 15 天期限內，被保險桐油在該地出售，則保險責任至交貨時終止；在上述 15 天期限內，被保險桐油繼續運往保險單所載明的目的地或其他目的地時，保險責任仍按照正常運輸情況下的規定終止。

4. 特別約定。海洋運輸散裝桐油保險針對其承保標的的特性，還向被保險人提出了以下特別約定：

（1）在起運港必須取得的檢驗證書。散裝桐油在起運港裝船前須經抽樣化驗，被保險人必須取得下列檢驗證書：由商品檢驗局代表上船對船上油艙在裝油前的清潔工作進行檢驗並出具合格證書；由商品檢驗局代表對桐油裝船後的容量或重量及溫度進行詳細檢驗並出具的證書，證書上的裝船重量即作爲保險人負責的裝運量；由商品檢驗局代表對裝船桐油的品質進行抽樣化驗，證明在裝船時確無玷污、變質或"培他"（Beta，桐油損失專門名詞）等現象後出具的合格證書。

（2）因非正常運輸而在非目的港卸貨時必須取得的檢驗證書。被保險人因遭遇非正常運輸的情況下，而必須在非目的港卸貨時，應取得的檢驗證書是：由當地合格的檢驗人對卸船前的桐油進行品質鑒定並出具的合格證書；由當地合格的檢驗人對接受所卸桐油的油駁、岸上的油庫或其他盛裝容器，以及重新裝載桐油的船舶進行檢驗並出具的合格證書。

（3）在目的港必須取得的檢驗證書。被保險人在桐油運抵保險單所載明的目的港後，應取得的檢驗證書是：由保險單所指定的檢驗、理賠代理人派員上船對卸船前的油艙中的溫度、容量、重量和量尺等進行檢驗，並由檢驗、理賠代理人定的合格化驗師一次或數次抽樣化驗，最後出具的確定當時桐油品質狀況的證書；在桐油運抵目的港後安排油駁駁運的情況下，檢驗人必須在裝油前對油駁進行檢驗並出具合格證書。

5. 賠償處理。針對桐油的特性，海洋運輸散裝桐油保險對賠償處理有如下規定：

（1）如被保險桐油經檢驗和化驗證明已發生短少或損失，必須同裝船時的檢驗和化驗報告相比較，估計損失數額。如發生全損，則以裝船後由商品檢驗局出具的裝船重量報告中的裝運量作爲計算標準。

（2）如根據化驗報告中的鑒定，確認被保險桐油品質有變異，按照實際所需的提煉費用（包括提煉後的短量、貶值、運輸、工人、存倉和保險等各項費用）減去通常所需的提煉費用後的差額賠付。

（3）一切檢驗和化驗費用均由被保險人負擔，但爲了決定賠款數額而支付的必要檢驗和化驗費用，可由保險人負擔。

第二節　倫敦協會海洋運輸貨物保險條款

一、協會貨物保險條款的產生及其特點

（一）協會貨物保險條款的產生

英國自 17 世紀以來就是海上保險的中心，在國際海上貿易、航運和保險業中都占有重要的地位。許多國家的海上保險業務經營都與英國海上保險市場保持着密切的往來聯繫。英國《1906 年海上保險法》附載的勞合社 S.G 保險單，一直是國際海上保險的範本，S.G 保險單附加條款的《協會貨物條款》（ICC）也被世界各國奉爲經典。

倫敦保險協會在 1982 年對 1963 年的 ICC 進行了修改，並開始使用 1982 年 ICC，英國新的海上保險單在 1983 年 4 月 1 日推出，與該保險單同時啓動的 1982 年 ICC 也正式出現在國際海上保險市場上，而且很快被世界各國和各地區在業務經營中直接採用。目前，在我國對外貿易中，進出口貨物的保險一般要求採用中國保險條款，但有時應國外進口方的要求，也採取國際保險市場上通用的倫敦保險人協會貨物保險條款。因此，瞭解和掌握這項國際上慣用的貨物保險條款是十分必要的。

（二）協會貨物保險條款的特點

1. 以英文字母命名，每種基本險別都形成獨立的保險單。1982 年 ICC 用 ICC（A）、ICC（B）、ICC（C）取代了 1963 年 ICC 的 AR（一切險）、WA（水漬險）、FPA（平安險），避免了 1963 年 ICC 的基本險別命名與內容不一致，易使人產生誤解的弊病。每種基本險別都形成獨立的保險單，改變了 1963 年 ICC 把三種基本險別的責任範圍同列在一張保險單背面所載的保險條款內，再在上面註明承保範圍的做法。

2. 合理劃分險別，允許戰爭和罷工險以獨立險別投保。1982 年 ICC 一共有 6 種險別，它們是協會貨物（A）險、協會貨物 B 險、協會貨物 C 險、協會貨物戰爭險、協會貨物罷工險和惡意損害險。

在 1982 年 ICC 中，戰爭險和罷工險雖然也作爲特殊附加險，但被保險人並不是必須在投保基本險別的基礎上才能加保，而是根據需要獨立加保。惡意損害險則是一種附加險別，其承保責任屬於 A 險的責任範圍，卻被 B 險和 C 險列爲除外責任。因此保險人在投保 B 險和 C 險時，可以根據需要加保此險。

3. 統一險別結構，每種險別條款的機構都統一劃分爲 8 部分，共 19 條，另加 1 條附註。這 8 個部分分別爲：承保範圍、除外責任、保險期間、索賠、保險權益、減少損失、防止延遲、法律和慣例。

除惡意損害險以外的 5 種險別有 8 個部分內容，除了前 3 個部分（即承保範圍、除外責任、保險期間）不同外，其餘 5 個部分的內容和附註則完全一樣。每種險別條款結構統一、體系完整。戰爭險和罷工險之所以被允許獨立投保，原因在於它們也完

整地包括了 8 個部分內容。

4. 明確承保範圍，以便被保險人選擇險別條款投保。1982 年 ICC 的各種險別對承保風險的範圍規定十分明確。具體的規定方式有兩種：

(1) 採用"列明承保風險"的方式，即在條款中將所承保的風險和損失一一列明，強調只有列明的風險才保。例如 B 險、C 險就是這種方式。

(2) 採用列明除外責任的方式，即在條款中將不承保的風險和損失一一列明，強調除了列明的不保外，其他的都保。A 險就是這種方式。

5. 減少責任交叉，取消按損失程度來區分險別的規定。1982 年 ICC 的各種險別只按造成被保險貨物損失的風險不同來確定它們的承保範圍。凡是屬於承保範圍內的風險所造成的損失，不論是全部損失還是部分損失，都予以賠償，賠償金額按損失程度確定。凡是不屬於承保範圍內的風險所造成的損失，不論其損失程度如何，一律不負責，簡化了對保險人承保責任的規定，減少了不同險別的承保責任的交叉和重複情況，給保險人的賠償處理帶來了很大方便。

二、協會貨物（A）險

(一) 承保範圍

這一部分共包括 3 個條款，即風險條款、共同海損條款、船舶互撞責任條款。它們表明 ICC（A）承保的範圍有三項：

1. 承保列出的除外責任以外的一切風險所造成的貨物滅失或損壞。
2. 承保因承保風險引起的共同海損和救助費用。
3. 承保被保險責任人根據運輸合同中訂有的船舶互撞責任條款的規定應賠償船方損失。

(二) 除外責任

除外責任包括 4 個條款：一般除外責任條款、不適航不適貨除外責任條款、戰爭除外責任條款和罷工除外責任條款。ICC（A）對其所承保的風險是採用列明除外責任的一切風險都屬於它承保的責任範圍。

1. ICC（A）的一般除外責任共有 7 項：

①被保險人的故意行為所造成的損失和費用；②貨物的自然滲漏、重量或容量的自然耗損貨自然磨損；③貨物由於包裝不固或不當所造成的損失或費用；④貨物由於自身缺陷或特性所造成的損失或費用；⑤直接由於延遲所造成的損失或費用，即使延遲是由於承保的風險所致；⑥由於船東、租船人或經營人破產或不履行債務償還所造成的損失或費用；⑦由於使用任何原子或熱核武器所造成的損失或費用。

需要說明兩點：其一，一切風險的含義僅指意外風險或外來風險，確定的風險、預期的風險、正常的風險、戰爭風險仍被排除在承保範圍之外；其二，ICC（A）險僅列出被保險人的故意行為，而沒有其他人的故意行為，對其他人的故意行為所造成的損失或費用是承保的，說明 ICC（A）險已包含了惡意損害險。

2. 不適航不適貨除外責任。ICC（A）的不適航不適貨除外責任條款規定保險人對下列損失損害或費用不負責任：

（1）被保險人或其雇傭人在貨物裝船時已經知道船舶不適航，以及不適貨的情況，由此引起的損失和費用。

（2）被保險人或其雇傭人員已經知道承運人違反船舶適航適貨的模式保證，即使保險人放棄其提出關於船舶違反適航適貨默示保證的權利，由此引起的損失或費用。

對第 2 項的解釋：船舶必須適航是海上貨運合同中一項重要的默示保證，保險人可以船舶不適航為由取消保險合同。然而，船舶適航實質上是承運貨物的船東，即承運人的義務，作為托運人的被保險人對船舶是否適航的情況一般是不知道的，更是無法控制的。因此，保險人放棄其提出關於船舶違反適航適貨默示保證的權利，並且被保險人必須不知情。如果被保險人對此是知情的，則保險人不負責賠償。規定這一點是為防止知情的被保險人仍把貨物托付給承運人甚至與承運人串通，做出有損於保險人利益的舉動。

3. 戰爭除外責任。戰爭除外責任條款規定保險人對下列原因造成的損失、損害或費用不予負責：

（1）戰爭、內戰、革命、叛亂或由交戰力量引起的敵對行為所造成的損失或費用。

（2）捕獲、拘留、扣留、禁制、扣押（海盜行為除外），以及這種行為的後果或這方面企圖所造成的損失或費用。

（3）遺棄的水雷、魚雷或炸彈或其他的戰爭武器所造成的損失或費用。需要說明的是，ICC（A）將海盜行為作為戰爭除外責任的除外，ICC（A）險對海盜風險還是承保的。這一點不同於我國現行海運貨物保險條款，我國將海盜風險仍然放在貨物戰爭險中承保。

4. 罷工除外責任。罷工除外責任條款規定保險人對下列原因造成的損失、損害、費用不負責：

（1）罷工者、被迫停工工人或參與工潮暴動或民眾騷亂人員造成的損失或費用。

（2）罷工、被迫停工、工潮、暴動或民眾騷亂造成的損失或費用。

（3）任何極端組織或任何人出於政治動機而採取的行動造成的損失或費用。

（三）保險期間

保險期間包括：運輸條款、運輸合同終止條款、航程變更條款。

1. 運輸條款。該條款規定：

（1）保險人承保貨物所承擔的責任"自貨物運離保險單所載明的起運地倉庫或儲存處所時開始生效"，並在正常運輸途中繼續有效，至下述三種情況發生時終止：a. 至保險單載明目的地收貨人的或其他的最後倉庫或存儲所；b. 至保險單載名的目的地收貨人的或其他倉庫或存儲所，由被保險人用作正常運輸過程以外的存儲或分配派發貨物；c. 至被保險貨物在最後卸貨港全部卸離海輪後屆滿 60 天。以上三種情況以先發生者為準。

（2）如果貨物在最後卸貨港全部卸離海輪後，但在本保險終止前，被轉運到非保險單載明的目的地，本保險仍受前述終止規定的約束，並於此種轉運開始時終止。

219

(3) 在發生被保險人無法控制的運輸延遲、繞航、被迫卸貨、重裝、轉運或承運人運用貨物合同賦予的權限所做的任何航海上的變更的情況下，保險責任繼續有效，並且被保險人無須通知保險人，也無須加繳保費。

2. 運輸合同終止條款。規定：若由於被保險人無法控制的原因，運輸合同自保險單載明的目的地港口以外的其他港口或處所終止，或者運輸過程在按運輸條款規定交貨之前即已終止，保險責任也隨之終止。除非被保險人立即通知保險人並在必要時加繳保險費，保險責任繼續有效，直至下述兩種情況發生時終止：

(1) 貨物在該卸貨港口出售或交貨，或者在貨物到達該港口或處所後屆滿 60 天，兩者以先發生者為準。

(2) 貨物在上述 60 天內繼續運往保險單載明目的地或其他地區，保險責任仍按正常運輸情況下的規定終止。

3. 航程變更條款。該條款規定，在保險責任開始以後，如果被保險人要求變更原保險單載明的目的地，在及時通知保險人的情況下，按"有待重新商定"的保險費率和承保條件繼續承保。值得說明的是，此航程變更條款與運輸條款有所不同：運輸條款指在發生船東或承運人有權決定的偏離航線以及航海變更的情況下，保險人繼續承擔責任，並且被保險人無須通知保險人，也無須加繳保費；航程變更條款是指，被保險人主動改變航程的情況，要及時通知保險人，並另行規定保費和承保條件。

三、協會貨物（B）險

(一) 承保範圍

與 ICC（A）險條款的"列明除外責任"的方式不同，ICC（B）險條款對承保風險採取的是"列明風險"的方式，未列出的風險則被排除出在承保範圍之外。

ICC（B）所列的承保風險共有以下 10 項：

(1) 火災或爆炸。
(2) 船舶或駁船發生擱淺、觸礁、沉沒或傾覆。
(3) 陸上交通工具傾覆或出軌。
(4) 船舶或駁船或運輸工具與除水以外的任何外界物體碰撞。
(5) 在避難港卸貨。
(6) 地震、火山爆發或雷電。
(7) 共同海損犧牲。
(8) 拋貨或浪擊落海。
(9) 海水、湖水或河水進入船舶、運輸工具、集裝箱、大型運輸箱或儲存處所。
(10) 貨物在裝卸時落海或跌落造成的整件的全損。

需要特別指出的是第 10 項。在協會貨物保險條款中取消了按損失程度區分險別的規定，即"凡是屬於承保範圍內的風險所造成的損失，不論是全部損失還是部分損失，均予以賠償，賠償金額按損失程度決定"，唯有此處"貨物在裝卸時"所造成的損失，僅對"整件的全損"予以賠償。

(二) 除外責任

ICC（B）險的除外責任基本上與 ICC（A）險相同，但有兩點區別：

（1）在一般除外責任條款中增加了對"由於任何人或數人非法行爲故意損壞或故意破壞保險標的或任何部分"所造成的損失和費用不負責。此款的重點在於"任何個人或數人"而非限被保險人，這說明（A）險對被保險人以外的其他人的故意行爲所造成的損失和費用是負責的；而（B）險卻將被保險人以外的其他人，包括船長和船員的故意行爲所造成的損失或費用排除在承保範圍之外，如果被保險人需要保障這種風險，可加保惡意損害險。

（2）在戰爭除外責任條款中，規定對"捕獲、拘留、扣留、禁制、扣押以及這種行爲的後果和這方面的企圖"所造成的損失和費用不予負責。而 ICC（A）險在同樣的除外規定外，加上"海盜行爲除外"，即 ICC（A）險將海盜行爲作爲承保風險。ICC（B）險雖沒有將海盜風險列爲除外風險，由於 ICC（B）險採取列明風險的方式，因此，ICC（B）險並不承保海盜風險。

(三) 保險期間

ICC（B）的保險期間規定與 ICC（A）完全相同。

四、協會貨物險 ICC（C）

(一) 承保範圍

ICC（C）同 ICC（B）採用列明風險的方式。ICC（C）所列的承保風險有以下 7 項：

①火災或爆炸；②船舶或駁船發生擱淺、觸礁；③陸上運輸工具傾覆或出軌；④船舶、駁船、運輸工具與除水以外的任何外界物體碰撞；⑤在避難港卸貨；⑥共同海損犧牲；⑦抛貨。

(二) 除外責任

ICC（C）的除外責任與 ICC（B）完全相同。

(三) 保險期間

ICC（C）的保險期間與 ICC（A）完全相同。

五、協會貨物戰爭險、罷工險和惡意損害險

(一) 協會貨物戰爭險

1. 承保範圍

協會貨物戰爭險承保範圍包括"風險條款"和"共同海損條款"。具體來說，戰爭險承保以下原因所造成的損失或損害：

（1）戰爭、內戰、革命、叛亂或由此引起的內戰，或由交戰雙方力量引起的敵對行爲。

(2) 對上述承保風險所引起的捕獲、扣押、扣留、拘禁以及此種行爲造成的後果或任何進行此種行爲的企圖。

(3) 被遺棄的水雷、魚雷、炸彈或其他戰爭武器。

(4) 上述承保風險所致的共同海損和救助費用。

註意以下幾點：

一是沒有把海盜行爲列爲承保風險，這與我國海運險的戰爭險承保海盜行爲有很大的區別，但海盜行爲屬於 ICC（A）險的承保範圍。

二是在提到水雷、魚雷、炸彈或其他戰爭武器所造成的損失時，強調是被遺棄的，而並非像我國海運貨物戰爭險使用"常規武器"等詞。

三是保險人僅對戰爭行爲以及武器導致保險標的的直接損失負責，但並不負責因此而致的費用損失。

2. 除外責任

除外責任包括"一般除外責任條款"和"不適航不適貨條款"，其與 ICC（A）險條款的規定基本相同，僅存在以下兩點區別：

一是在一般除外責任中，增加了"航程挫折"一項，規定由於戰爭原因受阻而產生的間接費用，保險人不予賠償。

二是規定由於敵對行爲使用原子、熱核武器所造成的保險標的的滅失或損失不予賠償。

3. 承保期間

協會貨物戰爭險對於保險期間的規定比較詳細，包括以下幾點：

(1) 採用"水上風險"原則，即保險責任自貨物裝上起運港的海輪開始，直至卸離目的港海輪，或者自海輪到達目的港當日午夜開始起算滿 15 天爲止，兩者以先發生者爲準。

(2) 若貨物在中途港卸下，則保險人在必要時加繳保費的情況下，本保險自貨物裝上續運海輪時繼續生效。

(3) 若貨物通過駁船在載貨海輪和裝貨港之間往來駁運，或者在載貨海輪與卸貨港之間往來駁運，則此保險擴展到承保駁運期間道遇水雷和被遺棄的魚雷的風險。除非另有約定，保險責任最長不超過從載貨海輪卸貨到駁船後起算的 60 天。

(二) 協會貨物罷工險

1. 承保範圍

(1) 罷工工人、被迫停工工人或參與工潮暴動或民變騷亂人員造成的損失。

(2) 任何極端組織或任何人出於政治動機而採取行動所造成的損失。

(3) 由於上述風險所致的共同海損犧牲，分攤和救助費用。

2. 除外責任

協會貨物罷工險的除外責任，在 ICC（A）的除外責任基礎上，增加了三點：罷工、停工、工潮、暴亂或民變騷亂造成的工人缺勤、缺員或怠工引起的損失或費用；罷工原因造成的航程終止，致使貨物未能運到保險單所載明的目的地而引起的間接費用；戰爭、內亂、革命、怕叛亂引起的內戰，或有交戰力量引起的敵對行爲所引起的損失或費用。

　　3. 承保期間

　　採用"倉至倉"原則，即保險人承擔貨物自發貨人倉庫開始至收貨人倉庫爲止的整個運輸期間的風險。

(三) 協會貨物惡意損害險

　　惡意損害險系 ICC (B) 險或 ICC (C) 險的附加險別，作爲補充性的協會條款，它沒有完整的結構，不能單獨投保。

　　惡意損害險承保被保險人以外的其他人 (如船長、船員等) 的故意損壞、故意破壞保險標的或其任何部分所造成的損失或費用。但惡行爲若出於政治動機，則不屬於本險別的承保範圍，而屬於罷工險的承保範圍。

　　惡意損害險的內容已包括在 ICC (A) 險的承保範圍內，被保險人無須再投保此險別；而在 ICC (B) 險和 ICC (C) 險中都是除外責任。因此，在投保 ICC (B) 險或 ICC (C) 險時，若被保險人需要得到這方面的保障，可加保惡意損害險。

六、協會貨物五種險別條款的其他內容

(一) 索賠

　　這一部分包括 4 個條款，即保險利益條款、續運費條款、推定全損條款、增值條款。

　　保險利益條款 (Insurable Interest Clause) 是根據《1906 年海上保險法》的第六條規定而制定的，主要內容有兩點：在保險標的發生損失時，被保險人必須對保險標的具有保險利益，才能獲得保險人的賠償；即使保險標的在保險合同訂立之前已經發生損失，但被保險人並不知情，他仍有權要求保險人對發生的損失予以賠償。

　　續運費條款 (Forwarding Charge Clause) 主要規定：由於承保風險發生造成運輸航程在非保險單所載明的港口或處所終止，被保險人爲卸貨、存倉和轉運至保險單所載明的目的地所支出的運費及其他費用，均由保險人負責賠償。但被保險人獲得續運費賠償的前提條件有三個：航程終止的原因必須屬於承保風險；發生的費用必須正當合理；必須不是由被保險人或其雇員的過失、疏忽、破產或經濟困境而引起的。

　　推定全損條款 (Constructive Total Loss Clause) 規定：保險人不負責推定全損，除非保險標的實際全損已不可避免，或者爲恢復、整理及運送保險標的到目的地的費用超過其本身的價值，並在保險標的被合理委付的情況下，保險人才按全損賠償。

　　增值條款 (Increased) 是在貨物投保增值保險的情況下對有關賠償問題的規定。所謂增值保險，是指貨物的買方估計到所購買的貨物在到達目的地時，其完好價格將比賣方原投保的保險金額要高，因而將兩者之間的差額即增值部分按原保險條件另行投保的保險。本條規定，若貨物投保增值保險，則貨物的保險價值應爲原始保險的保險金額和增值保險的保險金額的總和，發生損失時，原始保險人和增值保險人按照各自保險金額占總保險金額的比例來支付損失賠償，同時按照此原則享有向第三方追償

所得。

(二) 保險權益

這部分只有不得受益條款（Not to Insure Clause）一個條款，規定：承運人或其他委託人不得享受本保險的權益。訂立此條款的目的是爲了避免承運人或其他受托人因有本保險存在而享有權益並因此來擺脫對貨損、貨差或延遲交貨的責任，從而使保險人喪失代位求償權。

(三) 減少損失

這一部分包括兩個條款，即被保險人義務條款和放棄條款。

被保險人義務條款（Duty of Assured Clause）規定被保險人及其雇員和代理人對於保險項下的索賠應承擔下列義務：採取合理措施，以避免或減少保險標的的損失。保證保留和行使對承運人、保管人或其他第三方追償的所有權利，即保護保險人的代位求償權。

保險人除賠償保險項下的各項損失外，還補償被保險人爲履行上述義務而支出的適當及合理費用，並且保險人對施救費用的賠償獨立於保險標的的賠償。該條款把應承擔減少損失義務的人的範圍從被保險人擴大爲被保險人、其雇傭人員和代理人，目的是鼓勵他們對貨損積極施救和確保保險人對造成貨損的有關責任方的追償權利。

放棄條款（Waive Clause）規定：當保險標的發生損失時，被保險人或保險人爲施救、保護或恢復保險標的所採取的措施，不應視爲放棄或接受委付，或影響任何一方的利益。

(四) 避免延遲

這部分只有合理處置條款（Reasonable Despatch Clause），該條款規定：在保險標的發生事故後，被保險人在其力所能及的情況下，必須採取合理的方式迅速處理。做出這樣規定的目的在於提醒被保險人不能因爲投保了而故意延遲處置事故。

(五) 法律與慣例

本條款規定本保險適用於英國法律和慣例。明確此條款的意義在於，當保險雙方協議採用協會保險條款並事後發生訴訟，而英國以外的其他國家對該訴訟具有管轄權時，法庭應當採用英國法律和慣例作爲判案依據。

(六) 附註

附註提示被保險人續保（Held Covered）的先決條件是知情後迅速通知保險人，防止被保險人爲少交或不加交保費而在損失發生後才要求續保。

第三節　中、英海運貨物保險條款比較

中國現行海運貨物保險條款是在參照倫敦保險人協會 1963 年貨物保險條款的基礎

上，於 1981 年修定而成的。英國現行海運貨物險條款是在對原 S. G. 保單和舊條款進行改革的基礎上制定的，於 1982 年開始使用。下面，將比較我國海運貨物險條款和英國倫敦保險人協會貨物保險條款。

一、兩國海運貨物保險條款的共同點

中國海運貨物保險的一切險、水漬險和平安險與協會貨物 ICC（A）險、ICC（B）險和 ICC（C）險對應比較，有如下共同點：

承保責任範圍相當。一切險和 ICC（A）險的承保責任雖然在文字表述上有所區別，但都是對海上自然風險、意外事故和一般外來風險承擔保險責任，內容比較接近；水漬險和 ICC（B）險的承保責任主要是對海上自然災害和意外事故的保障，內容比較接近；平安險和 ICC（C）險所承保的風險雖然有所區別，從保障的範圍來看，兩者比較接近。

除外責任基本相同。中國海運貨物保險條款只有 5 條除外責任，協會貨物保險條款的除外責任則包括 4 條共 15 款，具體來說，基本上都是把非意外的、間接的以及特殊原因和人爲故意行爲所導致的損失作爲除外責任。

保險期限基本一致。我國海運險的保險期限採取"倉至倉"的責任起訖，協會條款則包括運輸條款、運輸合同終止條款和航程變更條款，共同組成保險人的責任期限，實際上也是以"倉至倉"爲責任起訖。

被保險人義務基本相同。兩國條款均規定，貨物遭受承保範圍内的風險時，被保險人應迅速採取合理措施，防止或減少貨物的損失；航程發生變更時，被保險人應立即通知保險人；貨物發生損失時，被保險人應維護保險人向第三保險人索償的權利等。

二、兩國海運貨物保險條款的區別

（一）保險條款的名稱不同

中國海運貨物保險條款的基本險別命名爲：一切險、水漬險、平安險，但實際承保的責任和名稱並不符合，容易誤解；協會貨物保險條款的主險分別命名爲 ICC（A）險、ICC（B）險、ICC（C）險，可避免因名稱而產生的誤解，同時又非常簡單，稱呼方便。

（二）保險條款的結構不同

中國海運貨物保險總條款分爲 5 條，其中包括 3 個基本險別，簡明扼要，但由於各主險沒有完整、獨立的結構，被保險人不易區分各險別的内容差異。協會貨物保險條款中，ICC（A）險、ICC（B）險、ICC（C）險條款均自成體系，包括結構完整的 19 條内容，各主險結構獨立，便於被保險人確定各險別的具體内容，區分它們之間的差異。

（三）承保責任和除外責任有所不同

1. 一切險與 ICC（A）險的比較。ICC（A）險對應於 CIC 的一切險，其承保範圍採用"承保除規定的除外責任以外的一切風險所造成保險標的損失"。看起來承保範圍很廣，但分析其所列的除外責任後，發現其實 ICC（A）的承保範圍與一切險幾乎等同。但對（A）險的有些規定還是值得註意的。

（1）PICC 條款第二條第一、第二款的規定與 ICC（A）條款第 4 條第一款的規定極其類似，但 PICC 條款規定被保險人的故意或過失行爲都屬於除外責任，且增加規定了屬於發貨人責任所引起的損失也屬於除外責任條款。這就擴大了保險人的除外責任範圍，縮小了其承保範圍。

（2）在 ICC（A）險的戰爭除外責任的規定中，將"海盜行爲"列入在除外責任之外，説明 ICC（A）險對海盜行爲的損失是負賠償責任的，這一點比我國一切險的範圍大；在我國海洋運輸貨物保險只有加保戰爭險時才對"海盜行爲"的損失予以負責，如未加保戰爭險時是不負責的。

（3）在 ICC（A）條款中第 4 條第三款規定的除外責任——包裝不足或不當引起的損失、損害或費用，在 PICC 條款中沒有提到。這一規定有助於對實踐中發生的爭議予以明確，可以使保險爭議得到更好的解決。

（4）在 ICC（A）條款中第 4 條的第六款所規定的除外責任——因船舶的所有人、經理人、承租人或經營人的破產或經濟困境所產生的損失、損害或費用，在 PICC 條款中亦沒有被提到。在實踐中，托運人爲了節省運費，委託資信很差的租船人，貨物常常會因船舶所有人、經理人、承租人或經營人的破產或經濟困境而遭受損失。此時，貨主就會想方設法在保險條款中尋求救濟——鑽保險條款的漏洞，這對保險人是很不公平的。而 ICC（A）條款中這一規定給保險人的利益提供了很大的保障。但 PICC 的一切險條款中，對這一問題的解決沒有説明。

（5）在 ICC（A）條款中第 5 條規定的是船舶和運輸工具不適航和不適運條款，這一條款與英國《1906 年海上保險法》中的默示適航保證義務緊密相連，體現了法律的一致性。但中國的 PICC 一切險條款中沒有此規定。因此，我國對於除外責任的規定應採取列明式和意定式，明確規定基本的除外責任，無論是條款還是詞語都應明確具體化，這些除外責任是當事人雙方必須遵守的；應允許當事人自由約定除外責任，即以意定的方式加以規定。

（6）ICC（A）險承保陸上運輸工具的傾覆或出軌；而一切險沒有此規定。

（7）ICC（A）險將抛棄分爲"共同海損"的抛棄和"非共同海損"的抛棄；而 CIC 一切險僅包括共同海損的抛棄。

2. 水漬險與 ICC（B）的比較。ICC（B）險對應於 CIC 的水漬險，其承保範圍採用"列明風險"的方式，從總體上來看，ICC（B）險承保的風險與水漬險並無實質性差別，但就承保風險責任有兩點注意：

（1）在 ICC（B）險承保範圍中規定："貨物在船舶或駁船裝卸時落海或跌落造成任何整件的全損"。説明它對裝卸時落海或跌落造成的整件全損負責賠償，對部分損失是不予負責的。我國水漬險責任範圍規定："在裝卸或轉運時由於一件或整件貨物落海造成的全部或部分損失"，CIC 對全損和部分損失都是負賠償責任，但對貨物跌落岸上造成的損失不予負責。

（2）在 ICC（B）險的除外責任中規定：對"由任何個人或數人非法行爲故意損壞或故意破壞保險標的或其他任何部分"不負賠償責任；對"任何人"可以理解爲包括被保險人及其他一切人的故意行爲所造成的損失都是不負賠償責任的；被保險人如要獲得此保障，需加保新附加險"惡意損害條款"。我國 CIC 的除外責任中規定對"被保險人的故意行爲或過失所造成的損失"是不負賠償責任的，僅限於被保險人（包括被保險人的代理人）的故意行爲或過失造成的損失不予負責，而對其他人的故意行爲造成的損失是負責賠償的。

（3）在自然災害和意外事故的認定上兩者不盡一致。水漬險僅承保惡劣氣候、雷電、海嘯、地震和洪水造成的損失；而 ICC（B）險除了承保地震、閃電所造成的各種損失外，還對火山爆發、浪擊落水和江、河、湖、海水浸染貨物等造成的損失負責賠償，但又不包括類似於海嘯、惡劣氣候和洪水等範疇。

在意外事故上，ICC（B）險除了包含 CIC 水漬險範圍外，還新規定了一項內容，即陸上運輸工具傾覆或出軌。

3. 平安險與 ICC（C）的比較。ICC（C）險與 CIC 的平安險對應，其承保範圍也採用"列明風險"的方式，兩者承保的責任範圍差別不大，但 ICC（C）險的實際保障範圍明顯小於平安險。從以下三方面說明：

（1）平安險承保自然災害所導致的貨物的全部損失，明確指出自然災害造成的部分損失不賠，但對在運輸工具已經發生意外事故的情況下，貨物在此前後又在海上遭受自然災害所造成的部分損失則賠。在 ICC（C）險中，自然災害和一般性的意外事故均未列入責任範圍，如"地震、火山爆發、雷電"以及"海水、湖水或河水進入船舶、駁船、運輸工具、集裝箱、大型海運箱或貯存處所"所致的損失都是不予賠償的。

（2）ICC（C）險對裝卸或轉運時由於一件或數件整件貨物落海造成的損失沒有列入責任範圍，是不負賠償責任的。但平安險負責承保裝卸時所造成的一件或數件整件貨物落海而致的全部或部分損失。

（3）在 ICC（C）險的除外責任中，與 ICC（B）險規定相同，"由任何個人或數人非法行爲故意損壞或故意破壞險標的或其他任何部分"不負責賠償。如獲得這些保障，同樣需加保新附加險"惡意損害條款"。而 CIC 的除外責任規定對"被保險人的故意行爲或過失所造成的損失"是不負賠償責任的，該條款僅限於被保險人（包括被保險人的代理人）的故意行爲或過失造成的損失不予負責，而對其他人的故意行爲造成的損失是負責賠償的。

4. 附加險的比較。ICC 新條款的附加險只有三種，即協會戰爭險、協會罷工險和惡意損害險。而我國 CIC 的附加險則分爲一般附加險（11 種）、特別附加險（6 種）和特殊附加險（3 種：海運戰爭險、海運戰爭險的附加費用險和罷工險）。就承保責任範圍來看，兩者無實質性差別。但需註意的是：

（1）協會戰爭險在除外責任中對敵對行爲用原子武器造成貨物的損失有些變化。ICC 新條款僅規定由於敵對行爲使用原子武器等所致滅失或損害不予賠償責任，但對由於非敵對行爲使用原子武器等造成的滅失或損失必須負責。所謂"非敵對行爲"，主要指敵對雙方以外的海輪遭受原子武器所造成的滅失或損害，保險人負賠償責任。

（2）協會罷工險只是在除外責任中增加了一條"航程挫折"條款。該條款規定，由於戰爭或罷工原因而使航程受挫折導致貨物未能運達保險單所載明的目的地而引起的間接損失，保險人不負賠償責任。對由於罷工而使航程受挫折所造成的額外費用不予負責。

（3）協會惡意損害險是 ICC 新增加的附加險，其承保範圍主要是對被保險人以外的其他人（如船長、船員等）的故意行爲所致保險標的滅失或損害負賠償責任。但如果惡意損害是出於有政治動機的人的行爲所致保險標的損失，不屬本險別的保險責任，該項損失應屬於罷工險的承保範圍。協會惡意損害險的承保範圍在 ICC（A）的責任中已經包括，只適用於在 ICC（B）和 ICC（C）的基礎上加保。

其他內容的不同。與我國海運貨物保險條款相比，協會貨物保險條款新增加了"保險利益條款""增值條款""不得受益條款"以及"法律和慣例條款"等內容，有利於避免保險合同雙方發生不必要的糾紛，也有利於保險糾紛的解決。我國海洋運輸貨物保險條款雖然文字簡練，但有些內容沒有包括在內，在具體實踐中一般參照以往的習慣做法和國際慣例，容易引發保險合同雙方的糾紛。

案例分析

案例一：出口香港罐頭保險索賠案

2007 年，我國 WK 外貿公司向香港出口一批罐頭共 500 箱，按照 CIF HONGKONG 向保險公司投保一切險。但是因爲海運提單上只寫明進口商的名稱，沒有詳細註明其地址，貨物抵達香港後，船公司無法通知進口商來貨場提貨，又未與 WK 公司的貨運代理聯繫，自行決定將該批貨物運回起運港天津新港。在運回途中因爲輪船滲水，有 229 箱罐頭受到海水浸泡。

貨物運回新港後，WK 公司沒有將貨物卸下，只是在海運提單上補寫進口商詳細地址後，又運回香港。進口商提貨後發現罐頭已經生鏽，所以只提取了未生鏽的 271 箱罐頭，其餘的罐頭又運回新港。WK 外貿公司發現貨物有鏽蝕後，憑保險單向保險公司提起索賠，要求賠償 229 箱貨物的鏽損。保險公司經過調查發現，生鏽發生在第二航次，而不是第一航次。投保人未對第二航次投保，不屬於承保範圍，於是保險公司拒絕賠償。

[分析]：

保險公司拒絕理賠是正當的。原因如下：

（1）保險事故不屬於保險單的承保範圍，本案中被保險人只對貨物運輸的第一航次投了保險，但是貨物是在由香港至新港的第二航次中發生了風險損失的，即使該項損失屬於一切險的承保範圍，保險人對此也不予負責。

（2）被保險人在提出保險索賠時明顯違反了"誠信原則"。被保險人向保險人提出索賠明知是不屬於投保範圍的航次造成的損失，其目的是想利用保險人的疏忽將貨物損失轉嫁給保險人，這違反了"誠實信義"的原則，保險人有權拒絕賠付。

案例二：承運人違約導致的提貨不着

　　CS 公司與某保險公司於 2007 年 7 月 4 日簽訂保險合同，投保一切險和戰爭險，保險標的爲 9 127 箱玩具，航程爲上海至聖彼得堡，責任起訖期間爲倉至倉。貨物於 2007 年 7 月 15 日裝船，華夏船務有限公司作爲承運人順風公司的代理，爲 CS 公司簽發了上海至聖彼得堡的全程提單。提單載明：托運人 CS 公司，收貨人憑指示，通知人爲與 CS 公司簽訂貿易合同的 LINSTEK 公司（以下簡稱買方）。

　　貨物由上海運至韓國釜山，後轉裝二程船運至俄羅斯東方港，再由東方港改由鐵路運輸，9 月初運抵目的地聖彼得堡。9 月 13 日，買方持二程海運提單（釜山—東方港）和鐵路運單（東方港—聖彼得堡）要求提貨。因買方是這兩個單證上的收貨人，承運人便在未收回全程正本提單的情況下放貨。買方辦理完清關手續後將貨物提走。而後，CS 公司因見買方遲遲沒有支付貨款，遂派人持正本提單至聖彼得堡提貨。CS 公司以提貨不着爲由向被告保險公司索賠，遭到拒賠。

　　[分析]：

　　如何正確地理解海上貨物運輸保險中的提貨不着是本案的焦點。

　　提貨不着雖然是本案保險合同中約定的一種風險，但並不是說所有的提貨不着都應當由保險公司承擔保險責任。海上貨物運輸保險合同中的風險，一般是指貨物在運輸過程中因外來原因造成的風險，既包括自然因素造成的風險，也包括人爲因素造成的風險。但是，凡海上貨物運輸保險合同所指的風險，都應具備不可預見性和責任人不確定性的特徵。托運人、承運人、收貨人等利用接觸、控制保險標的的便利，故意損毀、丟棄或無單放行以致提貨不着，是確定的責任人不正確履行職責而發生的可預見的事故。本案正是因承運人順風公司無單放貨，造成持有正本提單的 CS 公司提貨不着。由此可見，無單放貨雖然能導致提貨不着，但這種提貨不着不具有海上貨物運輸保險的風險特徵，故不屬於合同約定承保的風險範圍。

　　實際上，當承運人違約無單放貨時，CS 公司應當根據海洋貨物運輸合同的約定，向這個確定的責任人追究違約責任。CS 公司不去追究承運人的違約責任，卻以提貨不着爲由，向保險公司索賠，可以說是找錯了對象。

思考題

　　1. 如何理解平安險中所指的"整批貨物全損"，是以一張保險單上所載運貨物的全部滅失爲標準來確定的嗎？其所包含的情況有哪些？

　　2. 理解平安險條款第三項責任"在意外事故發生前後，自然災害造成的部分損失"的具體含義。在實踐中需要註意哪些事項？

　　3. 爲避免"淡水損失"，可以投保哪些險別？需要註意哪些事項？

　　4. 什麼是"船舶互撞責任條款"？作爲承運人的船方與作爲托運人的貨方爲什麼要訂立這項條款？訂立這項條款的是爲了保護哪一方的利益？

　　5. 簡述"倉至倉條款"的含義。

6. 易鏽損的貨物適合投保"水漬險"嗎？你認為可以投保哪些險別？
7. 什麼是惡意損害險？在什麼情況下需要投保惡意損害險？
8. 中、英兩國海運貨物保險條款在結構上有哪些不同？
9. 請比較一下 CIC 與 ICC 基本險的不同之處。
10. 比較 CIC 與 ICC 對於"海盜風險"承保方式的不同。

第 12 章　陸上、航空、郵包運輸貨物保險

隨著科學技術進步和運輸工具的發展，經濟全球化日益加深，運輸的貨物數量在整個國際貿易貨運中的比重呈上升趨勢，陸上、航空、郵包等的保險業務也迅速發展，在整個保險業務中的重要性日益明顯。本章將介紹陸上、航空、郵包運輸保險的承保風險、險別、責任範圍和保險期限，並與海運貨物保險比較。

第一節　陸上運輸貨物保險

陸上運輸貨物保險始於 19 世紀末，第一次世界大戰結束後得到較快發展。在歐洲、亞洲、非洲及拉丁美洲內陸國家，陸上運輸的國際貿易貨物比重很大。陸上運輸貨物保險主要承保火車、汽車等陸上運輸工具運輸貨物的保險。目前，我國與周邊國家的進出口貨物及通過"歐亞大陸橋"運輸的貨物大都採用陸運方式進行，業務量正在不斷增加，與之相適應的陸運保險業務也明顯增長。

海洋貨物運輸與陸上貨物運輸可能遭遇的風險有所不同。陸上貨物運輸的風險主要有：運輸工具碰撞、傾覆、出軌；公路、鐵路坍塌，橋樑折斷、道路損壞及失火、爆炸等意外事故；暴風、雷電、洪水、地震、泥石流、山體滑坡等自然災害。此外，在海洋運輸中由於外來原因可能造成的風險，陸上運輸也同樣存在。按照保險業習慣，在陸上運輸貨物保險業務中，只要因發生承保範圍責任內的風險所導致的損失，保險人一般都予賠償，因此陸運貨物保險不再區分全部損失和部分損失。這就決定了陸上運輸貨物保險的基本險別與海洋運輸貨物險別的區別。

陸上運輸包括鐵路和公路運輸兩種，運輸工具主要是火車和汽車。國際上保險公司對於採用人力車和牲口馱運等落後工具運輸貨物的風險一般不予承保。在國際市場上，保險公司對於火車和汽車運輸往往分別列有不同的條款。中國人民保險公司現行的陸上運輸貨險條款也明確規定以火車、汽車為限，在基本險方面，火車、汽車均採用相同險別和責任範圍。

根據中國人民保險公司 1981 年 1 月 1 日修訂的《陸上運輸貨物保險條款》的規定，陸上運輸貨物保險的基本險別分為：陸運險與陸運一切險兩種。

適用於陸運冷藏貨物的專門保險，即陸上運輸冷藏貨物險，其性質也屬基本險。

此外，在附加險中，除僅適用於火車運輸的陸上運輸貨物戰爭險（火車）條款外，海外貨物保險中的附加險，陸運貨物保險也均適用。

一、陸運險與陸運一切險

（一）承保責任範圍

陸運險的承保責任範圍與海洋運輸貨物保險條款中的"水漬險"相似。保險公司負責賠償被保險貨物在運輸途中遭受暴風、雷電、洪水、地震等自然災害或由於運輸工具遭受碰撞、傾覆、出軌或在轉運過程中因駁運工具遭受擱淺、觸礁、沉沒、碰撞；或由於遭受隧道坍塌、崖崩或失火、爆炸等意外事故所造成的全部或部分損失。此外，被保險人對遭受承保範圍內危險的貨物採取搶救、防止或減少貨損的措施而支付的合理費用，保險公司也負責賠償，但以不超過該批被救貨物的保險金額爲限。

陸運一切險的承保責任範圍與海上運輸貨物保險條款中的"一切險"相似。保險公司除承擔上述陸運險的賠償責任外，還負責被保險貨物在運輸途中由於一般外來風險所造成的全部或部分損失。

以上責任範圍均適用於火車和汽車運輸，並以此爲限。

（二）除外責任

陸運險與陸運一切險的除外責任與海洋運輸貨物險的除外責任基本相同。

（三）責任起訖

陸上運輸貨物險的責任起訖也採用"倉至倉"責任條款。保險人負責自被保險貨物運離保險單所載明的起運地倉庫或儲存處所開始運輸時生效，包括正常運輸過程中的陸上和與其有關的水上駁運在內，直至該項貨物運達保險單所載目的地收貨人的最後倉庫或儲存處所或被保險人用作分配、分派的其他儲存處所爲止。如未運抵上述倉庫或儲存處所，則以被保險貨物運抵最後卸載的車站滿 60 天爲止。

陸上運輸貨物險的索賠時效爲：從被保險貨物在最後目的地車站全部卸離車輛後起算，最多不超過兩年。

二、陸上運輸冷藏貨物險

陸上運輸冷藏貨物險是陸上運輸貨物險中的一種專門保險，其主要責任範圍除負責陸運險所列舉的自然災害和意外事故所造成的全部或部分損失外，還負責賠償由於冷藏機器或隔溫設備在運輸途中損壞所造成的被保險貨物解凍融化以致腐敗的損失。但對於因戰爭、罷工或運輸延遲而造成的被保險冷藏貨物的腐敗或損失，以及被保險冷藏貨物在保險責任開始時未能保持良好狀態，包括整理、包紮不妥，或冷凍上的不合規定及骨頭變質造成的損失則除外。一般的除外責任條款也適用本險別。

陸上運輸冷藏貨物險的責任自被保險貨物運離保險單所載起運地點的冷藏倉庫裝入運送工具開始運輸時生效，包括正常的陸運及其有關的水上駁運在內，直至貨物到達保險單所載明的目的地收貨人倉庫爲止。但是最長保險責任的有效期限以被保險貨物到達目的地車站後 10 天爲限。

中國人民保險公司的該項保險條款還規定：裝貨的任何運輸工具，必須有相應的冷藏設備或隔溫設備；或供應和儲存足夠的冰塊使貨車箱內始終保持適當的溫度，保證被保險冷藏貨物不致因融化而腐敗，直至目的地收貨人倉庫爲止。

陸上運輸冷藏貨物險的索賠時效爲：從被保險貨物在最後目的地全部卸離車輛後起計算，最多不超過兩年。

三、陸上運輸貨物戰爭險

陸上運輸貨物戰爭險是陸上運輸貨物保險的一種特殊附加險，只有在投保了陸運險或陸運一切險的基礎上方可加保。這種陸運戰爭險，國外私營保險公司大都不予承保，但爲適應外貿業務需要，我國保險公司接受加保，但目前僅限於火車運輸，若使用汽車運輸則不能加保。

加保陸上運輸貨物戰爭險後，保險公司負責賠償在火車運輸途中由於戰爭、類似戰爭行爲和敵對行爲、武裝衝突所致的損失以及各種常規武器包括地雷、炸彈所致的損失。

但是，由於敵對行爲使用原子或熱核武器所致的損失和費用，以及根據執政者、當權者或其他武裝集團的扣押、拘留引起的承保運程的喪失和挫折所造成的損失除外。

陸上運輸貨物戰爭險的責任起訖與海運戰爭險相似，以貨物置於運輸工具時爲限，即自被保險貨物裝上保險單所載起運地的火車時開始，到卸離保險單所載目的地火車時爲止。如果被保險貨物不卸離火車，則以火車到達目的地的當日午夜起計算，滿 48 小時爲止；如在運輸中途轉車，則不論貨物在當地卸載與否，保險責任以火車到達該中途站的當日午夜起計算滿 10 天爲止。如貨物在此期限內重行裝車續運，仍恢復有效。但需指出，如運輸契約在保險單所在目的地以外的地點終止，該地即視作本保險單所載目的地，在貨物卸離該地火車時爲止，如不卸離火車，則保險責任以火車到達該地當日午夜起計算滿 48 小時爲止。

陸上運輸貨物保險的特殊附加險，除戰爭險外，還可加保罷工險；與海洋運輸貨物保險相同，在投保戰爭險前提下，加保罷工險不另收費。如僅要求加保罷工險，則按戰爭險費率收費。陸上運輸罷工險的承保責任範圍與海洋運輸貨物罷工險的承保責任範圍相同。

第二節　航空運輸貨物保險

航空運輸貨物保險是以飛機爲運輸工具的貨物運輸保險。利用飛機進行國際貨物運輸始於 20 世紀初第一次世界大戰前。倫敦簽發第一份航空保單，承保機體墜落險及第三人責任險。近年來，航空技術的迅速發展和航空運輸的需求猛增，航空運輸在國際貿易貨物運輸中的重要性日益顯著，航空運輸貨物保險也蓬勃發展起來。

與其他運輸方式相比，航空運輸較爲複雜，加上航空運輸貨物保險起步較晚，致使航空運輸貨物保險迄今未能發展成爲一個完整、獨立的體系。爲適應航空貨物運輸及保險業務發展，倫敦保險協會在 1965 年才對實際業務中最常見的航空運輸貨物一切險制定了比較完整的《協會航空運輸貨物一切險條款》。該條款於 1982 年重新修訂，現爲《協會貨物險條款（航空）（郵包除外）》。此外，倫敦保險協會還制定了《協會戰爭險條款（航空貨物）（郵包除外）》和《協會罷工險條款（航空貨物）（郵包除外）》兩種協會空運貨物保險條款。目前，國際保險市場較多採用上述條款進行航空運輸貨物保險。

爲了滿足中國外貿業務發展的需要，中國人民保險公司也接受辦理航空運輸貨物保險業務，並制定航空運輸險和航空運輸一切險兩種基本險條款以及航空運輸貨物戰爭險的附加險條款。此外，海洋運輸貨物保險中的附加險別也可在航空運輸貨物保險中有選擇地使用。現介紹中國人民保險公司的航空運輸貨物保險條款和倫敦協會航空運輸貨物保險條款。

一、中國航空運輸貨物保險險別和條款

根據中國人民保險公司 1981 年 1 月 1 日修訂的《航空運輸貨物保險條款》規定，航空運輸貨物保險的基本險別分爲航空運輸險和航空運輸一切險兩種。此外，還附加險航空運輸貨物戰爭險。

（一）航空運輸險和航空運輸一切險

1. 航空運輸險和航空運輸一切險的承保責任範圍。航空運輸險的承保責任範圍與海洋運輸貨物保險條款中的水漬險大致相同。保險公司負責賠償被保險貨物在運輸途中遭受雷電、火災、爆炸或由於飛機遭受惡劣氣候或其他危難事故而被拋棄，或由於飛機遭受碰撞、傾覆、墜落或失蹤等自然災害和意外事故所造成的全部和部分損失。

航空運輸一切險的承保責任範圍除包括上述航空運輸險的全部責任外，保險公司還負責賠償保險貨物由於被偷竊、短少等一般外來原因所造成的全部或部分損失。

航空運輸險和航空運輸一切險的除外責任與海洋運輸貨物的除外責任基本相同。

2. 航空運輸險和航空運輸一切險的責任起訖。航空運輸貨物險的兩種基本險的保險責任也採用"倉至倉"條款，但與海洋運輸險的"倉至倉"責任條款區別是：

（1）如貨物運達保險單所載明目的地而未運抵保險單所載明的收貨人倉庫或儲存處所，則以被保險貨物在最後卸載地卸離飛機後滿 30 天爲止。如在上述 30 天內被保險貨物需轉送到非保險單所載明的目的地，則以該項貨物開始轉運時終止。

（2）由於被保險人無法控制的運輸延遲、繞道、被迫卸貨、重新裝載、轉運或承運人運用運輸契約賦予的權限所做的任何航行上的變更或終止運輸契約，致使被保險貨物運到非保險單所載目的地時，在被保險人及時將獲知情況、通知保險人並在必要時加繳保險費的情況下，本保險單繼續有效，保險責任按下述規定終止。A. 被保險貨物如在非保險單所載目的地出售，保險責任至交貨時爲止。但不論任何情況，均以被保險貨物在卸載地卸離飛機後滿 30 天爲止。B. 被保險貨物在上述 30 天期限內繼續運往保險單所載原目的地或其他目的地時，保險責任仍按規定即在保險單所在目的地或其他目的地卸離飛機後滿 30 天終止。

(二) 航空運輸貨物戰爭險

航空運輸貨物戰爭險是航空運輸貨物險的一種特殊附加險，只有在投保了航空運輸險或航空運輸一切險的基礎上方可加保。

加保航空運輸貨物戰爭險後，保險公司承擔賠償在航空運輸途中由於戰爭、類似戰爭行爲、敵對行爲或武裝衝突以及各種常規武器和炸彈所造成的貨物的損失，但不包括因使用原子或熱核武器所造成的損失。

航空運輸貨物戰爭險的保險責任起訖是自被保險貨物裝上保險單所載明的啓運地的飛機時開始，直到卸離保險單所載明的目的地的飛機時爲止。如果被保險貨物不卸離飛機，則以飛機到達目的地當日午夜起計算滿15天爲止，如果被保險貨物需在中途轉運，則保險責任以飛機到達轉運地的當日午夜起計算滿15天爲止；待裝上續運的飛機，保險責任再恢復有效。

航空運輸貨物保險的特殊附加險除戰爭險外，還可加保罷工險；與海運、陸運險相同，在投保戰爭險前提下，加保罷工險不另收費。如僅要求加保罷工險，則按戰爭險費率收費。航空運輸罷工險的承保責任範圍與海洋運輸貨物罷工險的責任範圍相同。

二、航空運輸貨物保險險別和條款

在1965年首次制定與航空運輸有關的保險條款《協會航空運輸貨物一切險條款》基礎上，倫敦保險協會於1982年對其加以修訂成爲現行《協會貨物險條款（航空）（郵包除外）》。該條款與新的海運協會貨物ICC條款規定相似。此外，倫敦保險協會還於1982年頒布了新的《協會戰爭險條款（航空貨物）（郵包除外）》和《協會罷工險條款（航空貨物）（郵包除外）》。上述三種險別條款均按條文的性質分爲8個部分：承保風險、除外責任、保險期限、索賠、保險利益、減少損失、防止延遲和法律慣例。這些條款結構統一、體系完整，具備了獨立性及自身完整性，所以均可單獨投保。現將三種險別分別介紹如下：

(一) 協會貨物險條款（航空）（郵包除外）

1. 承保責任範圍。該條款的承保責任範圍較廣，對承保風險的規定與ICC（A）條款一樣，採用一切風險減除外責任的方法。在本保險條款中被特別規定的除外責任是一般除外責任、戰爭除外責任和罷工除外責任。與ICC（A）條款不同之處是缺少不適航不適貨除外責任。這是考慮到飛機運輸的特殊性而採取的一種措施。即使沒有規定，承擔貨物運輸的飛機起飛時均應具備適航性，用於航空運輸的特殊集裝箱也必須適合於貨物的安全運輸。這些都是應當具備的前提條件。

此外，在"承保責任"的標題下，該條款與ICC（A）條款相比，沒有共同海損條款和船舶互有過失碰撞責任條款，而只有風險條款。這是因爲航空運輸有其特殊性，一旦發生事故，其發生全損的可能性最大。

2. 保險期限。協會貨物保險條款（航空）的保險期限亦採用"倉至倉"條款。與中國的航空運輸險和航空運輸一切險的規定相同，卸貨後的保險期限是在最終卸貨地，貨物從飛機上卸下以後30天，如在上述30天內被保險貨物運到非保險單所載明的目地，則以該貨物開始轉運時保險責任終止。該條款的其他內容均與海運 ICC（A）條款的各有關內容相同。

（二）協會戰爭險條款（航空貨物）（郵包除外）

投保協會戰爭險（航空貨物），保險公司承擔賠償在航空貨物運輸途中因戰爭、內亂、革命、叛亂、動亂及由此而發生的國內鬥爭或由交戰國採取的或敵戰國採取的一切敵對行為引起的捕獲、拘留、禁制、拘留而造成的保險標的物的損失，其中也包括廢棄水雷、魚雷、炸彈以及其他廢棄武器造成的損失。可見，該條款不包括因使用原子武器所造成的損失。此外，在一般除外責任中還包括專門針對航空運輸的飛機與集裝箱等不合格的除外責任。

協會戰爭險（航空貨物）的保險期限是自保險標的或其一部分因開始運輸而被裝上飛機時開始，直到在最終卸貨地卸離飛機時為止。如保險標的不卸離飛機，則以飛機到達最終卸貨地當天午夜時起滿 15 天為止。若保險標的在中途轉運，在轉運地的承保期限是 15 天，裝上續運飛機，保險責任再恢復有效。由此可見，如同海上運輸的戰爭險適用"水上危險"一樣，航空運輸戰爭險適用的是所謂空中危險。

該條款中的其他內容，諸如索賠、保險利益、減少損失等條款均與海運貨物保險 ICC（A）條款相同。這些條款的存在，使該險別具有獨立性及完整性，因而也可以單獨投保。

（三）協會罷工險條款（航空貨物）（郵包除外）

投保協會罷工條款（航空貨物）（郵包除外），保險公司負責賠償在航空貨物運輸途中因罷工、關廠、勞資糾紛、暴動、騷亂或處於恐怖主義與政治動機而採取的行動所引起的保險標的的損失。該險別的保險期限與協會貨物條款（航空）原則一致，採用倉至倉原則，貨物卸離飛機後的承保期限是 30 天。該險別的其他條款與協會戰爭險（航空貨物）（郵包除外）條款一樣，具有獨立性和完整性，可單獨投保。

第三節　郵包運輸貨物保險

郵包運輸是一種比較簡便的運輸方式，國際採用郵包送貨或少量質輕價高的貨品逐漸增多。但由於郵包運輸一般須經由海、陸、空輾轉運送，其在運送過程中遭受自然災害和意外事故而導致損失的可能性較大。郵政包裹保險是保險公司承保郵包在運送途中因自然災害、意外事故或外來風險所造成包裹內物件的損失。由於郵包運送可能同時涉及海、陸、空三種運輸方式，因此，保險公司在確定承保責任範圍時必須同時考慮這三種運輸方式可能出險的因素。各國保險公司針對郵包運輸而使用的險別和條款不盡相同，比較常見的是沿襲海洋運輸貨物險的"平安險""水漬險"與"一切險"的險別名稱，但具體條款與海洋運輸貨物險的同名險別不完全相同。英國倫敦保險協會迄今只對郵包戰爭險制定了《協會戰爭險條款（郵包）》，而未制定郵遞貨物保險的標準條款。

在中國，中國人民保險公司參照國際通行做法，結合中國郵政包裹業務的實際情況，於 1981 年 1 月 1 日修訂並公布了一套較爲完備的郵包運輸保險條款，具體包括"郵包險""郵包一切險"及"郵包戰爭險"三種。現介紹郵包運輸保險條款及協會戰爭險（郵包）條款如下：

一、中國郵政包裹運輸保險險別與條款

（一）郵包險和郵包一切險

郵包險的承保責任範圍是負責賠償被保險郵包在運輸途中由於惡劣氣候、雷電、海嘯、地震、洪水、自然災害或由於運輸工具擱淺、觸礁、沉沒、碰撞、出軌、傾覆、墜落、失蹤，或由於失火和爆炸等意外事故造成的全部和部分損失。另外，還負責被保險人對遭受承保責任範圍內的風險的貨物採取搶救、防止或減少貨損的措施而支付的合理費用，但以不超過該批被救貨物的保險金額爲限。

郵包一切險的承保責任範圍除包括上述郵包險的全部責任外，還負責被保險郵包在運輸途中由於一般外來原因所致的全部或部分損失。

但是，這兩種險別，保險公司對因戰爭、敵對行爲、類似戰爭行爲、武裝衝突、海盜行爲、工人罷工所造成的損失，直接由於運輸延遲或被保險物品本質上的缺陷或自然損耗所造成的損失以及屬於寄件人責任和被保險郵包在責任開始前已存在的品質不良或數量短差所造成的損失，被保險人的故意行爲或過失所造成的損失，不負賠償責任。

郵包險和郵包一切險的保險責任是自被保險郵包離開保險單所載起運地點寄件人的處所運往郵局時開始生效。直至被保險郵包運達保險單所載明的目的地郵局發出通知書給收件人當日午夜起計算 15 天爲止，但在此期限內郵包一經遞交至收件人的處所時，保險責任即行終止。

（二）郵包戰爭險

郵包戰爭險是郵政包裹保險的一種特殊附加險，只有在投保了郵包險或郵包一切險的基礎上，經投保人與保險公司協商方可加保。

加保郵包戰爭險後，保險公司負責賠償在郵包運輸過程中由於戰爭、類似戰爭行爲、敵對行爲、武裝衝突、海盜行爲以及各種常規武器包括水雷、魚雷、炸彈所造成的損失。此外，保險公司還負責被保險人對遭受以上承保責任內危險的物品採取搶救、防止或減少損失的措施而支付的合理費用，但保險公司不承擔因使用原子或熱核製造的武器所造成的損失的賠償。

郵包戰爭險的保險責任是自被保險郵包經郵政機構收訖後自儲存處所開始運送時生效，直至該項郵包運達保險單所載明的目的地郵政機構送交收貨人爲止。

郵包運輸保險的特殊附加險除戰爭險外，還有罷工險；在投保戰爭險前提下，加保罷工險不另收費。如僅要求加保罷工險，則按戰爭險費率收費。郵包罷工險的責任範圍與海洋運輸罷工險的責任範圍相同。

二、協會戰爭險條款（郵包）

協會戰爭險（郵包）的承保責任範圍與協會戰爭險條款的風險條款相同，只是在一般除外責任中，從郵件的特殊性出發，沒有特別規定飛機、運輸工具、集裝箱等不合格的除外責任條款及海上承運人、航空承運人等破產的風險除外責任條款，而增加了受理國際郵件時由於地址姓名不清楚及不正確所引起的損害的除外責任。

協會戰爭險（郵包）的保險責任自保險標的運離保險單所載明的發件人住所時開始，至保險標的在郵包上所標明的收件人住所交貨後終止。這一規定考慮了郵包運輸方式的特殊性，爲郵包規定了"倉至倉"責任原則。

該險別的其他條款與協會戰爭險條款類似，因而本條款具備了獨立性及自身完整性，故也可以單獨投保。

案例分析

案例：A公司貨損保險索賠案

2014年8月2日，新加坡A公司與某醫藥保健品進出口B公司（賣方）簽訂了成文確認書。根據合同規定，由賣方按照CIF新加坡的價格條款向A公司銷售蟲草300公斤，貨物由中國口岸空運到新加坡，並由賣方負責投保，合同總額為24.6萬美元。賣方於2014年8月12日在廣州將300公斤蟲草交付D公司承運，並由D公司出具了廣州至新加坡的全程空運單。同時，賣方向保險公司辦理了貨物的投保手續，保險公司出具了貨物航空運輸保險單，保險金額為24.84萬美元，運輸方式為空運，投保險種為航空運輸一切險，起運地為廣州，目的地為新加坡，賠付地為新加坡。賣方把背書後的保險單連同其他單據送交A公司，A公司成為上述保險單的合法受益人。

8月23日，A公司在新加坡機場倉庫提貨時，發現上述300公斤蟲草全部被盜。A公司通知了保險公司在新加坡的保險代理人到場查驗，證實貨物在運輸途中被盜。貨損發生後，A公司憑保險單和其他單據向保險公司提出索賠。保險公司經過調查發現，保險單上約定的由廣州空運至新加坡的運輸方式和路線被改為由廣州陸運至香港，再由香港空運至新加坡，而且交付陸運和空運時毛重不同，貨物是在廣州出關後在陸運途中被盜的。故保險公司以本案涉及的損失是由於發貨人在事先未通知保險人的情況下擅自改變運輸方式所引起的，屬於保險除外責任為由，拒絕賠付。

[分析]：

保險人出具的保險單已明確規定，貨物裝載工具是飛機，起止地是廣州至新加坡。保險單上沒有約定可以陸空聯運，也沒有規定可以從廣州以外的港口起始空運，發貨人在事先沒有通知保險人的情況下擅自改變運輸方式和路線，已經嚴重違反了保險人在保險單上的約定。這種改變增加了運輸環節，導致貨物在運輸途中的風險大大增加，依據規定，由發貨人責任引起的損失，屬於保險的除外責任，保險人不負責賠償。

我國《保險法》第五十二條規定："在合同有效期內，保險標的的危險程度顯著增加的，被保險人應當按照合同約定及時通知保險人，保險人可以按照合同約定增加保險費或解除合同。保險人解除合同的，應當將已收取的保險費，按照合同規定扣除自保險責任開始之日起至合同解約之日止應收的部分後，退還投保人。被保險人未履行前款規定的通知義務的，因保險標的的危險程度顯著增加而發生的保險事故，保險人不承擔賠償保險金的責任。"

思考題

（1）中國陸運貨物保險有哪些基本險別？各險別的保險責任範圍有什麼不同？

（2）倫敦協會航空運輸貨物保險有哪些險別？它們與我國航空運輸貨物保險的有關險別有何區別？

（3）簡述中國郵包險和郵包一切險的責任範圍和責任起訖？

國際貨物運輸與保險

第 13 章　國際貨物運輸保險實務

本章介紹國際貿易運輸中保險實務操作，將保險理論應用到實務中。國際貨物運輸保險實務包括投保、承保、索賠和理賠幾個環節。要求掌握國際貨物運輸保險的承保環節，學會選擇投保險別並投保，計算保險費；瞭解國際貨物運輸保險的承保環節；理解國際運輸保險的索賠和理賠的過程和手續，以及應註意的事項。

第一節　國際貨物運輸保險投保

國際貨物運輸保險的投保，是指投保人向保險人表達訂立合同的意願，提出投保申請，並將自己所面臨的風險和投保要求告知保險人。投保是訂立合同的開始，是整個承保工作的基礎，做好這項基礎工作，對保證承保的質量很重要。一般來說，投保工作分兩方面：一是投保人的要約或詢價；二是保險人的承諾或對此詢價提出包括保險條件和費率的要約，也就是申請投保和接受投保。因此，需要保險人和被保險人雙方的共同合作。

一、貿易價格條件

在國際貿易中，貨價由貨物本身的成本、運費和保險費三部分組成。運輸和保險是由賣方還是買方辦理，由不同的價格條件決定。價格不同，投保的方法也不同，與保險的關係也有差別。因而在實際操作中，進出口貨物從賣方倉庫到裝運港，從裝運港到目的港，從目的港到收貨人倉庫的全程運輸中，所面臨的運輸風險應由賣方還是買方向保險人購買貨物運輸保險，是由買賣雙方在買賣合同中選用的貿易術語決定的。根據 2011 年 1 月 1 日實施的《國際貿易術語解釋通則 2010》，介紹常用的價格術語以及買、賣方辦理貨運保險的責任規定。

相關價格術語及投保責任見第 8 章介紹，此處不再復述。

二、投保險別的選擇

在國際貨物運輸保險中，選擇何種投保險別，需綜合考慮多種因素。保險人承擔的保險責任是以險別為依據的，不同的險別所承擔的責任範圍不同，其保險費率也不同。因此，投保人在選擇保險險別時，應根據貨物運輸的實際情況予以全面衡量，既要考慮充分保障貨物，又要盡量節約保險費支出，降低貿易成本，提高經濟效益。在國際貿易中，選擇適當的險別時，被保險人或投保人應分析以下因素：

(一) 貨物的性質和特點

　　不同性質和特點的貨物，在運輸途中可能遭遇的風險和發全的損失往往有很大的差別。因此，在投保時必須充分考慮貨物的性質和特點，如易吸水、受潮、受熱、被盜、破碎、生銹和玷污等，以確定適當的險別。例如，糧谷類商品（如糧食、花生、豆類、飼料等）的特點是含有水分，經過長途運輸水分蒸發，可能造成短量；在運輸途中如果通風設備不良，還易發霉。對於此類商品，一般可以在投保水漬險的基礎上加保短量險和受熱受潮險，或者投保一切險或 ICC（A）。又如，油脂類商品（食用動植物油等）在運輸途中常因容器破裂而滲漏或玷污雜質而致玷污損失；如果是散裝運輸會因油脂本身沾在艙壁或在裝卸過程中消耗而致短量。因此，對此類商品，可以在水漬險的基礎上加保短量險和玷污險。再如，麻類商品（黃麻、芝麻等）受潮發熱會引起變質、自燃，一般可在水漬險或平安險的基礎上加保受熱受潮險。對於家用電器等商品，由於在運輸途中易受碰損或被盜，一般應在水漬險或平安險的基礎上加保碰損險或偷竊、提貨不著險。服裝等紡織品，容易受到水濕及玷污損失，所以海運需投保一切險或在水漬險的基礎上加保淡水雨淋險和混雜玷污險，陸運同樣應投保與海運相當責任的險別。玻璃器皿、家具、大理石、水磨石的特點是比較容易碰損、破碎，因而可在投保平安險的基礎上加保碰損破碎險。此外，對某些大宗貨物（如散裝桐油、原煤、天然橡膠）以及某些特殊的貨物（如冷藏貨物），需按不同貨物的特點選擇保險人提供的特定的或專門的保險條款進行投保，以求能得到充分保障。

(二) 貨物的包裝

　　貨物的包裝方式會直接影響貨物的完好情況。散裝貨物，加大宗的礦石、礦砂，在裝卸時容易發生短量損失，散裝的豆類等還可能因混入雜質而受損；裸裝貨物，如卡車等，一般裝載於甲板上並採取固定、防滑措施後進行運輸，容易因碰撞或擠擦而出現表面凹癟、油漆掉落等損失；包裝貨物可能會因包裝材料的不同而產生不同的損失，如袋裝大米可能因在裝卸時使用吊鉤而使外包裝破裂，大米漏出而致損。因此，投保人應根據包裝方式的特點選擇適當的險別。如果採用集裝箱運輸，貨物在運輸途中遭遇各類風險損失的可能性相對較小。但也可能因集裝箱本身未清理乾淨而使貨物玷污受損，或是箱內的貨物堆放不妥而導致運輸途中出現碰損、混雜等損失，往往需要在平安險或水漬險的基礎上加保碰損、破碎險或混雜、玷污險。但必須注意，若因貨物包裝不當或不足，以致不能適應國際貨物一般要求而使貨物遭受損失，則屬於發貨人責任，保險人一般不予負責。

(三) 貨物的用途與其價值

　　貨物的用途與貨物保險的險別也有關係，一般而言，食物、化妝品及藥品等與人的身體、生命息息相關的商品用途特殊，一旦發生污染或變質損失，就會喪失全部使用價值。因此，在投保時應盡量給予充分全面的保障。例如，茶葉在運輸途中一旦被海水浸濕或吸收異味便無法飲用，失去使用價值，故應投保一切險。

　　價值的高低對投保的選擇也有一定的影響。古玩、古畫、金銀、珠寶及貴重工藝品之類商品的價格昂貴，任何損害對其價格影響很大，應投保一切險，以獲得全面的保障。礦石、礦砂及建築類商品，因其價格低廉，也不易受損失，故海運一般僅需在平安險的基礎上投保短量險即可，陸運則可投保陸運一切險加保短量險。

（四）運輸路線及船舶停靠港口（車站）

一般而言，運輸路線越長，所需的運輸時間越長，貨物在運輸途中遭遇的風險就越多；反之，運輸路線越短，貨物可能遭受的風險就越少。另外，運輸途中經過的區域地理位置、氣候狀況及政治形勢也會對貨物的運輸安全產生影響。

運輸路線和停靠港口不同，貨物可能遭受的風險和損失也有很大的不同。某些航線經過氣候炎熱的地區，如果載貨船舶通風不良，就會增大貨損；在政局動蕩不定，或在已經發生戰爭的海域內航行，貨物遭受意外損失的可能性自然增大。同時，由於不同港口在設備、裝卸能力以及安全等方面有很大差異，進出口貨物在港口裝卸時發生的貨損貨差也就不同。所以，投保前要進行適當的調查，考慮可能會發生什麼樣的損失，以便選擇適當的險別予以保障。

（五）運輸方式與運輸工具

採用不同運輸方式、運輸工具運輸貨物，可能遭遇不同的風險，應選擇相應的險別。根據中國運輸貨物保險條款，貨物採用的運輸方式不同，其適用的保險險別也不同。例如，海運貨物保險的基本險包括一切險、水漬險和平安險，陸運保險的基本險則包括陸運一切險和陸運險，此外還有航空和郵包保險的險別。所以投保人或被保險人應根據不同的運輸方式和運輸工具選擇適當的保險類別。

隨著運輸技術的發展，多式聯運方式利用現代化的組織手段，將海運、陸運、空運等單一的運輸方式有機地結合起來，因此，貨主在投保時應全面考慮運輸各階段分別採用的運輸工具的具體特點，分段選擇相應的保險險別。

（六）運輸季節

貨物運輸季節不同，也會給運輸貨物帶來不同風險和損失。例如，載貨船舶冬季在北緯60°以北航行，極易發生與流動冰山碰撞的風險；冬季運送橡膠製品，貨物可能出現凍裂損壞；夏季裝運糧食、果品，極易出現發霉腐爛或生蟲的現象。因此，貨主在投保時，可適當加保對應的附加險。

（七）目的地市場變化趨勢

運輸貨物保險的保險金額，一般是在貨價的基礎上，另加一定成數的預期費用和預期利潤計算而成。但在國際市場上，有些商品的價格波動劇烈，當貨物尚在運輸途中，目的地的市場價格可能已經上漲。因此，為了保證貨物在運輸途中遭受損失後，仍能按上漲後的市價從保險賠款中獲得賠償，就須根據目的地市場價格上漲的趨勢，向保險公司另行加保增值保險。因此，目的地市場價格的變化趨勢也是選擇保險險別時應考慮的一項因素。

（八）各國貿易習慣

如果貨物按CIF條件出口，賣方應負責投保何種險別，須在貿易合同中加以明確規定。如果貿易合同對此沒有規定，則須按照國際貿易慣例及有關國家的法律規定辦理。例如，按照國際商會《INCOTERMS 2010》的規定，CIF 下的賣方應負責投保 ICC 保險條款或任何類似條款中的最低限度的保險險別；按美國《對外貿易定義》和美國《統一商法典》的規定，CIF 下賣方有義務代買方投保戰爭險，費用由買方負擔；在比利時，CIF 下賣方常負責投保水漬險；在澳大利亞，按許多行業習慣，CIF 下賣方須負責投保水漬險和戰爭險；在德國，CIF 下賣方應根據貨物的種類、貿易習慣和買方的願望確定投保的險別，僅投保平安險是不夠的。

以上幾點是投保人在選擇保險險別時應考慮的基本因素。由於運輸貨物保險承保的基本風險是在運輸途中，因自然災害和運輸工具遭受意外事故所造成的貨物損失，因此，選擇投保險別應首先在基本險中選擇平安險或水漬險，或 ICC（B）和 ICC（C）(1982)，然後，再根據需要加保必要的附加險別。如果根據商品特點和運輸情況，貨物遭受外來原因風險的範圍較廣，遭受損失的可能性較大，則可選擇基本險別中的一切險，或 ICC（A）(1982)，而不需要附加險。在特定的情況下，還可按需要投保特別附加險和特殊附加險。

三、選擇合適的保險人

投保人無論是通過保險經紀人、保險代理人間接購買保險，還是直接從保險公司購買保險，選擇保險人都是十分重要的。因為購買保險不同於購買一般的商品，投保人一旦繳納了保費，購買了保險，保險人就承諾對在保險有效期內發生的保險貨物的損失承擔賠償責任。因而，保險人的選擇直接影響到發生損失時被保險人所能獲得的補償。對投保人而言，選擇保險人時要注意以下因素：

（一）保險公司的經濟實力和經營的穩定性

保險公司履行對投保人的承諾，是以其經濟實力和經營的穩定性為基礎的。經濟實力雄厚的保險公司，經營比較穩健，其履行承諾的保證力度也比較大，而經濟實力比較薄弱的保險公司，相對來說履約保證就要略遜一等。

（二）保險商品的價格是否合理

保險商品的價格就是費率，費率的高低決定了保費的多少。價格是選擇保險的一個重要因素，因為投保人在投保時，也要考慮到經濟效益，以節省不必要的保費支出，故而投保人會選擇費率合理的保險公司。

（三）保險公司的理賠情況

保險公司處理索賠是否公平、及時，也是選擇保險人的一個重要依據。有的保險公司在開展業務時的承諾和在理賠時的處理存在很大差異，這就需要投保人在投保時要做好市場調研，對各個保險公司的理賠情況比較瞭解，在此基礎上，才能在真正發生損失時，及時公正地獲得經濟補償。

（四）保險公司提供的服務

投保前，投保人需要做很多有關保單的諮詢，保險人或其代理人是否能夠給予全面的、客觀的回答；投保後，投保人或被保險人的一些合理需要是否得到滿足；保險標的發生損失後，保險理賠是否迅速、合理等，這些都是保險公司服務水平、態度的體現。保險公司的服務，直接關係到保險的質量，因而也是投保人選擇保險人應考慮的因素。

四、保險金額的確定

保險金額是被保險人對保險標的的實際投保金額，是保險人承擔保險責任的標準和計收保險費的基礎。在被保險貨物發生保險責任範圍內的損失時，保險金額就是保險人賠償的最高限額。因此，投保人投保運輸貨物時，一般應按保險價值向保險人申報保險金額。

（一）保險金額的構成

國際貨物運輸的保險金額，一般是按 CIF 或 CIP 發票金額加一成（即加成率爲 10%）計算的。按 CIF 或 CIP 計算，主要是爲了使被保險人在貨物發生損失時，不僅貨物的損失可獲補償，其支出的運費和保險費也能獲得補償；加一成投保，是爲了在貨物發生損失時，使被保險人所支出的費用（開證費、電報、借款利息、稅款等）及預期利潤能獲得補償。

對於加成投保的問題，在《跟單信用證統一慣例》（2007 年修訂本，國際商會 600 號出版物）及《國際貿易術語解釋通則 2010》中均有規定。前者的規定是：保險金額至少爲"貨物的 CIF 或 CIP 金額加 10%"。後者的規定是：保險金額最低爲"合同規定的價格另加 10%"。當然，保險加成率的多少是可以改變的。保險人同投保人可以根據不同的貨物、不同地區進口價格與當地市價之間的差價、不同的經營費用和預期利潤水平，約定不同的加成率。在我國出口業務中，保險金額一般按貨物的 CIF 或 CIP 加 10%計算。如果國外商人要求將保險加成率提高到 20%或 30%，則保費的差額部分應由國外買方負擔；同時，國外買方要求的加成率如超過 30%時，在簽訂貿易合同時不能貿然接受，應事先徵得保險公司的同意。因爲對保險公司而言，當加成率過高、保險金額過大時，會造成下列情況：當市場價格下跌時，信譽不好的商人故意造成貨物損失，騙取保險賠款；由於保險金額高，賠償金額高，當被保險貨物遭遇風險時，有的商人也可能不積極採取措施防止或減少損失。這樣保險公司經營風險加大，故其不一定接受太高的加成率。

（二）保險金額的計算

1. 已知 CIF 價格和加成率，計算保險金額，則計算公式爲：

保險金額＝CIF 價格×（1+加成率）

例如，CIF 貨價爲 105 美元，加成率爲 10%，則：

保險金額＝105×（1+10%）＝115.5（美元）

2. 已知 CFR 價格、保險費率和加成率，計算保險金額。

保險金額是以 CIF 價格爲基礎計算的，如果對外報價爲 CFR 價格，而國外買方要求改報 CIF 價格，或者在 CFR 合同項下，由賣方代買方辦理投保，保險金額不能直接以 CFR 價格爲基礎加上保險費來計算,而應先把 CFR 價格換算爲 CIF 價格,再加成計算保險金額。從 CFR 價格換算爲 CIF 價格時,應利用下列公式:

CIF 價格 = CFR / [1-保險費率×(1+保險加成率)]

保險金額 = CIF(或 CIP)價格 ×(1+保險加成率)

例如,某公司出口一批商品到歐洲某港口,原報 CFR 價格總金額爲 40 000 美元,投保一切險(保險費率爲 0.8%)及戰爭險(保險費率爲 0.05%),保險加成率爲 10%,則改報 CIF 價格是:

CIF = 40 000 / [1-(1+10%)×(0.8%+0.05%)] = 40 377.52(美元)

保險金額 = 40 377.52×(1+10%) = 44 415.272(美元)

五、投保手續

選擇了保險險別及保險人之後,投保人應辦理具體的投保手續。在我國,無論在進口還在出口業務中,投保貨物運輸保險時,投保人通常以書面方式做出投保要約,即填寫貨物運輸保險投保單,經保險人在投保單上簽章承諾,或是出立保險單,保險雙方即確立了合同關係。

(一)出口貨物的投保

按 FOB 或 CFR 條件成交的出口貨物,由買方承擔運輸途中的風險,並由買方自行辦理保險,一般情況下賣方無須辦理投保。但賣方在履行交貨之前(即貨物在裝運港裝船之前)一段時間內,仍承擔貨物可能遭受意外損失的風險,需要自行安排這段時間內的保險事宜,投保相應險別。

按 CIF 條件成交的出口貨物,雖然仍由買方承擔運輸途中的風險,但賣方負有辦理保險的責任。國際貨物運輸保險是按倉至倉條款承保,賣方一般應在出口貨物從裝運地倉庫運往碼頭之前辦妥投保手續。投保人向保險公司辦理投保,需逐筆書面提出申請,填寫要保書或投保單(Application for Insurance)。各國保險公司投保單格式雖有不同,但內容基本一致,一般都包括:被保險人名稱、貨物名稱、包裝及數量、標誌、保險金額、船名及裝運工具、開航日期、航程或路程、投保險別、賠款地點等。

保險單是確定保險費的依據,因此,投保單的填寫必須準確、真實。中國人民保險公司的進出口貨物運輸保險投保單的主要內容如下:

1. 被保險人。被保險人是享受保險單權益的人。當貨物以 CIF 或 CIP 條件出口時,應由出口商以投保人的身份辦理保險,爲能使自身承擔的貨物運輸途中的風險得到保障,出口商應以本人作爲被保險人。當貨物在起運港越過船舷或交付承運人之前發生損失時,風險應由出口商承擔,出口商可以向保險人索賠。一旦貨物越過船舷,或交承運人後,出口商根據信用證或貿易合同的要求在保險單上簽章背書,即可將保險單轉讓給進口商或指定的第三方(如銀行)。

當貨物以 FOB、FCA 或 CFR、CPT 等條件出口時,則由進口商自行辦理運輸貨物保險,投保人與被保險人一般均爲進口商。出口商承擔的貨物在起運港越過船舷或貨交承運人之前的風險,可通過投保國內運輸貨物險予以保障。

2. 發票號碼和合同號碼。為便於在發生索賠時進行核對，投保人應在投保單上填寫出口貨物的發票號碼和貿易合同號碼。

3. 包裝及數量。此欄需寫明包裝方式，如捆（Bundles）、箱（Cases）、袋（Bags）、桶（Drums）等以及包裝的數量。如果一次投保有數種不同包裝時，可以件（Packages）為單位。散裝貨應填寫散裝重量（M/T in Bulk）。如果採用集裝箱運輸，應予註明（in Container）。

4. 保險貨物名稱。貨物的名稱必須具體明確，填寫保險貨物的具體類別、名稱。例如，小麥、茶葉、服裝等，一般不應填寫貨物統稱，便於保險人確定適用的保險費率。

5. 保險金額。保險金額應按照貿易合同或信用證規定的加成比例計算得出的保險金額數值填寫，且其末位進位成相對整數。一般不要輔幣，即小數點後的尾數一律向前進位為整數。保險金額的貨幣名稱要與信用證、發票一致。

6. 裝載運輸工具。海運時應寫明具體的船名，如果中途需轉船，已知第二程船時應填寫船名，如果第二程船名未知，則只需填寫"轉船"字樣（With Transshipment）。如採用聯運，應註明聯運方式。如果採用火車或航空運輸，最好註明火車班次和班機航次。

如果是大宗貨物，發貨人租船時為減少運輸費用而可能租用老齡船。由於保險公司對船齡超過 15 年的船舶所載貨物的運輸保險要加收保險費，所以投保人應事先在投保時做出說明。另外，應明確地登記：

（1）航次、航班。若採用班輪，應註明船舶航行和航班、航次。

（2）開航日期。一般應註明"按照提單"（as per B/L），或註明船舶的大致開航日期。

（3）運輸路線。填寫起始地和目的地名稱。中途如需轉運，則應註明轉運地。若到卸貨港後，需轉運內陸，應註明內陸地名稱。如果到達目的地的路線不止一條，要填寫經過的中途港（站）的名稱。

（4）承保險別。填寫投保何種保險險別（包括基本險和附加險），還應註明採用何種條款，如 ICC。投保人如果對保險條款有特殊要求，應予註明，以便保險人考慮接受與否。

（5）賠款地。通常在目的地支付賠款。如果被保險人要求在目的地以外的地方賠款，應予註明。

（6）投保人簽章及企業名稱、電話、地址。填寫投保人的名稱、地址等具體信息。

（7）投保日期。出口商投保時，投保日期應在船舶開航日期或貨物起運日期之前。根據 UCP600 的規定，銀行有權拒收保險單日期遲於貨物裝船或發運日期的保險單。

（二）進口貨物的投保

中國進口貨物，除 CIF 合同應由國外賣方辦理保險外，在 FOB 和 CFR 等合同項下的進口貨物，均須由國內買方辦理投保手續，其方式有以下兩種：

1. 訂立預約保險合同。經營進口業務的中國公司為了簡化手續，並防止進口貨物在國外裝運後因信息傳遞不及時而發生漏報或來不及辦理投保等情況,對進口貨物的保險採取了訂立預約保險合同的辦法。各經營進口業務的公司同中國人民保險公司簽訂的進口運輸貨物預約保險合同,有海運、航運、郵運、陸運等不同運輸方式的進口預約保險合同。

海運進口運輸貨物預約保險合同規定:各進出口公司成交的從國外海運進口至中國的全部貿易貨物,凡貿易合同規定的是由中國進口公司辦理保險的,都屬預約保險合同範圍之內,保險公司對合同範圍內的貨物,負有自動承保的責任。在合同範圍內進口貨物如有需要在國外保險者,各有關公司應事先將貿易合同內容通知保險公司,以免重複保險。關於投保險別,根據保險合同附件"海運進口貨物保險險別和特約費率表",按各公司經營商品分類列明投保險別。例如,紡織品和輕工產品投保一切險和戰爭險,金屬原料投保水漬險和戰爭險,危險品裝艙面加保艙面險等。如需加保保險合同規定之外的特殊險別或更改附表中約定的險別,需逐筆通知保險公司並加付保險費。

按照預約保險合同的規定,各公司對每批進口貨物無須逐筆辦理投保,也無須填制投保單,而以國外賣方裝船通知副本或進口貨物結算憑證副本代替投保單,每10天向保險公司匯交一次辦理投保。裝船通知或結算憑證均需包括船名、開航日期及航線、貨物名稱及數量、貨價及價格條件,以及訂貨合同號。每批貨物的保險金額均以CIF進口價為準,不另加成。但預約保險合同規定有最高限額條款,超過限額時,各進口公司應於貨物在國外裝船前通知保險公司,以便保險公司及時辦理分保。

海運進口運輸貨物預約保險合同除上述內容外,還對保險金額及保險費計算、保險公司的保險責任、被保險人索賠手續和期限以及保險公司賠款支付等作了相應的規定。

空、郵運進口貨物預約保險合同的基本內容與海運相同。凡是按CFR或FOB條件成交從國外以空、郵運至國內任何一地的進口貨物,均屬預約保險合同範圍之內,保險公司負自動承保責任。按照合同規定,各進口公司需於每批貨物在國外發運後以啓運通知書形式逐筆辦理投保,這同海運每10日匯交一次裝船通知書副本是不同的。另外,空、郵運進口貨物預約保險也規定有最高保險金額的限制。超過限額部分,保險公司在收到投保人通知後才承擔保險責任。至於陸運進口貨物預約保險合同,主要適用於中國從東歐國家進口的保險貨物,其基本規定與其他預約保險合同一致。

2. 逐筆辦理投保。這種投保方式適用於不經常有貨物進口的單位。在採用這種方式投保時,貨主必須在接到國外的發貨通知後,立即向保險公司索取並填寫進口貨物國際運輸預約起運通知書送交保險公司。此項通知書經保險公司簽章即算完成了投保手續。

根據中國《海商法》的規定,被保險人應當在合同訂立之後立即支付保險費,在被保險人支付保險費前,保險人可以拒絕簽發保險單。投保人辦理投保手續後,應及時向保險公司繳納保險費。

進口商投保時,由於買賣雙方處於不同的國家,距離遙遠,如果出現信息傳遞失誤,買方投保的日期可能在貨物裝船以後或貨交承運人以後,甚至可能出現投保時貨物已經在運輸途中發生損失的情形。按照國際貨運保險的慣例，如果投保時貨物已經發生損失，只要進口商的投保是善意的，事先並不知情，保險合同仍然有效，保險人仍需按保險合同的規定予以賠償。反之，如果進口商在投保時已經知道貨損事件，則該投保行爲屬於保險欺詐，保險合同無效。

(三) 填寫投保單應註意的事項

1. 投保時所申報的情況必須屬實。保險是建立在最大誠信原則基礎之上的合同關係。保險人對投保人的投保是否接受或按什麽費率承擔，主要是以投保人所申報的情況爲依據來確定的。因此，投保人在辦理投保時，應當將有關被保險貨物的重要事項（包括貨物的名稱、裝載工具以及包裝的性質等）向保險人做真實的申報和正確的陳述。根據最大誠信原則，如所報情節不真實或隱瞞真實情況，保險人有權解除合同或不負賠償責任，且不必退還保險費。如果投保人因過失而未如實申報重要事實，保險人也可以酌情做出解除保險合同或加收保險費的規定。

2. 投保單的内容必須同買賣合同及信用證上的有關規定相一致。由於保險單是以投保單爲依據簽發的，如果投保人不按貿易合同的規定填寫投保單，保險人據此出具的保險單就會與貿易合同的規定不符，收貨人也就可以拒絕接受這種保險單。在信用證支付方式下，投保單的内容還應符合信用證的有關規定，否則保險人所簽發的保險單也會因"單證不符"而遭到銀行的拒收。信用證是國際貿易中的一種主要支付方式，它以銀行的信用保證來代替商人之間的信用保證。信用證是銀行應買方的請求，開給賣方的一種銀行保證付款的憑證，開證銀行在符合信用證規定的條件下憑單據付款。對買賣雙方來說，信用證上所列各項内容必須符合貿易合同的規定，但對銀行來說，信用證並不依附於合同，銀行只對信用證負責，不過問合同的内容。因此，保險單證上所列的内容必須符合信用證上保險條件欄内的規定，否則，會影響安全收款。

在實際業務中，如果出現買方開來的信用證中有關保險的規定與貿易合同中的保險條款不一致，賣方應根據實際情況妥善處理，以保證貿易合同的正常履行和及時收匯。下面是幾種常見的信用證和貿易合同的保險條款不一致的情形和投保時處理的方法：

（1）投保險別責任不明確的，應酌情要求修改信用證，或按以往慣例辦理保險。例如，信用證要求承保不論任何原因的損失（Loss Whatsoever Clause），這顯然超越了保險所能保障的範圍，因爲保險只對意外的、外來原因所致的貨物損失負責，故保險人無法接受，此時賣方應該及時通知買方按照買賣合同的規定修改信用證。

（2）投保險別明確，但保險責任小於貿易合同規定的，可以按信用證所列的險別出單議付，另外再出批單補貿易合同所規定的保險責任，將批單寄給客戶，以重信用。例如，貿易合同規定投保協會 ICC（A）險和戰爭險，信用證卻只要求投保協會 ICC（A）險，此時賣方應先按信用證所列險別投保協會 ICC（A）險出單議付，另外再補保戰爭險，將戰爭險保單另行寄給客戶。

（3）投保險別明確，但保險責任大於貿易合同所規定的，應酌情處理或要求國外修改信用證，或要求客戶承擔保費差額後同意承保，但以保險公司接受承保的險別爲限。例如，貿易合同訂明險別爲一切險，而來證卻要求投保一切險加保戰爭險。在這種情況下，賣方通過和買方協商，按一切險加戰爭險投保，兩者之間的保費差額可由保險公司出立保費收據，由賣方另行向買方收取。又如貿易合同規定貨物運達目的地倉庫保險責任即終止，而來證要求貨物到目的地倉庫後再負責 30 天。出現這種情況，通過和買方協商，在買方支付額外保險費的前提下賣方可按來證要求投保。

（4）所列保險條款和貿易合同的保險條款雖然保險責任相同，但在用詞、編排上有所不同，或者是對責任進一步的闡明，並不涉及責任大小的，可以在採用信用證原詞的基礎上加以整理後寫進保險條件欄內。例如，貿易合同中規定投保一切險，來證卻在寫明一切險的基礎上專門列出要保"TPND, BREAKAGE"（偷竊、提貨不着險、包括破裂險）等，由於這些一般附加險已經包括在一切險責任範圍內，故可按信用證的文字在投保單及保險單上加列，以達到符合"單證一致"的要求。

（5）信用證要求採用國外條款。如果貿易合同規定按我國海運保險條款投保，而信用證卻要求按倫敦保險協會條款投保。此時，賣方原則上可接受。例如，我國的出口貿易中根據合同規定按我國海運保險條款投保，而信用證卻要求按倫敦協會條款投保，此時賣方可酌情處理，如果合同規定投保一切險的，相應改爲協會 ICC（A）條款承保，合同規定投保水漬險的，可改爲協會 ICC（B）條款，合同規定投保平安險的，可改爲協會 ICC（C）條款，但應注意提交保險單所載險別名稱必須與信用證的規定一致。

3. 要注意盡可能投保到內陸目的地。在國際貿易中，收貨人的收貨地點往往是在內陸，而海上運輸中常用的貿易術語規定，只將貨物運送到目的港。按照海上貨運保險的國際慣例，除保單上特別註明加保內陸轉運責任，貨物運輸保險的目的地均爲貨物最後卸離海輪的目的港，而非保單上註明的收貨人的內陸目的地倉庫。如果投保人只將貨運保險保到目的港，則貨物從目的港運輸到內陸的收貨人倉庫這一段所發生的損失就得不到保險賠償。在實際業務中，有很多損失在港口是無法發現的，只有在貨物運達收貨人的內陸目的地倉庫經檢驗後才能確定，如只保到目的港，就會對損失責任的確定造成困難。因此，爲解決收貨人的實際需要並避免糾紛，以保到內陸目的地爲宜。當然有些內陸城市由於運輸條件過差，保險公司明確不保，這就須按照保險公司的規定辦理。目前在保險實務中，我國保險公司對於國內的投保人一般都同意將貨運保險保到國外內陸目的地，根據情況酌情加收一定費用。國際貿易貨物如果採用多式聯運方式運輸，貿易術語一般應採用 CIP，在這一貿易術語下，賣方必須負責辦理運輸全程的各種運輸方式的保險（包括海洋運輸），並支付運輸全程的保險費，因而保險人的責任期限可在指定的內陸目的地終止。

另外，在出口業務中，如果進口方對保險有特殊要求，如加保某些特殊險，或要求保險加成率過高等，出口方應事先徵得保險公司同意，方可接受進口方的要求。

六、投保方式

（一）進口貨物的投保方式

按 FOB、FCA 或 CFR、CFP 價格成交的進口貨物，由國內買方辦理投保，投保方

249

式有兩種。

　　1.訂立預約保險合同。在中國的實際保險業務中，爲了簡化保險手續，並防止進口貨物在國外裝運後因信息傳送不及時而發生漏保或來不及辦理投保等情況，專營進口業務的公司同保險公司簽訂海運進口貨物運輸預約保險合同，並由保險公司簽發預約保險單證，明確規定：凡屬該公司海運進口的貨物，保險人負有自動承保的責任。同保險公司簽有預約保險協議的各進口公司，對每批進口貨物無須填制投保單，只需在獲悉所投保的貨物在國外某港口裝運時，將裝運情況通知保險人。通知的內容包括：裝運貨物的船名、貨物名稱和數量、貨物價值和保險金額等。

　　目前，中國保險業務的通常做法是：投保人填寫國際運輸預約保險起訖通知書，保險公司依據此通知書簽發保險單。由於是預約保險，國內保險公司往往也不再出具保險單，僅以上述貨運通知書作爲投保人的投保依據，代替保險單。具體操作中，又可以分爲兩種方式：一種是比較嚴格的逐筆申報，投保人對於每一筆起運的貨物都要填寫通知書；另一種是定期申報，按照固定的時間間隔定期填寫清單，如一個月匯總一次。

　　2.逐筆辦理投保。這種投保的方式，適用於不經常有貨物進口的單位。採用這種投保方式時，貨主必須在接到外國的發貨通知後，立即向保險公司申請辦理海運貨物保險的手續，即填寫投保單，並繳納保險費。保險人根據投保單簽發保險單。

(二) 出口貨物的投保方式

　　按 CIF、CIP 價格成交的出口貨物，貨運保險由賣方辦理投保。按中國保險公司的有關規定，出口貨物的投保一般須逐筆填寫投保單，向保險公司提出書面投保申請，投保單經保險公司接受後，由保險公司簽發保險單。

　　理論上，出口貨物的投保方式也可以採用訂立預約保險合同的方式，但在實際操作中並不經常用，因爲國際貿易中常採用信用證付款方式，銀行在付款時要求賣方提供保險單，因而在實際業務中出口貨物的投保大多是逐筆出單。

　　如果時間緊急，也可以採用口頭或電話向保險公司申請投保，如獲允許，保險也可以生效，但隨後一定要補填投保單。

　　爲了簡化單證，在實際業務中，對於長期客户，保險公司還可以同意投保人不單獨填寫投保單，而利用出口公司現成的發票副本代替投保單，但發票副本上必須將投保單上所規定的内容補填齊全。

第二節　國際貨物運輸保險承保

　　在國際貨物運輸保險實務中，保險的承保是保險人同被保險人簽訂保險合同的過程。保險人在接受投保人的投保申請後，根據投保人的意向對投保申請按照規定的風險標準和操作程序進行嚴格的篩選，提出相應的保險條件，經過核保人的篩選，對符合條件的投保單，保險公司才簽發保險單，保險雙方協商取得一致意見後，簽訂保合同。

一、保險單的繕制、批改和轉讓

（一）保險單的繕制

保險單是保險公司根據投保人提供的投保單內容而製作的。因此，保險人在接受投保後所繕制的保險單內容應與投保單一致，以滿足投保人對保險的要求。保險單一般包括下列事項：

1. 保險公司名稱。保險單最上方均事先印有保險公司的名稱，如中國人民保險公司（The People's Insurance Company of China）。

2. 保險單名稱。如海運貨物保險單的名稱爲"海洋貨物運輸保險單（Marine Cargo Insurance Policy）"。

3. 保險單號次（Policy No.）。這是保險公司按出單順序對每張保險單進行的編號。

4. 被保險人的名稱（The Insured）。被保險人俗稱"抬頭"。按投保單中的內容填寫，如信用證規定被保險人爲某銀行或某公司，保險單抬頭應直接打上該銀行或公司的名稱。保險單可由被保險人背書轉讓。

5. 發票與嘜頭（Invoice No. & Marks）。填寫發票號碼，一般還應將發票上所標的嘜頭打上。如果嘜頭較複雜，可只填寫發票號碼，因保險索賠時必須提供發票，保險單和發票可以互相參照。

6. 包裝及數量（Quantity）。按投保單打制，包裝貨物應打明包裝方式，如袋（Bags）、箱（Cases）等。有兩種或兩種以上包裝方式時，應打上"包裝件（Packages）"。有時需要打明重量，散裝貨物也要註明。

7. 保險貨物項目（Description Of Goods）。一般按保險單打制，應與發票相符。

8. 保險金額（Amount Insured）。根據保險單中金額填寫，小數點後的尾數一律進爲整數，大小寫金額必須一致，如加保進口關稅險，需另行打明關稅險的保險金額。

9. 保費（Premium）。一般只打"按照約定（As Arranged）"，但若信用證要求標明保費及費率，則應打上具體保險金額和保險費率。

10. 裝載運輸工具（Per Conveyance S. S.）。如在海洋運輸中按投保單上記載打上船名和航次，若船名未知，打"To Be Declared"。

11. 開航日期（Sailing On Or Abt.）。一般打上"按所附提單（As Per B/L）"，表明以提單爲準，或打上具體時間。

12. 運輸起訖地（From…To…）。按投保單填寫。如果中途轉船，則需打明轉船字樣。

13. 承保險別（Conditions）。此欄具體載明保險公司承擔的保險責任，要求全面、詳細且準確，根據投保單上的要求制定。

14. 保險公司在目的地的檢驗、理賠代理人名稱及詳細地址、電話號碼等內容。檢驗代理人和理賠代理人可能是同一人，也可能不是同一人，應在保險單中註明。如果最後目的地沒有保險公司檢驗代理人，應規定可由當地合格代理人檢驗。

15. 賠款償付地點（Claim Payyment At/In）。一般以目的地爲賠款償付地，不能把國家名稱作爲賠付地點。若投保人要求在目的地以外的某一具體地點付款，如屬於貿易需要或商人的正當要求，一般予以接受。

16. 保險單簽發日期（Date）。應不遲於運輸單據日期，因爲銀行不接受遲於運輸單據日期的保單。實務中一般以投保單上的日期爲保單簽發日期。

17. 保險公司代表簽名（General Manager）。

（二）保險單的批改

保險單在簽發後，在保險單有效期內，其內容一般不宜批改。但在實際業務中，由於種種原因，投保人在向保險公司申報時陳述錯誤或遺漏難以完全避免。在此情況下，如不及時變更或修改，被保險人的利益就可能受到影響，甚至導致保險合同失效。此外，保險貨物在運輸途中，也可能遇到某些意外情況，如承運人根據運輸合同賦予的權利更改航行路線、變更目的地、臨時掛靠非預定港口或轉船等，這些變化也要求對原保險單內容及時進行變更或修改，以便保險標的獲得與新的情況相適應的保險保障。

保險單內容的變更或修改，往往會影響到保險人的承保責任範圍及其承擔的風險。投保人或被投保人如果需要對保險單內容進行變更或修改，應以書面形式向保險人申請批改。通常只要不超過保險條款規定允許的內容，保險人都會接受。如果涉及擴大承保責任或增加保險金額，一般也是可以的，但必須在被保險人不知有損失事故發生的情況下，在抵達目的地之前申請辦理，並需加繳一定的保費。

保險人批改保險單一般採用簽發批單（Endorsement）的方式進行。此項工作可以由保險人自己辦理，也可以由保險人授權設在國外港口代理人辦理。保險人或其代理人所簽發的批單，一般應貼在原保險單上，構成原保險單的一個組成部分，對雙方當事人均有約束力。批改的內容如與保險單有抵觸，應以批單爲準。

（三）保險單的轉讓

保險單的轉讓是指保單持有人將保險單所賦予的要求損失賠償的權利以及相應的訴訟權轉讓給受讓人。因而，保險單的轉讓即保險單權力的轉讓。這種權力的轉讓同保險貨物本身所有權的轉讓是兩種不同的法律行爲。買賣雙方交接貨物，轉移貨物所有權，並不能自動轉移保險單的權利。根據各國海上保險法律，保險單轉讓一般規定如下：

（1）海運貨物保險單的轉讓可以不經保險人的同意而自行轉讓；船舶保險單則必須徵得保險人的同意才能轉讓。

（2）海上保險單的轉讓，必須在保險標的所有權轉移之前或轉移的同時進行，如果所有權已經轉移，事後再辦理保險單的轉讓，則轉讓是無效的。

（3）在海上保險單辦理轉讓時，無論損失是否發生，只要被保險人對保險標的仍具有可保利益，保險單均可有效轉讓。

（4）保險單的受讓人享有與原被保險人在保險單下享有的相同權利和義務。

（5）保險單轉讓後，受讓人有權以自己的名義向被保險人進行訴訟，保險人也有權如同對待被保險人一樣，對保險合同項下引起的責任進行辯護。

（6）保險單的轉讓，可以採取由被保險人在保險單上背書或其他習慣方式進行。

按照習慣做法，採取空白背書方式轉讓的保險單，可以自由轉讓；採取記名的方式轉讓的保險單，則只有被背書人才能成爲保險單權利的受讓人。

二、保險費的結算

(一) 保險費的計算公式

投保人向保險人交付保險費，是保險合同生效的前提條件。保險人只有在被保險人承諾或實際支付保險費的情況下，才承擔相應的保險責任。保險費是保險公司經營業務的基本收入，也是保險公司支付保險賠款的保險基金的主要來源。

貨物運輸險的保險費是以貨物的保險金額和保險費率爲基礎計算的，計算公式爲：

保險費＝保險金額×保險費率

如前所述，保險金額是根據保險價值確定的，保險價值一般包括貨價、運費、保險費、經營管理費和預期利潤等。按照各國法律，保險金額在不超過保險價值的前提下，可由保險人和投保人約定。在實踐中，通常是由投保人根據貨物的合同價經加成後經保險人同意確定的。如按 CIF、CIP 加成投保：

保險費＝CIF 價格×（1+保險加成率）×保險費率

在已知 CFR、CPT 價格的條件下，保險費還可以按照下列方法計算：

保險費＝CIF 或 CIP 價格－CFR 或 CPT 價格

(二) 保險費率的確定

保險費率是保險人以保險標的的風險大小、損失率高低、經費費用多少等爲依據，根據商品性質和包裝、目的地、運輸方式、航程遠近、航行路線以及不同的投保險別所制定的保險價格。貨物保險的保險費率通常是由保險人根據損失賠付概率，運用大數原則，綜合營運成本而制定的。保險費率的制定不能偏高，也不能偏低。費率定得太高，會使保險人在市場上缺乏競爭力，定得太低又會影響到保險人對災害事故的償付，影響業務的正常運行。此外，國際貨物運輸保險承保國際貿易貨物，應註意國際因素，使保險費率水平能適應國際市場的行情，以增強自身在國際市場上的競爭能力，而且應使保險費率的水平能爲國際再保險人接受，以便保險人在需要時通過國際再保險使承保風險得以分散和轉移。

中國的進出口貨物保險費率是根據中國貨物運輸的實際貨損情況，並參照國際保險市場的費率水平制定的。中國人民財產保險公司的出口貨物保險費率包括以下幾項：

1. 一般貨物費率。一般貨物費率是按照保險貨物運輸目的地和投保的基本險別，列出平安險、水漬險和一切險的費率標準，所有出口貨物均須按照該表所列費率標準計收保險費，是被保險人必須支付的基本保險費率標準。例如，海運運往英國的出口貨物，其保險費率是：平安險爲 0.15%，水漬險爲 0.2%，一切險爲 0.6%。海運保險的一般貨物費率如表 13-1 所示。

表 13-1　　　　　　　　　　一般貨物費率表（每百元計算）

目的地 \ 險別	平安險	水漬險	一切險
香港	0.05	0.08	0.15
日本	0.05	0.08	0.15
新加坡	0.08	0.12	0.30

2. 指明貨物加費費率。指明貨物加費費率是針對某些易受損貨物加收的一種附加費率。這些貨物在運輸途中由於容易遭受短少、破碎和腐爛等損失，並且損失率較高，不宜同其他非易損貨物採用相同的費率。保險人把這些貨物專門列出來，並稱此類貨物爲指明貨物。當投保人對貨物投保一切險時，無論採用何種運輸方式，保險公司均在一般貨物費率的基礎上按規定的加收費率加收保險費。這個費率被稱爲指明貨物加費費率。

指明貨物加費費率是按專業進出口公司經營的商品進行分類的，例如，海運運往英國的日用陶瓷投保一切險，一般貨物一切險費率爲 0.6%，指明貨物加費率爲 3%，則應按照 3.6% 計收保險費。指明貨物加費費率（以糧油食品類爲例）如表 13-2 所示。

表 13-2　　　　　　　　指明貨物加費費率表（糧油食品類）

商品名稱	加費費率	備註
散裝、袋裝糧食、籽仁、豆類	0.11	扣短量免賠率 0.50%
袋裝食糖、袋裝食鹽	0.10	扣短量免賠率 0.50%
散裝、桶裝油脂	0.05	散裝扣短量免賠率 0.30%
花生仁、果	2.0	短量免賠率 0.50%
冷凍品	0.15	按照冷藏險條款

在指明貨物加費費率表中，備註欄主要是對一些貨物有免賠率的規定。免賠率是指保險人對保險貨物在運輸途中發生的規定比率之內購貨損貨差不負賠償責任。因爲有些貨物由於本身的特點在裝卸作業過程中或在運輸途中必然會出現一些損耗，這是正常現象，而非偶然事件，所以保險公司對這種損失不予賠償。免賠率有絕對免賠率和相對免賠率兩種。絕對免賠率是指保險人只賠償超過免賠率規定的損失部分，對免賠率以內的損失絕對不賠；相對免賠率是指保險人對免賠率以內的損失不賠，如果損失超過免賠率的規定，則全部損失都賠，即對免賠率以內的損失也給予賠償。

中國人民保險公司在指明貨物加費費率表中對某些易損物規定了絕對賠償率。如投保人要求降低免賠率或不計免賠率，可按費率表規定的標準加費。

3. 貨物運輸戰爭險、罷工險費率。戰爭險或罷工險的費率同基本險費率相比是很特殊的，它實際上僅規定了戰爭險費率，而且不管採用何種運輸方式，不按貨物分類，費率均相等。戰爭險的費率是波動型費率，在沒有戰爭爆發的情況下，戰爭險費率較低。但保險人承保的戰爭風險，可以根據不同時間、不同地區的戰爭風險和罷工風險的實際情況，以及國際形勢變化隨時調整戰爭險的費率。

戰爭險、罷工險一起投保時，只按戰爭險費率計收費。如只投保罷工險，則按罷工險費率計收。

4. 其他規定。對上述三項沒有包括的某些特殊情況的規定，諸如投保一般附加險、特別附加險、內陸運輸擴展責任保險等規定的收費標準，以及某些情況下減費的規定等。具體有以下幾項：

（1）一般附加險費率。如果貨物投保了平安險或水漬險，又另外加保了一項或幾項一般附加險，加保的附加險是該貨物在運輸過程中可能遭受的最主要的外來風險，則加保的一般附加險按指明貨物加費費率計收。

（2）特別附加險。指對除一切險之外的附加特殊險別的加費規定。特別附加險費率根據加保的附加險的險別而定，如進口關稅險按投保的基本險費率的70%收費，交貨不到險的費率一般爲2%左右。

（3）艙面險加費。艙面貨一般只在平安險或水漬險的基礎上加保艙面險，費率按主險的50%計收。如果在一切險基礎上加保艙面險，按一切險費率100%加收艙面險費率。

（4）內陸運輸加費。當保險起運地或目的地在海運港口以外的內地時，投保一切險視具體情況加收一定的費率。如果投保平安險或水漬險，則並不加費。

（5）延長保險期限加費。當貨運保險期限終止後還要求延長保險期限的，根據延長的時間加收一定費率。

（6）轉運加費。運輸途中發生轉船、轉車或轉機時，按具體風險損失情況決定是否加費。

（7）免賠率增減計算。凡指明貨物表內規定有免賠率的，如果投保人要求降低或增加免賠率，應按一定標準加收或減收保險費。

（8）貴重商品保險計算。保險貨物已向承運人聲明價值並支付從價運費的，視爲貴重物品，按費率表的規定給予折扣優待，但戰爭險、罷工險不享受這種優待。

目前，中國人民保險公司的進口貨物費率表有特約費率表、進口貨物費率表和特價費率表。

①特約費率表。特約費率表適用於同保險公司簽訂有預約保險合同的各專業進出口公司的進口貨物的保險費的計算。國際貨物運輸預約保險合同是一種長期有效的保險合同，保險人對合同約定範圍內的運輸貨物全予以承保，要求被保險人如實地向保險人申報所有的運輸貨物，不必就每次貨物運輸分別洽談保險條件。

特約費率表按照預約保險合同的規定的保險費率標準。被保險人如果有預約保險合同，保險人無需對每批貨物逐一確定保險費率，而是在合同訂立時就確定給一個適合所有合同貨物的統一的優惠保險費率。因而特約費率表規定的費率是一種優惠的平均費率，保險人根據每次運輸貨物的金額及預訂保險費率每月一次結算應繳保險費。

②進口貨物費率表。進口貨物費率表適用於專業進出口公司以外的其他單位的進口貨物的保險費的計算。這種費率是按照進口地區不同、投保險別不同制定的不同的

費率。費率標準較前者要高一些。

3. 特價費率表。特價費率表是對一些特定的商品投保一切險時採用的費率。特價費率表類似於出口貨物的指明貨物加費費率表。

第三節　國際貨物運輸保險索賠

保險索賠是指被保險貨物遭受損失後，被保險人按規定辦理索賠手續，向保險人要求賠償。

在國際貨運保險實務中，保險索賠時，被保險人對保險標的必須具有保險利益。以海運為例，若以 CIF 條件成交，貨物的損失若是發生在起運港裝上海輪之前的運輸途中，應由賣方向保險公司索賠，如果貨物的損失發生在裝上海輪之後，根據保險利益原則的規定，應由買方向保險公司索賠。

一、索賠程序

（一）損失通知

在國際貿易中，被保險人一經獲悉保險標的遭受損失，應立即通知保險公司。被保險人獲知貨損一般有兩種情況：

一是貨物在運輸途中因運輸工具遭遇到意外事故，如卡車傾覆、船舶觸礁等而受損。由於在這種情況下貨損往往比較嚴重，被保險人通常在事發後很快就能獲悉。

二是貨物在起運前後雖因各種原因而受損，但往往由於損失程度較輕或從外表無法察覺，直到貨物運抵目的港，被保險人在提貨時，甚至進入收貨人的最後倉庫時才能發現。

不管屬於何種情況，一旦獲悉保險貨物受損，被保險人應立即向保險人或其指定的代理人發出損失通知。保險人或指定的代理人接到損失通知後，一方面對貨物提出施救意見並及時對貨物進行施救，避免損失擴大；另一方面會盡快對貨物的損失進行檢驗，核定損失原因，確定損失是發貨人或是承運人的責任等，以免因時間過長而導致貨物損失原因難以查清，責任無法確定。因此，被保險人若沒有及時進行損失通知，保險人有權拒絕賠償，如果有特殊原因致使保險人無法在規定的期限內發出損失通知時，被保險人應及時向保險人申請延期通知。

（二）申請檢驗

被保險人在向保險人或其代理人發出損失通知的同時，還應向其申請貨物檢驗。貨物的檢驗對其查清損失原因、審定責任歸屬是極其重要的，因而被保險人應及時申請檢驗，如果延誤檢驗，不僅會使保險人難以確定貨損是否發生在保險有效期內，而且可能導致損失原因無法查明，影響責任的確定。特別是當貨物進入地目的地最後倉庫才發現損失，被保險人更應盡快向保險人申請檢驗，以便確定損失是否是在運抵目的地最後倉庫前，即在保險期限內發生的。保險人對貨物的損失通知和申請檢驗均有嚴格的時間限制，中國的保險公司一般要求申請檢驗的時間最遲不能超過保險責任終止後 10 天。當然，如果是因為被保險人無法控制的原因導致申請檢驗時間超過了規定的期限，保險人還是應根據實際情況予以受理。

被保險人在申請檢驗時，應明確以下兩點：

1. 申請檢驗的機構。在出口運輸貨物保險單中，一般都指明了保險公司在目的地的檢驗代理人的名稱和地址。發生貨損後，被保險人必須採取就近原則，向保險單指定的代理人申請檢驗，而不能自行請他人進行檢驗，否則保險人有權拒絕接受檢驗報告而要求由指定的代理人重新檢驗。保險中指定的檢驗代理人有兩種，一種是有檢驗權的代理人，還有一種是具有核賠權，即檢驗、理賠合一的代理人。對於後者，保險人開具一定金額的循環信用證，在一定額度的損失，代理人可自行核賠。

對於進口運輸貨物保險，當貨物在運抵目的地和發現有損失時，一般由保險人或其代理人進行聯合檢驗，共同查明損失的原因，確定損失金額及責任歸屬。如果貨損情況非常複雜，一般應申請由檢驗檢疫部門或保險公證機構進行檢驗，並出具檢驗報告。

2. 免於申請檢驗的前提。對整件短少的貨物，如果短少是在目的港將貨物卸下海輪時發現的，被保險人應向港口當局或裝卸公司索取溢短證明。在此情況下，溢短證明即可作為損失依據，不許申請檢驗。此外，如果損失輕微，損失金額小，申請檢驗，檢驗費用可能超過保險貨物損失的金額，從經濟上考慮，保險人往往不要求被保險人申請檢驗。對此，一般由代理人出具不檢驗損失報告，保險人直接按實際損失予以賠償。

檢驗完成後，應由進行檢驗的代理人、檢驗檢疫機構或保險人會同被保險人對損失的原因和損失程度等做出判斷。檢驗報告是被保險人據以向保險人索賠的重要證據。但檢驗報告只是檢驗人對貨損情況做出客觀鑒定的證明，並不能最後決定貨損是否屬於保險責任，以及保險人是否應對貨損予以賠償。因此，檢驗報告上一般註明"本檢驗報告不影響保險人的權利"。這意味着貨物損失是否屬於保險責任範圍最終要由保險人根據保險合同條款決定。

(三) 提交索賠單證

被保險人在向保險人或其代理人索賠時，應提交索賠所必需的各種單證，按照中國貨物運輸保險條款的規定，被保險人在索賠時應提供以下單證。如果涉及第三者責任，還須提供向責任方追償的有關函電及其他必要單證或文件。

1. 正本保險單 (Original Policy)。保險單是保險合同的書面證明，是被保險人向保險人索賠的最基本的憑證，保險單中規定的保險人的責任範圍及保險金額等內容是確定保險人賠償與否及賠償金額的直接依據。

2. 運輸單據 (Transportation Document)。運輸單據是證明被保險貨物交付承運人進行運輸時狀況的依據。由於運輸單據是承運人在接收貨物後出立的，其中關於貨物的數量及交貨時外表狀況是否完好等內容的記載，對保險人確定貨物損失是否發生在保險期內，以及承運人是否應承擔貨損責任有很重要的參考作用。

3. 發票（Invoice）。發票是保險人計算保險賠款的依據之一。保險人可以通過核對發票與保險單及提單的內容是否相符，以確定賠償金額。

4. 裝箱單（Packing List）和重量單（Weight Memo）。裝箱單和重量單是被保險貨物在裝運時的數量和重量的證明物，證明在數量上及重量上的損失。

5. 貨損證明（Certificate of Loss or Damage）。貨損證明是指貨物運抵目的港或目的地卸下船舶或其他運輸工具時出現殘損或短少時，由承運人、港口、車站、碼頭或裝卸公司等出具的理貨單據，如貨物殘損單、貨物溢短單和貨運記錄等。這類單據須由承運人或其他責任方簽字認可。它既是被保險人向保險人索賠的證據，當貨貨差是由於承運人等責任方所致時，它又是被保險人和保險人據以向責任方追償的重要依據。

6. 檢驗報告（Survey Report）。檢驗報告是檢驗機構出具的貨物質量和數量檢驗單據，是保險人據以核定保險責任及確定保險賠款的重要文件。檢驗報告的內容包括對受損貨物的損失原因、損失程度、損失金額、損失價值判斷或鑒定及處理損失經過等的記錄。

7. 索賠清單（Statement of Claim）。索賠清單是被保險人提交的要求保險人賠償的詳細清單，主要列明索賠的金額和計算依據，以及有關費用的項目等。

8. 海事報告（Master's Report or Marine Accident Report）。這是載貨船舶在航行途中遭遇惡劣天氣、意外事故或其他海難，可能對保險貨物造成損害或滅失時所應提供的一項重要證件，是船長據實記錄的報告。其內容主要證明航程中遭遇海難，船舶或貨物可能遭受損失，並聲明船長及船員已經採取一切必要措施，是人力不可抗拒的損失，船方應予免責。海事報告對於海上遭受風險的情況，貨損原因以及採取的措施都有記載，對於確定損失原因和保險責任具有重要參考作用。

此外，保險人還可根據損失情況和理賠的需要，要求被保險人提供與確認保險事故性質和損失程度有關的證明和資料。所有這些證明和資料是被保險人索賠的依據，保險人是否承擔賠償責任，除根據現場調查收集的資料外，主要是依據這些證明和資料進行判斷。

（四）等候結案

被保險人在有關索賠手續辦妥後，即可等待保險公司最後審定責任、領取賠款。在等待過程中，有時保險公司發現情況不清需要被保險人補充提供的，應及時辦理，以免延遲辦理的時間。如果向保險公司提供的證件已經齊全，而未及時得到答復，應該催賠。保險公司不能無故拖延賠案的處理。

二、被保險人在索賠時應履行的其他義務

在保險索賠過程中，被保險人除了應及時向保險人發出損失通知，申請檢驗以及提交有關單證外，還應履行下列兩項義務：

（一）採取施救措施，防止或減少損失

對於已發生損失的貨物，如果損失可能進一步擴大，被保險人應立即採取必要措施防止損失擴大，不能因為貨物已經保險而任其損失擴大。依據中國《海商法》《保險

法》及保險條款的有關規定，一旦保險事故發生，被保險人應採取必要的合理措施，防止或減少損失。被保險人收到保險人發出的有關採取防止或減少損失的合理措施的特別通知後，應當按照保險人通知的要求處理，如果被保險人違反了上述規定而造成貨物損失的擴大，保險人就該擴大的損失部分不負賠償責任。

(二) 向有關責任方索賠，維護保險人的代位追償權

被保險人或其代理人在提貨時若發現貨物受損，一方面應立即向保險人申請損失檢驗，另一方面應立即將損失情況通知有關責任方，並向其追償損失。

如果被保險人未能在規定期限內及時向有關責任方索取損失證明或進行損失通知，可能會導致訴訟時效過期，最終會影響被保險人向保險人的索賠權。為此，被保險人向責任方通知損失後，還應及時以書面形式向責任方提出索賠，並保留追償權利，必要時還應申請延長索賠時效。根據中國海運貨物保險條款的規定，被保險人向保險人索賠的時效為貨物卸離海輪之日起兩年，而其向有關責任方索賠的時效往往少於兩年。例如：中國《海商法》規定，向承運人索賠的時效為貨物卸離海輪之日起一年，交通部規定向港務部門索賠的時效為其編制貨運記錄次日起 180 天。因此，被保險人應在規定的索賠期限內向責任方提出索賠，既保護自己的索賠權，又維護保險人的代位求償權，否則，保險人可以相應扣減保險賠款甚至拒賠。

三、索賠工作應註意的問題

被保險人向保險人提出索賠，應註意以下問題：

(1) 提出索賠的人必須是在保險標的發生損失時，對保險標的具有保險利益的人。根據保險利益原則，損失發生時，只有對保險標的具有保險利益的人，才能向保險公司提出索賠請求。因此，損失發生時對保險標的不具有保險利益的人提出索賠無效。

(2) 保險標的的損失必須是保險單承保的風險造成的保險責任確定的。這一規定是根據近因原則確定的。因此，若保險標的的損失不是以保險承保風險為近因造成的，保險公司無須賠償。

(3) 對受損貨物應積極採取措施進行施救和整理。被保險貨物受損後，作為貨方的被保險人，除了應立即向保險人或其指定的代理人發出損失通知申請檢驗之外，還應對貨物提出施救意見並立即對貨物進行施救，避免損失擴大。在我國，無論是進口貨物還是國內運輸的貨物受損後，原則上施救、整理都應由貨方自行處理。中國《海商法》第二百三十六條規定，一旦保險事故發生，被保險人收到保險人發出的有關採取防止或減少損失的合理措施的特別通知的，應當按照保險人通知要求處理；如果被保險人沒有採取必要的措施防止損失擴大，則這部分繼續擴大的損失，保險人不負賠償責任。被保險人為此而支付的合理費用，可以獲得保險人補償。

(4) 對受損貨物的轉售、修理、改變用途等，由被保險人負責處理。在我國，無論是進口貨物還是國內運輸的貨物受損後原則上都是由被保險人自行處理。被保險人在對受損貨物進行轉售、修理、改變用途等工作之前，必須通知保險人，或徵得保險人的同意。

(5) 如果涉及第三者的責任，雖然賠償一般先由保險人賠付，但被保險人應首先向責任方提出索賠，以保留追償權利。如果損失涉及承運人、港口或車站等第三者責任，被保險人還應提交向承運人等第三者責任方請求賠償的函電等文件的留底或復印件，以證明被保險人確已履行了其應該辦理的追償手續，即維護了保險人的代位追償權。有時還要申請延長索賠時效。

此外，在保險索賠中，被保險人還必須根據保險合同的規定履行應盡的合同義務，才能獲取貨物保險賠償。

四、索賠時效

被保險人向保險人就保單項下的損失提出索賠時，必須在保險單規定的索賠時效內提出索賠要求。

索賠時效，即索賠的有效期。它是保險法確認的索賠權利得以形成的時間限制，索賠權利超過法定期限不行使，即歸於消滅。在國際貨物運輸保險中，保險索賠時效值得充分重視，其原因在於：

(1) 運輸貨物的流動性強，事故發生的原因複雜多變，索賠申請提出得越遲，保險人分析損失原因、確定賠償責任就越困難。

(2) 由於運輸過程長，如果被保險人等到在目的地提出時才發現貨物損失，這樣在事實上被保險人就已經推遲了提出索賠的時間，如果主觀上再不重視索賠時效問題，那麼被保險人進一步延遲索賠是很自然的。

我國《海商法》第二百六十四條規定：根據海上保險合同向保險人要求保險賠償的請求權，時效期為兩年，自保險事故發生之日起計算。第二百六十六條規定：在時效期間的最後六個月內，因不可抗力或其他障礙不能行使請求權的，時效終止。自中止時效的原因消除之日起，有效期間繼續計算。第二百六十七條規定：時效因請求人提起訴訟、提交仲裁或者被保險人同意履行義務而中斷。但是請求人撤回起訴、撤回仲裁或者起訴被裁定駁回的，時效不中斷。

第四節　貨物運輸保險理賠

保險理賠是指保險人在接到被保險的損失通知後，通過對損失的檢驗和調查研究，確定損失的近因和程度，並對責任歸屬進行確定，最後計算保險賠款金額並支付賠款。

一、貨物運輸保險理賠手續

國際貨物運輸保險的理賠主要有立案、審查、核損和賠償等幾個環節。

1. 立案。立案是指保險公司在接到被保險人的索賠後，把相應的保險單和其他資料進行整理，按照一定的順序登記在索賠案的記錄裡，登記的內容應是這筆保單的具體情況，包括保單的號碼、被保險貨物的名稱和數量、保險金額、運輸方式、運輸工具的名稱和損失的細節等，等理賠結束後還要將具體的處理或理賠結果都一並記錄歸檔，便於日後的參照和查詢。

　　2. 審查。保險公司在處理索賠案時，首先要審核相關情況，包括對保險單據進行審核，查看相關單據是否齊全無遺漏；審核被保險人對投保貨物是否具有保險利益；審核在投保時投保人是否遵守了最大誠信原則，有無謊報或隱瞞重要事實；審核被保險人是否及時申請檢驗；審核損失的性質和造成損失的原因是否在承保範圍內；審核發生損失的時間是否在保險期限之內等。

　　3. 核損。如果經過審核確實屬於保險責任之內的損失，保險公司還要對保險人要求賠付的各項損失和費用進行具體核算，以確定各個款項的金額是否合理。對於貨物本身損失的賠付金額，保險人要核算金額的計算是否是按相關規定得出的，殘餘價值是否扣除，作價是否合理等；其他的施救、檢驗等費用，保險人要具體核算這些費用是否必要、合理。

　　4. 賠償。在賠款金額確定後，保險公司就要製作賠款計算書，其中列明被保險貨物本身的損失和費用的金額，並填寫受損原因，將賠款支付給被保險人時應出具賠款收據，賠款收據除被保險人和保險人各自的留底外，還需要寄送給有關責任方，表示保險公司有權追償。

二、確定損失原因

　　對貨物進行檢驗時，一項重要任務就是確定損失的原因。根據保險近因原則，保險人只對近因屬於承保責任範圍內的風險造成的損失予以負責。由於實際事故中，貨物損失的情況多種多樣，而造成損失的原因也複雜不一，因此，保險人首先找出損失的原因，然後確定損失是否屬於保險責任。在國際貿易中，導致運輸貨物損失的主要近因如下：

(一) 貨物的本質缺陷

　　所謂本質缺陷，是指貨物因本身缺陷造成的損失，包括貨物在生產、製造、加工、裝配、包裝以及在起運前存放、轉運過程中造成的損失，或貨物品質、包裝、數量等不符合買賣合同規定、不適合長途運輸所造成的損失。因屬於發貨人責任所致，是保險除外責任，保險人不予負責。此時買方應及時向有關機構申請檢驗，憑檢驗機構的檢驗報告及其他索賠單證向賣方直接索賠。

(二) 貨物在途損失

　　貨物在運輸途中遭受的損失主要有以下幾種原因：

　　1. 水漬。採用海運方式時，造成貨物水漬損失的原因有海水、淡水和艙汗等水漬。如果因惡劣氣候或意外事故而被海水浸濕，包裝貨物的外包裝有明顯的水漬痕跡，貨物則應含有鹽分。而且發生這種事故，船長在航海日誌中均有記錄，必要時可向船方索取有關資料據以證明；如果貨物外包裝沒有明顯的水濕痕跡，而在檢驗時發現有鹽分，往往是受海面空氣的作用所致，不屬保險風險；如果屬淡水損失，可能是因裝卸駁運時受雨淋或河水濺濕所致，還可能因船上淡水管破裂，淡水溢出所致，均應有水濕痕跡；如果屬艙汗所致，往往是因途中遭遇惡劣氣候，關閉通風筒致使艙內水汽凝結而成，因而貨物外包裝一般會有汗潮現象。採用陸運或空運方式時，造成水漬損失主要是因雨水淋濕等所致。

2. 短量、短少。包裝貨物整件短少的近因可能是：途中發生共同海損而被拋棄；被人整件竊走；在裝卸時整件墜落。包裝貨物出現包裝內數量短少，如果外包裝有打開過的跡象，一般是偷竊所致，還可能由於運輸途中外包裝破裂導致貨物散失短缺。散裝貨重量或數量短少，可能是自然損耗，也可能是被偷走，或是由於裝卸時散落所致。如果同一船艙或車廂中有多個貨主的同一種散裝貨短量，也可能因先卸貨的貨主多卸或未扣除途耗導致最後卸貨時貨物短量。

3. 碰損、碰碎

貨物碰損、破碎的近因可能是：運輸工具遭遇事故劇烈顛簸震動，或是裝卸時未按規定操作或野蠻裝卸，還可能是承運人配載不當或是包裝不當。

此外，貨物在運輸途中還可能遭受火災損失、串味損失、玷污損失等，均需根據實際情況確定損失的近因。

三、責任的審定

在確定損失近因之後，保險人應根據保險條款中的保險險別及保險期限等規定，確定損失是否屬於承保責任範圍。

(一) 險別責任的審定

保險單都明確規定了所承保的險別及適用的保險條款，保險人將以保險條款為依據，確定損失是否屬承保責任。例如，按照中國海洋運輸貨物保險條款投保平安險，如果根據檢驗結果及被保險人提交的海事報告，可確定因船舶在運輸途中遭遇臺風導致貨物部分被水浸濕，據保險條款規定可知，貨物因惡劣氣候而致的部分損失不屬平安險的承保責任，故保險人應予拒賠。

(二) 保險期限的審定

當確定了險別責任以後，保險人將審查保險事故是否發生在保險合同的期限內。為此，保險人將審查：(1) 保險單中被保險人的名稱。賣方作為被保險人時，保險責任自貨物運離發貨人倉庫起即開始；買方作為被保險人時，根據可保利益原則，保險責任自買方承擔運輸風險後才開始。(2) 貨物的損失是否發生在正常運輸過程中。如果運輸途中出現繞道、中途被迫卸貨、轉運等非正常運輸現象，可能會增加保險人承擔的風險。由於這些情況並不是被保險人所能控制的，所以保險人一般應予負責，但一般在保險條款中規定，若發生非正常運輸情況，被保險人應及時通知保險人，並在必要時加繳保險費。(3) 保險單中的責任起訖地點。例如，採用海洋運輸時，有時貨物在目的港卸下後，還需轉運至內陸目的地。如果保險單中載明的目的地為港口所在地，則在內陸運輸發生的損失不在保險期限內，保險人無須負責。(4) 保險單中如果沒有特別約定，海運時貨物在目的港卸離海輪滿 60 天，陸運時貨物運抵最後卸載的車站滿 60 天，空運時貨物在最後卸離地卸離飛機滿 30 天，保險責任即終止。但如果被保險人要求延長保險期限，保險人已在保險單中予以確認的，則應按保險單的規定辦理。

(三) 被保險人義務的審定

被保險人應履行保險合同中規定的告知、保證和通知等義務，否則保險人可以拒賠甚至解除保險合同。被保險人的義務包括：(1) 被保險人對保險標的及相關重要事實的告知必須是真實的，如果被保險人為少付保險費或為讓保險人接受其投保申請等原因而故意隱瞞重要事實，保險人一旦獲悉真情，即可解除保險合同，而且對發生的損失均不負責。(2) 被保險人應遵守其所作的承諾，一旦違反合同中的保證條款，保險人有權解除保險合同，但對被保險人在違反保證之前發生的保險事故損失，保險人應予負責。(3) 如果在合同有效期間，保險貨物危險程度增加，被保險人應及時通知保險人。

另外，保險人還將審查被保險人在事故發生後是否採取積極措施，防止損失擴大，否則保險人對擴大的損失部分有權拒賠；如果貨損涉及第三者責任，保險人還將審查被保險人是否及時向責任方進行追償，獲取有關證明，有效地維護保險人代位求償權的行使。如果被保險人放棄向第三者要求賠償的權利，或因被保險人的過錯而使保險人喪失代位求償權，保險人可以扣減保險賠款甚至拒付賠款。

四、賠償金額計算

保險人在完成審查程序後，如果確定損失屬於承保責任範圍，保險人應當及時向被保險人進行補償。依據中國《保險法》第二十五條的規定，保險人自收到賠償或者給付保險金的請求和有關證明、資料之日起 60 日內，對其賠償或者給付保險金的數額不能確定的，應當根據已有證明和資料可以確定的數額先予支付；保險人最終確定賠償或者給付保險金的數額後，應當支付相應的差額。國際貿易貨物保險賠償的範圍通常包括兩個方面。

(一) 貨物損失的賠付

國際貨物運輸保險一般採用定值保險方式，一旦發生損失，保險人以保險金額為限計算保險賠款。

1. 全部損失。如果貨物發生實際全損，或發生推定全損，被保險人進行委付，保險人也接受委付，只要保險金額不超過約定的保險價值，保險人按保險金額給予全額賠償，而不管損失當時貨物的完好市價如何。如果貨物尚有殘值，則歸保險人所有。

2. 部分損失。如果貨物因保險事故遭受部分損失，則須按損失的程度或數量確定損失比例，然後計算保險賠款。

(1) 數量（重量）短少。保險貨物中部分貨物滅失或數量（重量）短少，以滅失或損失的數量（重量）占保險貨物總價之比，按保險金額計算賠款。計算公式為：

保險賠款＝保險金額×損失數量（重量）/保險貨物總數量（重量）

例 1，出口大米共 1 000 袋，每袋重 50 千克，已按中國《海洋貨物保險條款》投保海運一切險，保險金額 2.5 萬美元，運至目的地卸貨時發現部分外包裝破裂，還有數袋短少，共計短缺 1 000 千克，則：

賠款額＝US＄25,000×1 000/（1,000×50）＝US＄500

（2）質量損失的賠償。保險貨物遭受質量損失時，應先確定貨物完好的價值和受損的價值，計算貶值率，以此乘以保險金額，即可計算出賠款金額。

完好價值和受損價值，一般以貨物運抵目的地檢驗時的市場價格為準。如受損貨物在中途處理不再運往目的地，則可按處理地的市價為準。處理地或目的地市價，一般是指當地的批發價格。計算公式為：

賠款額＝保險金額×（貨物完好價值－貨物受損後價值）/貨物完好價值

例 2，有一批貨物 500 箱，保險金額為 50,000 美元，貨物受損後只能按 8 折出售，當地完好價值為 60,000 美元，保險人應賠款為：

50,000×（60,000－48,000）/60,000＝10,000（美元）

例 3，保險金額為 20,000 美元，500 箱貨物中有 200 箱受損，按當地完好價值每箱 120 美元 8 折出售，保險人應賠款為：

20,000×［（120×200）－（96×200）］/（120×500）＝1,600（美元）

需要注意的是，貨物完好價值和貨物受損後價值必須是同一地點的市場價，否則因為貨物在世界各地的市場價格並不一定相同，會導致兩者之間缺乏可比性。在實際業務中，如果難以確定當地市價，經協議也可按發票價值計算，公式為：

賠款額＝保險金額×按發票價值計算的損失額/發票金額

（3）規定有免賠率時的貨物損失。對易碎、易損、易耗的貨物的保險，保險公司往往規定有免賠率。免賠率的高低由各公司根據商品種類的不同而定，我國各保險公司採用的是絕對免賠率，即無論貨物損失程度如何，對於免賠額度內的損失，保險公司均不予負責。

例 4，出口散裝花生仁一批，共 500 噸，從上海運往香港，按中國《海洋運輸貨物保險條款》投保海運一切險，保險金額為 100 萬美元，保險合同規定扣短量免賠率 2%，到目的地經檢驗發現花生仁短卸 12 噸。問保險公司應如何賠付？

受損率：（12/500）×100%＝2.4%

保險賠款：US＄1,000,000×（2.4%－2%）＝US＄4,000

（4）修復時的賠償。如果貨物遭受損失，需要進行修復以維持原狀，此時對合理的修理費用，保險人一般在保險金額內予以賠償。

例 5，進口一臺機床，按中國《海洋運輸貨物保險條款》投保海運一切險，保險金額為 20 萬美元，運至目的地發現機床有一主軸損壞，須從國外進口，加上運費、修理費，共支付 32,000 美元，保險人經審查，認為合理，即應賠付 32,000 美元。

3. 共同海損。如果發生共同海損，無論投保何種險別，保險人對共同海損的犧牲和費用都負責賠償。

對保險貨物的共同海損的犧牲，由保險人核實損失予以賠付，然後參與共同海損的分攤，攤回部分歸保險人所有。被保險人可以提前得到保險賠償，而且不受共同海損分攤價值的影響。

如果保險貨物本身沒有發生共同海損犧牲，但需要承擔共同海損費用或其他方的共同海損分攤，一般是由保險人出具共同海損擔保函，待分攤完畢後，保險人對分攤金額予以賠付。由於共同海損分攤價值和保險金額不一定相等，故保險人的賠償金額有所調整。按中國《海商法》第二百四十一條規定，保險金額低於共同海損分攤價值的，保險人按照保險金額和共同海損分攤價值的比例賠償共同海損分攤。

4. 連續損失。連續損失是指貨物在保險期限內發生幾次保險事故造成的損失。中國《海商法》第二百三十九條規定，保險標的在保險期限內發生幾次保險事故所造成的損失，即使損失金額的總和超過保險金額，保險人也應當賠償。但是對發生部分損失後未經修復又發生全部損失的，保險人按照全部損失賠償。

(二) 有關貨物損失費用的賠償

一旦發生保險事故，除了貨物的損失，往往還導致費用的支付，以避免損失擴大，或用來處理受損貨物，或繼續完成航程，或用來對貨物進行檢驗。這些費用包括施救費用、救助費用、續運費用、檢驗費用、出售費用以及理算費用等。

對於上述費用的支出，保險人賠付的原則是，如果貨物損失屬於保險責任，則對費用的支出予以賠付。根據中國《海商法》第二百四十條規定，被保險人為防止或減少根據合同可以得到賠償的損失而支出的必要的合理的費用，為確定保險事故的性質、程度而支出的檢驗、估價的合理費用，以及為執行保險人的特別通知而支出的費用，應當由保險人在保險標的的損失之外另行支付。保險人對上述費用的支付，以相當於保險金額的數額為限。對救助費用的賠償，當救助費用可作為共同海損費用向保險人索賠時，應適用中國《海商法》第二百四十一條的規定，由保險人賠償其分攤額，當保險金額低於共同海損分攤價值的，保險人按照保險金額同分攤價值的比例賠償共同海損分攤。在其他情況下，根據貨物運輸保險條款的規定，保險人應對救助費用予以賠償，但救助費用的賠償和保險貨物本身的損失賠償之和不能超過保險金額。續運費用是指船舶遭遇海難後，在中途港、避難港由於卸貨、存倉以及運送貨物產生的費用，這部分費用在各國貨運條款中均將其列入承保責任，由保險人負責賠償。出售費用則應作為貨物損失的一部分，保險貨物本身的損失賠償之和不能超過保險金額。

案例分析

案例：S 機械設備進出口公司貨物保險索賠案

2010 年 3 月 20 日，S 機械設備進出口公司代理某設備公司與美國 Y 有限公司簽訂了機械設備國際貨物買賣合同，約定的總價款為 1 006 805 美元，以 FOB 美國紐約離岸價為價格條件。合同簽訂後，S 進出口公司與 W 運輸公司聯繫運輸事宜，W 運輸公司委託海外運輸商 M 公司負責海外運輸。2010 年 6 月 28 日，S 機械設備進出口公司與 Q 保險公司簽署了一份《國際運輸預約保險起運通知書》，通知書中寫明：被保險人是 S 機械設備進出口公司，保險標的為一套標號為 L 的機械設備，投保險種為一切險，保險金額為 1 006 805 美元，保費為 407 890 美元。2010 年 6 月 28 日，S 機械設備進出口公司向 Q 保險公司支付了保險費，並收到保險公司出具的收據。在北京時間 2010 年 6 月 29 日 08 時，被保險貨物在紐約 Y 公司倉庫被盜。2010 年 7 月 7 日，S 機械設備進出口公司將出險情況告知了保險公司，同年 10 月 11 日，S 機械設備進出口公司向 Q 保險公司提出索賠，Q 保險公司以 S 機械設備進出口公司不具有保險利益而主張合同無效拒賠，雙方對此案存在爭議，S 機械設備進出口公司遂向法院起訴。

[分析]：

法院經審理後認爲，本案的焦點問題是保險利益的認定問題。

本案中機械設備進出口公司是否具有保險利益取決於其對買賣合同項下貨物承擔的風險，而對貨物承擔的風險及其起始時間又取決於買賣合同約定的價格條件。本案中買賣合同約定的價格條件是 FOB 美國紐約，意爲貨物在紐約越過船舷或裝船後，貨物的風險才發生轉移。在此之前，貨物的風險則仍由賣方承擔。

因此，法院裁決：本案 S 機械設備進出口公司購買的貨物在海外輪公司 Y 公司倉庫被盜時，S 機械設備進出口公司不具有保險利益。而且，保險合同載明的工廠交貨對確定投保人對保險標的物是否具有保險利益沒有法律意義，S 機械設備進出口公司以保險合同爲由主張以工廠交貨並轉移風險的觀點無法成立。最終判定保險公司與 S 機械設備進出口公司的保險合同因投保人對保險標的物不具有保險利益而無效。S 機械設備進出口公司無權要求 Q 保險公司承擔賠償責任，而保險公司也應退還其保險費。依據《保險法》第十九條的規定做出合同無效的判決。

總之，在國際貨物運輸保險中，貨物風險的轉移與買賣雙方採取的價格條件密切相關，投保人對投保貨物是否具有保險利益，取決於貨物風險是否轉移。在 FOB 價格條件下，貨物的風險轉移以自貨物越過船舷之時由賣方轉移給買方。因此，本案中只有在貨物越過船舷之後，買方才有對貨物的保險利益。

思考題

1. 投保人或被保險人選擇險別時應考慮哪些因素？
2. 如何計算 CIF 條件下的保險費？
3. 投保人或被保險人在投保時應註意哪些事項？
4. 如何處理投保單的內容？
5. 試述保險單的轉讓有哪些規定？
6. 保險人承保應履行哪些職能？
7. 貨物受損後，被保險人應如何進行索賠，索賠時應註意哪些事項？
8. 在保險理賠中，國際貨物運輸保險的理賠手續是什麼？

國家圖書館出版品預行編目(CIP)資料

國際貨物運輸與保險 / 余子鵬、蔡小勇 主編. -- 第一版.
-- 臺北市：崧燁文化，2018.07

　面　；　公分

ISBN 978-957-681-304-7(平裝)

1.運輸管理 2.物流管理 3.貨物保險

557　　　　　107010925

書名：國際貨物運輸與保險
作者：余子鵬、蔡小勇 主編
發行人：黃振庭
出版者：崧燁文化事業有限公司
發行者：崧燁文化事業有限公司
E-mail：sonbookservice@gmail.com
粉絲頁　　　　　　網址：
地址：台北市中正區重慶南路一段六十一號八樓815室
8F.-815, No.61, Sec. 1, Chongqing S. Rd., Zhongzheng Dist., Taipei City 100, Taiwan (R.O.C.)
電　話：(02)2370-3310　傳　真：(02) 2370-3210
總經銷：紅螞蟻圖書有限公司
地址：台北市內湖區舊宗路二段121巷19號
電話：02-2795-3656　傳真：02-2795-4100　網址：
印　刷 ：京峯彩色印刷有限公司（京峰數位）

　　本書版權為西南財經大學出版社所有授權崧博出版事業股份有限公司獨家發行電子書繁體字版。若有其他相關權利需授權請與西南財經大學出版社聯繫，經本公司授權後方得行使相關權利。

定價：450 元
發行日期：2018 年 7 月第一版
◎ 本書以POD印製發行